揭东区行政区划图

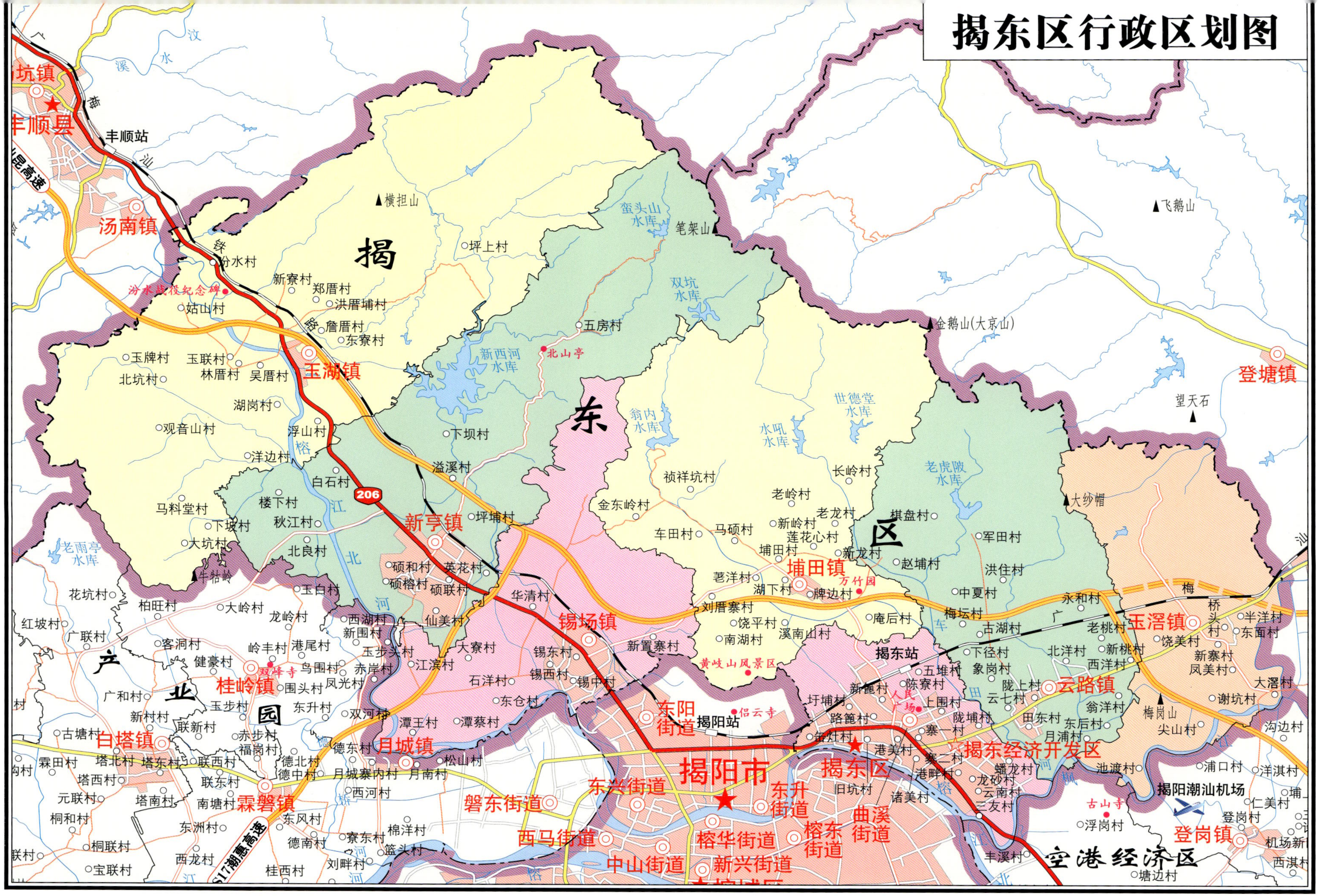

（本图界线不作权属争议依据）

本图由广东省地图院提供　审图号：粤S（2012）023号

致读者

《揭东年鉴》是综合记载揭东区政治、经济、文化、生态、社会各方面资料的年度性工具书，具有很强的实用性。一方面，为各方人士了解和研究历史，为揭东招商引资、对外文化交流等提供丰富的信息资料；另一方面，为各级领导进行科学决策，发展经济，社会治理，顺应新时代发展提供翔实的资料依据。由于年鉴纸质本印数较少，传播渠道相对狭窄，信息利用率偏低，有悖于年鉴编写出版的初衷，故揭东区地方志办公室从2013年起，与清华大学中国学术期刊（光盘版）电子杂志社合作，将《揭东年鉴》各年版本均编入电子期刊《中国知识资源总库》的《中国年鉴全文数据库》（China Yearbook Full-test Database简称CYFD）中，以互联网的形式传播，并与《中国知识资源总库》中其他数据内容关联整合，向公众提供全文搜索、浏览、下载服务。这将为《揭东年鉴》信息传播打开广阔的空间，充分发挥其“存史、资治、教化”的 功能。

CYFD网址：http：//www.cnki.net

揭东年鉴

JIEDONG YEARBOOK

2018

中共揭阳市揭东区委
揭阳市揭东区人民政府　主办
《揭东年鉴》编纂委员会　编

方志出版社
Publishing House of Local Records

图书在版编目（CIP）数据

揭东年鉴 : 2018 / 《揭东年鉴》编纂委员会编. --
北京 : 方志出版社, 2018.12
ISBN 978-7-5144-3525-2

Ⅰ. ①揭… Ⅱ. ①揭… Ⅲ. ①区(城市)—揭阳—2018—年鉴 Ⅳ. ①Z526.54

中国版本图书馆CIP数据核字(2019)第013430号

揭东年鉴（2018）

编　　者：	《揭东年鉴》编纂委员会
责任编辑：	顾　洁
出 版 人：	冀祥德
出 版 者：	方志出版社
	地址　北京市朝阳区潘家园东里9号（国家方志馆4层）
	邮编　100021
	网址　http://www.fzph.org
发　　行：	方志出版社发行中心
	电话（010）67110500
经　　销：	各地新华书店
印　　刷：	汕头市辉亿彩印有限公司
开　　本：	889×1194　1/16
印　　张：	23印张
字　　数：	606千字
版　　次：	2018年12月第1版　2018年12月第1次印刷
印　　数：	0001～1200册

ISBN 978-7-5144-3525-2　　定价：200.00元

数字揭东 2017

SHUZI JIEDONG

- 地地区生产总值(GDP)：339.35亿元
- 全社会用电量：17.37亿千瓦时
- 第一产业增加值：22.63亿元
- 工业用电量：12.73亿千瓦时
- 第二产业增加值：230.10亿元
- 粮食总产量：11.31万吨
- 第三产业增加值：86.62亿元
- 供水总量：3607万立方米
- 工业增加值：217.48亿元
- 售水总量：2790万立方米
- 农林牧渔业总产值：38.33亿元
- 全社会固定资产投资总额：196.15亿元
- 地方公共财政收入：8.59亿元
- 社会消费品零售总额：125.60亿元
- 地方公共财政预算支出：31.60亿元
- 全体居民人均可支配收入：21995元
- 外贸出口总额：67.68亿元
- 城镇居民人均可支配收入：25227.50元
- 实际利用外资总额：714万美元
- 农村居民人均可支配收入：17031.60元
- 区域面积：498.32平方千米
- 年末户籍人口：67.56万人
- 森林覆盖率：50.14%
- 年末常住人口：59.24万人
- 人口自然增率：11.17‰。

（区统计局　供稿）

卷首语

我们要坚持不忘本来、吸收外来、面向未来，既向内看、深入研究关系国计民生的重大课题，又向外看、积极探索关系人类前途命运的重大问题；既向前看、准确判断中国特色社会主义发展趋势，又向后看、善于继承和弘扬中华优秀传统文化精华。

我们说要坚定中国特色社会主义道路自信、理论自信、制度自信，说到底是要坚定文化自信。文化自信是更基本、更深沉、更持久的力量。历史和现实都表明，一个抛弃了或者背叛了自己历史文化的民族，不仅不可能发展起来，而且很可能上演一场历史悲剧。

——摘自2016年5月17日习近平总书记《在哲学社会科学工作座谈会上的讲话》

《揭东年鉴》编纂委员会

《揭东年鉴》编辑部

编辑说明

一、《揭东年鉴（2018）》以马克思列宁主义、毛泽东思想、邓小平理论、“三个代表”重要思想、科学发展观、习近平新时代中国特色社会主义思想为指导，坚持辩证唯物主义和历史唯物主义的立场、观点和方法。

二、《揭东年鉴（2018）》是中共揭东区委、区人民政府组织编纂的一部地方性综合年鉴，属年度资料性文献。其宗旨是系统地反映2017年揭东区自然、政治、经济、文化、社会等方面情况，为各级领导决策提供依据，为海内外各界人士了解和研究揭东提供可靠的综合信息。《揭东年鉴（2018）》是宣传揭东、推介揭东的重要窗口和权威性信息资料库。

三、《揭东年鉴（2018）》采用分类编辑法。为方便读者检索，结构上采用类目、分目、次分目、条目四个层次的结构形式。不同层次的标题，在字体、字号和版式设计上都有明显的区别，书中的“目”一级标题最多，统一用黑体加【】号表示；内容较多的条目分段记述。

四、《揭东年鉴（2018）》主要记述2017年（2017年1月1日至12月31日）揭东区自然、政治、经济、文化、社会生活的基本面貌和发展情况。全书设置特载、大事记、重点项目简介、概况、政治、政法、军事、经济、基础设施、财税金融、综合经济管理、教科文卫体、社会生活、镇街简况、人物·荣誉、文件汇编、附录17个类目。同时还编辑部分彩色图片进行直观地宣传记载。图片由供稿单位提供，一般不说明作者。

五、文内所用的数据为各单位提供，因统计口径不一，有的数据可能不一致，使用时以区统计局公布的数据为准。

六、《揭东年鉴（2018）》由各有关单位提供，经编辑部初审，交原单位修改后并经主管领导校核，最后由编委领导终审定稿。撰稿人名单（单位）在相关条目后加括号标出，整个栏目或分目撰稿为同一作者的，则于栏目或分目最末一条目文后作一次性标示。

七、因区域调整原因，个别单位仍用“揭东县”。

11月11日，中共中央政治局委员、广东省委书记李希（左一）到揭东曲溪街道调研基层党组织建设情况　（江明东　摄）

9月2日，省委常委、常务副省长林少春（前一）到揭东调研

（江明东　摄）

图1

10月11日，省委常委、省委秘书长江陵（中）到揭东开发区调研 （江明东 摄）

3月9日，副省长蓝佛安（前右）在省政府副秘书长林积、省教育厅副厅长王创、市委书记严植婵及副市长姚丽璇的陪同下到揭东调研教育发展情况

（区教育局 供稿）

3月21日，市委书记严植婵（右三）到揭东开发区调研　　（江明东　摄）

9月7日，市委书记李水华（左二）到揭东开发区调研　　（江明东　摄）

12月2日，市委书记李水华（中）到揭东二中检查指导工作　（区教育局 供稿）

12月26日，市长叶牛平（前中）到揭东调研国道G206改线工程　（江明东 摄）

1月25日，区委书记吴毅青（中右）到曲溪街道五堆村调研并慰问困难群众　（江明东　摄）

2月16日，中共揭东区第二届纪律检查委员会第二次全体会议在区委会议厅召开　（区纪委　供稿）

3月1日，中共揭阳市揭东区第二届代表大会第二次会议在揭东人民广场会议中心召开　（江明东　摄）

2月25日，德国客人马丁一行到中德金属生态城参观并察看双元应用大学选址　（江明东　摄）

3月21日，区委召开全区干部会议，区委书记蔡淡群（左）任揭东区委书记

（区电视台 供稿）

4月27日，揭东区学习习近平总书记重要批示精神专题研讨班在区人民广场会议中心举行 （江明东 摄）

5月2日，区委书记蔡淡群（右三）带队到到曲溪街道城西片区调研 （江明东 摄）

5月8日，区委书记蔡淡群（中）带队到玉湖镇调研 （江明东 摄）

7月15—17日，“美丽揭东，魅力埔田”揭东埔田首届竹文化节隆重举行暨全域旅游启动仪式在万竹园举行

（郑宇宏　林玉珊　供稿）

7月15日，埔田镇在万竹园举行“笋王争霸赛”等活动　　（郑宇宏　摄）

7月31日，全国关心下一代工作委员会主任、第十一届全国人大副委员长顾秀莲（中）在揭阳潭王蓝康红军小学授旗授牌仪式上

（区教育局 供稿）

8月3日，《揭东年鉴（2017）》评议会在揭东区召开

（林夏倩 摄）

8月5日，揭东区委第一轮巡察工作动员会在区纪委会议厅召开　　（江明东　摄）

8月6日，市委组织十公里拉练活动揭东区部分领导合影　　（江明东　摄）

9月1日，举办锡场镇潭王村乡贤咨询委员会成立大会暨锡场镇第一中心幼儿园揭牌仪式　（江明东 摄

9月5日，省环保厅副厅长李晖（左二）带队到揭东检查黑臭水体和枫江水污染情况　（江明东 摄）

9月30日，区老体协在榕泰健身广场举行大型全民健身活动 （林通文 摄）

11月3日，全市"百日百项大行动"揭东现场 （江明东 摄）

11月3日，全市“百日百项大行动”工作现场会 （江明东 摄

11月9日，区委书记蔡淡群（前左二）、区长方烽（前右一）带队到埔田镇检查项目建设情况 （江明东 摄）

11月9日，揭东区项目建设现场会在玉滘镇凤美村举行，区委书记蔡淡群（右一）主持现场会　（江明东　摄）

11月10日，揭东区项目建设现场会在揭东会议中心举行　（江明东　摄）

11月16日，区委书记蔡淡群（右一）带队到普宁市考察学习 （江明东 摄

12月12日，揭东区创文工作总结暨“五城同创”动员大会在揭东人民广场会议中心召开 （区电视台 供稿

目 录

特 载

2017年揭东区大事记

重点项目简介

概　况

政　治

法　治

军　事

经　济

基础设施

财税·金融·保险

综合经济管理

教科文卫体

社会生活

镇（街、开发区）简况

人物·荣誉

文件汇编

附　录

TEZAI

特　载

揭阳市揭东区2016年国民经济和社会发展计划执行情况与2017年计划草案的报告

——在揭阳市揭东区第二届人民代表大会第二次会议上

（2017年3月9日）

揭东区发展和改革局局长 林仲龙

一、2016年国民经济和社会发展计划执行情况

2016年，在市委市政府和区委的正确领导下，在区人大和区政协的监督支持下，我区按照市委市政府“抓落实、促发展，抓基层、强基础”两项部署，围绕争当全市发展排头兵，建设产业强区、宜居新城、幸福揭东的目标，以推进供给侧结构性改革为主线，统筹做好稳增长、促转型、强载体、优生态、惠民生的各项工作，经济社会呈现稳中有进、稳中向好发展态势，实现“十三五”良好开局。

（一）经济指标稳中向好，区域经济逆势奋进

积极应对经济下行压力，切实贯彻落实中央、省市各项稳增长政策措施，有针对性地出招发力，促进全区经济平稳健康发展，地方生产总值、规模上工业增加值、固定资产投资、社会消费品零售总额、工商税收收入等主要经济指标增速居全市各建制县（市）区第一。全区实现地方生产总值310.7亿元，比上年同期（下同）增长7.3%；人均生产总值52682元，增长6.4%。三产比例优化为7.3：70：22.7。工业运行质量得到提升，全区实现规模上工业增加值248.2亿元，增长6.9%。出口、消费、投资稳中加快，全区实现外贸出口总额10.86亿美元，增长5.69%；社会消费品零售总额113.1亿元，增长12.3%；固定资产投资164亿元，增长21.4%。财税收入低速运行，全区实现地方公共财政预算收入8.89亿元，比降3.81%；税收收入5.58亿元，比降5.52%，其中工商税收收入4.87亿元，增长2.72%。金融稳健运行，全区金融机构本外币各项存款余额311.11亿元，增长12.63%；住户存款246.4亿元，增长12.82%；各项贷款余额166.96亿元，增长11.44%。

（二）经济结构加快优化，特色产业亮点纷呈

农业发展稳步向前。全区实现农林牧渔业总产值36.16亿元，增长4.1%。粮食生产保持稳定，严格落实基本农田保护条例，全区落实粮食播种面积23.54万亩,总产量11.3万吨，其中水稻播种面积11.85万亩，总产量5.46万吨。农业产业化程度不断提高，全区现有农林业龙头企业15家、农民专业合作社158家，覆盖农牧渔等领域。推进农业信息化进村入户，建设65个“惠农信息社”，打造“互联网+现代农业”示范工程。

工业基础不断壮大。转型升级步伐加快。继续实施贷款贴息、扶持上市和鼓励创新等扶持企业发展政策，撬动各类资金加入转型升级行列，大力支持巨轮、宝嘉和吉青等10家优势企业作为技改示范企业，带动相关行业68家企业进行技术改造，全区投入技改资金21亿元；推进蒙泰、越群等7家企业加快上市步伐。创新水平加快提升。新增国家高新技术企业4家、省级工程技术中心2个、省中小企业创新产业化示范基地2个、省民营企业创新产业化示范基地1个，申请专利481件，其中发明专利45件。规上工业提质增效。新增规模上工业企业13家，累计356家；骨干规模上企业转高新技术企业4家，均超额完成市下达的任务。工业用电量快速增长。全区工业用电量16.81亿千瓦时，增长6.26%（不含锡场顺通公司用电量）。

第三产业加快发展。大力培育消费热点。新增限上商业企业8家、规模上服务业企业4家。成功举办揭东区首届名优食品展销会，吸引区内外49家企业参展。旅游业蓬勃发展。全年实现旅游总收入15.8亿元，增长23%，成为新的经济增长点。电子商务加快发展。揭东区荣获广东省县域电商创新奖，锡场镇入选广东首批“互联网+电商”创建小镇，军埔村成为全国唯一亮相今年G20杭州峰会央视宣传片的淘宝村。全区现有电商企业93家，电商个体户和网点数近2万家，物流快递公司25家，2016年电商交易额达60多亿元。

（三）项目投资快速增长，发展引擎更为强劲

有效投入增长较快。项目谋划扎实有效。积极与省、市“十三五”规划进行对接，筛选、谋划全区“十三五”规划项目112个，总投资1184亿元。重点项目加快推进。175个区级重点项目完成投资122亿元，占年度投资计划的89.2%，其中4个列入省级重点项目完成投资20.7亿元，占年度投资计划125.4%；27个列入市级重点项目完成投资39.5亿元，占年度投资计划124.3%。地税路口人行天桥、206国道截污干管等74个项目竣工并投入使用。项目运作再上新台阶。积极对接国家和省的投资导向，经努力争取，中德现代物流园一期获国家农发行8000万元专项建设基金扶持。

产业平台建设加快。揭东经济开发区科学用好5000万元省级基础设施建设股权投资资金，投入园区的道路、水、电和排污等基础设施建设；新型生态园12宗工业用地成功挂牌出让，落户企业已建成4家，3家投（试）产。中德金属生态城园区建设有序推进，珠江大道、莱茵大道、中德大道等基础设施建设正加紧施工，金属表面处理中心投入使用，欧绿保、保库智能管网等37个项目落户建设，已投（试）产5家。大军埔电商圈已完成整体规划，电商文化公园等基础设施建设正抓紧推进，依托梅汕客专揭阳北站、广梅汕铁路、疏港铁路、城际轻轨交汇形成“四站合一”的交通区位优势，高起点谋划建设高铁产业经济带。

（四）城乡统筹协调发展，生态环境持续改善

城乡建设扎实推进。启动北环大道、沿江路西段、环山路东段“三路”和东环城路等13条市政道路建设，北环大道西段、沿江路西段春节前已贯通。牛岭山城市公园首期工程春节前已建成开放。成功回购区人民广场附属建筑物，揭东区创新中心、城市展示馆等配套建设步伐加快。知名企业碧桂园入驻飞鹰山生态城开发建设并实现首期售房。新农村示范片建设有效推进，3个主体村实现“八个覆盖”。创建“文明城市”工作，按照“四级联创”要求，重点开展城乡环境

和交通秩序综合整治，城乡环境明显改善。

生态文明建设持续加强。污染治理强力推进。严格落实生态保护“党政同责、一岗双责”，全面落实“河长制”，抓好榕江、枫江污染治理。办好中央环保督察组交办的案件，重点打击非法电镀、造纸、酸洗、采砂采石等行为。环保基础设施加快建设。4座镇级PPP污水处理厂和整区打包PPP污水处理项目、主城区及各镇村垃圾转运设施顺利推进。开展新一轮绿化揭东大行动。完成碳汇林项目补植套种2791亩，完善提升景观林带15千米。绿色建筑实现突破。全市首个绿色建筑项目揭东一中宿舍楼工程设计绿色建筑标识申报工作已完成。

（五）供给侧持续发力，体制改革全面深化

供给侧结构性改革初见成效。构建了“1+5”供给侧结构性改革政策体系，全力落实“三去一降一补”任务。坚定不移去产能，对3家钢铁行业落后产能企业进行清理拆除。因地制宜去库存，共化解房地产库存47.49万平方米。积极稳妥去杠杆，银行业金融机构企业不良贷款率3.39%。多措并举降成本，共减轻企业负担2.03亿元。突出重点补短板，加大对交通基础设施、生态环保、公共服务等领域投入，完成基础设施投资27.91亿元，增长69.7%。

重点领域改革成果丰硕。政府职能转变加快，大力推进“一门式一网式”政府服务模式改革。加快社会信用体系建设，推进行政许可和行政处罚等信用信息“双公示”工作，编制完成全区“双公示”目录。深化农业农村改革，扎实开展农村土地承包经营权确权登记颁证工作。

（六）扶贫攻坚精准实施，社会民生持续增进

民生福祉不断提升。就业形势基本稳定，全区城镇新增就业人数3513人，失业人员再就业1120人，农村劳动力转移就业3750人，城镇登记失业率为2.36%。精准扶贫精准脱贫大力推进，认定扶贫对象共5266户12133人；对具有劳动能力的891户扶贫户和扶贫低保户，落实区镇干部挂钩帮扶。调整城乡居民养老保险基础养老金标准，从2016年1月起每人月提高至110元以上，符合困难人员条件的参保人员均得到全额资助参保，惠及全区广大人民群众。

社会事业不断完善。优先发展教育事业。顺利通过“全国义务教育发展基本均衡区”复检，“广东省推进教育现代化先进区”创建工作有序推进，中高考喜获丰收，高考上一批重点线人数和本科人数均创历史新高。卫计事业加快发展。争取国开行的授信贷款，多渠道筹措资金，扎实推进“卫生强区”建设，落实全面二孩政策。文化、体育、民政、安全生产、精神文明、平安揭东、广播电视、防震减灾、外事侨务、民族宗教、国防动员等各项事业也取得新的发展。

在看到成绩的同时，我们也应该清醒地看到，我区经济发展中也面临一些困难和问题，主要是：经济总量仍然偏小，制约发展的用地、融资等“瓶颈”问题仍较突出，第三产业发展仍较滞后等。对存在的困难和问题，我们将在发展中采取强有力的措施，切实加以解决。

二、2017年国民经济和社会发展计划的安排意见

2017年是实施“十三五”规划的重要一年，是供给侧结构性改革的深化之年，做好今年经济社会发展各项工作十分重要。当前我区发展环境总体有利，但面临的不确定因素较多。从国际看，世界经济总体延续温和低速增长态势，外部需求减弱将传导影响和制约经济增长。从国内看，经济总体平稳运行，增速放缓，步入深度调整“三期叠加”的新常态。从全省看，省委、省政府着力推进珠三角与粤东西北一体化发展，规划建设汕潮揭临港空铁经济合作区，对我区发展更加有利。从全区看，三大产业平台活力迸发，规划建设的“四站合一”综合交通枢纽工程，将迅速提升揭东的综合区位优势，为区域经济发展提供重要支撑。

综合发展基础、面临的内外部条件研判，结合市委市政府对揭东的要求，建议2017年我区经济社会发展主要预期目标如下：

——生产总值增长8.2%；

——人均生产总值增长7.2%；

——农林牧渔业总产值增长2%；

——规模上工业增加值增长8%；

——地方公共财政预算收入增长6.9%；

其中：税收收入增长12.52%；

——全社会固定资产投资增长20%以上；

——外贸出口总额增长10%；

——实际利用外资增长4%；

——社会消费品零售总额增长18%；

——城乡居民人均可支配收入增长8%；

——节能减排等约束性指标完成市下达年度指标。

为实现上述目标，必须做好以下七方面工作：

（一）全力实施创新驱动，集聚发展新动力

坚持把创新驱动作为促进壮大实体经济发展的第一动力，努力培育发展新动力，加快构建产业新体系。一是提升创新能力。要发挥好财政资金的“蝴蝶效应”，进一步激发企业转型升级、创新发展动力，确保今年全区完成技改资金54亿元、95家以上的规模上工业企业完成技改，力争新增高新技术企业7家、众创空间1家、孵化企业数量4家，省级新型研发机构累计达到3家，规模上工业企业设立研发机构比例达到20%以上。二是加快平台建设。揭东经济开发区新型生态园要强化产业发展规划的引领作用，围绕主导产业、潜力产业和配套产业，深入推进产业引进、登高，做大做强实体经济；加快推进12家落户企业建设，确保今年全面建成投产；推进二期19宗土地项目“招拍挂”和落户工作。大军埔电商圈要以创建“互联网+电商”小镇为契机，依托“四站合一”交通区位优势，紧扣轨道经济创新区产业规划，以打造“一镇一村一城一中心”为重点，谋划建设高铁产业经济带，培育新的经济增长点。中德金属生态城要完善环保、道路等基础设施，服务好环保装备产业园等项目建设，巩固金属生态城范围内违法违规企业整治和生态保护成效，以生态环保优势提升产业发展优势。三是推动产业共建。用足用好用活省、市产业共建扶持政策，把握机遇窗口，规划建设产业共建平台，改善产业共建的软硬件服务配套，以产业共建形成区域经济增量。大力实施“乡贤回归”工程，发挥“金凤奖”精神，积极动员外出乡贤投身揭东产业共建。

（二）大力发展现代农业，培育发展新方向

坚持深入推进农业供给侧结构性改革，加快构建现代农业体系，促进农村一二三产业融合发展。落实最严格的耕地保护制度，以提升粮食产能为目标，推进高标准农田建设。加快“互联网+农业”的整合发展步伐，进一步促进农业增效，农民增收。发展高效特色农业，继续实施“一镇一品”工程，巩固提升竹笋、绿茶等“六大生态农业基地”。大力发展观光农业，扶持田园采摘、农耕体验等生态休闲业态，加快发展乡村旅游和服务业。

（三）强力推进重大项目，打造发展新优势

一是科学谋划重点项目。谋划储备一批特色优势项目，以重点项目推动重点产业，以重点产业拉动经济发展。初步确定区级重点项目188个，计划总投资479亿元，年度计划投资165亿元。加快推进国家电投揭东热电联产项目、揭阳引韩供水工程（揭东段）等项目的建设步伐。二是坚持不懈争取资金。精准把握国家投资导向，深入谋划符合新发展理念要求的重大项目，继续充实三年滚动计划库，积极争取国家专项建设基金、中央预算内投资和产业专项资金。三是拓宽招商引资渠道。充分利用各类招商载体和平台，加大项目招商力度，推动招商选资向更宽领域、更高水平迈进，切实增强区域经济发展后劲。

（四）致力推进扩容提质，拓展发展新空间

一是推进基础设施建设。加快启动建设“四站合一”交通枢纽项目，推动“三路”、金叶公路、国道539线揭东曲溪至深坑桥段路面改造等一批道路交通工程建设步伐，抓好揭东大道车站路口、金叶酒店路口交通及景观提升改造工程建设，构建“大交通”格局；切实加快省级水利建设示范县、村村通自来水等项目建设进度；进一步加强电网建设，加快岐山500千伏输变电站建设进程，推进农村电网改造提升工程。完善相关政策和工作机制，加快规划推进电动汽车基础设施建设。二是推进城乡建设。继续做好主城区控规修编和村镇规划编制工作，进一步完善城乡一体化规划建设管理体系。加快碧桂园项目建设，完善周边道路、学校等功能配套。高标准建设揭东区创新中心、城市展示馆和牛岭山城市公园，规划建设中心片区城市综合体，提升城市品位。以省级新农村示范片建设为重点，加大力度推进3个主体村和6个辐射村建设。

（五）着力推进改革开放，构建发展新格局

一是深化供给侧结构性改革。加快淘汰落后产能和化解钢铁行业过剩产能，推进产业转型升级。加强房地产市场引导，推进小产权房清理整顿，促进房地产业健康发展。着力推动金融去杠杆，防范化解金融风险。落实好国家、省相关降税减费政策，降低企业物流、用工等成本。全力推进基础设施建设，加快补齐交通、水利、市政等软硬基础设施短板。二是推进关键领域改革。深入推进“放管服”改革，健全政府部门权责清单制度，进一步精简行政许可事项。积极稳妥推进农村土地经营权确权登记颁证工作，建立健全土地流转规范管理制度。三是强化对外开放水平。落实国家“一带一路”战略，充分发挥区位、资源、产业、人文等组合优势，以对德合作为契机，对接德国“工业4.0”，全方位与德国深度合作。继续巩固和扩大欧美、日韩等发达国家的传统市场，积极开拓非洲、拉丁美洲、中东地区等新兴市场，形成出口市场多元化格局，确保外贸出口稳定增长。落实鼓励规模外贸企业创新发展奖励措施，对小微出口企业信用保险继续实行政府统保，助力外贸企业扩大出口。

（六）奋力推动绿色发展，营造发展新环境

一是持续推进环境治理。严格落实环境保护“党政同责”“一票否决”制度，建立健全区、镇、村三级环境监管体系和环保工作考核机制，加大环保执法力度，严厉打击涉环境犯罪活动。二是加强水资源保护。实行最严格的水资源保护制度，全面推行“河长制”，重点抓好榕江、枫江污染综合治理和曲溪河、大港溪黑臭水体整治。三是推进环保基础设施建设。加大4座镇级PPP污水处理厂和整区打包PPP污水处理项目建设力度，抓好主城区及镇级垃圾转运站、村垃圾收集点建设，确保按期投入使用。

（七）努力改善社会民生，共享发展新成果

一是抓好精准脱贫。要按照省提出的“三年攻坚、两年巩固，到2020年如期完成脱贫攻坚任务”的目标要求，落实责任，坚持一户多策、一人一策，持续发力，创新好劳动力就业、社会保障等帮扶措施，扎实推进精准扶贫工作，力争今年底全区贫困户基本脱贫。二是深入推进“创文”工作。持续整治城乡环境卫生、乱搭乱建、占道经营等突出问题，落实资金投入、“门前三包”等长效机制，将“创文”工作向纵深推进。三是加强就业保障服务。实施就业优先战略和更加积极的就业政策，大力扶持就业创业，积极推动“大众创业，万众创新”。四是加快发展教育事业。全力推进义务教育均衡优质标准化发展，加快区第二小学及青少年活动中心建设，完善中小学校基础设施及配套，力争今年底在全市率先建成广东省推进教育现代化先进区。做好进城务工人员随迁子女参加中考工作。五是大力发展卫生事业。加快“卫生强区”创建步伐，建立健全医疗投入体制机制；扎实推进分级诊疗制度建设。加快平安揭东、安全生产、民政、体育、精神文明、广播电视、防震减灾、外事侨务、民族宗教、国防动员等其他社会事业发展。

在中共揭阳市揭东区第二届代表大会第二次会议上的报告

（2017年3月1日）

吴毅青

（江明东 摄）

2016年的工作回顾及主要体会

过去一年，面对错综复杂的发展环境，区委团结带领全区广大党员和干部群众，认真落实中央和省、市各项决策部署，特别是市委“抓落实、促发展，抓基层、强基础”两项工作部署，统筹推进经济社会发展，着力加强党的基层建设，保持了各项工作的良性推进和经济的持续快速发展，争当全市发展排头兵，建设产业强区、宜居新城、幸福揭东实现良好开局。

一、发展基础不断夯实 坚持以五大发展理念引领经济发展新常态，切实把经济工作的重心转到供给侧，精准发力稳增长、调结构、补短板，巩固夯实了发展基础。

经济基础不断夯实 去年国内国际经济形势复杂严峻，经济下行压力持续贯穿，很多地方的年度投资、工业投资、GDP增速均达不到预期目标，实体经济低迷，投资意愿不强，我省年度工业投资增速比前年下降约11个百分点；不少地方财政收入增长趋缓，财政收支平衡压力加大，省内有6个地级市一般公共预算收入出现负增长，粤东西北地区占了5个。在整体经济不景气的大环境下，我们紧紧稳住实体经济这块“压舱石”，加大投资，加快发展，确保了全区经济保持逆势上扬的良好势头，全年实现GDP增长7.3%，规上工业增加值增长6.9%，固定资产投资增长21.4%，社会消费品零售总额增长12.3%，工商税收收入增长2.72%，这5项指标均名列全市建制县（市、区）第一位，分别比全市平均水平高1%、1.1%、12.3%、0.1%和6.53%；外贸出口也在其他地方大幅下滑的背景下，实实在在地增长了5.7%，比全市平均水平高4.6%；其他经济指标增速也均名列全市前茅。2013年初撤县设区后，虽然区域面积和人口均减少近一半，但到去年底全区公共财政预算收入，按可比口径已经超过撤县设区前。同时，经过近3年的战略性调整，用实打实的税收夯实收入，财税工作开始步入良性轨道。虽然我们去年在基础设施、环境整治、精准扶贫、民生改善等方面的投入力度空前，但整体财力仍有所攀升。

产业基础不断夯实 坚持发展实体经济的产业定力，加快产业强区建设。创新驱动发展战略深入实施。认真落实国家和省、市关于实施创新驱动发展战略的决策部署，出台加快科技创新、深化科技体制改革等政策措施，突出抓好高新技术企业、工程研发中心和院士工作站等创新平台体系建设。目前多项创新成果居全市前列，全市7个博士后工作站揭东就有4个，并设立了巨轮智造研究院、中德金属科技研究院、揭阳市电镀创新中心等新型研发机构，越群公司科研项目被纳入国家星火计划，海兴公司获广东省专利优秀奖；去年还成功申报高新技术企业4家、培育入库8家。转型升级步伐加快。深入贯彻落实市委严书记要求“打造产业转型升级示范区”的重要指示，继续采取贷款贴息、扶持企业上市和鼓励创新发展等措施，撬动各类资金加入转型升级行列，全区共投入技改资金21亿元，累计达到36亿元。农业转型升级也取得新成效，探索实施“互联网+农业”新模式，六大“生态农业基地”和“一镇一品”“一村一品”得到巩固提升。产业园区扩容增效。揭东经济开发区建设步伐加快。成功解决新型生态园63宗历史遗留用地问题，破解发展“瓶颈”，首批12家入园企业建设顺利推进；围绕建设产业强区，组团到长三角、珠三角等先进地区考察学习，邀请省产业发展研究院专家编制园区发展规划，论证确定了先进制造业、健康产业等主导产业，以及高端电子信息等潜力产业和商贸物流、休闲旅游等配套产业。出台入园企业按时动工、投产和纳税扶持奖励措施，启动第二批土地“招拍挂”。中德金属生态城建设快速推进。全国首家“零排放”金属表面处理中心投入使用；欧绿保、保库智能管网和戴维特等37个项目落户建设，已投产试产5家；做好基础设施和项目的征地、拆迁、赔青等前期工作，为园区创造无障碍施工条件。大军埔电商圈创新发展。建成智慧大街、新天地电子商务园区首期工程等配套设施，面向全国的免费电商培训基地长期开班；军埔电商村的创业创新事迹亮相G20杭州峰会宣传片，走上国际舞台；揭东区荣获广东县域电商创新奖，锡场镇成为全省10个“互联网+电商”小镇之一。同时，着力推动“四站合一”交通枢纽，加快推进“一镇一村一城一中心”等重点项目建设，高起点谋划建设高铁产业经济带。

交通基础不断夯实 建设北环大道、沿江路西段、环山路东段“三路”和东环城路等13条市政道路，北环大道西段、沿江路西段等道路春节前已贯通。梅汕客专揭东段32千米的征地、拆迁、赔青等前期工作顺利完成。抓住揭东经济开发区被纳入省产业转移园的机遇，用好首年5000万元的股权投资资金，完成综合产业园龙山路、朝阳路改造升级工程。过去一年，由于我们顺应形势发展和民意呼声，坚持依法适当提高赔偿标准、公平公开统筹安排腾退地，重点解决好发展需要与人民群众的核心利益问题，“三路”和梅汕客专揭东段共完成拆迁量24.5万平方米，全部实现零上访、零遗留，这在揭阳拆迁史上是空前的。尤其北环大道的顺利拆迁，解决了揭东建县之初就规划而无法实施的难题。

市政配套基础不断夯实 成功回购区人民广场附属建筑物，规划建设揭东创新中心、城市展示馆；完善区第二小学及青少年宫、市场等配套设施，集聚新城人气，推动房地产“去库存”。成功引进知名房企碧桂园入驻飞鹰山生态城开发建设，并实现首期售房，揭东新城的知名度和美誉度大幅提升；启动建设牛岭山公园，首期工程春节前已建成。

二、发展环境持续改善 坚持以人为本、执政为民，不断优化环境，提高干部队伍干事创业的积极性，增强人民群众的幸福感和获得感。

用人环境持续改善 突出基层导向和担当导向，科学选人用人，区、镇两级领导班子换届选举工作有序推进，一批对党忠诚、人品人格好、实实在在干出成绩、群众公认的优秀干部得到提拔任用，风清气正的选人用人氛围已经形成。

人居环境持续改善 按照“四级联创”的要求，以城乡环境和交通秩序整治为重点，强力抓好创文工作，受到市委的充分肯定，承办了全市创文现场会。去年以来，全区共投入创文资金6500万元，其中区财政3000多万元，这在全市各县（市、区）中是投入最多的。我们还在创文启动时按每人10元支持各村的基础上，从今年开始，把村容村貌保洁经费纳入区财政预算，按每年每人口30元的标准补助到村。此外，新农村示

范片建设3个主体村基本建成，美丽乡村有了新样板；4座镇级PPP污水处理厂和整区打包PPP污水处理项目、主城区及镇村垃圾转运设施、水利建设示范县项目、村村通自来水工程和10项民生实事扎实推进，全区人居环境将持续明显改善。

生态环境持续改善 借助创文和中央环保督察的契机，对存在问题不遮不掩、不捂盖子，坚决落实整改，狠下决心打好环保翻身仗，果断处置了双坑自然保护区、水源保护区等破坏生态环境事件，受到中央环保督察组的肯定。严格落实生态环境保护“党政同责、一岗双责”，全面落实河（段）长制，狠抓榕江、枫江污染治理，启动曲溪河、大港溪黑臭水体整治工作；重拳打击非法采石场、洗砂场、小电镀和酸洗等污染行为，以环保底线倒逼污染企业转型升级、绿色发展，保住揭东的绿水青山蓝天。

办事环境持续改善 积极推进政府机构、职能、权限和责任法定化，制订明晰政府权责清单，法治政府建设迈出新步伐。完善区、镇、村基层公共服务、“三资”管理服务、普惠金融服务“三大体系”，推行“一门式一网式”新模式，打通服务群众“最后一千米”。通过落实纪委暗访、听取群众和办事人评价等方式，不断提高窗口部门服务质效，群众办事更加方便快捷。

民生环境持续改善 精准扶贫扎实推进。认真落实精准扶贫、精准脱贫“六个精准”“八项工程”，提升措施的针对性和有效性，圆满完成精准扶贫年度任务。教育事业优先发展。持续推进“创强争先”，各类教育发展水平稳步提升，高考、中考再创佳绩；启动“广东省推进教育现代化先进区”创建工作，不断扩大优质教育资源覆盖面。医疗卫生事业得到加强。抓住国家实施“健康中国2020”战略和省创建卫生强省的契机，筛选确定今后三年基建项目和设备，加快卫生强区建设步伐。同时，文化、旅游和残疾人等事业都得到长足发展。

社会环境持续改善 扎实推进中央农办农村改革试验联系点、省村居基层治理改革试点和农村土地承包经营权确权等工作。深化“一村（社区）一法律顾问”制度，打造“半小时法律援助服务圈”。严格落实安全生产责任制，毫不松懈抓好安全生产工作。压实维稳责任，落实信访排名通报制度，持续推进社会矛盾滚动排查工作，同时严格按有关规定理清历史遗留市政工程欠款，全面化解信访积案和历史遗留问题。发挥公安队伍主力军和科技强警作用，严厉打击各类违法犯罪行为，揭东成为全市公认最平安的地区。此外，成功举办首届金凤奖颁奖活动，广泛汇聚正能量，收到良好社会效应，广大内外乡贤纷纷以受表彰的单位和个人为榜样，积极参与到揭东的经济发展、民生改善、社会稳定大业中。

三、党的建设全面加强 坚持党要管党、从严治党，严格落实党建工作责任制和全面从严治党要求，开创了揭东党建工作新局面。

思想建设不断深化 区委认真履行主体责任，依托“揭东论坛”和区、镇党校，通过理论中心组学习、民主生活会等多种形式，扎实开展“两学一做”学习教育，组织全区广大党员干部深入学习习近平总书记系列重要讲话精神，切实用党的最新理论成果武装头脑、指导实践、推动工作。

基层基础更加巩固 打好软弱涣散村党组织帮扶整顿、镇（街）领导干部“直联”和党委书记抓基层党建工作述职评议考核等组合拳，全面完成基层“六项治理”任务，严厉打击查处农村基层干部违法违纪、涉农领域职务犯罪和涉黑恶势力犯罪等行为，逐步提高镇、村干部生活补贴及村级组织党建经费，基层党组织的创造力、凝聚力和战斗力明显增强。同时，圆满完成党员组织关系、党费收缴等集中排查、专项检查任务。

廉政建设深入推进 严格落实“两个责任”，强化讲政治、抓落实、守纪律“约法三章”要求，把纪律和规矩挺在前面，从严抓好队伍监督管理，坚定不移惩治腐败，严格落实追责问责，营造了干净干事的政治生态。去年全区纪检监察机关共立案120件，处分党员、监察对象106人，其中科级干部2人；共问责党员干部133人次，其中立案48人。

此外，支持人大、政协依法履行职责，注重

发挥统战、群团组织作用，依法治区、双拥、人武、老干部等工作取得新进展。

回顾一年来的工作，我们深深地体会到，揭东要保持良好发展态势，在新起点上加快新发展，必须始终抓住“四个关键”：一是必须坚持党的核心领导。我们正是始终发挥区委“总揽全局、协调各方”的领导核心作用，建设了一个团结有力、心齐气顺的区级领导班子，才确保了揭东发展方向不偏移，质量和效益不断提升。二是必须坚定发展实体经济。我们正是紧紧扭住发展实体经济这个重点，大抓产业转型升级、创新发展，才摆脱了宏观经济下行的影响，实现全区经济持续快速增长，夯实了建设产业强区的坚实基础。三是必须充分保障群众利益。我们正是坚持最大限度保障群众的核心合法权益，才赢得人民群众的积极参与和广泛支持，确保了各个重点项目建设的顺利推进。四是必须营造良好干事氛围。我们正是通过坚持正确的用人导向，营造风清气正的用人环境和干事创业氛围，才确保在高标准、严要求的情况下，整支队伍心无旁骛谋发展、埋头苦干抓落实，各项工作始终按照全市排头兵的标准快速推进。

当前的客观形势及总体要求

今年是揭东争当全市发展排头兵的重要一年，也是决胜全面建成小康社会的关键之年。做好今年工作，必须综合研判形势，抓住机遇、乘势而上，提速提质、加快发展。

综观大势，揭东正处于大有可为的重要战略机遇期。世界经济正在缓慢复苏，国内供给侧结构性改革成效逐步显现，经济增长的有利条件和积极因素正在集聚；省“促进粤东西北地区振兴发展和创新驱动”两大战略纵深推进，政策扶持力度不断加大；市“抓落实、促发展，抓基层、强基础”两项工作部署深入实施，更为揭东发展提供了重要遵循，注入了强劲动力。而且经过实践检验，我们的发展思路、发展定位是正确的，揭东在多个方面已经成为全市的排头兵，再加上我们虽然撤县设区，但目前仍保留县级体制，乘势而上、加快发展正处于历史上的最好时期。

审视自身，我们争当全市发展排头兵的基础更加坚实。经过20多年的积淀，特别是一年多来的加压奋进，揭东经济社会各项事业发展驶入快车道，转型升级成效开始呈现，使我们的发展动力更强；新型生态园和中德金属生态城建设拓开局面，使我们的发展空间更大；梅汕客专、“四站合一”交通枢纽、“三路”等重大基础设施快速推进，使我们的交通基础更优；区委坚持树立良好用人导向，全区上下心齐气顺、团结奋进，使我们的干事氛围更好。这些综合因素的汇聚，为我们争当全市发展排头兵奠定了坚实基础。

在看到优势的同时，我们也必须清醒地认识到发展中存在的问题：一是产业发展层次还不够高，转型升级、创新发展力度仍需进一步加大；二是社会转型期的矛盾和问题不容忽视，维护社会和谐稳定的任务依然繁重，应对突发事件和加强社会治理的能力水平，仍需进一步提高；三是少数干部真抓实干、动真碰硬、担当作为的劲头不足，干事创业的动力和活力，仍需进一步激发。这些问题，都需要在今后工作中努力加以解决。

今年工作的总体要求是：围绕区第二次党代会确定的发展思路，继续乘势而上，保持定力，咬定争当全市发展排头兵的目标定位，全力冲刺建设产业强区、宜居新城、幸福揭东“三个核心任务”，不换思路，不换频道，不减力度，提速提质、加快发展，努力为揭阳建设新型工业城市、生态宜居城市、和谐文明城市贡献力量，以优异成绩迎接党的十九大和省第十二次党代会胜利召开。

今年经济社会发展的预期目标是：主要经济指标要当好全市排头兵，并且要尽量扩大优势；巩固提升经济发展的质量和效益，确保工商税收等主要经济指标增速居全市前列，确保固定资产投资增长20%以上；围绕全面建成小康社会的指标要求，全力做好强基础、补短板工作，确保在全市率先全面建成小康社会。

2017年的核心任务及推进措施

实现今年的发展目标，必须全面贯彻落实中央和省委、市委经济工作会议精神，按照市第六次党代会的部署要求，精准发力，持续用功，全力争当全市发展排头兵，坚定不移建设产业强区、宜居新城、幸福揭东。

一、坚定不移加快转型升级，建设产业强区 把创新驱动作为发展的核心战略和总抓手，扎实推进供给侧结构性改革，优化资源配置，以转型升级带动产业提质增效，实现产业良性发展，全力建设产业强区。

（一）做强产业集聚平台。重点加快揭东经济开发区、大军埔电商圈和中德金属生态城“三大产业平台”建设，不断夯实产业强区载体。

全力打造揭东经济开发区 深入推进产业引进、登高，做大做强实体经济，打造新型工业化示范区和产城融合示范区。综合产业园要在巩固现有产业发展、加快传统产业转型升级的同时，继续用好省级产业转移园股权投资资金，不断改造提升园区基础配套设施。新型生态园要围绕主导产业、潜力产业和配套产业，实施精准招商、招大引强，着力引进一批龙头型、效益型、科技型的优质项目落户建设；坚持节约集约利用土地，加快土地“招拍挂”，推进产业集聚发展，规划建设生态、人文、产业融合发展的“产业小镇”；兑现新入园企业奖励措施，12家首批入园企业今年要全面建成投产；加快热电联产、烟草物流配送中心等重点项目落地建设。

做大做强大军埔电商圈 持续办好“一基地两大赛三工程”，加快推进全国电商免费培训、电商创业孵化等基地建设，扩大军埔电商的辐射力和影响力；以锡场镇创建“互联网+电商”小镇为动力，依托“四站合一”交通枢纽优势，紧扣轨道经济产业规划，着力打造“一镇一村一城一中心”，加快建设高铁产业经济带，培植新的经济增长点，构筑东有经济开发区、西有轨道经济创新区的“一体两翼”产业发展格局。

全力服务中德金属生态城建设发展 做好环保装备产业园等项目用地保障，为项目快速推进营造良好环境；抓好珠江大道北延、金叶路等基础设施和贝多芬生态公园建设；巩固金属生态城范围内违法违规企业整治和生态保护成效；设立项目审批“绿色通道”，为企业落户提供优质服务。

（二）大力推进供给侧结构性改革。围绕提高供给体系质量和效率的要求，扎实推进“三去一降一补”。以打造产业转型升级示范区为抓手，切实补齐揭东产业结构还不优、质量还不高的短板，落实连续3年的扶持企业发展措施，发挥巨轮、吉青等企业的示范带动作用，营造千帆竞发、力争上游的转型升级良好氛围，确保今年全区完成技改投资29亿元、80%以上规上工业企业完成技改；加快越群、鹏锦、蒙泰等优势企业上市步伐。扎实推进农业供给侧结构性改革。加快推进农村土地确权登记颁证工作，激发农村生产要素内在活力；依托六大“生态农业基地”，大力发展特色优势农业；以“互联网+农业”为抓手，利用“一镇一品”电商运营中心和覆盖全区的村级淘宝服务站，推进电商与特色农产品灵活对接，拓展农产品销售市场；抓好省级菜篮子工程示范基地建设，培育农业龙头企业、农民专业合作社等新型经营主体，提升农业产业化水平。同时，依托农村绿水青山、生态田园风光等优势资源，大力推广休闲度假、旅游观光和农耕体验等项目，拓宽农民增收致富渠道。

（三）加快实施创新驱动发展战略。构建以创新为主要引领和支撑的经济体系和发展模式，实施合作型创新，加快科技创新平台体系建设，制订出台高新技术企业培育、科学进步奖、设立区级工程和企业技术中心、发展会展业等扶持措施，加快推进区内国家企业技术中心、省工程研发中心和院士工作站、博士后工作站提质培优，力争我区创新成果稳居全市前列；全力推动中穗、真丽斯和康美申报国家高新技术企业。顺应新一轮产业变革大趋势，落实好省、市“互联网+”行动计划，探索创新“互联网+传统产业”“互联网+工业”“机器人+传统产业”发展模式，提升传统产业的科技含量和经济效益。发展普惠性科技金融，引导建设创业创新服务载体，培育壮大创客队伍，营造大众创业、万众创新的浓厚氛围。

二、坚定不移推动扩容提质，建设宜居新城 坚持产城融合发展，不断完善配套、补齐短板，优化环境、提升品位，全力建设宜居新城。

（一）着力完善基础配套。坚持“先规划后建设、先地下后地上”的原则，优化完善城市道路、医疗教育、公园广场、居住购物等功能布局，提升揭东新城规划建设水平。以主人翁的姿态，积极服务梅汕客专揭东段建设，确保无障碍施工。加快启动建设“四站合一”交通枢纽项目，全速推进“三路”等主要市政道路建设，抓好揭东大道车站路口、金叶酒店路口交通及景观提升改造、国道539主城区至玉窖段路面改造等工程建设，配合市建设连接揭东和空港两区的景观大桥，打通区域节点，构筑互联互通交通网络。加快推进4座镇级PPP污水处理厂、整区打包PPP模式污水处理项目和垃圾收集转运设施等建设；全力推进引韩供水工程揭东段、牛岭山公园、区第二小学及青少年宫等项目建设，不断增强新城承载力和辐射力。落实全区重点项目建设主体责任，快马加鞭推进，以最好的成效和面貌，迎接全市重点项目建设现场会在我区召开。

（二）点面结合打造新城。飞鹰山生态城片区要加快碧桂园项目建设，完善周边道路、学校和医院等功能配套，打造揭东新城新的“成长坐标”。区人民广场片区要加快在建楼盘建设步伐，高标准建好揭东创新中心和城市展示馆，配套建设一批商贸物流、金融服务、购物市场和酒店项目，进一步集聚新城人气。中心城区要用好“三旧”改造政策，积极稳妥、循序渐进改造提升老城区，打造宜居宜业宜商环境。各镇、村要强化规划意识和法律意识，配套完善规划编制，加快城镇化和美丽乡村建设。

（三）提升城市文明程度。坚持“拆、建、管、教”多措并举，深入推进创文“四级联创”，持续整治城乡环境卫生、乱搭乱建、占道经营等突出问题；抓好城市执法队伍和保洁员队伍建设，完善环卫设施和保洁设备配套，落实资金投入、“门前三包”、“一局一文明路”和监督曝光等长效机制，提升城市科学化管理水平。加强社会主义核心价值观教育，全面加强社会公德、家庭美德、个人品德和未成年人思想道德建设，提升城市文明程度。通过综合施策抓好创文，确保今年顺利通过省的检查验收。

三、坚定不移改善社会民生，建设幸福揭东 坚持以人民为中心的思想，在守好底线、保住基本、突出重点中不断改善民生民计，在共享发展中提升群众幸福指数，努力争当全市全面建成小康社会排头兵。

（一）突出抓好精准脱贫。要强化领导责任、强化资金投入、强化部门协同、强化社会合力、强化任务落实，集中力量攻坚克难，更好推进精准扶贫、精准脱贫。特别是要进一步压实各级党政“一把手”责任，充分调动各方资源和力量，通过扶持生产、促进就业、教育培训和社会保障兜底等措施，确保今年底全区贫困人口稳定脱贫，在全市率先完成精准扶贫、精准脱贫任务。

（二）统筹发展社会事业。以办好人民满意教育为目标，加快全区学校信息化、现代化建设，全力推进义务教育均衡优质发展，力争今年底在全市率先建成“广东省推进教育现代化先进区”。围绕2018年建成卫生强区的目标，加大资金投入力度，深化医疗卫生体制改革，加强医疗人才队伍和医疗卫生服务体系建设，着力提高全民健康水平。加强食品药品监管力度，确保人民群众舌尖上的安全。加快构建公共文化服务体系，完善“三馆一场”、镇（街道）文化站、村（社区）文化室等设施建设；整合文化和旅游、广电、体育等资源，不断提高公共文化供给能力。发展社会福利和慈善事业，解决弱势群体生产生活问题；统筹抓好妇女儿童、就业再就业和社会保障等工作，完善拥军优属、残疾人保障机制，推动各项社会事业繁荣发展。

（三）打造绿色生态家园。强化环保联合执法，保持打击环境违法行为的高压态势，确保中央环保督察组交办案件整改如期完成，防止环保问题发生反弹。坚决淘汰落后产能和治污无望企业，对新上项目、不符合环保要求的一律不准“上马”。扎实推进水、大气、土壤污染防治“三大行动”，大力整治废气、扬尘等大气污染，切实抓好榕江、枫江污染综合治理和大港溪、曲溪河黑臭水体整治。深入实施环保基础设施建设三年行动计划，加快建设污水处理和垃圾处理示范区。切实抓好水利示范县、村村通自来水和美丽乡村“三大工程”有关项目建设；大力实施绿化揭东大行动，建设和完善生态景观林带，努力构筑生态宜居家园。

（四）提升社会治理能力。深入推进全面依法治区，加快完善政府部门权责清单制度，支持法院、检察院依法独立公正行使审判权、检察权。健全村（居）民主管理和办事公开制度，完善农村集体“三资”管理服务平台建设。抓好“七五”普法教育，发挥“一村（社区）一法律顾问”作用，教育引导群众通过法律途径表达诉求、解决纠纷。完善提升区、镇、村三级公共服务体系，全面推行“一门式一网式”新模式，最大限度方便群众办事。办好中央农办农村改革试验联系点和省级基层社会治理改革创新试验点，扎实推动我区农村改革再上新台阶。

（五）维护揭东平安稳定。维护揭东稳定是今年的第一任务。各镇（街道）要担负起主体责任，认真抓好维稳各项工作，确保党的十九大和省第十二次党代会等重大政治活动期间全区社会大局稳定。深入开展基层矛盾纠纷排查化解工作，继续实施信访排名制度，倒逼各地认真做好信访工作。着力加强社会治安综合治理，健全现场处置、社会面管控、舆情引导“三位一体”的公共突发事件处置机制，妥善处置突发事件。敢于运用法律武器，毫不手软打击故意“煽风点火”、制造群体性事件的挑头分子。保持打击刑事犯罪的高压态势，严厉打击“两抢一盗”、毒品犯罪等突出刑事犯罪，强化重点行业、场所、单位的管控，提高人民群众安全感。积极运用大数据等信息手段，完善社会治安防控体系，提高社会治理智能化、专业化水平。全区政法和公安队伍今年还要针对村级换届工作，提前介入，认真做好把握动态、化解矛盾、严厉打击等工作，确保村级换届有序进行。切实解决涉农领域、劳资关系等群众反映强烈的问题，维护人民群众核心合法权益。严格落实安全生产责任制，加大安全监管、执法、隐患排查力度，坚决遏制重特大事故发生，维护人民群众生命财产安全。

发展的政治基础及组织保障

坚持发挥党委“总揽全局、协调各方”的领导核心作用，突出党的领导，加强党的建设，全面提高党建科学化水平，为争当全市发展排头兵，建设产业强区、宜居新城、幸福揭东提供坚强的组织保障。

一、加强思想政治建设，筑牢团结奋进的思想根基 深入组织学习习近平总书记系列重要讲话精神，进一步增强“四个意识”，坚定“四个自信”，始终做到用党的最新理论成果指引揭东建设发展。持续抓好党性教育，促进党内教育常态化、制度化，教育引导全区广大党员干部严守党章党规，永葆共产党员政治本色。同时，深入推进民主政治建设，加强和改进党对人大、政府、政协工作的领导，巩固最广泛的爱国统一战线，更好发挥工会、共青团、妇联等群团组织的作用，主动加强国防、后备力量建设，最大限度凝聚提速提质、加快发展的强大合力。

二、加强干部队伍建设，锻造引领发展的中坚力量 牢固树立正确用人导向，按照好干部“20字”标准和“四有”要求，把对党忠诚、人品人格好、实实在在干出成绩、群众公认的干部选准用好。加强干部教育、监督、管理，完善干部考核评价体系，对不适宜担任现职的干部果断调整、对不合格的干部坚决淘汰。完善问责机制，坚持有责必问、问责必严，使问责成为从严管理干部的利器。聚焦提升干部的能力和水平，加强精准化教育培训，为揭东建设发展锻造一支信念坚定、敢于担当、清正廉洁的干部队伍。

三、加强基层组织建设，构筑坚强有力的战斗堡垒 认真落实市委“抓基层、强基础”工作部署，深入落实抓基层党建工作责任制度，定期开展党委书记抓基层党建工作述职评议考核，推动基层党建责任落实到位。推动人、财、物向基层一线倾斜，充分发挥镇级党委在抓好基层党建和基层治理中的龙头作用，深入开展“直联”工作，巩固问题村和软弱涣散党组织整顿、选派村“第一书记”、“双联双促”活动成果；完善农村、“两新”组织等基层党组织设置。抓好村级换届工作，坚决把加强党的领导贯穿换届工作全过程，坚持党组织领导下的民主选举，确保把政治强、接地气、情况熟、群众基础好的优秀人才选上来，选优配强村“两委”班子特别是党（总）支部书记。加强村级班子建设和基层党员干部教育培训，提高做好群众工作、解决基层问题的自觉和能力，构筑坚强有力的基层战斗堡垒。

四、加强作风效能建设，践行为民服务的根本宗旨 突出抓常抓细抓长，把作风教育融入党员干部日常学习工作生活中，巩固和拓展党的群众路线教育实践活动、“三严三实”专题教育、“两学一做”学习教育成果。坚持党的群众路线，密切联系群众，积极为群众做好事、办实事、解难事，广泛赢取群众支持。严格落实中央八项规定和上级关于加强作风建设的规定要求，不断健全改进作风长效机制，严防“四风”反弹。大力倡导真抓实干、担当负责、敢于碰硬的务实作风，全区各级领导干部要勇于挑最重的担子、啃最硬的骨头，激励引导基层党员干部敢于担当、勇于负责、主动作为，以良好的作风推动揭东各项工作抓实见效。

五、加强党风廉政建设，营造风清气正的政治生态 严格落实党委书记抓党风廉政建设的第一责任、党委主体责任和纪委监督责任，持续传导压力、传输责任、传递警示，把管党治党责任落到实处。严格落实党的廉洁自律准则、纪律处分条例和党内监督条例等规定要求，坚持有腐必反、有贪必肃，着力解决发生在群众身边的不正之风和腐败问题。按照上级要求开展巡察工作，推动全面从严治党延伸到基层。强化讲政治、抓落实、守纪律“约法三章”要求，始终把纪律和规矩挺在前面，促使干部遵规守纪干好工作、推动发展；持续开展党风党纪教育、警示教育，筑牢拒腐防变的思想防线、守住廉洁自律的底线。准确运用监督执纪“四种形态”，深化标本兼治，加强制度建设，构建不敢腐、不能腐、不想腐的体制机制，把风清气正的政治生态保持下来、延续下去。

政府工作报告

——在揭东区第二届人民代表大会第二次会议上

（2017年3月9日）

揭东区人民政府代区长 方 烽

（江明东 摄）

2016年工作回顾

过去一年，区政府在市委、市政府和区委的正确领导下，在区人大及其常委会、区政协的监督支持下，团结带领全区人民，沉着应对各种困难和挑战，主动适应经济发展新常态，扎实推进供给侧结构性改革，统筹做好稳增长、促改革、调结构、优生态、惠民生、保稳定各项工作，全区经济社会持续健康发展，主要经济指标名列全市前茅，产业强区、宜居新城、幸福揭东建设实现良好开局。

——产业强区建设凸显成效，经济发展跃上新水平

经济保持稳中有进。2016年，全区完成生产总值310.7亿元，增长7.3%；三次产业比例7.3∶70∶22.7；地方公共财政预算收入8.89亿元，其中工商税收收入4.87亿元，增长2.72%；规模以上工业增加值248.2亿元，增长6.9%；工业用电量16.81亿千瓦时，增长6.26%；固定资产投资164亿元，增长21.4%；社会消费品零售总额113.1亿元，增长12.3%；外贸出口总额10.86亿美元，增长5.69%；存贷款余额分别为311.11亿元和166.96亿元，增长12.63%和11.44%。GDP、规模以上工业增加值、固定资产投资、社会消费品零售总额和工商税收收入5项指标增速均在全市建制县（市、区）排名第一。

*产业转型提档升级。*实施创新驱动发展战略，落实贷款贴息和直接补助、扶持企业上市、深化科技体制改革和鼓励规模外贸企业创新发展等措施，支持企业技术创新、技术改造。全年投入技改资金21亿元、工业投资109.8亿元。新增规模以上工业企业13家、限额以上商业企业8家、规上服务业企业4家、自营进出口企业45家。新设院士工作站1个；成功认定国家高新技术企业4家、培育入库8家；认定省级工程技术中心2家、市级工程技术中心3家、市级企业技术中心6家；专利申请量481件。设立巨轮智能科技研究院、中德金属科技研究院等新型研发机构；越群公司可研项目被纳入国家星火计划，海兴公司获得广东省专利优秀奖。农业转型升级也取得新成效，“互联网+农业”顺利实施，六大“生态农业基地”和“一镇一品”得到巩固提升，农林牧渔业总产值36.16亿元，增长4.1%。

产业平台不断夯实。揭东经济开发区运用好

省园区基础设施建设股权投资资金5000万元，完成2条园区道路改造升级。邀请省产业发展研究院编制新型生态园产业发展规划，论证确定了先进制造、健康产业等主导产业，以及高端电子信息等潜力产业和商贸物流、休闲旅游等配套产业，并出台入园企业扶持奖励措施。新型生态园首批12家入园企业已建成4家，投（试）产3家。中德金属生态城建设快速推进，全国首家“零排放”金属表面处理中心投入使用，珠江大道北延、金叶路等重要基础设施建设顺利推进；欧绿宝、宝库智能管网等37个项目落户建设，投（试）产5家。大军埔电商圈创新发展，建成智慧大街、新天地电子商务园区首期工程等配套设施，面向全国的免费电商培训基地长期开班，培训电商人才6000多人；启动电商公园建设，军埔电商村整体环境得到提升；军埔电商村的创业事迹亮相G20杭州峰会宣传片《中国方案》，走上国际舞台；锡场镇成为全省10个“互联网+电商”小镇之一；揭东区荣获广东县域电商创新奖。同时，依托“四站合一”交通优势，谋划发展高铁经济，已完成轨道经济创新区产业发展规划编制工作。

——宜居新城建设亮点纷呈，城乡面貌实现新变化

*新城建设步履扎实。*完成了旧城区、河东新区和开发区综合产业园控制性详细规划修编和生活垃圾、生活污水、集中供热等一批专项规划编制。城区污水处理厂二期工程建成投入使用，截污干管不断延伸。牛岭山城市公园启动建设，首期工程春节前已建成并对外开放；贝多芬生态公园初步完成概念规划编制。成功回购区人民广场附属建筑物，启动了揭东创新中心、城市展示馆的规划建设。知名企业碧桂园入驻飞鹰山生态城开发建设并实现首期售房，揭东新城的知名度明显提升。

*基础设施不断完善。*北环大道、环山路东段、沿江路西段“三路”和东环城路等13条市政道路建设有序推进，北环大道西段、沿江路西段春节前已贯通。北环大道的建设，顺应了形势发展和群众呼声，解决了揭东建县之初就有规划但无法实施的难题。地方公路建设投入4.5亿元，新（改）建公路里程64.8千米、桥梁4座，新增通自然村硬底化道路41.5千米。梅汕客专揭东段32千米的征地、拆迁、赔青等前期工作顺利完成。电力建设投入1.2亿元，改造提升一批电网和配网工程，岐山500千伏输变电站、中电投热电联产项目建设的前期工作抓紧进行。水利建设投入2.8亿元，全力推进重点水利项目及配套工程，19宗省级水利示范县项目已完工6宗，9宗村村通自来水工程已完工2宗。揭阳引韩供水工程北环大道段开工建设，打响全市“引韩”第一炮。通信建设投入550多万元，在全区重点公共场所设立563个免费WiFi网络热点，并配套相关设施。

*文明创建深入开展。*按照“四级联创”的要求，以城乡环境和交通秩序整治为重点，掀起文明创建热潮。共投入创文资金6500万元，其中区财政投入资金3000多万元，按每人10元的标准拨出约700万元作为村级保洁经费。改造提升镇级生活垃圾转运站、乡村生活垃圾收集点，配置抑尘喷雾车、湿式扫路车和垃圾压缩运输车等环卫设备一批。按标提质改造城西、曲溪港畔、锡场华清、埔田中心等市场。落实“门前三包”和“一局一文明路”网格化管理，打造10条“样板路”，创建金山路、金凤路2条区示范路和市机场示范路（国道206线揭阳楼至枫口大桥路段），培育20个创文示范点，锡场镇成为全市文明创建示范点。实行月考核、季评比的农村生活垃圾考核制度，城乡人居环境明显改善。

——幸福揭东建设稳步推进，社会民生得到新改善

*教育卫生加快发展。*在全市率先实现教育强镇全覆盖、率先建成省教育强区、率先建成全国义务教育发展基本均衡区“三个率先”的基础上，启动教育创先工作。玉湖镇所有义务教育阶段学校已通过“广东省义务教育现代化学校”验收，并顺利通过省教育强镇复评；我区顺利通过“全国义务教育发展基本均衡区”复检。高考、中考再创佳绩。实施卫生创强，筛选确定今后三年基建项目和设备，首期建设项目获得国开行融

资授信额度支持。区第一人民医院和锡场镇卫生院、军埔卫生室联接上“远程影像诊断云平台”，实现与市人民医院远程会诊。开展“一院一品牌”创建工作，基层卫生院均有了特色医疗品牌。登革热、H7N9等传染病得到有效防控。人口计生服务水平不断提升，生育政策改革得到落实。

文化旅游取得进步。图书馆、文化馆、博物馆实行免费开放，村村建成电子阅览室，群众性文化活动深入开展。举办金凤奖颁奖大会，对撤县设区以来热心公益的乡贤进行嘉奖，激发海内外乡亲、广大乡贤建设家乡的热情。落实全国旅游厕所建设管理三年行动计划，新（改、扩）建旅游厕所一批。郑大进府被省人民政府定为省级文物保护单位，万竹园被评为“广东省游学旅游示范基地”。

生态环境明显改善。开发区新区、玉窖、锡场、新亨4座PPP模式镇级污水处理厂建设加快推进，整区打包PPP污水处理设施项目完成招投标，进入建设阶段。果断处置双坑自然保护区、水源保护区等破坏生态环境事件；办好中央环保督察组交办案件，重拳打击非法采石、洗砂、电镀、酸洗等污染行为，以环保底线倒逼污染企业转型升级；加强榕江、枫江等重点流域水污染治理，启动曲溪河、大港溪黑臭水体整治工程，生态环境得到有效保护。开展新一轮绿化行动，完成造林面积2791亩，全区森林覆盖率达50.29%。

民生保障得到加强。实施精准扶贫，按标准认定扶贫对象5266户共1.21万人，对891户贫困户实行干部挂钩帮扶，受惠困难群众逐步摆脱贫困。城镇新增就业人数3513人，农村劳动力转移就业3750人，农村劳动力技能培训3361人。城乡居民基本养老保险和基本医疗保险均实现全覆盖。省级新农村示范片建设有序推进，3个主体村去年9月进入全面施工建设。完成农村危房改造380户，有效改善困难群众的居住条件。农村普惠金融工作通过省复检。区政府承诺的10件民生实事得到落实。

社会治理稳步推进。办好中央农办农村改革试验联系点、省村居基层治理改革试点，村级“一室两会”基层治理模式进一步推广。农村土地承包经营权确权登记颁证工作扎实推进。“一村（社区）一法律顾问”制度不断深化。一批历史遗留信访积案得到有效化解。全区治安视频监控系统完成改造升级，区、镇、村三级联防体系进一步完善，违法犯罪案件保持低发态势，群众安全感明显增强。对6家企业授予质量奖，激励企业加强质量管理。生产安全、消防安全、食品药品安全、道路交通安全等形势稳中向好，没有发生重特大安全生产事故。

——政府自身建设切实加强，行政效能有了新提升

政务服务不断优化。在区公共服务中心设立“大一门”服务窗口和“小一门”服务窗口，启动公共服务事项标准录入工作，“一门式一网式”政府服务模式改革有效实施。整合设立区公共资源交易中心和区不动产登记中心。依托“揭东区电子监察系统”平台，加强对行政审批事项办理情况的实时监察。

行政改革逐步深化。编制形成部门权责清单，保留各类权责事项5258项，并向社会公布。精简行政审批项目，保留行政许可事项259项；启动全区行政审批标准化录入模块工作。对原区工商局和质监局的职能进行整合，设立了区市场监督管理局，市场监管力度进一步加大。

廉政建设深入推进。坚持向人大及其常委会报告工作和向政协委员通报工作制度，共办理人大代表建议意见8件、政协委员提案和建议意见26件。深入开展“两学一做”学习教育，严格执行中央“八项规定”、国务院“约法三章”，政府系统党风廉政建设责任制得到有效落实。严肃整治“四风”和不严不实问题，以良好的政风促进社风。

与此同时，审计、统计、物价、妇幼老龄、国防动员、民族宗教、对台事务、外事侨务和红十字会等工作均取得新进展。

在看到成绩的同时，我们也清醒地看到，全区经济社会发展还存在不少困难和问题，主要有：产业竞争力不强，转型升级、创新发展力度仍需加大；基础设施配套滞后，城市化水平偏低；环保基础设施短板突出，节能减排任务繁重；制约发展的体制机制障碍依然存在，政府职能转变亟待深化，等等。对此，我们将高度重视，采取有力措施，认真加以解决。

2017年工作安排

2017年，是实施“十三五”规划的重要一年，也是推进供给侧结构性改革的深化之年。综观当前形势，虽然我们面临着复杂多变的宏观经济环境挑战，但更要看到我们自身的优势和潜力，特别是我区的发展态势向好、产业基础厚实、增长动力充足、空间容量扩大、干事氛围浓烈。我们要增强信心，鼓足干劲，奋力前行，在新常态下推动新发展、实现新跨越、开创新局面。

今年区政府工作的总体要求是：坚持稳中求进工作总基调，牢固树立和积极践行新发展理念，适应把握引领经济发展新常态，深入推进供给侧结构性改革，坚决按照区二届二次党代会的部署，咬定争当全市发展排头兵的总目标，实施创新驱动、推动转型升级，加快扩容提质、统筹城乡发展，着力改善民生、增强群众幸福感，全力冲刺建设产业强区、宜居新城、幸福揭东“三个核心任务”，推动揭东经济社会又好又快发展。

围绕争当全市发展排头兵，今年全区经济社会发展预期目标是：生产总值增长8.2%；规模以上工业增加值增长8%；地方公共财政预算收入按可比口径增长6.9%；固定资产投资增长20%以上；社会消费品零售总额增长18%；外贸出口总额增长10%；实际利用外资增长4%；城乡居民人均可支配收入增长8%。

为实现上述目标，重点抓好以下七个方面工作：

一、更强力度推进转型升级

以振兴实体经济为要务，突出招大引强、培优创新，推进产业转型升级，加快产业强区建设进程。

*加快产业平台建设。*揭东经济开发区要紧扣“打造新型工业化示范区和产城融合示范区”的目标定位，加快建设发展步伐。新型生态园要围绕“先进制造业、健康产业、高端电子信息”等产业，实施精准招商、招大引强，着力引进龙头型、效益型、科技型的项目；制作高质量的宣传片、宣传册，对园区投资环境进行推介；充分利用省产业政策，谋划建设生态、人文、产业融合发展的“产业小镇”；兑现新入园企业奖励措施，12家首批入园企业今年要全面建成投产，对第二批入园企业要做好土地保障、落户服务等工作。综合产业园要在巩固现有产业发展的同时，争取省级产业转移工业园专项资金，改造提升人民大道、金龙路等道路工程，优化提升园区投资环境。大军埔电商圈要围绕提质增效，建设军埔大数据中心，有效推动军埔电商发展升级；抓好全国电商免费培训、电子商务创业孵化等基地建设，加快电商公园建设步伐，扩大军埔电商的竞争力和影响力。以锡场镇创建“互联网+电商”小镇为动力，依托“四站合一”的优势，着力打造“一镇一村一城一中心”，并结合轨道经济创新区产业发展规划，大力发展现代商务、现代物流等新业态。要全力服务中德金属生态城建设。做好征地、拆迁、赔青等前期工作，为环保装备产业园等项目提供用地保障；设立高效便捷的并联审批“绿色通道”，为企业落户提供优质服务。抓好珠江大道北延、金叶路等基础设施和贝多芬生态公园建设，力促绿源再生资源、孵化器二期等项目尽快建成。

*坚持创新驱动发展。*深入推进产业“登高”工程，制订出台高新技术企业培育、科技进步奖、工程研发中心和企业技术中心认定等扶持措施，激发创新活力。培育一批引领创新发展的行业领军企业，推动产学研多层次协同创新，把科技创新真正落实到产业发展上。力争高新技术企业累计达到24家、省级新型研发机构3家、创新平台15个、众创空间1家，今年发明专利申请60件。深入实施质量强区战略，推进品牌建设，提升揭东知名度和影响力。继续落实企业转型升级贷款贴息、扶持企业上市等一系列措施，以巨轮、吉青等重点企业为示范，带动全区面上企业开展技术改造、技术创新，力争今年完成工业技

改投资54亿元、技改规上企业95家；推动鹏锦、越群、蒙泰等7家企业加快上市步伐，利用资本市场做大做强。

推进产业共建。用足用好用活省、市产业共建扶持政策，研究制订我区产业共建措施，建立产业共建领导机构，改善产业共建的软硬件配套，以开发区为主阵地，加快推进产业共建。继续实施产业引进工程，加大对珠三角产业转出的招商力度，力争有10家以上实质性转移企业在我区落户建设，形成实体经济新增量。大力实施“乡贤回归”工程，弘扬“金凤奖”精神，积极动员外出企业家、外出乡贤投身揭东产业共建。同时，要加快现代物流城、烟草物流配送中心建设，跟踪引进大参林粤东总部项目，发展总部经济。

二、更高水平推进扩容提质

以扩容提质为主攻，着力完善功能配套，补齐基础设施短板，加强环境综合治理，提升城市形象和品位。

完善城市功能配套。全面做好主城区控规修编和村镇规划编制工作，严格执行城乡规划，依法管治非法建筑、小产权房，加大城中村改造力度。加快推进“三路”和东环城路等10条市政道路建设，配合市做好榕江跨河景观大桥建设相关工作，拉伸城市框架。优化城市内部功能布局，腾出更多的城市公共空间和绿色空间。抓好牛岭山城市公园等休闲设施配套，加快揭东创新中心、城市展示馆建设，完善城区教育、医疗等服务功能，提升城市品位。谋划建设特色商业街，在中心片区引进城市综合体，集聚人气商气，推进房地产“去库存”。

补齐基础设施短板。加快交通、水利、能源等基础设施建设，着力“补短板”。交通方面，抓紧建设“四站合一”交通枢纽项目，力促国道539线路面改造工程上马开工，抓好县道锡曲线、马五线等地方公路改造提升，改造建设镇村公路62千米，改善城乡交通环境。水利方面，重点抓好省级水利示范县项目和老虎陂世德堂、新西河2个灌区改造工程以及白石电排站建设；加强内河治理，推进水系恢复。能源方面，加快岐山500千伏输变电站、中电投热电联产等项目建设，推进新一轮农村电网改造提升工程。

提升文明创建水平。理顺城市管理体制，设立城市综合执法机构，加强城市执法队伍和保洁员队伍建设，完善环卫设施和设备配套，健全经费保障、“门前三包”、“一局一文明路”和监督问责等长效机制，推动城市管理精细化、机械化、常态化。继续开展“创文”行动，突出抓好城乡环境、交通秩序、市场秩序“三大专项整治”，促进城市净化、绿化、美化、亮化。树立经营城市理念，对广告经营权、道路停车位等城市资源，探索市场化运作，把城市资源转变为城市建设资金。加强社会主义核心价值观教育，发动市民参与文明创建，提升城市文明程度。

三、更宽视野推进空间拓展

以开放发展理念为指导，深化对外交流合作，拓展经贸合作空间，增创外向型经济发展新优势。

扩大对外合作。响应国家“一带一路”战略，扩大与欧洲及周边国家和东盟、南美、中东地区的经贸往来。以深化对德合作为契机，依托中德金属生态城，对接德国“工业4.0”，加强与德国在科技、人才、教育、医疗等领域的深度合作，争取在合作型创新上取得新突破。充分利用“三大产业平台”和“四站合一”等优势，加强与汕头、潮州等周边地区和珠三角等发达地区的沟通联系，拓展对外合作空间。

促进外贸转型。支持拥有自主品牌和核心技术的企业开拓外贸业务，进军国际市场，力争新增自营进出口企业45家；鼓励出口企业加大研发投入，争创自主品牌，形成以技术、品牌、质量为核心的竞争优势，不断提高产品附加值和市场占有率。落实鼓励规模外贸企业创新发展奖励措施，对中小微出口企业信用保险进行统保，激发企业扩大出口积极性。开展“关企面对面”活动，为出口企业释疑解难。组织中小微企业参加广交会、中小企业博览会、粤港经贸交流会等展会，拓宽销售渠道。抓紧建设军埔跨境电商产业园和中德跨境电商产业园，完善跨境电商配套，培育发展跨境电子商务新业态。

四、更严措施推进生态保护

以绿色、环保、生态为目标，强化环境污染整治，落实最严格的环境保护制度，共建天蓝、地绿、水清的美丽揭东。

加强环境治理和资源保护。继续强化环境联合执法，保持打击环境违法行为高压态势，确保中央环保督察组交办案件整改落实到位，坚决防止环保问题发生反弹。扎实推进水、大气、土壤污染防治三大行动，大力整治废气、扬尘等大气污染。落实“河长制”，加大榕江、枫江污染治理力度，重点对工业污染源、流域内养殖业等加强治理和监管。加大环保宣传力度，积极倡导健康文明、节俭低碳的生活方式。实行最严格的水资源管理制度，保障群众生产生活用水。强化国土资源监管，遏制违法违规用地行为发生。盘活存量土地，提升节约集约用地水平。

加快环保基础设施建设。坚决落实环保基础设施建设三年行动计划，今年底前要完成60项水污染、12项大气污染、1项土壤污染综合整治项目。确保4座PPP模式镇级污水处理厂今年底前投入试运营，加快整区打包PPP污水处理设施项目建设，力争明年底建成；推进黑臭水体整治工程，争取大港溪今年底前完成整治任务，曲溪河在明年底前完成。抓好生活垃圾镇转运站和村收集点的改造升级，落实建筑垃圾定点堆放；抓好环卫设施和保洁设备的配置或更新，进一步推动城乡环境整治机械化。

深入开展绿化大行动。落实森林碳汇、生态景观林带、森林进城围城和乡村绿化美化“四大工程”，进一步提升全区森林覆盖率。加强森林资源保护，继续开展植绿活动，动员全社会人人植树，为城市加绿、乡村添绿，创建一批绿色企业、绿色校园、绿色村庄、绿色社区。

五、更实举措推进“三农”工作

以农业供给侧结构性改革为主线，着力发展现代农业，加大农村改革力度，培育农业农村发展新动能，推动“三农”工作稳步发展。

扎实推进农业供给侧结构性改革。把增加绿色优质农产品供给放在突出位置，以4个“一镇一品”示范镇为引领，狠抓农产品标准化生产、品牌创建、质量安全监管，让人民群众吃上绿色、安全、放心的食品。抓好裕丰畜牧、田田绿新农业2个省级菜篮子工程示范基地和润丰“新农村环保能源示范基地”建设，培育农业龙头企业、农民专业合作社等新型经营主体，提升农业产业化水平。加强农业装备设施建设，完善农产品冷链仓储配送系统。依托万亩竹笋基地、坪上万亩茶园、新寮古村落和宝山湖等旅游景点，大力推广乡村旅游观光、餐饮娱乐、农耕体验等，促进旅游业和农业融合发展，拓宽农民增收致富渠道。

深化农村各项改革。积极稳妥推进农村土地经营权确权登记颁证工作，建立健全土地流转规范管理制度。深化农村集体产权制度改革，加强农村“三资”管理，盘活集体资产，提高集体资产收益率。巩固提升农村普惠金融工作成果，扩大政策性农业保险覆盖面。

优化乡村人居环境。以省级新农村示范片建设为重点，着力打造好3个主体村和6个辐射村，以点带面，推动新农村发展，开创美丽乡村建设新景象。以自然村为单位，围绕村民居住环境“干净、整洁、有序、宜居”目标，组织发动群众全面做到抓“三清”（清村巷道路乱搭建等、清房前屋后杂草杂物等、清沟渠池塘小溪淤泥等）、拆“三旧”（拆旧危房、旧残垣断壁、旧废弃猪牛栏和露天厕所）、促“三建”（建栅栏圈围、建污水处理设施、建垃圾卫生保洁机制），提升农村环境建设水平。

突出抓好精准脱贫。要按照省提出的“三年攻坚、两年巩固，到2020年如期完成脱贫攻坚任务”的目标要求，严格落实党政一把手抓扶贫责任制，充分调动各方资源和力量，通过扶持生产、促进就业、教育培训和社会保障兜底，实施特困人群救助制度，坚持一户多策、一人一策，推进精准脱贫工作，力争到今年底贫困户基本脱贫，通过2～3年努力再巩固、再提升。

六、更大决心推进民生福祉

以补齐民生短板为重点，加快发展社会事业，着力改善民生，构建全民共建共享、社会和谐稳定的新格局。

推进教育创先工程。以办好人民满意教育为目标，加快全区学校信息化、现代化建设，加快推进义务教育均衡优质现代化发展。抓好区第二小学、青少年活动中心建设，完善青少年教育各项设施配套，改善中小学办学条件。深化学校内涵建设，提升教师队伍素质。力争到今年底率先在全市建成“广东省推进教育现代化先进区”。

深化卫生创强行动。围绕2018年建成卫生强区的目标，建立健全医疗投入、设施配套、人才管理体制机制，激发医疗机构“创强”活力。区第一人民医院要做大做强，打造品牌；区第二人民医院力争今年达到“二甲”建设标准；区中医院要走医养结合路子，拓展发展空间；区慢性病防治中心、疾控中心要提高公共卫生服务水平，满足群众健康需求；基层医院要加强临床服务能力建设，为群众提供优质的医疗服务。同时，要改进计划生育服务工作，提高出生人口素质，促进人口均衡发展。

狠抓财税金融工作。支持实体经济发展，夯实壮大税源基础。强化依法治税，公平税负，确保应收尽收。调整优化财政支出结构，增强财政服务民生、服务发展能力。贯彻实施“金融暖企”行动，千方百计解决中小微企业融资困难。加强与国开行、农发行合作，争取更多政策性金融资金支持地方发展。依法打击非法集资和处置涉众型金融不稳定问题，加强与上级监管部门沟通，防范化解风险，维护金融稳定。

着力维护社会稳定。实施最严格的食品药品安全监管制度，加强市场巡查和食品企业监管，确保食品药品安全。全面落实安全生产责任，加强风险源排查和防范，铁腕整治安全生产隐患，坚决防范和遏制重特大事故发生。做好信访工作，稳妥化解社会矛盾，保护群众合法权益。深入开展社会治安整治专项行动，严厉打击“两抢一盗”、“黄赌毒”、电信诈骗和制假售假等违法犯罪行为，促进社会平安和谐，提高人民群众安全感。

发展其他社会事业。实施更加积极的就业政策，发挥公共就业服务平台作用，加强农村劳动力转移就业培训和电商人才培训，支持技能晋升培训，促进劳动者自主就业。强化社保扩面征缴，探索城乡居民与城镇职工养老、医疗保险制度一体化。组织参加市第七届运动会暨第四届学生运动会。加快推进云山殡仪馆扩建工程。做好优抚安置工作，完善拥军优属、残疾人保障机制。健全社会救助体系，发展社会福利慈善事业。同时，要做好统计、物价、地震、人防、应急、红十字、妇女儿童、国防动员、民族宗教、外事侨务、对台事务、新闻出版、广播电视、文史档案等工作。

办好十件民生实事。一是启动第一初中建设，创建规范化幼儿园20所，培育幼儿园大专教师230人、中小学本科教师645人、高中（中职）研究生教师25人；全区所有义务教育阶段学校通过教育现代化学校验收，全面完成7个镇（街道）广东省教育强镇复评工作，力争今年底通过“广东省推进教育现代化先进区”省级验收，在全市率先建成“广东省推进教育现代化先进区”。二是启动中医院及养老机构、慢性病防治中心选址及建设，抓好区人民医院美沙酮门诊室和区妇幼保健计划生育服务中心出生缺陷干预工程的改建，以及埔田卫生院医技大楼、玉湖卫生院住院综合楼的上马建设共4项卫生创强项目；引进医疗卫生人才50名；投资2900万元购置医疗设备43台（套）。三是完成引韩供水工程北环大道段建设，完善城区供水管网，加快推进埔田、云路、锡场、新亨、玉窖和玉湖的村村通自来水工程建设，保障群众饮用水安全。四是建设区行政审批统一申办受理平台和投资项目在线审批子平台，适时推出网上办事大厅手机版，为企业和群众办事提供“掌上平台”。五是对无法依靠产业扶持和就业帮助脱贫，且符合低保和特困供养条件的贫困家庭，全部纳入最低生活保障和特困供养范围，实行政策性保障兜底。六是在基层新建2个体育场地设施示范点，推进体育设施进社区、进农村，努力实施全民健身工程。七是实施道路畅通工程，建设农村硬底化道路40千米，对揭东大道车站路口及金叶酒店路口进行改造提升；新增设交通信号灯及电子警察2处，改造提升主城区5个路口的交通信号设施，建设智能化交通秩序指挥平台。八是深化“互联网+”工程，实施“互联网+精准扶贫”，免费为1200名贫困户开展电商培训，支持120户贫困家庭创立网店；对符合规定参加劳动力技能晋升免费培训的贫困户学员，给予一定生活补贴；加快“互联网+电商”小镇建设，率先在军埔村实现无线WiFi全覆盖，完善军埔二维码信息，为更多的企业和商户提供“互联网+大数据”服务。九是建成开发区新区、玉窖、锡场、新亨4座PPP污水处理厂，加快整区打包PPP污水处理设施项目建设，农村污水实现有效处理；开展曲溪河、大港溪黑臭水体治理，逐步消除河道水体黑臭。十是实施人居环境提升工程，启动建设城区生活垃圾转运站3座；区财政对各镇洒水车按每辆每月1万元给予补助，按每人每年不低于30元标准拨付资金给各村，支持开展环境卫生整治。

七、更优服务推进高效施政

以服务群众为宗旨，加强效能建设、法治建设、作风建设，提高依法履职能力，努力塑造政府新形象。

提升服务效能。构建区、镇、村三级基层公共服务平台一体化运作机制，大力推行“一门式一网式”政府服务模式改革。健全村（居）民主管理和办事公开制度。深入实施“阳光政务”，全面深化政务公开。加大简政放权力度。建立政府部门行政问责、行政过错责任追究制度，发挥审计监督作用，确保各项政策措施落到实处。

坚持依法行政。强化学法用法意识，坚持依法履职，把政府活动纳入法治轨道。完善“一村（社区）一法律顾问”制度，依法有效化解社会矛盾纠纷。严格落实行政执法责任制，健全决策咨询机制。自觉接受区人大及其常委会的法律监督和区政协的民主监督，广泛听取民主党派、工商联和无党派人士意见，提高科学民主决策水平。

加强作风建设。严格落实中央“八项规定”精神、国务院“约法三章”要求，巩固拓展党的群众路线教育实践活动、“三严三实”专题教育和“两学一做”学习教育成果，完善作风建设长效机制。全面落实政府系统党风廉政建设责任制，依法查处各类违纪违法案件，坚决纠正损害群众利益的不正之风。坚持厉行节约、倡俭治奢，努力降低行政成本，以良好政风取信于民。

强化执行能力。对政府各项工作任务，要统筹全面，抓住重点，以勇于担当、善于谋划、敢于攻坚的作风抓落实。要实行无缝式责任分工分解制度，层层传导压力，级级压实责任，实施挂图作战，强化督查问责，做到高效推进，确保取得实实在在的成效。

揭阳市揭东区人大常委会工作报告

——在揭阳市揭东区第二届人民代表大会第二次会议上

（2017年3月10日）

揭东区人大常委会主任　许列群

过去一年主要工作

一年来，区人大常委会在区委的正确领导下，牢牢把握人大工作的政治方向，找准服务大局的结合点、监督工作的切入点和社会发展的着力点，坚持思想政治作风建设，坚持观大势谋大局，坚持问题导向和开拓创新，以强烈的使命感推进各项工作。召开常委会会议13次，听取和审议专项工作报告24项次，组织和配合上级执法检查10次，组织专项调研视察活动3次，开创了人大工作新局面。

一、围绕中心，依法履职

依法决定重大事项　围绕区委的决策部署，对关系全区发展与稳定，关系人民群众根本利益的民生问题和社会事业等重大事项，依法适时作出决议决定。去年，就我区及中德金属生态城基础设施建设进行融资和新增债券转贷资金等重大问题共作出决议、决定5项。

注重经济运行监督　关注经济运行的健康性和财政资金管理的规范性，开展对计划预算的审查监督和经济运行情况调研，听取和审议计划、预算执行情况报告和审计工作报告，审查批准决算、预算调整方案。落实《预算法》的要求，强化预算支出联网在线监督，提高人大监督的系统性和时效性。发挥审计监督作用，完善审计查出问题及落实整改情况向人大常委会报告机制。

加强民生事业监督　重视水利工作，听取水务局关于完善水利基础设施建设等工作汇报，并就推进示范区、重点区等民生水利项目建设，加强水资源管理等方面提出审议意见和要求。注重资源管理，听取国土资源局工作汇报，要求加强土地规划管理，打击违法违规用地行为，全面实施绿色国土、节约优先的战略部署。围绕保稳定、创平安的工作目标，听取了公安分局工作汇报，推进治安基础设施建设，加强专项整治，重拳打击违法犯罪。针对群众较为关心的就业、医保、社保等问题，听取人社局工作汇报，要求政府及职能部门要强化为民意识，抓好就业、医保社保工作。

做好人事任免工作　正确处理好党管干部的原则与人大依法任免干部的关系，认真按法律程序办事，加强拟任命干部的审查和任前法律知识考试，为全区经济社会发展提供了有力的组织保障。去年，共依法任命干部37名，依法免职7名，接受辞职5名。

二、突出主体，创新履职

激发代表履职活力　加强与代表的交流，围绕城乡环境卫生和交通秩序整治、卫生创强等工作情况进行专题视察，有针对性地提出建设性意见，推进全区重点工作顺利开展。组织代表开展视察、执法检查13场次，参加代表200多人次，让代表及时了解全区经济社会发展情况，推动服务政府、责任政府、法治政府建设。

创新代表活动方式　发挥代表熟悉基层，了解社情民意的优势，组织和指导代表小组开展专

题调研活动，积极提出建议意见，增强履职效果。邀请代表列席常委会会议达60多人次，让代表及时了解常委会和“一府两院”的重要工作情况。重视人大宣传工作，组织区电视台制作代表履职专题片8期，展示代表履职风采；组织参加市“人大新闻奖”评选，有5篇作品获奖。

提高代表履职能力 举办初任培训和履职培训，拓展代表培训的广度和深度，运用专题辅导、以会代训、经验交流等多种形式，提高代表履职能力和水平。共开设培训班2期，培训代表400多人次。

增强建议督办实效 建立健全常委会领导联系督办重点建议件，各工委联系对口部门督办等工作机制，切实提升督办工作质量。二届一次会议期间，共收到代表建议意见7件，都及时交政府办理，督查重点建议意见3件，使一批重点建议件得到较好落实。

三、推进法治，促进履职

加强执法检查 加强对法律法规落实情况的监督和检查，组织和配合上级人大对我区贯彻实施《妇女权益保障法》、《环境保护法》等法律法规的情况进行检查，督促政府及有关职能部门提高有法必依的自觉性，推动法律法规的全面正确实施。

加强司法监督 关注“两院”司法改革，听取和审议“两院”工作报告，组织代表观摩庭审，要求“两院”完善内部监督机制，规范司法行为，进一步推进审判公开、检务公开，增强司法公信力，提高人民群众的满意度。

加强法治建设 坚持以普法宣传教育为基础，以领导干部学法用法为重点，以法律进机关、进社区、进学校、进农村活动为载体，有的放矢地开展全民法制宣传教育工作，提高全民法律意识和法制观念，推进法治社会建设。去年，区政府被市政府评为依法行政优秀单位。

加强信访督办 重视人民群众的诉求，将信访工作作为密切联系群众的一项重要工作来抓，实行重点信访督办制度，加大办理力度。去年，共受理群众来信来访19宗，都转交有关部门办理，督查重点信访10宗，及时解决人民群众反映的热点、难点问题。

加强组织指导 认真主持做好区镇人大换届选举工作，召开选举工作会议，培训工作骨干，加强指导和协调。按照宪法和法律的规定，周密研究部署，深刻汲取辽宁拉票贿选案、湖南衡阳破坏选举案和四川南充拉票贿选案的教训，严明纪律，确保换届选举风清气正，顺利完成。圆满召开区、镇新一届人民代表大会第一次会议，顺利产生区、镇两级政府领导班子成员。

四、改进作风，服务履职

重视班子建设 按照“政治坚定、业务精通、务实高效、作风过硬、团结协作、勤政廉政”的要求，加强领导班子政治理论学习，提高科学决策和依法履职的能力，营造民主、团结、和谐、向上的良好氛围，提高班子的合力和驾驭全局的能力。

重视机关建设 以建设学习型机关为目标，突出抓好人大干部的素质教育，组织全体干部职工深入学习贯彻党的十八大和习近平总书记系列重要讲话精神，不断提高队伍的政治理论水平。重视培训工作，组织干部职工学习《监督法》和《代表法》等法律知识，选派业务骨干参加上级各类培训，增强队伍的凝聚力和战斗力。

重视作风建设 发扬求真务实的优良传统，坚持深入基层，走访群众，走访代表，广泛听取社会各界意见，着力探讨创新人大工作的思路和措施。结合“两学一做”学习教育活动，常委会领导带队下基层开展专题调研，倾听意见建议，既为常委会审议、决策提供真实可靠依据，也对“一府两院”工作起到积极的促进作用。

重视协调指导 正确处理好监督与支持的关系，密切与“一府两院”的联系，形成了齐心协力抓落实，合力攻坚促发展的良好局面。加强同揭阳产业园和各镇人大的联系，协调解决基层人大存在问题。及时派出指导组，加强对各镇换届选举、召开人代会、评议基层所站、组织代表活动等工作的指导，提高基层人大的工作水平，推动揭东人大工作更上新台阶。

我们也清醒认识到，常委会的工作与市委和区委的新要求、与代表和人民群众的新期待还有较大差距，主要是：人大工作与时俱进、完善发展仍须提升和加强；监督工作的重点需要进一步突出，对经济社会发展、民生保障、生态文明建设中的一些短板问题的监督有待增强；代表的履职服务保障工作尚待继续改进。我们要高度重视这些问题，采取有效措施，切实加以解决。

今后一年主要任务

2017年，是供给侧结构性改革的深化之年，是推动揭东和产业园振兴发展的攻坚期。区人大常委会将主动适应新常态，推动人大工作与时俱进，为实施各项事业发展提供有力的法治保障。

一、加强监督工作，积极回应社会关切

推进法律法规的正确实施，促进依法行政、公正司法，维护人民群众合法权益。坚持以解决问题为导向，以群众利益为依归，着力提高监督工作质量和实效。注重发挥常委会作用，适时对事关全区改革发展稳定的重大事项作出决议、决定。继续坚持党管干部与依法任免相结合的原则，做好人事任免工作。突出监督的刚性、针对性和实效性，推动“一府两院”依法开展工作。加强对计划、预算、决算、审计工作等法定项目的审查监督，提高监督的系统性、时效性和严肃性。加强对教育、文化、低保、交通基础设施和市场秩序等民生工作的监督，促进民生改善和社会和谐。加强对环境状况及环境目标完成情况等工作的监督，推动生态文明建设。加强对司法工作的监督，促进严格执法、公正司法。加大对常委会决定、审议意见落实情况的督办力度。重视信访工作，促进热点难点问题的解决。

二、加强代表工作，更好发挥代表作用

加强代表学习和培训，拓展代表培训的广度和深度，提高履职能力和水平。加强与周边市县人大的联系和沟通，交流经验。准确把握代表履职需求，完善基层代表联系点，设立镇（街道）代表联络工作室，为代表履职活动创造条件。密切同代表的联系，扩大代表对常委会工作的参与，支持代表参与执法检查、调研和视察等各项活动。建立、健全常委会组成人员联系代表，代表联系选民的制度，畅通代表联系的渠道。实施代表直通车、代表“一键通”制度，构筑代表反映问题的平台。建立代表履职手册，对代表履职情况实行存档考评制度，激发代表履职热情，切实发挥代表的积极作用。认真做好代表议案和建议的交办工作，同时加大办理督查力度。

三、加强自身建设，努力提高履职能力

认真贯彻习近平总书记系列重要讲话精神，与党中央保持高度一致，切实提高常委会组成人员和机关工作人员的思想素质和业务水平。坚持深入群众、深入实际调查研究，充分听取人民群众的意见、要求和呼声，提高常委会民主化、科学化的决策水平。增强履职能力，不断提高监督和代表工作水平。强化制度建设，充分发挥常委会各部门在监督工作中的职能作用，形成职责分明、分工负责、规范有序、务实高效的运行机制，不断提高人大机关的工作效率和质量。改进工作作风，研究解决新问题，推动重点工作不断开展。加强基层人大工作的联系和指导，有效发挥镇人大作用，整体推进基层人大工作再上一个新台阶。注重与“一府两院”、上下级人大的联系沟通，共同推动经济社会发展、民生保障落实和民主法治建设。加强与揭阳产业园的工作联系，探索推进产业园人大工作的方法途径。

中国人民政治协商会议
揭阳市揭东区第二届委员会常务委员会工作报告

（2017年3月8日）

林炳华

工作回顾

换届以来，区政协在中共揭东区委的正确领导，在揭东区政府、揭阳产业园管委会等的大力支持下，深入贯彻落实党的十八大、十八届五中、六中全会和习近平总书记系列重要讲话精神，牢牢把握团结和民主两大主题，围绕中心，服务大局，切实履行政治协商、民主监督、参政议政三大职能，为建设幸福社会作出了积极贡献。

一、加强学习培训，委员素质有新提高

为进一步适应新形势发展的需要和新时期人民政协的工作要求，常委会坚持把组织和推动委员学习作为夯实基础、统一思想的重要环节来抓，有计划有重点地开展理论学习，不断提高委员整体素质和履行职能的能力。

（一）强化政治理论学习。通过政协党组会议、常委会议和专委会议，组织委员深入学习党的重要理论，特别是中共十八大、十八届五中、六中全会和习近平总书记系列重要讲话精神；认真学习省委、市委和区委全会精神以及有关政协理论、统战知识，不断提高委员的政治觉悟和围绕中心、服务大局的自觉性，增强发展的机遇意识、使命意识和创新意识。

（二）深化教育培训。为进一步提高委员素质，使委员更好地履行职能，区政协利用专题培训班、联络组活动等多种形式，举办了多场委员培训活动，对全体委员进行政协有关知识和做好提案工作的专题培训。同时结合“创文”工作，邀请区党校专家专门讲授传统文化知识辅导课。通过全面系统的培训学习，进一步提高了委员对政协的三大职能、委员的职责和权利的全面了解；掌握了提出高质量的提案和建议的本领；增强了适应形势发展，争做一名合格政协委员的责任感和使命感；提升了“懂政协、会协商、善议政”的履职意识，为更好地开展政协工作打下坚实基础。

二、注重调研视察，参政议政有新成效

区政协常委会和各专委会围绕全区重大问题和热点问题，研究制订了揭东区政协调研视察计划，进一步细化调研内容，及时组织委员深入基层和有关部门了解情况，同时结合区委区政府的中心任务开展调研视察工作，注重调研效果，参政议政取得新成效。

一是常委会抓住重点，精心组织视察活动。为进一步推进创文工作，发挥政协在全市“四级联创”工作中的作用，区政协常委会就“城乡环境卫生和交通秩序等突出问题整治工作”进行专题视察，提出确保资金到位、建立长效机制、加大整治力度、强化舆论宣传等四方面16条建议意见，有效地推动创文工作向纵深发展。结合全区中心工作，开展了“特色旅游业发展情况”的调研，提出提高认识，大力发展旅游产业；发挥优势，努力打造旅游品牌；加强规划整合，为发展旅游业提供支撑；加大宣传力度，进一步提升旅游知名度；积极推进“互联网+旅游”，不断拓宽旅游市场等建议意见，受到党委政府的高度赞赏。同时，为进一步推进和谐社会建设，开展了“宗教场所建设和管理情况”的调研，提出引导宗教界重视文化建设，参与社会公益慈善事业，探索服务社会的有效途径等建议，为推动宗教工作正常、有序发展做出了积极贡献。二是专委会选准题目，积极开展专题调研视察活动。专委会紧密结合各自工作实际，充分发挥政协各专委的优势和委员的主体作用，围绕经济社会发展，特别是社会保障和社会管理等民生问题，组织各界别委员有针对性地深入开展调查研究，积极建言献策，为推进经济社会全面发展尽职尽力。

三、践行发展理念，政治协商有新作为

区政协按照党委政府的工作部署，围绕经济、文化、社会生活中的重大问题，选准协商议题，创新协商形式，多层面、多渠道地开展政治协商活动，为党委政府科学决策建言献策。

（一）积极参与重大事务的协商。在新形态下，党委按照有关规定和要求，十分重视政协协商工作。政协主席、副主席分别列席区委核心会议、常委会议、联席会议；党委政府每项重大决策文件出台之前，都征求区政协的意见；党委政府组织学习考察、重点项目建设和各项重大事务的检查落实工作，区政协主席、副主席都参与各项活动，共谋各项事业的发展，真正做到协商在决策之前。特别是在开展创建文明城市工作中，区政协领导带领委员深入到城区、各镇、乡村进行检查督促，指出存在问题，提出建议意见，为推进创文工作做出贡献。

（二）协商议政有序开展。区政协通过全体会议、主席会议、常委会议和专委会议等形式，积极开展协商议政活动。一是全委会议重点协商。区政协二届一次会议期间，广大委员围绕经济建设、城镇建设、法制环境、社会发展以及人民群众普遍关注的热点、难点问题，对揭东区、揭阳产业园政府工作报告及其它报告进行了协商讨论，提出了许多宝贵的建议意见。会后经整理归纳成12方面内容，以提案或建议意见的方式分别报送党委政府，为党政决策提供了重要参考。二是主席会议、常委会议专题协商。区政协主席会议和常委会议分别就全区创文工作、重点项目、招商引资、三农问题等事关经济社会发展的重大问题进行协商，就如何加快经济、社会发展和重点项目建设提出了意见和建议，受到了党委政府的肯定。三是专委会议对口协商。根据调研视察计划，各专委会围绕全区中心工作，通过调研、视察和座谈会等形式，积极提出意见和建议，有效地推进了经济社会各项事业的发展。

四、创新工作思路，民主监督有新突破

区政协从全区的实际出发，努力拓宽民主监督渠道，加大民主监督力度，不断增强民主监督实效。

（一）加大提案工作力度。充分发挥提案在民主监督中的重要作用。例会前，提案委员会积极为委员撰写提案提供信息和指导服务，使提案工作逐步走上规范化、程序化轨道。例会期间，提案委员会对收到的委员提案进行了初步审查，然后提交常委会进行“二审”立案，使提案更具准确性、可操作性。全体会议闭幕后，区政协与区政府联合开展了提案交办工作，对办理好政协提案向承办单位提出了具体要求。同时，注重提案的督办工作，把关系全局性工作的提案列为重点提案，坚持党政主要领导、政协主席、副主席领衔督办制度，收到良好的效果。二届一次会议期间，共收到委员提案22件，立案5件。提案的内容涉及经济建设和社会生活的各个方面，反映了大量社情民意，对党委、政府及有关部门把握情况、改进工作起着积极的作用。

（二）认真开展民主评议监督活动，积极反映社情民意。区政协充分发挥委员在政治生活中的民主监督作用，积极推荐委员参加公安、检察、法院、住建等单位的行风评议监督活动或征询意见座谈会，通过面对面的交流，提出建议意见，有效地提高了政府职能部门的工作效能，改进了工作作风。同时，通过界别活动、深入基层调查研究等渠道，广泛收集来自基层群众的意见和建议，及时反馈到党委政府和有关职能部门，为化解矛盾、凝聚人心、促进发展发挥了重要作用。

五、加强联络联谊，团结民主有新进展

政协把团结和民主两大主题作为一条主线，贯穿于工作的各个环节，努力开创团结和谐、合作共事的良好局面。一是加强与委员的联系。一方面通过建立健全以主席、副主席挂钩的联络组制度，向委员通报经济和社会发展情况，听取委员意见和建议，为委员知情问政、献计出力提供了平台。本届以来，共组织开展委员联络组活动12场次，有效地促进了委员之间的相互联系，加深了友谊，增强了政协组织的凝聚力。另一方面加大对政协委员的宣传力度。与宣传部、电视台联合开辟“政协委员风采”专栏，宣传委员为揭东区、揭阳产业园经济社会做出的贡献，特别是参与社会公益活动情况等，引导委员争做社会发展的推动者、社会稳定的协调者、社会文明的倡导者、社会公平的维护者、社会形象的塑造者，鼓励委员在推进发展的舞台上显身手、唱主角、树形象。二是发挥优势奉献社会。区政协积极鼓励和引导委员在履行职能的同时，关注弱势群体，主动投身社会公益事业。广大委员弘扬传统美德，倡导社会新风，以实际行动践行社会公德。港澳委员秉持爱国、爱港、爱乡的优良传统，充分发挥亲情、乡谊，通过多形式多渠道支持家乡建设，为港澳长期繁荣稳定和家乡的发展发挥了重要作用。据统计，本届以来区政协委员捐资2000多万元支持公益事业、创文工作等方面，政协委员的义举受到各级党政和广大人民群众的高度赞扬。三是充分发挥联系面广的优势，不断畅通渠道，广交朋友，积极开展各类联谊和对外交流工作。组织走出去与全国各地商会、知名潮属团体学习交流，加强招商引资洽谈，全方位推介揭东，宣传揭东；协助配合上级对揭东的调研视察工作，服务好外来有关团体对我区重点项目的考察活动，介绍、宣传我区的经济社会发展情况和投资环境，不断提高知名度。

六、夯实工作基础，自身建设有新提升

区政协始终把夯实基础作为一项重要工作来抓，自身建设迈上了新台阶。一是切实加强委员队伍建设。通过形式多样的活动，组织委员交流思想，相互沟通，相互激励，共同提升履职能力和实效。调动各界别委员参政议政的积极性，着力探索发挥界别作用的方法和途径，构筑多种形式的界别履职新平台，使界别工作更加生动活泼、丰富多彩。二是充分发挥委员的主体作用，维护委员民主权利，不断强化委员的责任意识。建立委员走访机制，增进与委员的密切联系，努力为委员排忧解难。组织动员政协委员积极参与捐资助学、扶贫济困、修桥造路等社会公益慈善事业，充分展现了政协委员热心公益、回报社会的高尚情操。三是切实加强机关建设。以创建“学习型、服务型、创新型、和谐型”机关和“三严三实”“两学一做”等活动为契机，结合政协机关的工作实际，制定完善了《揭东区政协机关工作制度》，使机关工作更规范化、制度化，不断提高了办事效率和服务水平。四是切实为民办好事实事。利用“精准扶贫”契机，深入基层、深入群众，及时反馈群众的意见和社情动态，为党委、政府决策提供有价值的意见和建议。

回顾换届以来的工作，我们深深体会到：做好政协工作，必须坚持中国共产党的领导。要把政协工作融入全区工作大局，把工作着力点放在保证党委政府重大决策和工作部署的贯彻落实上，放在推进揭东区、揭阳产业园的各项中心工作上。必须树立科学的履职理念。要紧紧围绕区二届二次党代会确定的发展思路，咬定争当全市发展排头兵的目标定位，把主要精力放在对经济社会发展趋势的总体把握上，放在产业转型升级的理性思考上，放在重点工作、重大项目的推进上，为揭东区、揭阳产业园破解加快发展、科学发展难题建有据之言、献务实之策。必须弘扬务实为民的精神。要坚持把实现好、维护好、发展好最广大人民群众的根本利益，作为履职的出发点和落脚点，重点围绕人民群众关心的热点、难点和突出问题开展调研视察，议政建言。必须坚持团结民主。要切实坚持民主协商、平等议事的原则，充分发挥政协桥梁纽带作用，为改革发展减少阻力、增加动力、形成合力。必须不断开拓创新。要始终以“服务发展要有新作为、政治协商要有新机制、民主监督要有新成效、参政议政要有新成果、团结民主要有新氛围、自身建设要有新局面”的工作要求，积极探索履行职能的新途径、新方法。

在总结成绩的同时，我们也清醒地认识到，与新常态、新形势相比，与广大政协委员和人民群众的新期望、新要求相比，我们的工作还存在不足。主要有：协商议政活动实效性不够明显，民主监督还比较薄弱，联系服务委员的机制还需进一步完善等。我们将在今后的工作中切实加以改进。

2017年工作安排

2017年是揭东争当全市发展排头兵的重要一年，也是决胜全面建成小康社会的关键之年。区政协要紧紧围绕揭东区二届二次党代会精神和揭阳产业园提出的目标任务，结合政协的工作实际，继续乘势而上，保持定力，不换思路，不换频道，不减力度，努力推进提速提质，加快发展，为建设产业强区、宜居新城、幸福揭东和把揭阳产业园建设成为粤东特色经济新区及生态宜居示范区作出新的贡献。

一、服务发展大局，主动适应经济社会发展新常态

紧紧围绕揭东区二届二次党代会和揭阳产业园提出的发展目标，主动聚焦新常态，积极谋划新思路，找准工作的着力点和切入点，真正把履职工作做到点子上、做到关键处。要利用政协人才荟萃，智力密集的优势，把社会各界人士的智慧和力量凝聚到推动揭东、揭阳产业园发展上来，用良好的精神风貌和一流的业绩为实现工作目标作出积极贡献。要密切关注市情、区情、社情、民情，深入开展参政议政活动，着力在破解发展难题上多思考、建诤言，在建设幸福社会上多行动、做贡献，不断推动政协各项工作的创新发展。

二、立足政协本职，发挥民主协商重要渠道作用

把民主协商贯穿在履行职能的全过程，聚焦经济社会发展的重要课题，在深入调研的基础上，更加灵活、更为主动地开展不同层面的协商议政。一是加强专题协商。通过全委会议、常委会议、主席会议等协商平台，紧扣揭东区、揭阳产业园“十三五”规划及深化改革、精准扶贫、持续改善民生等目标任务谋新举、出实招。二是加强对口协商。提升专委会与对口部门协商的实效性，不断推动生态建设、城镇规划、社会保障、文化繁荣等重要问题的解决落实。三是加强界别协商。发挥界别专业优势，选择以界别名义提出的提案、界别群众集中反映的信息，开展界别协商，形成有价值的参考意见。四是加强提案办理协商。广泛收集提案线索，加大重点提案督办力度，完善提案办理协商的常态化机制，推动提案建议的采纳落实。

三、善于议政监督，共同促进社会民生事业建设

坚持以群众利益为重，真诚倾听群众呼声，真实反映群众愿望。坚持深入基层、深入群众，开展好“履职为民、服务群众”活动，认真做好收集和反映社情民意信息工作，做到知民情、解民忧，畅通和拓宽各界群众的利益诉求表达渠道。要紧扣人民群众关注的环境保护、旅游发展、医疗卫生、教育就业、社会保障、公共交通、城镇化建设等重要民生问题，认真开展民主监督，坚持问题导向，深入实际摸清真实情况，集合众智提出解决办法，努力使对策建议有的放矢、切中要害，促进各项惠民措施落到实处。要关注改革和发展中出现的深层次问题，关注各种影响社会稳定的不利因素，协助党委、政府做好协调关系、化解矛盾的工作，为惠及民生福祉营造和谐稳定的社会环境。

四、突出工作主题，广泛凝聚促进发展正能量

坚持把发扬民主、增进团结作为履行职能的重要着力点，唱响好声音，汇聚正能量，提振精气神。加强与社会各界的联络联谊，认真做好新社会阶层代表及各界群众的团结联络工作。建立健全走访委员和委员企业制度，充分利用“政协委员”网络平台作用，积极宣传我区改革发展的政策措施，引导各界群众主动为推进发展增添动力。要充分发挥经济界委员的作用，鼓励支持他们主动参与经济社会建设，积极为引进项目、资金、技术、人才牵线搭桥，努力推动经济社会全面发展。要加强与港澳委员的联系，促进揭东、香港两地各界人士的交流合作。港澳委员要一如既往地关心、支持家乡建设，在经贸往来、牵线搭桥、投资置业等方面继续发挥优势，持之以恒地为家乡经济社会发展建诤言、献良策、出实力。同时，要动员政协委员关注弱势群体，兴办公益事业，积极扶危济困，不断提高政协影响力，彰显政协作为和价值。

五、提升工作水平，在自身建设上探索新路子

主动确立新思路，实施新举措，以改革创新精神持续推进服务发展能力。注重发挥委员主体作用，健全完善学习培训、履职管理、常态服务制度，积极为委员履职创造更好条件。一是要加强学习培训，增强委员的思想政治觉悟和履职能力。新一年区政协要举办多形式多场次的培训活动，邀请各级专家授课，把政协“大学堂”建立起来，作为委员“充电”的平台，使广大委员成为“大学堂”的“三好生”。二是要丰富界别活动，完善界别调研、视察、协商和提案等工作机制。本次例会后，要尽早做好针对经济社会发展情况的调研视察计划，为落实区二届二次党代会提出的各项目标任务发挥政协的作用。三是要健全专委会组织协调机制，切实发挥专委会履行职能的基础作用。区政协每月至少要组织一次活动，做到月月有活动，月月出成效，使政协工作更加有为。

六、加强机关建设，为科学履职提供保障

以增强机关干部队伍整体素质为重点，提高服务水平为目标，进一步加强机关的思想建设、组织建设、作风建设和制度建设，使机关工作更加规范有序。一是构建学习型机关。要通过加强对新时期党的理论、政协理论等方面的学习，特别是加强对区二届二次党代会精神的学习，进一步坚定理想信念，严守政治规矩，不断提高政治敏锐性和鉴别力。二是构建服务型机关。要牢固树立“政协人”理念，加强同委员的联系，不断完善教育、管理、考核等制度，使机关全体干部职工增强服务意识，更好地发挥参谋助手、综合协调、服务保障作用。三是构建创新型机关。要创新工作机制，营造创新氛围，使政协机关始终充满朝气和活力，真正成为委员的“娘家”。四是构建和谐型机关。要致力于建设团结和谐的政协机关“大家庭”，使机关每一位同志各司其职、各尽其能、各展所长；要进一步巩固“三严三实”“两学一做”专题教育成果，严格要求，严于律己，不折不扣落实党建责任，认真履行党风廉政建设和反腐工作，努力营造风清气正、紧张有序的机关良好氛围。

揭东区开展“五城同创”工作

区长方烽在会上讲话 （区创文办供稿）

2017年11月22日，揭阳市“五城同创”动员大会召开以来，区委、区政府高度重视，迅速行动，部署推动“五城同创”相关工作。

一、加强领导，强化目标任务 为加强对“五城同创”工作的组织领导，区成立区“五城同创”指挥部，由区委书记蔡淡群任总指挥，区委副书记、区长方烽任常务副总指挥。指挥部下设办公室、督查问责组和创建国家卫生城市工作领导小组，创建国家森林城市工作领导小组，创建国家生态文明建设示范城市工作领导小组，创建全国综治（平安建设）优秀市工作领导小组，创建全国文明城市工作领导小组5个专项创建工作领导小组。同时印发《揭东区开展“五城同创”活动总体方案》，结合揭东区实际具体部署市政规划建设提升、环境卫生提质等“九大行动”，进一步明确创建任务及各牵头、责任单位职责。

二、全面动员，凝聚同创共识 2017年12月12日，区召开创文总结暨“五城同创”动员大会，区“五城同创”指挥部成员、区直单位和各镇（街、开发区）相关领导干部，以及各村（居）书记、主任共800多人参加会议，全面动员，加温鼓劲，迅速推进。揭东区委书记蔡淡群提出要坚持“创在必行”，凝聚“五城同创”共识。要坚持“创则必成”，坚定信心恒心决心。要坚持“创出成效”，助推揭东突围提升，跨越崛起。同时，区充分利用宣传资源和力量广泛开展宣传，在揭东广播电视台、广播电台、户外公益广告、社区宣传栏等全方位开展“五城同创”宣传，营造浓烈的创建氛围。

三、落实责任，扭住工作重点 根据《揭阳市“五城同创”近期五项重点工作实施方案》文件要求，结合实际，区将“五城同创”近期五项重点任务分解到具体单位，要求各牵头、责任单位各司其职，严格按照市五创办拟订的目标任务，制订工作倒计时表，明确部门分工，落实到人、具体到点，不折不扣抓落实；要求各责任单位每月12日和27日前将所负责项目进展情况表上报牵头协调单位，由牵头协调单位汇总审核后上报区五创办。牵头单位负总责，相关单位积极配合，确保工作有效推进。

第一，稳妥推进“五河毓秀”工程 首先，榕江北河揭东段、枫江河面的水浮莲和漂浮物打捞，已落实辖区长效机制，并落实工作方案，确保辖区内河面洁净。榕江北河揭东段（玉湖、新亨）已分别落实专门打捞队伍负责辖区内河面打捞工作。其次，区环保局共出动执法人员480多人次，检查排污单位近130家次，查处环境违法行为8宗，其中移送行政拘留6宗，限期整改7宗，依法实施行政处罚5宗；移送司法机关追究刑事责任1宗；清理取缔“散乱污”小抛光加工场3家，有力地打击环境违法行为的嚣张气焰,为人民群众美好生活创造良好的环境，提高群众满意度。最后，做好河岸绿化、美化前期的资金筹集和苗木准备工作。

第二，落实好“五个起来”管理措施　根据市的要求，制订出台《揭东区实现“五个起来”目标工作方案》，要求从2017年12月开始集中精力落实好“交通严起来、露土绿起来、重点部位拦起来、灯光亮起来、停车管起来”五项精细化管理措施，提升城市品位；确保2018年春节前全面完成“五个起来”工作。

第三，抓好农村人居环境整治　区创文办继续扎实推进文明创建与人居环境整治工作，每月上旬组织开展对全区各镇（街）文明创建与人居环境工作督查考核排名。全区各地均已落实保洁员配备，并实现生活垃圾日产日清，各镇（街）完成第四季度各村（居）卫生评比以及“红黑榜”上墙公示。至是年12月，全区累计拆违6394宗，约150470平方米；已铺设人行道约29330米，在建约8040米；已建成雨污分流管网长度395485米，建成处理设施个数121个。

第四，深入开展“众剑行动”　根据市委市、政府和市“众剑行动”指挥部的工作部署，采取有效防控措施，深入开展打击行动。成立以公安队伍为主要战斗力的打击组，切实担负起清查打击工作，结合“飓风2017”专项行动和本辖区治安实际，始终保持打击各种违法犯罪的高压态势。是年，区公安机关共逮捕涉盗抢犯罪13人，破盗抢刑事案件14宗；刑拘涉黑恶犯罪5人，破涉黑恶刑事案件2宗；逮捕涉黄涉毒犯罪9人，破刑事案件6宗；逮捕涉食药环犯罪4人，破刑事案件2宗；查出涉毒犯罪2人，破涉毒案件3宗。各地各部门积极参与，结合部门执法职能，全面开展“众剑行动”打击工作。

（揭东区“五创办”）

JIEDONG
DASHIJI

揭东大事记

揭東年鑒

2017年揭东区大事记

■责任编辑：何巧珠　陈楚鹏

1月

1月1日，梅岗中学迎来建校66周年校庆活动，区委书记吴毅青出席活动并讲话。

是日，锡场镇举行“展青春风采，创文明锡场”文艺汇演活动暨创文志愿者服务队授旗仪式。

1月8日，“美丽家园·文明揭东”摄影大赛启动仪式在锡场镇潭王村举行。

1月9—10日，广东省教育强镇督导验收组到揭东区玉湖镇申报省教育强镇工作进行复评验收

1月11日，市创文巡演活动在揭东区人民广场隆重上演。

是日，全市城乡环境和交通秩序整治现场会在锡场镇召开。

1月13日，揭阳市市长陈东在揭东区领导吴毅青、方烽、陈妙龙等陪同下到新亨敬老院慰问老人。

1月16日，揭东区委书记吴毅青，区长方烽，区委副书记陈建雄等区党政班子主要领导分别带领多个新春慰问团，分赴各地走访慰问敬老院老人、低保户、优抚对象和百岁老人。

是日，揭东区委书记吴毅青，区长方烽分别带队走访看望离休干部，向他们送去新春的美好祝愿和党政的关怀。

1月17日，市组织部部长陈俊林先后深入宝嘉、巨轮等企业和开发区揭东非公有制企业党委办公场地调研，了解揭东的非公党建工作，区有关领导陪同活动。

1月18日，揭东区召开全区综治平安法治建设、创文、固投及重点项目推进工作会议。

1月20日，市纪委书记陈直河带领市相关挂钩部门负责人到新亨镇坪埔村等实地检查“创文”工作。

是日，巨轮智能装备股份有限公司荣获“2016年度广东省优秀品牌示范企业”“2016年度广东省制造业优秀企业”称号。

1月23日，2017年春节联欢晚会在揭东人民广场会议中心举行。

1月28日，由揭东区文联主办的2017年“心潮乐韵”迎春活动，在榕泰广场舞台演出。同日，区文联举办“揭东区2017年迎春灯谜会猜”。

1月30日，2017年市（揭东区）迎春全民健身节日展示活动在城区榕泰健身广场举办。

是月，揭东区新亨镇环罗山路建设完成。

是月，揭东区新亨镇粤美特大道建设完成。

2月

2月5日，揭东区召开经济工作会议召开，区领导吴毅青、方烽、许列群、陈建雄等参加会议。

是日，市关心下一代“关工·精益供电杯”青少年银河乒乓球赛在锡场镇举行。

2月8日，新亨镇仙美村潮汕民俗文化博物馆落成并举行开馆仪式。

2月12日，青海省副省长兼国资委主任王黎

明带领考察团到揭东区中德金属城参观考察，市、揭东区领导张时义、陈定雄、方烽、江玉城等陪同有关活动。

2月15日，中共揭东区纪委二届二次全体会议在区委会议厅召开，区领导吴毅青、方烽、林炳华等参加。

2月16日，人社部副部长、国家外国专家局局长张建国一行深入开发区巨轮股份有限公司和中德金属生态城考察，市、区领导曾瑞如、方烽、张木奋等陪同有关活动。

2月19日，全国政协副主席、民革中央常务副主席齐续春率领全国政协调研组到中德金属生态城，就《中华人民共和国水污染防治法》的修订开展专题调研。省人大常委会副主任周天鸿，市、区领导严植婵、陈东、陈澄民、方烽、林炳华等陪同有关活动。

2月20日，云南省西版纳州政协副主席江建成到军埔电商村参观考察，市政协副主席秦雯，区政协副主席洪新辉等陪同有关活动。

2月21日，中共揭东区委二届二次全会在区人民广场会议中心召开。

是日，广东省烟草专卖局（公司）调研组带队到揭东调研。（见下图）

（李旭伟　摄）

2月22日，揭东区召开财税工作会议。

2月23日，区人民政府召开工作会议，研究2017年政府重点工作和十件民生实事等工作。

是日，省安全监管局副巡视员曾澄楠带队到揭东检查节后复产复工安全生产工作。

2月24日，省财政厅副厅长叶梅芬带领院到锡场镇调研。

2月26日，德国科隆莱茵应用科技大学校长马丁·沃特曼一行到云路镇老虎陂水库库区的揭阳中德合作大学选址考察，市、区领导林丽娇、钟金鸿、谢淡松等陪同有关活动。

2月28日，揭东海事处部署开展“两会”期间的现场监管工作。

是月，揭东电信正式启动“平安揭阳·三期”社会治安监控系统的民生工程建设。

3月

3月1日，中共揭东区第二届代表大会第二次会议在揭东人民广场会展中心隆重开幕，区委书记吴毅青向大会作工作报告。

3月3日，揭东区召开创建教育现代化先进区工作推进会。

3月8日，省政府地方志办公室副巡视员吕克坚带领调研组一行到揭东区，就揭东区自然村落历史人文普查工作开展专题调研，副区长蔡晓霞等的陪同有关活动。

3月9日，副省长蓝佛安率队到揭东调研，省教育厅副厅长王创、副市长姚丽璇等陪同活动。

是日，揭东区人民政府成立区退役士兵安置工作领导小组。

是日，副省长蓝佛安在省政府副秘书长林积、省教育厅副厅长王创、市委书记严植婵及副市长姚丽璇的陪同下到揭东调研教育发展情况。

3月12日，市委书记严植婵到揭东区公共服务中心调研。

是日，在曲溪街道龙砂社举行“无偿献血、为文明揭东添彩”公益宣传活动。

3月14日，省文明办主任顾作义先后到玉湖镇新寮村，锡场镇潭王村、华清村检查指导文明创建工作。市委宣传部部长方赛妹等陪同有关活动。

是日，汕头市老促会会长黄俊潮带队到揭东区中德金属生态城和云路镇“田田绿”新农业基地参观。

是日，揭东区学习中共十八届六中全会精神

读书班在区委党校举行开班仪式。

3月15日，梅州市委宣传部、文明办组织考察团到揭东区第四小学、锡场镇华清村、潭王村等参观学习。

3月21日，揭东区召开全区干部大会，市委在会上宣布揭东区委主要领导的职务调整，蔡淡群任揭东区委主要负责人。

是日，省质监局副巡视员胡鉴锋带队到开发区广东越群海洋生物研究开发有限公司调研。

3月27日，揭阳市委副书记刘光明率调研组到揭东调研现代农业工作。

3月29日，揭东区在玉湖镇汾水战役烈士纪念公园隆重举行清明祭奠革命先烈大会。

是日，揭东区召开新一轮农村电网改造升级和理顺农电管理体制工作会议。

是月，玉滘镇在2015“百县千乡万村无邪教创建示范工程”活动中，被国务院防范和处理邪教问题办公室授予“创建无邪教示范镇”称号。

是月，公安部消防局办公室副主任杨守成、省消防总队政委黄远杰到揭东区消防大队检查指导工作。

是月，揭东区地税局妇委会被省妇联授予“广东省三八红旗集体”称号。

4月

4月2日，揭东区成立文明创建和人居环境督查问责组，区人大常委会主任许列群任组长。

是日，揭东区青少年宫主办的“文明揭东·精彩有我”2017年科普手工知识进校园公益活动首期在新亨镇举行。

4月5日，揭东召开村（社区）“两委”换届选举工作会议。

4月6日，北大经济研究所所长王跃生到揭东中德金属生态城和军埔电商村等产业平台参观考察。

是日，揭东区第七（六）届村（居）委会换届选举工作全面铺开。

4月11日，省教育厅副厅长李学明一行到揭东调研。

是日，揭东区召开人武部党委第一书记任职大会，揭东区委书记蔡淡群兼任揭东区人武部党委第一书记。

4月27日，揭东区召开全区副科级以上干部学习贯彻习近平总书记重要批示精神专题研讨班，区委书记蔡淡群在研讨班上做辅导报告。

是日，市委宣传部组织市美术家协会到锡场镇潭王村开展“守望家园”采风创作和艺术交流活动。

5月

5月1日起，全区婚姻登记机关在周六上午和法定节假日（元旦、“五一”、国庆、中秋）第一天上午提供婚姻登记服务。

5月2日，全国人大内务司法委员会委员、民革中央副主席兼秘书长李惠东到揭东调研。

5月3日，原广州军副司令员欧金谷中将到揭东调研。

5月4日，由揭东团委、教育局、区青年联合会共同主办，揭东区纪念五四运动98周年暨创建文明城市文艺汇演在华南师大粤东实验学校举行。

5月7日，由广东越群海洋生物研究开发有限公司自主研发的两项科研项目，成功通过由广东水产学会组织的国家科技成果评价。

5月8日，揭东区在埔田镇召开公共服务平台建设现场会，研究部署加快全区镇、村级公共服务平台建设。

5月9日，揭东区著名的革命老区和“龙舟之乡”——锡场镇潭王村举行盛大的“龙舟下水”庆典仪式。

5月10日，由揭东区政府主办、人行揭东支行协助组织的揭东区政银企座谈会在揭东区政府会议厅隆重举行。揭阳中支副行长姚洪生出席会议并见证揭东区7家银行机构与7家企业签订贷款支持协议。（见下图）

5月10日，广东省经济委员会主任詹思明带领的省政协调研组到揭东开展“促进我省电商经济健康发展”专题调研。

（揭东人行 供稿）

5月13—14日，全国红军小学建设工程理事会考察组一行到揭东考察。

5月15日，揭东区召开区委常委会议，传达上级有关精神，研究部署区彻底淘汰钢铁行业落后产能、违规新增产能和推进“两学一做”常态化制度化工作。

5月15日，揭东区在埔田镇饶平村召开揭东区污水处理设施整揭东区打包PPP项目建设工作现场会。

5月23日，揭东区举办首届“体彩大乐透杯”广场健身舞大赛活动。

5月23日，揭东区文联组织各协会部分成员深入埔田镇开展文艺采风活动。

5月28日，锡场镇潭王小学以“中国工农红军揭阳潭王蓝康红军小学”之名入选2017年全国红军小学最新名录，成为粤东地区第一所列入该名录的红军小学。

5月30日，揭东区召开会议，部署再掀主城区“创文”热潮。

6月

6月5日，揭东海事处部署开展2017年辖揭东区水上平安交通专项整治行动。

6月6日，揭东区举办“市平安法治文明共建”主题辅导报告会。

6月7日，揭东区的6000多名考生参加高考，市、区领导姚丽璇、蔡淡群等到各个考点巡视指导工作。

是日，市委书记李水华一行乘坐“海巡09676”实地考察榕江水环境。

6月11日，广东省制造业协会会长陈凯旋带领省制造业协会考察团到揭东调研。

6月12日，巨轮（中德）机器人智能制造有限公司投产仪式暨中德人工智能创新合作基地举行揭牌仪式。（见下图）

（开发区党政办 供稿）

6月13日，广东省住建厅总规划师李永洁带领调研组到埔田镇调研南粤古驿道保护利用工作。

6月14—15日，市委李水华书记到揭东调研。

6月15日，揭东埔田首届竹文化节暨全域旅游启动仪式新闻发布会在揭东万竹园举行。

6月19日，揭东区在华南师大粤东实验学校举行区人民政府与广东光正教育集团有限公司共同促进教育事业发展签约仪式，副市长姚丽璇，揭东区委书记蔡淡群等参加。

6月22日，区政协主席林炳华带领部分政协委员，对区创建广东省推进教育现代化先进区工

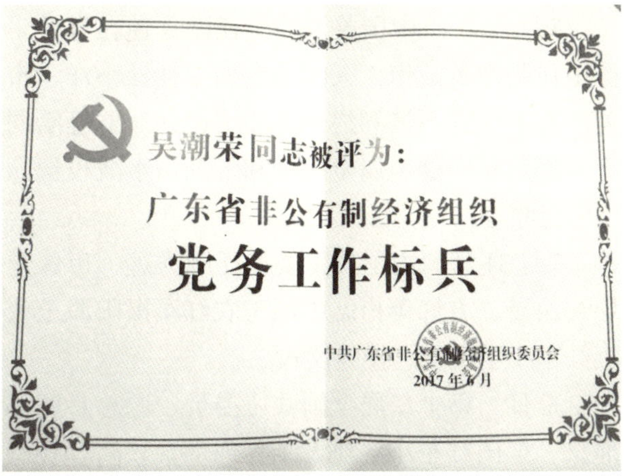
吴潮荣同志被评为：
广东省非公有制经济组织
党务工作标兵
中共广东省非公有制经济组织委员会
2017年6月

（吴潮荣 供稿）

作进行调研。

6月26日，揭阳市宝嘉不锈钢实业有限公司吴潮荣被中共广东省非公有制经济组织委员会评为“广东省非公有制经济组织党务工作标兵”。（见上图）

是月，广东中宝炊具制品有限公司被广东省经济和信息化委定为“广东省工业设计中心”。

是月，林晓婷、孙跃群、林丽凤、林旭等四位教师荣获“潮汕星河辉勇师表奖”。

7月

7月3日，副市长刘端雄到开发揭东区新型工业园调研。

是日，揭东区召开“迎盛会·百日百项大行动”城乡规划建设联合执法组工作会议，就区的城乡规划建设工作实施方案作具体布置。

7月15—17日，“美丽揭东，魅力埔田”揭东埔田首届竹文化节隆重举行暨全域旅游活动，活动期间，京东揭阳馆同步直播。CCTV-7农业频道《美丽中国乡村行》栏目进行专题报道。

7月19日，揭东区委在区人民广场会议中心举行学习贯彻省第十二次党代会精神宣讲会，邀请市委宣讲团成员洪漫丽作专题宣讲。

7月23日，揭东区举行揭东区委巡察机构揭牌仪式，区委书记蔡淡群、市委巡察办专职副主任陈宋波等参加有关活动。

7月25日，揭东农商银行妇委会被中华全国妇女联合会授予全国“巾帼文明岗”。

7月30日，中国关工委主任顾秀莲在省关工委主任张帼英、市人大常委会副主任杜小洋、市关工委主任陈石波和揭东区委书记蔡淡群等陪同下，先后到中德金属生态城和玉湖汾水战役纪念公园考察。

7月31日，中国关工委主任顾秀莲，市区领导姚丽璇、方烽等出席中国工农红军揭阳潭王蓝康红军小学授旗、授牌仪式。

是日，第十二届全国政协委员、原总参四部部长、全国红军小学建设工程理事会顾问万晓援及副市长姚丽璇到揭阳潭王蓝康红军小学举行授旗授牌仪式。（见下图）

（区教育局 供稿）

是日，住建部发布第二批276个全国特色小镇公示名单出炉，揭东区埔田镇入选。

是日，揭东区召开全区纪检监察机关会议暨整治基层“微腐败”专项行动动员部署会。

是月，揭东区成功处置“7·17”太昌不锈钢厂液化天然气储罐泄漏事故。

8月

8月1日，揭东区开展“创文为我，我为创文”主题日活动。

8月3日，揭东区举行《揭东年鉴（2017）》评议会，来自市、区年鉴专家20多人参加会议。（见下图）

（林夏倩 摄）

8月4日，省审计厅副厅长陈剑在市审计局局长郑旭亮和揭东区委常委、常务副区长江玉城的陪同下到区审计局调研。

8月6日，揭东区召开“水岸同治”动员大会。

8月7日，揭东区召开全区经济工作会议和“迎盛会·百日百项大行动”推进工作会。

8月8日，区体育局等在榕泰健身广场举办“全民健身日”暨“广东省第十八届体育节”启动仪式。

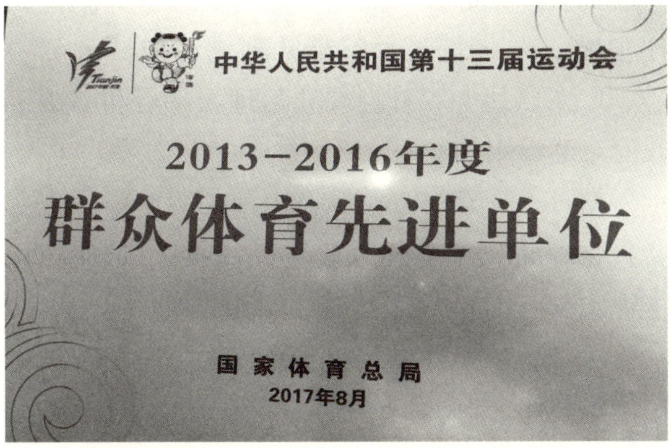

区老体协荣获年度奖牌 （林岳鹏 摄）

8月9日，揭东区召开政府网站集约化建设工作会议。

8月10日，在揭东一中举行“杨启昭先生高考、中考优秀奖”颁奖大会，全区2017年高考、中考的31名优秀学子受到奖励。

8月16日，省经济和信息化委党组巡视员邹生在揭东区副区长张木奋等的陪同下，到锡场镇军埔电商村以及中德金属生态城调研。

8月16—17日，省教育厅副厅长朱超华等一行对揭东区推进教育现代化工作进行指导。

8月22日，开发区在区内工业园举行揭东开发区园区工会联合会第一届第一次会员代表大会。（见下图）

（开发区党政办 供稿）

8月24日，区委书记蔡淡群、区长方烽带领揭东各级党政干部200多人，到普宁市南溪镇就当地新农村建设先进做法参观，学习。

8月26日，揭阳一中广州校友会、广东省养生文化协会名医工作室联合组织在穗的揭阳一中名医及各界名医、教授到揭东人民医院举行“不忘家乡根，回报桑梓情”义医义诊活动。

8月29日，区宣传部在万竹生态园举办“当文明使者，做知礼少年”为主题的“出花园”民俗展示活动。

8月31日，市第七届运动会暨第四届学生运动会胜利闭幕。揭东区体育代表团在本届运动会上共获得金牌18枚，银牌12枚，铜牌16枚，总分1395，全市总分第四名。同时获得体育道德风尚奖的代表队有6个，个人共17人。

是月，中德金属生态城入选广东特色小镇创建工作示范点。

是月，省食品药品监督局副局长吴圣明一行到揭东就粮油加工厂以及食品加工企业进行督导检查。

是月，广东中宝炊具制品有限公司被广东省知识产权局评为广东省知识产权保护重点企业。

是月，广东中宝炊具制品有限公司通过广东省2017年高新技术企业公示。

9月

9月1日，巨轮智能装备股份有限公司入选国家工信部全国首批国家级绿色工厂。

是日，二届揭东区委第一轮巡察工作全面铺开，派出的3个巡察组将对区人民医院、区农林局和区第一中学等3个单位的党组织开展为期一个月的巡察工作。

9月3日，揭东海事处成功防御台风“玛娃”，防台期间辖区没有发生任何水上险情。

9月4日，揭东区举行2017年度征兵定兵大会，通过电脑随机派号确定新兵及入伍去向。

9月5日，省环保厅副厅长李晖带

队到揭东检查黑臭水体和枫江水污染情况。

9月6日，省地税局总经济师罗达佳到区地税局调研。

是日，锡场镇召开会议，隆重表彰奖励教学质量突出的先进单位和优秀教师。会上，有4个先进集体，17名先进教育工作者、161名先进教师、11名少先队优秀辅导员受到表彰。

9月7日，揭东召开2017年教师节座谈会，区领导蔡淡群、林炳华、江玉城等参加会议。

9月12日，揭东区政府与揭阳出入境检验检疫局联合在揭东区举行《出口竹笋质量安全示范揭东区建设合作备忘录》签字仪式。

9月13日，揭东区承办市第20届全国推广普通话宣传周活动启动仪式暨揭东区主题宣传活动在揭东第一小学举办。

9月15日，揭东区举行推进“数字政府”建设暨“微笑服务明星”表彰大会，常务副区长江玉城代表区政府与揭阳联通公司总经理吴伟斌签订数字政府建设合作框架协议。

9月17日，锡场镇开展首场人大代表“集中联系日”活动。

9月18日，由深圳市乐活天下股份有限公司及中国PPP基金前哨站——新华网广东频道负责人组成考察团到埔田镇考察。

9月21日，揭东区经济开发区园区工会联合会成立，区委书记蔡淡群（左）为该联合会揭牌。（见下图）

（开发区党政办　供稿）

是日，揭东区中医院与市中医院举行医联体签约仪式，双方正式启动医联体建设。

9月22日，广东省文明校园创建工作电视电话会议召开，揭东区第四小学荣获“广东省第一届文明校园”称号。

9月28日，由揭东区委、区政府主办，区委宣传部、市摄影协会联合承办的“美丽家园——文明揭东”摄影大赛评审结果揭晓，共从近800件作品中挑选出一等奖1名，二等奖2名，三等奖3名，优秀奖66名。

9月29—30日，揭东区委常委、常务副区长江玉城，副区长张木奋带队到佛山禅城政务中心、广东联通考察社会综合治理云平台和“数字政府”建设工作。

是月，广东海兴塑胶有限公司被中国轻工业联合会授予“中国轻工业塑料行业（塑料家居）十强企业”荣誉称号。

是月，林旭遴选为广东省中小学名教师工作室主持人，李永亮、林卫忠遴选为广东省中小学名校长工作室主持人。

是月，省消防总队曹奇总队长莅临揭东区消防大队检查指导工作。

是月，玉湖镇玉联中心小学被广东省教育厅、广东省语言文字工作委员会授予“省级规范汉字书写教育特色校”称号。

10月

10月1日，揭东区正式实施纳税人分类分级管理和转变税收征管方式改革。

10月3日，揭东区在玉湖镇召开现场会，推进榕江北河玉湖段水质整治工作。

10月4日，中共中央直属机关党校组织青年干部培训二班学员到埔田镇开展实践活动。

10月8日，原香港科技大学副校长林垂宙在市、区领导姚丽璇、林丽娇、陈妙龙等陪同下到中德金属生态城调研。

10月9日，揭东区召开“迎盛会·百日百项大行动”工作推进会。

10月11日，副省长许瑞生率省环保厅、住房城乡建设厅负责人到揭阳对练江、枫江流域水污染综合整治进行调研，并实地调研玉滘镇枫江治理现场。

是日，复旦大学环境科学与工程系教授郑正与德国莱茵河治理委员会的水文专家，在市、区环保和水务部门有关负责人的陪同下到揭东调研。

10月13日，海兴集团荣获2017年“中国跨境电商凤鸣奖爆款产品奖”。（见下图）

10月15日，揭东区文广新局在区图书馆组织开展爱上阅读“点读绘本”和易趣“国学动漫”阅读互动活动，带小读者体验新颖有趣的阅读方式，活跃“全民阅读”氛围。

10月16日，揭东区复退军人服务中心成立并挂牌。

10月17—18日，揭东一中、蓝田中学等6所学校接受广东省学生体质健康测试评估。

10月20日，揭东区人民医院与市人民医院建立“医疗技术合作医院”签约暨“健康揭阳医疗联合体”揭牌仪式在揭东区人民医院举行。

10月22日，北京科教科学研究院院长唐坚、中国供销合作对外贸易有限责任公司总经理方虎等到揭东考察中国特色小镇建设工作。

10月26日，天津日报集团派出多路记者，到锡场镇的军埔村进行专题报道。

10月30日，佛山中医院第一党支部在揭东中医院开展义诊活动，结对帮扶区中医院提升骨伤科诊疗技术。

10月31日，揭东召开水岸同治、水利示范县项目和村村通自来水工程推进会，部署相关工作。区长方烽在会上讲话。

10月31日，揭东区召开第二届女企业家联谊会。

10月，揭东区组队代表市参加广东省第四届体育大会广场舞项目比赛，获得成年组自选套路第六名。

11月

11月1日，全市统一的“创文为我，我为创文”主题日，揭东各地以实际行动助力文明创建。市、区领导陈东、蔡淡群、方烽等到各地活动现场督查。

11月8日，锡场镇潭王村被省文明办评为“广东省文明村”。

11月10日，揭东区人民医院与广州市第一人民医院签订专科联盟协议，重点在泌尿外科开展深度合作。

11月12日，揭东区召开区、镇、村三级干部参加的学习贯彻党的十九大精神宣讲大会。

是日，2017年“双十一”军埔村单日成交总额突破2亿元，刷新2016年“双十一”活动单日1.5亿元成交额的纪录，创造历史最好成绩。

11月15日，揭东区2017年民兵应急分队集训活动在埔田镇进行，40多名民兵参加集训。

11月16日，揭东区人民政府与中国人保财险市分公司举行战略合作协议签订暨“政融保”启动仪式，标志着全省首个人保财险“政融保”支农支小融资项目在揭东落地。

11月17日，广东海兴塑胶有限公司通过国家知识产权局评审，入选国家知识产权优势企业。

11月19日，揭东区在曲溪街道召开城市更新工作会议。

11月20日，揭东区委组织部牵头印发《揭东区选派科级干部挂钩新农村建设实施方案》。

是日，揭东区教育局被广东省教育厅、广东省人力资源与社会保障局评为“广东省促进义务教育均衡发展先进集体”。

11月21日，主题为“牵星过洋万历时代的海贸传奇”图片展览在揭东区博物馆举办。

11月22日，副省长邓海光到埔田镇督导学习贯彻中共十九大精神，市、区领导陈俊林、曾瑞如、方烽等参加活动。

11月23日，全市教育创先工作现场推进会在揭东召开。

11月25日，“广东玉清宫书画院”和“陈泽平创作基地”在锡场镇玉清宫揭牌成立。此次活动还举办广东玉清宫书画院作品展，共有来自粤东五市的50多幅名家作品展出。

11月26日，由揭东区教育局主办的“揭东区2017年中小学师生才艺比赛”在区第二中学举行。

11月28日，揭东区法学会举行2017年揭东区“百名法学家百场报告会”法治宣讲活动，邀请法学硕士王紫零到场作题为《以十九大精神为指引，全面推进依法治国》的专题报告。

11月30日，省委农办副主任刘洪盛一行到揭东调研。

是日，揭东区成立首家卷烟零售客户自律互助小组。（见下图）

（李旭伟　摄）

是月，广东吉青电缆实业有限公司被广东省制造业协会、广东省产业发展研究院、广东省社会科学院企业竞争力研究中心授予“广东省制造业500强”称号。

是月，广东吉青电缆实业有限公司被广东省科学技术厅评为“高新技术企业”。

是月，广东吉青电缆实业有限公司电缆产品被广东省质量协会、广东省用户委员会评为“广东省用户满意产品”。

12月

12月3日，市2017年“领头雁”农村青年创业致富带头人第二期培训班在埔田镇开班，揭东区有近60多名农村青年参加培训。

12月5日，省科技厅副厅长郭大春到中德金属生态城、开发区广东越群海洋生物研究开发有限公司调研。

是日，新加坡揭阳会馆“揭阳之旅”省亲团一行56人到揭东区进行友好访问活动。

12月6日，揭东区召开农村地籍调查工作推进会。

12月10日，深圳市第十三届“创意十二月”之文化潮汕博览园系列活动在深圳市文化潮汕博览园开幕。

12月11日，市委书记李水华到锡场镇华清村、新置寨村调研，考察改线工程线路起点以及梅汕客专踏勘点等。

是日，广东海兴塑胶有限公司被广东省科学技术厅评为“高新技术企业”。

12月12日，揭东区在会议中心召开创文工作总结暨“五城同创”动员大会。

是日，揭东区在会议中心召开全面推行河长制工作会，区领导蔡淡群、方烽、许列群等区参加会议。

12月17日，市人民检察院、市环保局联合揭东区在新亨镇举行《保护生态环境、造福子孙后代——市环境污染犯罪案例选编》宣传册发放启动仪式。

是日，揭东区首届中小学生校园足球比赛在揭东一中举行。

12月18日，普宁市委书记张时义，市长林刚捷带领市六届人大二次会议普宁团代表等一行到揭东交流参观“创文”工作。

12月19日，揭东在区人民广场会议中心举办“揭东论坛”活动，邀请省委党校党史党建部副主任梁道刚教授，作学习贯彻党的十九大精神专题报告。

12月21日，揭东农商银行荣获市级“2016年度金融消费权益保护微课堂作品竞赛活动特等奖”。

12月22—23日，省级新农村示范片绩效评估组到揭东区调研。

12月28日，揭东区慢性病防治中心住院部全面竣工交付使用，并举行揭牌仪式。

12月29日上午，全市“村村通广播”建设现场会在锡场镇潭王村举行。

是年，揭东电信全力推进“全光网城市·智慧揭东”建设，光宽带占比提升至94%。

是年，揭东区云路镇、玉湖镇专职消防队成立。

广东宝嘉不锈钢实业有限公司，位于开发区的广东宝嘉不锈钢实业有限公司党支部书记、厂长吴潮荣，是一位是洗脚上田的农民企业家，他虽然学历不高，可在这十几年来间，却凭着一颗爱党爱国的赤诚之心，一股为社会人民多做贡献的激情，用潮汕大地广为传唱的歌谣形式，传承创新，传递文化，向企业员工、人民群众传播正能量，树立好榜样，并致力于社会公益事业，引领基层群众形成了积极向上的良好风气，受到广大群众和各级党政的赞扬，被誉为："企业文化建设的典范"、"用文化传播正能量的先行者"。

2017年6月26日，宝嘉不锈钢实业有限公司吴潮荣被中共广东省非公有制经济组织委员会评为"广东省非公有制经济组织党务工作标兵"。

ZHONGDIAN XIANGMU JIANJIE

重点项目简介

重点项目简介

■责任编辑：陈楚鹏

【中德金属生态城二期工程】 2017年，中德金属生态城二期工程计划总投资10亿元，完成投资40375万元。中德现代物流园一期西区已竣工；中德金属产业国际孵化器二期项目已取得国有土地使用权证，已办理建设用地规划许可证；正进行项目规划设计以及完善项目的各项前期手续，正进行项目规划设计，完成场地土方平整等前期工程地面清障80%、土方工程65%、临时道路和临时设施等60%。

中德金属生态城一景 （陈楚鹏 摄）

【揭阳中德金属生态城基础设施建设工程】 该工程计划总投资48.8亿元，2017年完成投资71950万元。珠江大道一期（K0+000-K1+960）工程正在收尾，二期（K2+120-K4+278）道路工程累计完成79%，交通、雨水、污水、给水、排洪渠、箱涵、电力、通信、照明、城市绿化带景观工程按进度推进中；中德大道一期道路、雨水、污水、给水、箱涵、电力、通信、照明、道路绿化、城市绿化带绿化、城市绿化带景观工程正在收尾，交通工程正在推进，燃气工程已完成；莱茵大道一期道路、交通、通信、照明、城市绿化带景观工程正按计划推进，雨水、污水、给水、电力、道路绿化工程正在收尾，箱涵工程已完成；揭阳市电镀、酸洗定点基地入园企业41家，65条生产线正生产，4条生产线安装完成，1条生产线正在安装，5000吨/天电镀废水处理零排放项目膜浓缩技改1期已完成，膜浓缩2期技改进行中，浓废液处理中心正在建设中，电镀废水收集管网工程已竣工，正投入试运营。自动化在线控制系统第一批采购的设备投入试运行，揭阳市电镀、酸洗定点基地二期项目有179家国内电镀企业意向登记进驻，1—4栋厂房部分楼层混凝土已完成，各栋水电及消防的预埋、防雷焊接、外脚手架等均同步跟进。

【牛岭山城市公园】 牛岭山城市公园计划总投资1.28亿元，2017年完成投资4000万元。完成登山路、观花亭等设施建设。

【揭东区污水处理设施整区打包PPP项目】 该项目计划总投资1.99亿元，完成玉湖镇镇区及全部村庄污水处理设施的初步设计方案、云路镇管网设计方案优化和玉湖镇马料堂村的方案修改，与埔田镇（金东岭村、长岭村、庵后村、老龙村）进行方案细化对接、刘厝寨村优化设计方案以及参照南湖村方案开展马料堂村设计工作；试

牛岭山公园 （陈楚鹏 摄）

点村项目饶平村管道敷设1266.8米，检查井73座，截污井8座；一体化设备安装完成，正在进行厂区建设；试点村项目詹厝村管道敷设2290米，检查井134座，截污井151座；一体化设备安装完成；正在进行厂区建设。

开发区新区污水处理厂厂区施工全部完成，除自控系统外设备安装全部完成，厂外管网一体化泵站招标完成，正在进行埔田镇占地确认，通水试运行。玉滘污水处理厂厂区所有构筑物主体全部完成，二次结构完成90%，装饰装修完成80%，工艺管道、雨污水管道、厂区围墙完成90%；设备到场90%，安装完成60%；11座工作井/接收井全部完成，顶管完成160米。新亨污水处理厂坪埔站厂区主体、装饰装修、围墙道路、绿化、工艺管道安装全部完成，一体化设备安装完成，厂外管道施工完成650米；通水试运行。仙美站厂区主体、配电间装饰装修、围墙、工艺管道安装全部完成，一体化设备安装完成，厂外管道施工完成1800米；即将投入试运行。硕榕站厂区主体全部完成、二次结构、围墙完成80%，一体化设备安装完成。锡场污水处理厂厂区主体全部完成、二次结构、围墙完成80%，牵引管施工完成330米；石洋站厂区主体完成80%；潭蔡站厂区主体完成90%，一体化设备安装完成，牵引管施工完成2000米。

【揭东区北环大道】 项目计划总投资1.5亿万元。土方挖运、软基处理（水泥搅拌桩）、路基换填，污水管道、南侧雨水管已完成，箱涵施工完成80%，桩检测完成90%，闭水试验完成100%，30厘米厚级配碎石路基完成75%，5—20厘米厚4%水泥稳定层完成10%。路基建设，电力高压塔迁移工作正在进行。

【国道539线揭东段路面建设工程该】 该工程计划总投资8000万元。项目完成路面病害处治12.117千米，路面病害处治完成100%；完成东洋桥、寮尾桥2座桥梁和3座明涵的维修加固；完成8.4千米沥青下面层摊铺和4千米沥青就地热再生。

【揭东区村村通自来水工程】 该工程计划总投资1.45亿元，2017年完成投资5660万元。全区各镇8个项目开工建设，曲溪街道、埔田镇和锡场镇村村通自来水工程已完工，其余正在建设中。

【揭东创建教育现代化先进区项目】 该项目计划总投资1.93亿元，2017年完成投资1.93亿元。揭东区辖区内镇（街道）都通过省教育强镇复评；揭东区向省申报“广东省推进教育现代化先进区”督导验收，省完成对揭东区申报材料进行审核。

【揭东区第二小学及青少年活动中心】 该项目计划总投资9000万元，2017年完成投资9000万元。活动中心、艺术楼、教学楼、教学综合楼、饭堂、教师楼A，B、风雨操场完成设计图纸和施工合同约定，绿化附属工程收尾施工现已完成，教育设备完成安装。

【县道X114线（锡曲线）锡场段路面改造工程】 该工程计划总投资1625万元，2017年完成投资1625万元，工程完成招标工作签订合同，完成路基铺设和路面建设。

【揭阳市宝山湖文化旅游生态产业园】 该项目计划总投资1.6亿元。景区初步大框架基本完成：景区主干道、支道、核心区仙林场水库游步道及主要景点的打造，玻璃房客栈建设。

云路宝山湖一景 （云路党政办 供稿）

【新寮古村落文化旅游项目】 项目计划总投资2000万元，2017年完成投资2000万元。项目建成环村绿道、驿站、院士广场。

【揭阳市揭东区人民医院改造工程】 项目总投资约8100万元。工程分两期进行，改造总面积约3.76万平方米。一期工程为：血透中心改建，ICU中心改建，职工大会议室（含营养食堂）改建，医院围墙改造及院内环境绿化，改造面积12200平方米。二期工程为：美沙酮门诊室改建，住院术科楼改扩建，传染科楼改扩建，高压氧室改扩建，住院综合大楼二次装修，改造面积2.54万平方米。

【揭东大道车站路口交通及景观提升改造工程】 工程总投资约2944万元。工程内容包括道路、排水、景观、电气以及智能交通监控系统等。完善揭东区路网结构，改善交通条件和能力，提升道路景观品质，打造揭东区城市门户节点新景观，将车站路口现状环岛交通改造为信号灯控制并渠化车道，同时改造路口范围及周边的绿化景观、照明、排水和智能交通监控设施。

揭东大道车站路口工程 （陈楚鹏 摄）

【揭东大道金叶酒店路口交通及景观提升改造工程】 工程总投资2082万元，工程内容：道路、排水、景观、电气以及智能交通监控系统。完善揭东区路网结构，改善交通条件和能力，提升道路景观品质，打造揭东区城市门户节点新景观，工程将金叶酒店路口2个Y形交叉口合并改造为信号灯控制并渠化车道以及完善智能交通和监控设施有序管理路口，改造路口范围及周边的绿化景观、照明、排水和智能交通监控设施。

金叶酒店路口工程 （陈楚鹏 摄）

【埔田镇特色小镇起步区建设项目】 项目总投资1.66亿元，首期建设埔田高速出入口景观提升工程：高速出入口景观绿化带、门户景观公园、游客服务中心、高速出入口处“特色小镇”标志性建筑；车田河绿道建设工程：建设2条宽2.5米、长2千米的绿道，拦水坝，湿地栈桥，滨水驿站；美丽乡村建设景观工程：乡村骑行道、村口景观打造。二期建设：县道114线两侧的景观提升工程：沿线居民铺前铺设步行道砖、电线电缆线路落地改造、两侧铺面建筑物穿衣戴帽装饰。

【揭阳恒大华府】 工程总投资12亿元，总用地面积5.98万平方米，总建筑面积26.05万平方米。其中，住宅区面积19.56万平方米，配套区面积6036.3平方米。

（区发改局）

玉湖坪上®
yuhupingshang
玉湖坪上炒茶
揭阳

厚德茶叶

广东省食品安全质量协会
常务理事单位
（第一届）
揭阳市揭东玉湖坪上厚德茶叶专业合作社
中国绿色健康产品
揭阳市揭东玉湖坪上厚德茶叶专业合作社
中国茶业著名品牌

GAIKUANG

概　况

揭東年鑒

概　况

■责任编辑：陈　岚　陈少锋

基本概况

【位置面积】 揭东区于2012年12月经国务院批准，由原揭东撤县设立，2013年3月2日正式挂牌成立。揭东区位于揭阳市东北部，地处汕头、潮州、揭阳和梅州四市中心地带，总面积498.32平方千米。东靠揭阳潮汕机场、汕头市，南连接揭阳市榕城区，北部、西北部分别与潮州市、梅州市接壤。

【地理特点】 揭东区地貌类型主要有山地、丘陵、平原。其中，平原占全县总面积近一半，分布在东部和中部。丘陵和山地多在西北部，地势自西北向东南倾斜，北部鹰爪石山，地跨揭东、丰顺两县，海拔1180.50米，为全区最高峰。

【行政区域】 2017年12月，全区共有6个镇和曲溪街道办事处及揭东经济开发区，有112个村（264个经联社）、9个居委会。

【江河流域】 全区河流有榕江干流南河，榕江一级支流北河，榕江二级支流枫江，新西河和榕江三级支流车田河等。

【土地资源】 2017年12月，全区土地资源总面积74.75万亩（498.32平方千米）。全区土地分三大类：一是农用地（包括耕地、园地、林地、牧草地和其他农用地），面积57.68万亩（384.51平方千米），占全县土地总面积77.16%；二是建设用地，面积13.93万亩（92.87平方千米），占全区土地总面积18.64%，其中居民点及独立工矿用地面积11.87万亩（79.18平方千米），交通公路用地面积2.06万亩（13.69平方千米）；三是未利用地，面积3.14万亩（20.94平方千米），占全区土地总面积4.20%。

【矿产资源】 揭东区矿产资源种类较少，2017年12月，全区辖区范围内已找到矿产18种，其中金属矿有金、银、铜、锡、铝、锌、钨、钛铁矿、锆英石、稀土；非金属矿有钾长石、高岭土、花岗岩、饰面花岗岩；能源矿有泥炭。还有矿泉水、地下水、天然气。

【生物资源】 野生动物资源主要有山猪、龟、鳖、白花蛇、青蛙、穿山甲、鹌鹑、野鸭、河虾、蟹、牡蛎、石斑鱼等。揭东区耕地面积1.40万公顷，粮食作物主要种植水稻、玉米、甘薯等，粮食播种面积23.5万亩，粮食总产量11.2万吨。肉、蛋、奶产量分别为1.13万吨、258.4万吨和1668吨。水产品总量1.17亿吨，渔业总收入1.21亿元。经济作物主要种植荔枝、龙眼、柑橘、橄榄、菠萝、香蕉、茶叶、竹笋、蔬菜等。至2017年12月，全区森林面积达2.41万公顷，森林覆盖率50.14%，活立木蓄积量77.90万立方米。

【民族与华侨】 2017年12月，全区有壮族、黎族、土家族、瑶族、满族、哈尼族、彝族等少数民族24个，常住人口714人；有祖籍揭东区的旅外华侨、华人、港澳台同胞30多万人。

（陈楚鹏）

【气候状况】 2017年，揭东天气气候的总体特征：降水偏少、气温偏高、汛期强对流暴雨频发、台风影响程度偏轻、灰霾日数略增加。

降水偏少。2017年，揭东降雨量1350毫米，比历年平均偏少24%，各月降水分布不均，其中4月、6月、10月、11月降水偏多，其余各月都偏少，特别是1月、12月异常偏少，分别偏少71%和94%。

气温偏高。2017年，揭东平均气温22.8℃，比历年平均偏高0.5℃，各月气温变化幅度较大，除2月、7月、12月偏低外，其余各月均偏高，其中1月、9月份偏高最明显，分别偏高2.2℃和1.3℃。年极端最高气温为37.8℃，年极端最低气温为6.6℃。

台风影响程度偏轻。2017年，对揭东有影响的台风有两个：1702号台风“苗柏”和1716号台风“玛娃”，两个台风都给揭东带来大雨到暴雨的降水过程，台风“玛娃”影响期间，揭东陆地出现6—8级的阵性大风，据三防办统计，两个台风都没造成人员伤亡和直接经济损失。

灰霾日数明显减少。2017年，揭东灰霾日数为45天，比历年平均偏多22天，比2016年增加18天。

（林巧美）

【人口特点】 2017年12月，揭东县户籍人口67.56万人，年末常住人口59.24万人，人口出生率16.62‰，人口自然增长率11.17‰，出生婴儿性别比106.57∶100。

【语言特点】 揭东区居民大部分说潮汕话，小部分说客家话，还有一些外来干部、外来工商业人员及其家属、迁入人员讲普通话。讲潮汕话的人遍及全区7个镇、街道，约占全县总人口的94%，多居住在平原地区、半山区；说客家的约占全县总人口的3%，分布在区境西部、北部山区。玉湖镇有汾水、坪上、新寮、郑厝、北坑、大坑、下坡、马料堂、洪厝埔；新亨镇有五房村讲客家话。讲普通话的人分布于机关、学校、工厂和其他企事业单位，约占总人口的3%。

（区方志办）

经济运行情况

【概况】 2017年，全区经济在面对下行压力加大、系统风险凸显、困难挑战增多的形势下，牢牢把握稳中求进的工作总基调，着力抓重点、补短板、强弱项、保增长，经济运行总体呈现缓中趋稳、稳中向好趋势。

全区实现地区生产总值（GDP）339.4亿元，同比增长5.1%；规模以上工业增加值247.3亿元，同比增长3.8%；固定资产投资196.1亿元，同比增长19.6%；社会消费品零售总额125.6亿元，同比增长11.1%；全社会用电量17.37亿千瓦时，同比下降17.7%，工业用电量12.73亿度，同比下降24.3%（不含锡场顺通公司用电量）；地方公共财政预算收入8.59亿元，同比下降3.30%，地方税收收入5.32亿元，同比下降4.64%。

【全年经济运行基本特征】 工业经济低速增长 2017年，全区完成规模以上工业增加值247.3亿元，比增3.8%。完成规模以上工业总产值1068.67亿元，比增3.7%。其中：高新技术产业总产值比增18.7%；先进制造业总产值比增6.8%。

固定资产投资较快增长 2017年，全区完成固定资产投资196.1亿元，比增19.6%。其中，5000万元以上项目完成投资额为54.94亿元，比增25.6%。

商品贸易保持畅旺 一是全区销售总额前低后高、后劲充足。2017年，全区实现商品销售总额233.63亿元，累计增速达到14.5%。二是社零走势平稳增长，稳居前茅。全区实现社会消费品零售总额125.63亿元，累计增长11.1%，比全市高0.6个百分点。

金融机构存贷款 2017年，全区金融机构各项贷款余额达到167.69亿元，增长0.44%；金融机构各项存款余额达到327.94亿元，增长5.41%。其中：城乡居民储蓄存款余额265.08亿元，增长7.58%。

【经济增长面临主要困难】 从各部门数据预测分析，GDP增速低位回落，经济上行压力较大。第四季度GDP增长5.1%，较2016年减少2.2个百分点。主要原因：

工业生产仍未走出困境 政策性减产对我市工业影响较大。国家对去产能、环保督查，影响全区多家企业。传统产业面临发展瓶颈。

实体经济投资仍在回落通道 民间投资持续萎靡，企业扩大投资的积极性有所影响，存在企业贷款不足，使得1—12月全区金融机构贷款增速较2016年回落近11个百分点。

财政支撑稍显乏力 全区财政八项支出中一般公共服务支出、社会保障和就业支出、节能环保支出比2016年同期下降幅度较大。

交通运输总周转量的低位增长 全社会用电量、工业用电量的大幅下降，商品房销售面积增长放缓也直接或间接的影响GDP的增长。

【2018年经济运行对策与建议】 各部门要紧盯计划目标，找差距、查短板，做好下一阶段经济监测分析，积极做好工作部署，全力以赴做好相关工作。

着力提振工业经济 一是抓好服务，全力为企业排忧解难，帮扶一批重点工业企业扭亏为盈，力促企业加大生产。二是抓好扶持政策落地，推动现有企业增资扩产，加快企业技改创新。三是抓好项目建设进度，催生新增长点，围绕重点产业培育，加快推进重点工业项目早落地、早竣工、早见效，确保新增长点项目达产达效。四是对辖区内用电大户、规模大的企业，加强指导督促，确保应统尽统，提高工业用电量支撑力度，提高工业发展速度。

促进金融机构全方位服务、助力企业发展，推进银企合作 要不断拓宽融资渠道，加强政府、金融机构、企业之间的信息交流，通过组织现场推介活动，以及专题洽谈会、银企座谈会等，促进信贷资金与企业、项目的有效衔接。进一步激发民间投资活力。

加大财政八项支出的投入 要保障民生项目的建设，加快推进基本公共服务均等化，有效支撑GDP增长。

规范房地产交易市场秩序 要健全住房供应体系，规范房企在揭东开发必须到揭东注册落户，住建、房管等部门确保企业销售能应统尽统。

（吴楚平　林翠芳）

精神文明建设

【概况】 2017年，揭东区精神文明建设工作按照中央、省、市的工作部署，围绕区委、区政府的工作中心，以培育和践行社会主义核心价值观为主线，推进社会主义核心价值体系建设，以创建省文明城市为契机，开展文明创建活动，唱响主旋律、凝聚正能量、树立新风尚，构建积极向上、文明发展的人文环境，提高全区公民文明素质和社会文明程度，为建设“生态型、效益型”新型城镇化示范区提供强有力的精神支撑。

【政治理论工作】 一是依托“揭东论坛”，打造理论学习品牌 2017年围绕各时期宣传工作重点，共举办“揭东论坛”报告会4场次，分别邀请时任市委宣传部副调研员梁细亮作学习贯彻习近平总书记重要批示精神报告会；揭阳职业技术学院思想政治系主任、副教授、省级形势政策宣讲员洪曼丽作学习宣传贯彻省第十二次党代会精神报告会；市委组织部副部长张潮海作学习贯彻党的十九大精神宣讲报告会；时任省委党校党史、党建部副主任梁道刚教授作《奋进新时代开启新征程——认真贯彻党的十九大精神》专题报告会，为全区理论学习起到示范作用。

二是突出指导作用，服务区委中心组理论学习　根据区实际制定印发《关于2017年全区（科）级及以上党委（党组）理论学习中心组专题学习重点内容安排》，指导全区各单位中心组理论学习，组织区委理论学习中心组集中学习16场次，带动全区理论学习。为基层乡镇（街道）、区直单位和区委理论学习中心组学习提供《学习活页》《习近平的七年知青岁月》《理论热点面对面》《习近平谈治国理政（第二卷）》等学习书籍多批次，全区印发各类学习资料5000多份。通过举办学习培训班、集中宣讲、网络宣传、调查研究等方式，深入推动全区各级党员干部学习宣传贯彻党的十九大精神的热潮。区委理论学习组专门制订贯彻工作方案，成立宣讲团，分赴全区各地开展宣讲50多场次。

【思想道德建设】　一是把社会主义核心价值观建设和全区文明创建工作结合起来，狠抓社会主义核心价值观宣传　区文明办根据文明创建工作对户外公益广告布设的要求，在公共区域以及各主要道路、高速公路出人口、候车亭、路牌、LED显示屏等载体进行社会主义核心价值观公益广告布设，并通过分发创文小册子、在广播电视台刊播公益广告等活动，进一步推进社会主义核心价值观宣传，扩大社会主义核心价值观的知悉度。

二是把社会主义核心价值观教育与红色文化传承结合起来　采取多种手段和形式，不断拓展内容，整合红色文化资源，突出“爱祖国、爱社会主义”的主题，广泛进行爱国主义教育。5月28日，锡场镇潭王小学以“中国工农红军揭阳潭王蓝康红军小学”之名成功入选2017年全国红军小学最新名录。成为粤东地区第一所列入名录的红军小学。

三是弘扬艰苦奋斗精神，开展革命传统教育周活动　清明前夕，在玉湖镇汾水战役纪念公园组织举办了揭东区清明祭奠革命先烈大会，全区党员干部300多人参加活动。各地各单位结合实际，因地制宜，按照就近就便、节约务实的原则，有针对性地开展爱国主革命先烈、学习红色经典活动和公民思想道德教育活动，教育和引导广大干部群众特别是党员干部，学习革命先烈崇高精神，继承发扬优秀革命传统，推进社会主义核心价值体系建设。四是深入开展未成年人思想道德建设。通过开展“向国旗敬礼”“网上祭先烈”“弘扬中华传统文化”“爱读书讲文明”等教育实践活动，引导广大未成年人自觉践行道德规范、养成良好习惯、培养高尚品质，有效促进未成年人思想道德素质的提升。开展“乡村学校少年宫”建设，坚持按“以人为本，注重德育，快乐参与，彰显个性”的思路开展活动，进一步夯实农村未成年人思想道德建设载体。大力净化社会文化环境，重点组织黑网吧整治、网络低俗之风整治、净化荧屏声频、校园周边环境整治等活动，营造未成年人健康成长社会环境。

【群众性精神文明创建活动】　2017年，区委宣传部坚决落实市委市政府、区委区政府的决策部署，主动配合市创建省文明城市工作，推动各镇、街道、开发区和各单位精神文明创建活动深入开展，打好“创文”攻坚战、持久战。

一是以创建省文明城市为契机，着力提升城乡文明环境首先是压实责任，建立创文强推机制　区委书记蔡淡群担任创文领导小组组长和“两大整治”行动指挥部总指挥，区长方烽任常务副组长和副总指挥。建立三级干部分片包干责任制。制定《关于区领导及有关单位挂钩镇（街道、开发区）结对创文工作制度》，落实网格化管理，形成了区、镇（街）、村（社区）、具体区域（经联社、单元）四级创文网格，做到定人定格定责，横到边纵到底，实现管理无盲区，责任不落空。并成立文明创建和人居环境督查问责组，制定《揭东区文明创建和人居环境督查考核奖惩办法（暂行）》，从7月开始对全区各镇（街）、村（社区）进行创文工作考核排名并兑现奖惩。其次是全民参与，营造浓烈的创文氛围。在揭东广播电台、电视台、户外公益广告、LED显示屏、候车亭、社区宣传栏、建筑围挡等全方位开展社会主义核心价值观和创文公益宣传，利用好区“文明揭东”微信公众号平台推送揭东区各地各单位创文典型事例和先进亮点，使创文家喻户晓。区创文办牵头团委、妇联、教育等单位多次组织各种主题活动、文艺巡演，让市民亲身参与到创文宣传活动中来。从7月起，每月1日开展全区性的“创文为我 我为创文”主题日活动，组织广大党员干部群众积极参与环境卫生整治、文明交通劝导，充分调动全区广大群众参与文明创建的主观能动性。同时，通过手机开展“文明创建随手拍”活动，发动市民将身边所见拍成照片或视频发送到接受平台，在网络平台和揭东电视台对“脏乱差”现象进行曝光，对文明现象进行褒扬。再次是重典整治，加大创文强管力度。落实“门前三包”责任，形成全民共识。向全区各机关企事业单位和商铺、住户发出《落实“门前三包”倡议书》和《管理规定》各48000多份。按照属地管理原则，乡村（社区）与临街沿路商户、住户、单位签订“门前三包”责任书，签订率达到100%，悬贴“门前三包”责任牌，督促商户做好各自门前责任区的环境卫生、绿化和秩序工作，让文明行为在全社会逐步形成市民自觉行动。同时在区创文领导小组协调指挥下，区直相关职能部门组成联合行动组，对城区各路段和各镇街主干道违章搭建、乱摆乱卖、车辆乱停乱放、违规设置广告牌匾、乱张贴“牛皮癣”等现象进行大力整治，使道路宽敞有序，城市洁净漂亮。

二是以典型示范为引领，弘扬社会文明新风尚 首先，做好省级文明单位、文明村镇复查、申报工作。根据省、市有关文件要求，组织对全区范围内省文明村镇、文明单位进行复查，并积极推荐申报2016—2017年度省文明村镇、文明单位。复查结果表明，全区列入复评的省级文明单位和文明村镇都能高度重视精神文明建设，广泛开展群众性精神文明创建活动，为揭东区精神文明建设工作作出榜样，起到表率示范作用。继续保留荣誉称号的有4个文明单位、1个文明镇、2个文明村，锡场镇潭王村也于11月成功获评省级文明村荣誉称号。其次，做好道德典型选树工作。广泛发动宣传，深入挖掘各地各单位的好人好事，参与“中国好人榜”“广东好人”“省文明家庭”“南粤好乡贤”推荐评选活动，充分发挥模范的示范带领作用，弘扬中华传统美德。

三是以“我们的节日”活动为载体，弘扬传统文化 一方面充分利用春节、元宵、端午、重阳、国庆等重大节庆时机，结合创文主题，开展群众性文化活动，丰富市民文化生活、提升城市整体形象；另一方面不断擦亮民俗文化品牌。成功举办“当文明使者，做知礼少年”——揭东区第七届七月七“出花园”民俗活动，恰逢2017年揭东区国级“非遗”曲溪龙砂“树灯杆 升彩凤”活动隆重举行，成为揭东区民俗文化文化活动的一大亮点。该仪式每12年举办一次。

四是以创建志愿服务先进典型为突破口，推动志愿服务常态化开展 着力弘扬奉献、友爱、互助、进步的志愿服务精神，推动行业、社区志愿服务常态化、长效化。深入开展最美志愿者、最美志愿服务项目、最佳志愿服务组织、岗位学雷锋标兵、学雷锋示范点的推荐和宣传活动。广泛开展文明创建志愿服务活动，积极号召全区96支青年志愿者队5890名志愿者经常性、多形式开展志愿服务行动，成为揭东区创文的生力军。同时以文明创建工作为契机，不断推进志愿服务工作标准化建设，提升志愿服务管理水平，推动全区志愿者进行规范注册和办理志愿者证，进一步扩大志愿服务的参与度和覆盖面。

五是以加大文化执法为抓手，不断净化社会文明氛围 多措并举加强对歌舞娱乐场所、印刷复制企业、网吧经营场所、音像制品等文化经营单位的巡查，共出动检查160多次，出动检查人次900多人次，检查网吧32家、印刷企业54家、歌舞娱乐场所4家，处罚网吧4家，取缔非法音像制品和书报摊档2宗，并查缴盗版光碟80余张，收缴非法出版物200多本（册），有力地惩治制假售假行为，进一步规范文化市场秩序，推动精神文明健康发展。

（区文明办）

ZHENGZHI

政 治

政 治

■责任编辑：陈 岚 陈少锋

中国共产党揭东区委员会

【区委重要会议】 2017年3月1日，中国共产党揭东区第一届委员会第二次全体会议在区人民广场会议中心召开。大会听取并审议区委书记吴毅青代表中共揭阳市揭东区第一届委员会所作的工作报告。主要任务是：高举中国特色社会主义伟大旗帜，深入学习贯彻习近平总书记系列重要讲话精神，全面贯彻落实党的十八届六中全会精神和省、市有关重要会议精神，回顾总结2016年工作，分析研判当前形势，明确2017年的奋斗目标和核心任务，动员全区广大党员和干部群众，进一步咬定目标、乘势而上，提速提质、加快发展，为争当全市发展排头兵，建设产业强区、宜居新城、幸福揭东而努力奋斗。

（区委办）

【区委重大决策】 2017年，揭东区启动牛岭山城市公园登山路、观花亭等设施建设，揭东区污水处理设施整区打包PPP项目，揭东区北环大道，国道539线揭东段路面建设工程，揭东区村村通自来水工程等20项重点工程建设，总投资近10亿元。

4月1日，揭东区委印发《揭东区农村人居环境集中整治行动方案》，并落实全区农村人居环境集中整治行动责任分工。8月4日，区委印发《揭东区实施“水岸同治”三年行动计划工作方案》，决定用三年时间，通过开展水岸清障、内河清淤、黑臭水体整治、岸坡整治、污水治理和水岸绿化等六项专项行动，到2020年6月，全区河、溪、沟、渠、塘基本消除劣V类水质，水环境质量明显改善，并通过完善长效机制，最终实现河畅、水清、堤固、岸绿、景美的生态面貌。9月16日，区委印发《揭东区社会主义新农村建设八项核心任务分工方案》的通知，并按目标要求、时间界限、责任主体，落实具体分工任务。力争2018年底前，全面完成危房改造任务等。12月7日，区委印发《揭东区开展“五城同创”活动总体方案》，全面开展“五城同创”活动，为揭东努力打造“生态型、效益型”新型城镇化示范区夯实基础。到2020年，获得国家卫生城市称号，力争进入全国综治（平安建设）优秀市、国家森林城市、国家生态文明建设示范市行列，成为全国文明城市提名城市。

（区委办）

【区委重要活动】 揭东埔田首届竹文化节暨全域旅游启动仪式活动于2017年7月15—17日在揭东万竹园举行，为期3天，活动共3大板块，12项内容。18日，埔田镇人民政府与中国林业科学研究院西南花卉研究开发中心就设立“国际竹品种（中国·埔田）登录园”达成《战略合作协议》，与深圳市创艺园文旅股份有限公司签订《战略合作框架协议》；揭阳市青年发展现代农业促进会与中国人民财产保险股份有限公司揭阳市分公司签订《战略合作协议》。此外，邀请CCTV-7农业频道《美丽中国乡村行》栏目组针对揭东全域旅游进行采风，并制作专题栏目于中央电视台CCTV-7频道播出。区委书记吴毅青等区委领导出席有关活动。

（区委办）

【问题村帮扶整顿】 揭东区坚持领导带头、问题导向、纪律先行、民生引领，选派8个工作组进驻软弱涣散村（社区），强势开展整顿工作。从进驻到收队，各工作组共召开座谈会80多场次，走访党员群众1047户，查找突出问题42宗，制定解决措施46条，解决突出问题42宗，投入资金131.8万元，向上向外争取资金420多万元，办好事实事73件，建立健全各项规章制度62项，整顿工作取得明显成效，全部完成整顿目标，8个软弱涣散村（社区）顺利通过市、区验收。主要做到四个坚持：一是坚持领导带头，强化谋篇布局。区委领导把开展整顿工作作为加强基层工作的一项重要举措，以上率下、树立标杆，带头研究谋划、带头进村入户，确保整顿工作起步平稳、开局良好，在主要领导的示范带动下，各挂点领导认真履行职责，都能做到亲自蹲点调研、亲自部署落实、亲自协调指导、亲自检查督办，实行现场办公、一线解决问题。二是坚持问题导向，强化整顿措施。把问题导向贯彻到整顿工作的全过程，对存在的问题不掩盖、不回避、不推脱，切实增强整顿工作的针对性和有效性，按照“一村一策、一事一策”的原则，对软弱涣散村（社区）党组织实行分类整顿，制订整顿方案，切实做到存在问题、具体措施、责任部门、责任人、时间进度、整顿效果“六个明确”。三是坚持纪律先行，强化督促检查。把工作纪律挺在前面，杜绝“不作为”“乱作为”等现象，确保整顿工作真正落到实处、取得实效。四是坚持民生引领，强化整顿成效。把改善民生福祉作为整顿工作的出发点和落脚点，为群众办实事、解难事，增强群众认同感，提升群众获得感。

（林盼盼）

【区委理论学习中心组“揭东论坛”】 依托“揭东论坛”，打造理论学习品牌 2017年，围绕各时期宣传工作重点，举办“揭东论坛”报告会4场次，分别邀请时任市委宣传部副调研员梁细亮作学习贯彻习近平总书记重要批示精神报告会；揭阳职业技术学院思想政治系主任、副教授、省级形势政策宣讲员洪曼丽作学习宣传贯彻省第十二次党代会精神报告会；市委组织部副部长张潮海作学习贯彻党的十九大精神宣讲报告会；时任省委党校党史、党建部副主任梁道刚教授作《奋进新时代 开启新征程——认真贯彻党的十九大精神》专题报告会，为全区理论学习起到示范作用。

突出指导作用，服务区委中心组理论学习 根据区实际制定印发《关于2017年全区（科）级及以上党委（党组）理论学习中心组专题学习重点内容安排》，指导全区各单位中心组理论学习，组织区委理论学习中心组集中学习16场次，带动全区理论学习。为基层乡镇（街道）、区直单位和区委理论学习中心组学习提供《学习活页》《习近平的七年知青岁月》《理论热点面对面》《习近平谈治国理政》第二卷等学习书籍多批次，全区印发各类学习资料5000多份。通过举办学习培训班、集中宣讲、网络宣传、调查研究等方式，深入推动全区各级党员干部学习宣传贯彻党的十九大精神的热潮。区委理论学习组专门制订贯彻工作方案，成立宣讲团，分赴全区各地开展宣讲50多场次。

（黄苗苗）

党的建设

【概况】 2017年，揭东区委牢固树立大抓基层的鲜明导向，坚持不懈抓好基层党建工作，不断夯实党在基层的执政基础，为揭东打造“生态型、效益型”新型城镇化示范区提供了坚强的组织保证。

【基层党建】 一是落实工作保障，夯实党建基础 坚持把夯实基层基础作为加强基层党建的根本前提，推动人、财、物向基层一线倾斜。一是落实制度保障。参照市的做法，制定出台《关于镇（街道）贯彻“走正道、出实绩”要求实现科学发展考评工作的实施方案》，对被评为优秀等次的，每个奖励40万元；评为良好等次的，每个奖励30万元；评为合格等次的，每个奖励20万元，奖励资金由区财政承担，列入年度预算。大力实施乡村振兴战略，根据市委关于社会主义新农村建设的工作部署，制定出台《关于贯彻“走正道、出实绩”要求推动乡村振兴发展考评工作的意见》，对考评等次为“优秀”的，在全区性大会上进行通报表扬并按照名次给予5—20万的资金奖励，经费列入区财政预算。二是落实资金保障。逐步提高村（社区）“两委”干部生活补贴和行政村办公经费，把全区村（社区）“两委”干部生活补贴提高到每月人均2400元，比去年增加200元；行政村办公经费提高到每年8万元，比去年增加2万元。大力支持“两新”领域党建工作，按照每年1200元的标准，选派55名党建指导员到“两新”组织指导工作。三是落实人才保障。制定出台《揭东区关于创新体制机制加强人才工作的若干意见》，优先保证对人才工作的投入，每年筹措不低于2000万元作为区级人才发展专项资金，保障各项人才政策落实到位。今年来，全区新引进博士和硕士12人，新增高级职称专业技术人才114人。

二是坚持统筹推进，增强党建实效 坚持着眼发展全局，既突出重点又整体推进，切实促进党建工作提质提效。一是抓日常。扎实推进“两学一做”学习教育常态化制度化，在全区分级分类打造了22个“两学一做”学习教育示范点；在64个区直单位开展“一系统一主题”实践活动；创新开展“送党课下基层”活动，参加活动的党员达到6000多人次。把学习贯彻党的十九大精神作为党支部“三会一课”重要内容，策划开展“党员干部带头学、红色基地现场学、深入基层结对学”活动，推动学习宣传贯彻十九大精神往深里走、往实里抓。特别是教育引导党员干部严守政治纪律和政治规矩，全面彻底肃清李嘉、万庆良流毒影响。二是抓重点。把坚持和加强党的领导贯穿始终，圆满完成全区121个村（社区）“两委”换届选举工作，各项指标均达到省市要求；及早谋划村（社区）乡贤咨询委员会建设工作，于9月底前在全市率先实现全覆盖，会长全部由党员担任，其中村（社区）党组织书记兼任的有94人，占78%。推动全区城乡统筹发展，选派区直单位112名45周岁以下的优秀科级干部挂钩到112个行政村，助力基层新农村建设。制定落实全区国有企业党的建设工作78项重点任务措施清单；扎实推进农村土地承包经营权确权颁证工作；持续推动驻点直接联系群众工作。三是抓短板。落实省、市部署，带头帮扶整顿软弱涣散村党组织，促成8个软弱涣散村党组织转化升级；完善全区1056个基层党组织和2.7万多名党员的信息，建立健全党员信息库；严查基层微腐败，2017年来对农村基层干部立案45件，给予党纪处分40人，其中涉农领域33件，给予党纪处分28人；同时，全面完成党费补缴和历史留用地征地补偿款等扫尾工作。四是抓提升。按照“一厅四室”标准，完善镇村128个基层公共服务平台建设，修编完善区级公共服务项目254项；深化农村集体“三资”管理服务平台建设，2017年，全区“三资”平台交易168宗，成交金额8640多万元；全面落实新时期精准扶贫，建立资产收益扶持平台，鼓励动员扶贫户加入揭东经济开发区新型工业通用厂房项目，将上级拨补扶贫资金和金融扶贫贷款投入到厂房经营。

三是创新组织举措，提升党建潜力 坚持把创新作为提升基层党建水平的重要抓手，着力打造一批可复制、可推广，有影响力、有生命力的党建品牌。一是推动实施“固本强基春苗计划”。着眼于解决村级干部“后继乏人”问题，从各村（社区）具有高中以上学历的复员退伍军人和回乡大学生中选拔后备干部，生活补贴按照每人每月1600元的标准，由区、镇（街道）、村（社区）三级以5：4：1的比例统筹发放。二是推动实施“两新”组织党建“红色工程”。重点推进园区非公企业党建工作，着力把揭东开发区非

公企业党委打造成全市非公党建的亮丽名片。2017年8月，在揭东经济开发区成立全市第一个园区工会联合会。三是推动实施“一镇一个党建示范村”工程。成功打造锡场镇潭王村、埔田镇牌边村、曲溪街道陇埔村等一批党建示范村。11月11日，省委李希书记莅揭东调研指导党建工作时，对陇埔村基层治理成效表示充分肯定。四是推动实施优化乡镇体制机制工作。选择玉湖镇作为试点，对“玉湖经验”进行完善提升。2017年12月，该镇被定为全市优化乡镇工作体制机制的唯一试点单位。

（刘仲生）

【组织工作】 在学习宣传贯彻十九大精神中深入开展“党员干部带头学、红色基地现场学、深入基层结对学”活动。在“两学一做”学习教育中打造了市、区、镇三级22个示范点，并创新开展“送党课下基层”活动，选派讲师赴各地上党课。实施“两新”组织党建“红色工程”。

（吴胜鑫）

【领导干部绩效考核】 区委组织部根据上级有关要求，结合揭东区实际分别于2017年11月18日和20日研究印发《关于镇（街道）贯彻“走正道、出实绩”要求实现科学发展考评工作的实施方案》和《2017年度区直部门领导班子和领导干部绩效考核工作方案》，落实对各地各单位及其领导班子成员进行绩效考核，并将考核结果与奖励和干部选拔任用工作挂钩，在全区上下树立起“奖优、治庸、罚劣”的鲜明导向。

（吴焕明）

【人才工作】 揭东区为积极营造良好的尊才重才爱才舆论氛围和社会环境，2017年在区电视台开辟专栏，以“展示成果、推进创新”为主题，深入开展人才工作大宣传活动。拍摄5个具有特色的人才工作改革先行先试的做法和人才个人专访，以榜样的力量激发全区各类人才干事创业热情。

揭东区根据上级精神，实施创新驱动发展战略，目前，揭东区有院士工作站3家、博士后科研工作站2家，博士后实践基地1家，入选省扬帆计划高层次人才共4名；2017年全区新引进博士3人、硕士9人，新增高级职称专业技术人才114人。

（张佳丽）

【干部培训】 2017年，根据揭东经济社会发展的实际，紧紧围绕打造“生态型、效益型”新型城镇化示范区为核心，牢牢把握全面从严治党这一主线，全面贯彻“创新、协调、绿色、开放、共享”五大发展理念，围绕区委中心工作，聚精会神落实大规模培训干部、大幅度提高干部素质的战略任务，全面提升干部教育培训质量，努力培养信念坚定、为民服务、勤政务实、敢于担当、清正廉洁的好干部，脚踏实地开创干部培训工作新局面。共完成各级各类培训任务791人次，网络培训也能完成年度任务目标。其中协助中央、省、市调训干部147人次，其中处级及以上干部64人次；在区委党校举办中共十八届六中全会精神、环境综合治理，组工干部、妇女干部、科级干部、股级干部等专题、农村干部和培训工作者等8个主体班次，共10期，培训各级干部580人次；根据省委、市委组织部的统一部署，分层次、分类别组织干部利用“广东省干部培训网络学院”进行网络培训，培训干部2276人次，按照目标要求，完成全年目标。

根据市委的统一部署，结合全区的实际，区委共举办6大类型培训班10个，总共培训干部954人次。具体是：

全区正科级主要领导干部中共十九大精神专题研讨班1个，培训干部93人次。全区科级干部学习贯彻党的十九大精神培训班5个，培训干部544人次。全区村（社区）党组织书记培训班1个，培训干部119人次。全区乡贤咨询委员会骨干学习党的十九大精神培训班1个，培训干部117人次。区管拔尖人才学习党的十九大精神培训班1个，培训干部15人次。全区中青年干部学习贯彻党的十九大精神专题读书班1个，培训干部66人次。

（刘俊楷）

【老干部工作】 2017年4月17日，揭东区委组织部老干部局在区老干部活动中心召开“畅谈十八大以来变化、展望十九大胜利召开”活动动员和部署学习会，会议传达贯彻了市委组织部老干部局《关于开展以“畅谈十八大以来变化、展望十九大胜利召开”为主题的正能量活动的实施方案》文件精神。要求广大离退休老干部要积极参与到活动中来，为建设产业强区、宜居新城、幸福揭东点赞加油。

2017年5月5日，开办离退休干部学习习近平总书记对广东工作重要批示精神培训班，特邀区委党校常务副校长林建南为离退休干部作辅导报告，深入学习贯彻习近平总书记重要批示的主要内容、重要意义、精神实质，促进老同志以这次培训班为契机，深刻领会习总书记对广东工作重要批示精神实质，引导德高望重的老领导、老同志在新时代大潮中发挥自己的余热，谈出主旋律、谈出正能量。

2017年6月15日，揭阳市委组织部老干部局关工科科长郑奕潮、主任科员王葵珠到揭东区老干部活动中心召开“建言十九大”为主题的离退休干部代表座谈会，听取老同志的意见建议。此次座谈会进一步统一揭东区老干部思想，充分发挥老干部的政治优势、经验优势和威望优势，为党的十九大召开和党中央治国理政建言献策，为党的十九大的胜利召开营造良好的氛围。

（彭丹蓉　林盼盼）

【扶贫工作】 2017年，揭东区经核实认定的贫困对象5081户、11604人，根据区3年攻坚实施意见，是年，区计划脱贫2900人。为使脱贫工作有序推进，确保实现脱贫攻坚目标，根据贫困户的特点，落实精准帮扶措施：一方面对具有劳动能力的扶贫户和扶贫低保户，落实全区587名副科级以上干部及镇干部，以户为单位，“一对一”挂钩帮扶。按照产业发展扶贫、劳动力就业扶贫、教育文化扶贫、医疗扶贫、残疾扶贫、危房改造扶贫六方面依户施策，一户一策，并认真做好扶贫资金的使用工作。

一是“一户一策”落实项目对接。对扶贫户有意愿发展项目的，由村、挂钩人与扶贫户选择项目，指导参与项目申报。全区现已申报项目243个，其中种植业155个，养殖业16个，其他类别72个。申请扶贫开发资金共408.749万元。二是建立扶持平台，鼓励参与投入经营。在尊重贫困户意愿的基础上，对没有申请相关扶贫项目的有劳动能力户，由区建立资产收益扶持平台，鼓励动员加入建设揭东经济开发区新型工业通用厂房项目，由扶贫户自愿将上级拨补扶贫资金和金融扶贫贷款投入到厂房经营，投入资金以每年10%的收益分配付还贫困户，在扶贫户脱贫后，将全额返还投入的资金。另外，对无劳动能力的低保户、五保户，以及确实没有能力脱贫的扶贫低保户，实施财政“兜底型”帮扶措施。

（区扶贫办）

【农村工作】 1. 全域推进村庄人居环境集中整治。为贯彻落实中央和省市的决策部署，切实改善区农村人居环境，聚焦群众反映强烈的生活垃圾、生活污水、畜禽污染、乱搭乱建等突出问题，“由点、到面、及片”整区全域推进村庄人居环境综合整治。以市“清垃圾、治污水、上设施、建机制”为基本要求，以村民居住环境“干净、整洁、有序、宜居”为目标，集中力量、整合资源、组织发动群众，用3年的时间，开展集中整治行动，进一步压实责任，持续发力、强力推进，扭转农村“脏、乱、差”落后面貌。2017年，区制定出台《揭东区农村人居环境集中整治行动方案》，建立以区委书记为组长的揭东区农村人居环境集中整治行动领导小组和以区领导为组长、多部门参与的揭东区农村人居环境集中整治督查问责组，对各镇（街）村（居）进行常态化督导巡查、暗访、追责问责工作，推动整治行动进展。一是整治生活垃圾。建立健全垃圾清运处理体系，全面做到“户收集、村集中、镇转运、区处理”的生活垃圾处理模式，基本实现垃圾日产日清。至2017年12月，全区农村生活垃圾有效处理率达到95.1%，分类减量率达到50.2%，村庄保洁覆盖率达到100%。二是整治生活污水。全区112个行政村全面推进“雨污分流”工程建设，完善管网收集污水，建设厌氧池或人工湿地等设施集中处理，同时，实行整区打包“三P”污水处理模式，按照“全面规划、全面覆盖、无一漏网”的要求，全力推进镇村污水处理设施建设。三是完善设施建设。按照“户收集、村集中、镇转运、区（市）处理”的农村生活垃圾处理模式，完善“一镇一站”和“一村一点”建设，目前已建成6个镇的垃圾转运站，升级改造完成4个，在建1个；95个行政村的垃圾收集点已完成升级改造33个，在建8个；其他“一镇一站”“一村一点”的改造提升正抓紧有序推进。四是健全经费保障机制。按照区财政补贴、村镇自筹、村民适当缴费和社会帮扶相结合方式，多渠道筹措资金，投入生活垃圾治理。区在2016年按每个人口10元的标准，拨出700多万元专项经费用于村级环卫保洁；从2017年开始，把村级保洁经费列入财政预算，按每年每人口30元的标准补助各村。各镇按照“谁受益、谁付费”的运作模式，充分发挥“一室两会”和农村公益理事会的作用，广泛发动外出乡贤和社会热心人士捐资，帮助解决农村生活垃圾和卫生整治资金问题。2017年，第一、二批农村人居环境综合整治自然村已全面启动雨污分流和污水处理，基本实现垃圾清运保洁常态化。

2. 圆满完成省级新农村示范片建设工作。按照高起点、高标准、适度超前原则，以“生产生活生态、宜居宜业宜游”作为建设理念，以陇上村、牌边村、新寮村3个主体建设村及周围6个辐射示范村作为省级新农村示范片建设区域，片区总人口5.05万人，面积34.7平方千米。自2015年以来，已启动建设项目68宗，计划投入14477.5万元，已投入14372.5万元，其中省级财政资金5800万元，社会投入资金2602.5万元。至2017年12月，揭东区省级新农村示范片已完成主题建设项目的建设，镇级已完成对主体村的自评，现已顺利通过省、市省级新农村示范片的绩效考核工作，下一步是针对3个主体村存在的问题进行整改，做好省级新农村示范片建设成活视屏和画册，进一步提高示范片的建设水平。

3. 抓好中央农办农村改革试验联系点工作。以推进中央农办农村改革试验联系点工作为契机，着力建设美丽乡村，推进新农村改革工作。一是发展全域旅游。抢抓国家推进农业供给侧结构性改革的契机，利用埔田镇都市后花园独特的山水人文等旅游资源优势，以点带面推进全域旅游发展，2017年7月，举办东埔田首届竹文化节暨全域旅游启动仪式活动。8月，埔田镇成功入选第二批全国特色小镇。同时，大力发展“一镇一品”“一村一品”等特色经济，建设竹笋、绿茶、淮山和“中华鳖”等“六大生态农业基地”，促使农业增效，提高农民收入。二是发展电商产业。依托中国淘宝村—军埔村和全区电商产业优势，推进电商与“一镇一品”“一村一品”等特色农产品灵活对接，开拓农产品销售市场。目前，全区开办网店3万多家，从业人员达到10万多人；建成“一镇一品”电商营运中心，共有76家农业专业合作社、企业、公司入驻；通过加强与阿里巴巴、京东合作，构筑覆盖全区的农村淘宝服务站，茶叶、淮山、笋干等揭东特色农产品在网络销售火爆。三是创新党员和村民代表联合会议制度。对全区乡村涉及大宗土地出让出租、大额资金和工程建设项目进行民主决策，推动村务、财务的公开透明化，村干部养成在“放大镜”“聚光灯”下行使权力的习惯，有效提升了村民对农村工作的知情、参与和监督意识，进一步提升群众参与乡村建设的积极性，增强群众对领导干部的认可和信任度。四是建立乡贤咨询委员会。更好地发挥广大乡贤作为乡村建设“智囊团”、群众利益“公道杯”、村政事务“宣传员”、公益事业“助推器”的积极作用，成为村（居）民自治的有益补充。目前全区村（社）乡贤咨询委员会建设已实现全覆盖。五是推进公益项目建设。以村级“一室两会”建设为抓手，重点培育公益理事会，进一步调动内外积极因素，发动乡贤企业家捐资参与公益项目，积极参与家乡建设。阶段来，全区共实施公益建设项目568宗，投入资金14.5亿元，其中接受捐赠的资金近5.8亿元，占总投入的四成。其中，新亨镇以乡贤回归工程为重要抓手，创新上下联动机制、褒奖激励机制、管理服务机制，发动乡贤企业家捐资兴办公益事业，积极参与家乡环境建设，累计发动乡贤捐资达2亿多元，其中硕联村累计接受乡贤捐赠7000多万元。

4. 抓好涉农稳定工作。揭东区涉农维稳工作总体形势良好，农村社会稳定有序。我区始终坚持把涉农维稳工作放在与经济工作同等重要的位置来抓，敏感时期更是把涉农维稳工作提升到最重要的政治任务来对待。通过健全各级综治信访维稳机构和推进化解矛盾法治化，有效整合基层司法、信访、综治、维稳等力量，形成了纵向到底、横向到边、覆盖各方的矛盾纠纷排查调处网络，人民调解、司法调解、行政调解有机结合的基层大调解工作格局，确保群众反映涉农问题的件件有回音，事事有着落。2017年，全区涉农维稳案件共4宗，现已成功化解3宗，现存1宗相关责任人已受到处分，并在继续做好信访人的情绪疏导。

5. “一室两会”推动农村基层自治显现新成效。以村级“一室两会”（即代表工作室、公益理事会、民主监事会）建设为抓手，重点培育公益理事会，进一步深化和提升农村基层民主自治，破解基层民主自治难题。是年，区已成立代表工作室154个，公益理事会（乡贤咨询委员会）154个，民主监事会154个，并继续深化，逐步推广普及到经联社（自然村）一级，进一步完善村级治理机制。推广“一室两会”建设2年来，全区村社两级收集村政发展大事和涉及村民重大利益的意见、建议1800件，已解决1300件，其中解决历史遗留问题20宗；实施公益建设项目540宗，投入资金18亿元，其中接受捐赠的资金近6亿元，占总投入的四成。

（林　丽）

【区直工委工作】 2017年，区直工委聚焦主责主业，服务中心，突出思想建设水平，强化责任担当，夯实基层组织，全面提升新形势下抓基层党建水平。

深入学习宣传贯彻党的十九大精神 以学习宣传贯彻党的十九大精神作为首要政治任务。在十九大召开前，组织区直党员参加全省“学党代会精神迎党的十九大召开”党员考学活动。要求区直党员干部收听收看党的十九大盛况的报道并组织进行学习讨论。区直共有3789名党员参加网上考学，参加率达83%，满分率48%。十九大召开后，组织区直单位党组织学习宣传贯彻落实十九大精神。要求区直党员参加“学报告　学党章”考学活动。共有4568名党员参加考学，考学参考率和满分率均为100%。

坚持思想建设，强化理论武装 抓好学习贯彻习近平总书记系列重要讲话，特别是习总书记对广东工作重要批示精神和党的十八届六中全会、十九大，省第十二次党代会、市、区党代会精神。引导区直党员干部牢固树立“四个意识”，时刻与党中央保持高度一致，做到坚定理想信念、坚定政治立场。

推动“两学一做”学习教育常态化制度化示范点建设 筛选出区卫计局党总支等4个单位党组织作为创建“两学一做”学习教育常态化制度化示范点。联合区卫计局在区榕泰广场开展“两学一做”义医义诊卫计知识科普活动。结合“两学一做”学习教育的开展“戴党徽、亮身份、作表率”活动。集中购买并发放党员徽章4000多枚，使每名党员人手一枚。这次活动进一步增强了党员的责任感与使命感，凝聚党组织的战斗力和堡垒作用。

落实党建工作责任制 全面开展区直党组织书记述职评议工作。在书面述职的基础上，召开现场述职评议会，对区水务局总支等8个单位进行现场述职评议。

强化基层党组织建设 抓好区直党组织集中换届工作。顺利完成集中换届选举工作。及时调整充实基层党组织领导班子成员。调整党组织配置。继续抓好“两新”党组织建设。联合区委组织部，对区直机关党组织进行党建工作检查。

抓好党员发展和管理工作 一是严把党员入口关。联合区纪委对59名入党积极分子进行培训。共发展党员26名，审批预备党员转正23名。二是举办两新组织党支部书记培训班一期。三是切实抓好民主评议党员、民主生活会和组织生活会工作。四是继续推进党员组织关系排查后

续工作，对排查失联的党员按程序进行相应处理。五是严格入党程序与手续完备。六是要求区直各单位党组织按时收缴党费，确保党费专人负责，规范管理。

新党员入党宣示 （曾坚柱 摄）

开展党组织和党员信息采集普查　组织对现有党员及党组织信息进行全面清理、校对、核查。按时按质完成党组织和党员信息的采集、录入等入库工作。

推动区直机关“创文”活动　区直工委下发通知，要求各单位组织动员机关广大党员结合单位实际，制订文明创建主题实践活动工作方案，并抓出成效。

组织新党员宣誓活动　联合区纪委组织44名新党员到玉湖汾水战役纪念碑进行入党宣誓暨廉洁承诺宣誓。

（曾坚柱）

【宣传工作】　2016年，区委宣传部和区文联在区委、区政府和上级宣传部门的正确领导下，全区宣传文化系统以中共十八大和十八届三中、四中、五中、六中全会精神为指引，学习贯彻习总书记系列重要讲话精神，按照中央、省委、市委和区委关于意识形态工作责任制的部署要求，牢牢把握围绕中心、服务大局的基本职责，有目的、有计划、有步骤地开展宣传文化思想工作，加强意识形态领域的引导和管理，培育和践行社会主义核心价值观，为揭东建设“产业强区、宜居新城、幸福揭东”和争当全市创文“排头兵”提供有力的思想保证、舆论支持、精神支撑和文化条件。

坚持树立品牌，强化理论武装　1.“揭东论坛”学习品牌不断擦亮。2016年，围绕各时期宣传工作重点，共举办“揭东论坛”报告会3场次，分别邀请市烟草局局长曾忠良作“不忘初心，关键在干”报告会、省社会科学院产业经济研究所所长、研究员向晓梅作《以新发展理念引领发展——牢固树立“创新、协调、绿色、开发、共享”五大理念》专题报告会、市委党校教育长吴少雄作十八届六中全会精神报告会，为全区理论学习起到良好的示范作用。2. 中心组理论学习持之以恒。根据区实际制定印发《2016年全区（科）级以上党委（党组）中心组理论学习安排的意见》，指导全区各单位中心组理论学习，组织区委中心组集中学习14场次，带动全区理论学习。为基层乡镇、区直单位和区委中心组理论学习提供多批次《学习活页》《习近平总书记在文艺工作座谈会上的重要讲话学习读本》《理论热点面对面》等学习书籍，全区印发各类学习资料5000多份。通过中心组学习、宣讲报告会、支部会等，加强党的十八届六中全会的学习。同时，利用广播电视、网络、印发学习资料宣传会议精神，广场、社区设置中国梦等宣传公益广告一批，加强十八届六中全会精神的宣传。3. 全民读书活动扩点扩面。深入埔田镇老岭小学、云路镇翁洋小学开展全民阅读进农村活动，分别赠送图书、电脑、学习用品及电子阅览证等物品，不断满足老区、山区少年儿童的读书需要，支持农村校园文化建设，助力“书香揭东”建设。

创新宣传阵地，引领舆论导向　1. 创新阵地加强网络舆情引导。不断创新宣传阵地，10月，正式开通“文明揭东”微信公众号，及时向市民推送有关揭东经济社会建设各方面的信息，公众号共推出42篇消息，积极通过网络途径传播正能量。2016年，共参与配合上级部门完成舆情任务12次，向各镇、街道和区直有关单位通报舆情信息共16篇；通过揭东信息网、揭东新闻网，加强网络宣传力度和新闻应急、网络舆情管理工作。2. 强化传统媒体做好新闻宣传。充分利用区广播电视台主阵地和《揭阳日报·揭东专版》，做好新闻宣传，弘扬社会正能量。紧紧围绕区委区政府各个时期的中心工作和宣传任务，在《揭东新闻》中先后开设“回眸2015”“党代会进行时”“抓落实，促发展”“两会专题报道”“两学一做”“志愿揭东·与爱同行”“文明在线”“法不容邪”等10多个栏目，充分展示揭东各行各业取得的新成就，涌现出来的新风。3. 配合重大项目建设营造浓烈氛围。配合市、区各重大会议和项目，利用LED显示屏滚动播出相关宣传标语。在各主要干道制作一批公益宣传广告，为揭东发展营造良好的氛围。及时清理更新过时、破旧的宣传标语、宣传牌、公车亭等宣传设施。同时，配合上级部门做好记者到揭东采访报道工作。

突出标本兼治，开展“四级联创” 2016年，区委宣传部把“创文”作为当前头等政治任务和第一民生工程来抓。1. 强化党政主责，压实工作责任。区党政主要领导亲抓，区委、区政府每周召开1次专题会议，区委书记、区长分别挂钩1个示范镇，每周至少1次深入各地检查推动“创文”工作；区几套班子领导和区直单位负责同志全部下沉到镇村挂钩帮扶。充分发挥城监、环卫、交警三支队伍的主力军作用，建立健全各级干部包干责任制，压实责任区、网格化管理和“门前三包”责任。2. 强化投入保障，补齐经费短板。舍得投入促“创文”、经费不封顶。“两大整治行动”以来，区镇村三级投入超过6500万元，其中，区财政共拨出经费2400万元，撬动镇村投入4100万元。按每人口10元的标准，一次性拨出700多万元作为村级环境整治经费。投入近1000万元，配置垃圾转运车33辆，新配置洒水车3辆、道路养护车1辆、抑尘车1部，小型垃圾收集车240辆。2017年起，把村级保洁经费列入财政预算，按每年每人口30元的标准补助各村。3. 强化问题导向，精准整治乱象。重点打造10条“样板路”，共拆除大型龙门架7座、大中型广告牌35座；开展“一局一文明路”创建活；对全区市场实行清理整治，城西、曲溪港美、锡场华清等市场秩序明显改观。查处交通违法行为7831宗，其中泥头车违法行为215宗、酒驾47宗。同时，实施整区打包PPP模式的污水处理设施建设，配齐农村垃圾收集、转运等环卫设施和保洁队伍，解决农村污水、垃圾等难点问题。4. 强化督查考核，建立长效机制。成立2个创文督查组，分别由区人大常委会主任、政协主席任组长，阶段开展常规督查和专项督查28场次。从区纪检、组织等部门和人大代表、离退休老同志中随机抽调人员，建立50人的“创文”督查人才库，对各地开展定期督查。同时，加大对督查结果的运用，对连续5次评比等次为“好”的镇，给予10万元奖励。5. 强化舆论宣传，营造良好氛围。采用正面引导和反面警示的形式，大力营造全党动员、全区行动、全民参与的良好局面。利用广播电视、户外公益广告和LED显示屏等广泛开展宣传，开展“随手拍”活动，发动市民将身边所见拍成照片或视频，发送到网络平台和揭东电视台，对“脏乱差”现象进行曝光，对文明形象进行褒扬，区共青团、妇联和学校分别结合实际参与“创文”活动，2016年，全区共建立青年志愿队96支、5890人，经常性开展形式多样的志愿服务活动，青年志愿者成为全区“创文”生力军。

着力打造精品，推进文化繁荣 1. 打造文化精品。成功举办“崇文尚德，立志高远”——揭东区第六届七月七“出花园”民俗活动，继续打造区文化活动品牌；2016年是区国家级非物质文化遗产曲溪龙砂社区“树灯杆 升彩凤”活动，该仪式每12年举办一次，为区文化活动增添了一大亮点。2. 坚持文化惠民。一是组织节日文化活动。1月1日，举办“心潮乐韵”迎新年潮乐沙龙演出；成功组织春节“乡乡乐”汇报演出和灯谜会猜等一系列迎春广场文化活动；春节前组织书画家到基层为百姓书写春联近1000幅；春节元宵期间，各镇也纷纷举行“乡乡乐起来”群众文艺活动，大大丰富群众的节日文化生活。二是组织文艺作品展览。1月，组织林建南书画展；5月，“美丽揭东·宜居新城”美术作品展；6月，“庆祝中国共产党成立95周年，红军长征胜利80周年”书画展；8月，“揭阳工艺美术精品展”；9月，名家名画展和《文明揭东·美丽家园》美术作品展。三是组织文艺创作活动。2月，区文联组织书画家迎春笔会；5月，组织各协会成员前往饶平县汤溪镇和新圩镇进行文艺采风；8月，组织摄影协会前往福建以惠安女为题材开展采风活动。四是全面实施公共文化设施免费开放工作。全区文化设施图书馆、文化馆、博物馆、乡镇（街道）综合文化站全部实行免费开放，使免费服务成为政府的重要民生项目和公共文化服务品牌，进一步实现文化惠民。3. 加强文化市场管理。认真贯彻落实相关法律法规，开展各项专项检查、整治活动，倡导“文化经营”“绿色上网”，规范经营跌序；组织执法检查，出动检查150多次，出动检查人员1000多人次，处罚文化经营单位4家，取缔非法音像制品和书报摊档3宗，并查缴盗版光碟100多张，收缴盗版出版物300多册（本），有力地打击了制假售假行为，进一步规范文化市场秩序。

注重人才培养，锻造高效队伍 1. 作风建设不断加强。通过中心组学习会、支部会、纪律教育学习月活动等的专题学习，不断提高宣传文化工作队伍领导干部的理论水平、业务水平和党性修养，执行《中国共产党党员领导干部廉洁从政若干规定》，区直宣传口部门形成更好的机关作风，树立了良好的形象。2. 干部培训更加注重。不断加强舆情信息员队伍和互联网兼职评论员队伍的培训指导，提高队伍驾驭网络舆情信息的能力，有效地提高了队伍的敏感度和执行力。积极选派宣传系统骨干参加省、市、区培训，例如全省文明办主任培训班、全省宣传部副部长培训班、揭东区股级干部培训班等，不断提高宣传干部业务能力和政治素养，进一步做好基层宣传工作。

（区委宣传部办公室）

【政研工作】 2017年，区委政策研究室在区委的正确领导和市委政研室的帮助指导下，围绕区委打造“生态型、效益型”新型城镇化示范区，突显“133”版型布局，推动产业、城市、生态和政务“四个更新”的工作思路和全区改革、发展、稳定大局，不断研究新情况，探索新方法，适应新要求，创新举措、扎实工作，开拓进取、服务全局，有效发挥为区委决策工作和领导工作服务的参谋助手作用。全年共撰写《关于加强农村宅基地管理专题调研情况报告》《揭东区开展振兴工业经济专题调研报告》《揭东区全面深化改革机构设置及运转情况报告》《揭东区推进快递物流业发展情况专题调查报告》《揭东区住房空置情况调研报告》《深化“四项机制”推动乡村振兴发展》《加快发展城市经济 解决产业发展不平衡不充分问题》《加快实体经济发展的问题研究》等各类调研文稿和理论文章22篇，文字总量40余万字，为上级部门、区委和区委主要领导撰写有关汇报材料25份，较好地发挥参谋助手和以文辅政作用，为服务区委决策做出积极贡献。

（谢建丰）

【统战工作】 2017年，揭东区统战工作在区委的正确领导下和市委统战部的指导下，学习宣传贯彻党的十九大精神和习近平总书记重要讲话精神，贯彻落实《中国共产党统一战线工作条例（试行）》和全市统战部长会议精神。统战部门作为党委一个工作部门，区委统战部围绕区委中心工作，发挥揭东统战优势，搭建平台和载体，奋力开创揭东统战工作新局面，为建设揭东“生态型、效益型”新型城镇化示范区贡献力量。主要有：

掀起学习宣传贯彻党的十九大精神和习近平总书记重要批示精神热潮 10月30日，揭东区委统战部全体工作人员在会议室召开会议，学习贯彻党的十九大精神，区委常委、统战部部长陈妙龙主持会议并讲话。大会的主题是：不忘初心，牢记使命，高举中国特色社会主义伟大旗帜，决胜全面建成小康社会，夺取新时代中国特色社会主义伟大胜利，为实现中华民族伟大复兴的中国梦不懈奋斗。会议提出，揭东广大统一战线人士要深刻认识和准确把握中共十九大提出的新论断新要求，以新时代赋予统一战线的新任务新要求统领下阶段工作；要牢记新使命，迅速把思想行动统一到中共十九大精神上来；要以中共全面从严治党为借鉴，不断提高自身建设水平，努力建设高素质的中国特色社会主义统战人士；要围绕区委区政府中心工作，特别是揭东“百日百项大行动”、乡村振兴战略等中心任务，充分发挥优势作用，为打造揭东“生态型、效益型”新型城镇化示范区的目标凝聚智慧力量。

加强同各民主党派和无党派代表人士联系支持民主党派和无党派人士工作，引导他们支持党委、政府中心工作　在贯彻落实市委、区委关于开展“迎盛会·百日百项大行动”的工作部署上，区各民主党派、无党派代表人士积极参与“我为‘迎盛会·百日百项大行动’建言献策”座谈会。参会代表就揭东区中心工作提出8方面的建议意见，受到区委、区政府的肯定。四是区委统战部联合区各民主党派一行42人，到揭东区兴源路开展创文活动，美化了兴源路环境。

组织开展纪律教育学习月活动　根据区委工作部署和《区纪委关于2017年全区开展纪律教育学习月活动的意见》文件精神，区委统战部根据实际，制订工作方案及《区委统战部开展纪律教育学习月活动日程表》，在7—9月间组织开展形式多样的纪律教育学习活动，通过深入学习贯彻习近平总书记系列重要讲话精神和治国理政新理念新思想新战略，以“讲政治、强党性、严纪律、守规矩”为主题，围绕推进全面从严治党、推进“两学一做”学习教育常态化制度化工作的要求，大力加强党性宗旨教育、党规党纪教育、警示和示范教育、党内政治文化教育，引导统战部党员、干部永葆共产党人政治本色，为我部全面完成各项工作目标任务和实施“百日百项大行动”提供坚强纪律保证。

（陈家群）

【对台工作】　2017年，区对台办在区委、区政府的正确领导下，在市台办的直接指导下，坚定不移贯彻执行党的对台方针政策，认真学习、传达贯彻中共十八届六中全会精神和十九大精神、中央对台工作会议和省、市台办主任会议精神，结合区委、区政府建设“产业强区、宜居新城、幸福揭东”的中心工作，研究落实涉台有关方针政策，抓好对台合作交流和服务台商台胞两个重点，强学习提素质抓落实，以昂扬的进取精神，扎实的工作作风，推进对台工作务实创新。

配合做好揭台经济文化的交流交往工作　一是认真配合市台办和区委区政府做好对台交流联络和接待工作，以三山国王文化为纽带，加强与台湾基层的互动对接，通过共同的信仰和潜移默化的交流，为建设揭阳“两岸交流基地”做好前期的相关准备。办主动深入基层一线，探讨建立基层一线村庙管理机构，落实村对村、会对会、庙对庙等基层交流合作机制。2017年来，对台办借助“三山国王文化”这一平台，共组织赴台交流三批次。二是按照上级部署，做好揭东企业赴台经贸交流工作。2017年三月，对台办组织揭东本地企业家参加揭阳市赴台经贸考察团，对台湾当地进行考察交流，打响揭东企业的品牌名片，以此扩大揭东在台湾的知名度，取得良好的成效。

深入基层做好调查研究工作　一是围绕“稳增长、调结构、促改革”要求，抓住全面深化改革的契机，经常性下基层调查研究，以继续推进台资企业转型升级为重点，坚持“市场主导，企业主体，政府推动”原则，认真落实惠及台商台企的政策，积极推动台企创新发展，促进在揭东的台资企业实现转型升级，推动粤台经贸交流合作进一步深化。二是提升服务水平，推动投资环境改善。继续加大《中华人民共和国台湾同胞投资保护法》及实施细则、和各级政府政策法规的宣传引导，切实依法保障台商权益。持续推进台商精神家园建设，全面完善涉及台胞台属的各项服务举措，创建更加宜居宜商的环境。

贴心服务为台胞台属排忧解难　一是认真接访，用心服务，为台胞台属解决难点问题。2017年来，对台办干部职工多次接访台胞台属，耐心为他们提供政策咨询服务，帮助联系他们在台亲属的遗产继承及其他事宜，对所需的手续流程和相关证照完善，耐心详细给予解答和回复，尽力为他们提供服务和帮助。二是认真做好困难台胞的调查和帮扶救助工作。揭东区台办认真落实国台办、省台办、市台办关于关注回乡老台胞生活问题的指示精神，深入各镇、村回乡老台胞家中进行调查核实，充分掌握揭东区回乡老台胞的生活情况，2017年，全区有2位老台胞年老多病，家庭经济极为困难。将调查的情况如实上报，并将补助款及时发放。2017年11月，办获悉台胞洪胜贤身患肺腺癌，无法进行相应治疗之后，多渠道多方面为其奔走筹集医疗费用。在市台办和区委统战部领导的关心支持下，以及有关单位和佛教界人士的热心帮助下，共筹得资金3万多元，并将善款悉数送到洪胜贤家中，洪胜贤一家对和党和政府的贴心关怀十分感激。

（刘耿东）

【机构编制工作】 深入推进“放管服”改革 根据区委“迎盛会·百日百项大行动”的部署要求，区编办深入推进“放管服”改革，牢牢抓住行政审批制度改革的牛鼻子，大力推动转变政府职能，简政放权，转变政府管理方式，重点围绕阻碍创新发展的“堵点”、影响干事创业的“痛点”和市场监管的“盲点”，打出“组合拳”。力破“中梗阻”，给企业松绑，让市场发力，激发发展新活力。

1. 清理规范行政审批中介服务事项目录工作。区编办对全区的行政审批中介服务事项进行全面的清理规范，形成了《揭东区清理规范区政府部门行政审批中介服务事项目录》（包括第一、二、三批）（以下简称《目录》）。《目录》涉及区直8个单位的66个中介服务事项，其中不再要求申请人提供相关中介服务材料3项；改为审批部门根据需要自行委托有关机构提供技术性服务8项；仍需申请人提供相关材料，但申请人可按要求自行编制，也可委托有关机构编制，审批部门不得以任何形式要求申请人必须委托特定机构提供服务20项。《目录》已通过区法制局合法性审查，经区政府常务会议审定通过，予以印发和公布实施。

2. 调整编制行政许可保留目录工作。区编办对全区的行政许可事项进行动态调整，根据各部门的调整编制形成《揭东区行政许可事项保留目录（2017年版）》（以下简称《目录》），《目录》保留行政许可事项257项，包括子项471项，涉及30个单位，修改法律依据、事项名称、备注内容等共17项。《目录》已通过区法制局合法性审查，经区政府常务会议审定通过，予以印发和公布实施。

3. 编制行政审批事项调整目录工作。区编办根据上级的统一部署，对照上级自2012年以来有关行政审批制度改革的相关文件，对区直相关部门行政审批制度改革取消、下放等事项进行梳理编制形成《揭东区行政审批事项调整目录》（以下简称《目录》），共整理出国务院、省、市决定取消、下放的情况为：取消52项、下放67项，委托1项，转移1项，调整为其他类别5项。《目录》并已征求各相关单位意见和通过区法制局合法性审查，经区政府常务会议审定通过，予以印发和公布实施。

4. 完善行政许可标准化建设工作。区编办对照《广东省行政许可事项通用目录（2017年版）》，在《揭东区行政许可事项保留目录（2016年版）》的基础上，结合揭东区实际，全面梳理行政许可事项，对需调整的行政许可事项进行清理，对需调整事项进行动态调整，推动行政许可事项标准线上应用。

5. 编制揭东区证明事项目录。根据《广东省推进职能转变协调小组关于在全省开展“减证便民”行动的通知》的工作部署，为扎实做好区各类证明事项的清理和规范工作，在全区相关部门开展“减证便民”行动。根据各部门清理的事项进行审核、编制形成《揭东区证明事项目录》，保留91项，取消1项，涉及15个单位。坚决砍掉各类无谓的证明和繁琐的手续，最大限度地方便群众办事创业，努力为群众提供便捷高效、公平可及的公共服务。

6. 做好区政府部门权责清单动态调整工作。根据区委“迎盛会·百日百项大行动”的工作部署，为深入推进“放管服”改革，进一步优化完善区政府部门权责清单，区编办于10月17日印发《关于做好区政府部门权责清单动态调整工作的通知》，组织相关单位以现有权责清单为基础，根据法律法规立改废释，机构和职能调整等，增减相关行政职权事项，并对应调整行政职权事项名称、实施依据等要素。

完成区委巡察机构建设工作　根据上级关于建立巡察制度的有关文件精神，区编办研究起草《中共揭阳市揭东区委巡察工作实施办法》，同时，对区委巡察工作机构的设置、人员配备、工作程序等方面深入调研，形成区委巡察机构编制方案，于2017年4月完成区委巡察工作机构的设置工作。为推进全面从严治党的部署，健全和完善党内监督体系，有效地推进从严治党向基层延伸，实现巡察工作全覆盖提供体制机制保障。

完成揭东区盐业体制改革方案制订工作　为贯彻落实《国务院关于印发盐业体制改革方案的通知》和《广东省人民政府关于印发广东省盐业体制改革实施方案的通知》精神，根据《揭阳市人民政府关于印发揭阳市盐业体制改革实施方案的通知》要求，为进一步完善我区食盐监管体制，区编办组织人力深入各领域调研，征求多方意见，制订改革方案。方案明确食盐安全监管机构，根据精简、统一、效能的原则，将食盐纳入食品类实施统一监管，区食品药品监督管理局稽查局承担食盐行政执法工作，区食品药品监管局食品生产安全监管股、食品市场安全监管股分别负责食盐的生产和流通环节的安全监管工作。区经济信息化和科技局依托现有资源，由技术改造与创新投资股承担有关盐业管理工作。

设立镇（街）人大工作机构　根据广东省人大常委会办公厅、中共广东省委组织部、广东省机构编制委员会办公室、广东省财政厅、广东省人力资源和社会保障厅《关于大力推进县乡人大工作和建设的若干意见》要求，区编办组织人力，对区镇级人大工作各个领域进行深入调研，形成机构编制设置方案。一是设立揭阳市揭东区人大常委会曲溪街道工作委员会，正科级。业务上接受区人大常委会指导，并向区人大常委会负责并报告工作，同时接受曲溪街道党工委的领导。设主任1名，专职人员1名，所需人员在曲溪街道总编制内调剂解决。二是设立各镇人大工作机构，名称统一为“揭阳市揭东区××镇人大办公室”，正股级。各镇人大办公室设主任1名，由人大专职副主席（副科级）兼任，配备专职人员1名，所需人员在各镇总编制内调剂解决。

继续加强事业单位管理　一是全面推进事业单位分类改革。2017年以来，区编办按照政事分开、事企分开、管办分离的原则，以社会功能为依据，对全区事业单位进行科学分类。2017年，区编办组织人力对全区未分类事业单位的职能、机构编制等事项进行全面梳理，制订机构编制方案初稿，提交编委会审定，2017年，已基本完成揭东区事业单位分类改革工作。二是规范事业单位登记管理。强化监督和主动服务并重，进一步规范登记管理工作，揭东区目前事业单位381个。2017年，为揭阳市揭东区污水处理管理中心等14家事业单位办理法人设立登记业务。为揭东区妇幼保健计划生育服务中心等44家事业单位办理变更登记，为事业单位保障其合法权益奠定基础。根据国家事业单位登记管理局《机关群团统一社会信用代码赋码工作有关问题办理意见》的通知，为区直51所单位办理统一社会信用代码证书。根据《中央编办综合司关于国家税务总局系统所属行政机构统一社会信用代码赋码工作有关问题的通知》的通知，为揭东区地方税务系统办理了统一社会信用代码证书。

（孙为为）

【信访工作】　2017年，区信访局在区委、区政府的正确领导下，在上级信访部门的指导下，围绕区委中心任务，按照年初定下的各项工作目标，迎难而上，真抓实干，圆满完成省第十二次党代会、68周年国庆、中共十九大胜利召开等敏感时段的工作任务，十九大期间全区群众到省进京“零上访”，信访总量保持下行态势。局被市评为党的十九大安保维稳先进集体，郑壮忠被评为全国信访系统优秀督查员。

开展信访积案化解工作　为助力“百日百项大行动”，迎接中共十九大胜利召开，全区兴起信访积案化解大行动，对一些多年未解决的信访案件，逐一落实一名区党政领导包案。包案领导亲自听取汇报，指导案件办理，约见信访人，倾听信访人诉求，有效推动信访积案的化解工作，先后化解李燕云、池锡清、高文安等10多宗信访积案。

推进区党政领导接访活动　根据市信访工作联席会议的部署，区党政领导轮流到区接访大厅接待来访群众。接访领导与来访群众面对面，认真倾听群众诉求，对群众的合理诉求，现场落实相关职能部门限时解决，对群众不合理的诉求，在政策层面上向群众人解释，为群众释疑解惑，确保群众信访事项“件件有落实，事事有回音”。

推进镇（街）领导周末接访活动　6月，区按照全市基层治理工作会议的精神，在全区7个镇（街）开展镇（街）领导周末接访活动。通过接访活动，基层一些新矛盾、新苗头及时被发现，并消灭在萌芽状态中，一些老的矛盾纠纷也得到疏导化解，群众超级信访态势得到控制，减轻了上级信访部门的压力。

配合区信访维稳工作专班工作　4月，根据市的工作要求，区成立信访维稳工作专班，在区公安局集中办公。区信访局主动作为，抽调4名骨干同志充实到区信访维稳工作专班，积极配合区信访维稳工作专班开展各项工作。区信访维稳工作专班成立以来，取得显著工作成效，完成上级交办的省第十二次党代会、香港回归20周年庆祝活动、厦门“金砖”会议、68周年国庆、中共十九大胜利召开等敏感时段的工作任务，成功劝返到省进京上访群众18批、25人次。

加大干部队伍建设　2017年，局机关根据区委的要求，通过集中学习和个人自习的方式，组织全局干部职工深入开展“两学一做”“学习习近平总书记重要讲话精神”等系列教育活动。十九大胜利闭幕后，全局迅速兴起学习十九大报告的热潮，把十九大报告学透、弄懂、活用，并融入到信访工作中来，推动信访工作再上新台阶。

（区信访局）

【党史工作】　区委党史办公室为区委办内设正股级事业单位，2017年有编制3人，其中领导职数1人。首先，落实好编制、人员和经费，着力改善党史办公室办公及工作条件，全年订阅广东党史《红广角》120份（每月10份），作为领导学习资料，为开展党史研究工作创造条件；其次，开展建设以革命遗址和纪念地为基础的“基地工程”，做好本区党史资料的征集、保护、编纂工作，力争2018年完成揭东县（1992—2012）历届党代会文件汇编撰写工作；第三，全年共组织到革命烈士纪念碑扫墓4次约2000人次，为市史志办公室提供资料21条，揭东党史大事记15条。

（李创丰）

【党校工作】　2017年，区委党校内设办公室、教务室（加挂中共广东省委党校函授学院揭东函授分站牌子）2个内设机构。下属单位有区委党校教研中心（公益一类正股级事业单位）。在揭东电视大学内办学办公，有教职工14人，其中教学人员10人，具备高级职称5人，中级职称5人。

10月10日，区委党校组织教师到埔田镇牌边村社会实践活动　（陈秀武　摄）

科研工作　牢固树立“科研立校”的思想，突出科研工作为区委、区政府决策服务，为推进党的理论创新服务，为提高党校教学质量服务，根据区委中心工作，确定重点课题，落实专人负责开展调研。2017年，共组织教师下乡专题调研15人次，撰写专题调研材料14篇。区委党校将教师优秀教学文稿结集出版《学习贯彻党的十八届六中全会精神教学文稿选编》，作为主体班次特色教材，受到学员的欢迎。区委党校专门成立理论参考编写组，通过组织专题学习、开展图情研究、组织下乡调研等方式，组织理论文摘，全年编写《理论参考》12期。除作为党校补充教材用外，还分发给区委中心组和各级各单位，服务基层党员干部理论学习。中共十九大胜利召开后，区委组织部、区委党校联合编印《党的十九大精神学习手册》，印发给全区基层党组织学习参考，推动全区形成学习贯彻党的十九大精神热潮。

自身建设　2017年9月，首次举办师资培训班，区委常委、组织部部长、党校校长林志伟到会作动员讲话。是年，共派教师参加全国性培训1人次；参加省级培训3人次；到市跟班学习6人次。本年度新调入一名高级教师，补充教学教研力量。区委组织部、区财政局先后拨款支持党校教学设备更新，并完成党校移动宽带网接入，更新部分办公设施，有效服务培训工作。

【干部培训】　2017年，揭东区委书记蔡淡群书全区的新任村（社区）书记、主任作专题报告；为全区科级干部学习贯彻习总书记对广东重要批示专题研讨班；为全区科级干部学习贯彻十九大精神研讨班作开班动员和专题辅导。区委常委、组织部长林志伟等领导先后为参加培训的学员作专题报告，进一步提高学员的思想政治素养和理论业务水平。全年共完成计划主体班次11期，专题培训干部600多人次，协助组织公务员初任培训、财会人员培训和公务员全员培训，培训人数超2000人。同时，启动十九大精神大学习大培训，对全区各级干部进行集中轮训。常务副校长林建南亲自备课为老干部、拔尖人才、两新组织党支部书记上课，宣传贯彻习总书记对广东重要批示精神。

2017年的八、九月份组织送课下基层，区党校特选派蔡惠、王旭忠等骨干教师，精心准备《学党章党规，做合格党员》《学习系列讲话，增强四个意识》等精品课，到各镇（街道、开发区）和直工委、烟草、税务、政务中心等单位讲课，推进“两学一做”学习教育常态化制度化，受到基层党员干部的欢迎。是年，区委组织部、区委党校还把精品课编印成册，供基层党支部学习参考。

（蔡　惠）

【保密工作】　2017年，区保密工作以推进保密工作转型升级、打赢信息化条件下保密战为目标，聚焦重点任务，持续深化“三大管理”工作，巩固工作基础，推动保密工作上台阶上水平。一是深入贯彻落实中央、省委和市委决策部署，把学习贯彻党的十八届六中全会精神作为保密战线的重要政治任务，持续完善保密领导体制机制建设，着力推进保密系统建设和部门联动机制。二是突出抓好重点任务，全力做好党的十九大和省第十二次党代会有关保密服务保障工作，着力加强保密宣传活动四场次，组织保密专项监督检查四场次，并认真做好省迎检工作。三是做好保密通联工作，组织全区征订国家级保密杂志共120份，规范清理局权责事项清单6大类共20小项。

（吴瑞芳）

揭阳市揭东区人民代表大会

【区二届人民代表大会第三次会议】　揭东区第二届人民代表大会第二次会议于2017年3月8日至3月10日在区人民广场会议中心举行。区二届人大一次会议期间，共有代表305名。区二届人大二次会议召开前，区人大常委会同意10位代表提出辞去代表职务的请求，据代表法的规定，代表资格自行终止，出席本次大会的代表共295名。大会由14个代表团组成。

大会主席团常务主席为：吴毅青、刘佑知、许列群、方烽、陈少伦、陈建雄、黄建声、陈郁芳、杨明城、黄敬双、林琼瑜、谢淡松。黄敬双兼任大会秘书长。本次大会议程是：1. 听取和审议揭阳市揭东区人民政府、揭阳产业园工作报告。2. 审查和批准揭阳市揭东区、揭阳产业园2016年国民经济和社会发展计划执行情况的报告及2017年国民经济和社会发展计划。3. 审查揭阳市揭东区、揭阳产业园2016年预算执行情况的报告及2017年预算草案，批准揭阳市揭东区、揭阳产业园2016年区级预算执行情况的报告及2017

年预算。4. 听取和审议揭阳市揭东区人大常委会工作报告。5. 听取和审议揭阳市揭东区人民法院工作报告。6. 听取和审议揭阳市揭东区人民检察院工作报告。7. 其他。

区人大常委会主任许列群在报告中对过去一年的主要工作进行回顾，2017年，区人大常委会在区委的正确领导下，牢牢把握人大工作的政治方向，找准服务大局的结合点、监督工作的切入点和社会发展的着力点，坚持思想政治作风建设，坚持观大势谋大局，坚持问题导向和开拓创新，以强烈的使命感推进各项工作。召开常委会会议13次，听取和审议专项工作报告24项次，组织和配合上级执法检查10次，组织专项调研视察活动3次，顺利完成各项工作任务。

一、围绕中心，依法履职。围绕区委的决策部署，对关系全区发展与稳定，关系人民群众根本利益的民生问题和社会事业等重大事项，依法适时作出决议决定。2016年，就揭东区及中德金属生态城基础设施建设进行融资和新增债券转贷资金等重大问题共作出决议、决定5项。注重经济运行监督。关注经济运行的健康性和财政资金管理的规范性，开展对计划预算的审查监督和经济运行情况调研，听取和审议计划、预算执行情况报告和审计工作报告，审查批准决算、预算调整方案。落实《中华人民共和国预算法》的要求，强化预算支出联网在线监督，提高人大监督的系统性和时效性。发挥审计监督作用，完善审计查出问题及落实整改情况向人大常委会报告机制。加强民生事业监督。重视水利工作，听取水务局关于完善水利基础设施建设等工作汇报，并就推进示范区、重点区等民生水利项目建设，加强水资源管理等方面提出审议意见和要求。注重资源管理，听取国土资源局工作汇报，要求加强土地规划管理，惩治违法违规用地行为，全面实施绿色国土、节约优先的战略部署。围绕保稳定、创平安的工作目标，听取公安分局工作汇报，推进治安基础设施建设，加强专项整治，重拳惩治违法犯罪。针对群众较为关心的就业、医保、社保等问题，听取人社局工作汇报，要求政府及职能部门要强化为民意识，抓好就业、医保社保工作。做好人事任免工作。正确处理好党管干部的原则与人大依法任免干部的关系，认真按法律程序办事，加强拟任命干部的审查和任前法律知识考试，为全区经济社会发展提供了有力的组织保障。2016年，共依法任命干部37名，依法免职7名，接受辞职5名。

二、突出主体，创新履职。加强与代表的交流，围绕城乡环境卫生和交通秩序整治、卫生创强等工作情况进行专题考察，有针对性地提出建设性意见，推进全区重点工作顺利开展。2017年，共组织代表开展考察、执法检查13场次，参加代表200多人次，推动服务政府、责任政府、法治政府建设。创新代表活动方式。发挥代表熟悉基层，了解社情民意的优势，组织和指导代表小组开展专题调研活动，积极提出建议意见，增强履职效果。邀请代表列席常委会会议达60多人次，让代表及时了解常委会和“一府两院”的重要工作情况。重视人大宣传工作，组织区电视台制作代表履职专题片8期，展示代表履职风采；组织参加市“人大新闻奖”评选，有5篇作品获奖。提高代表履职能力。举办初任培训和履职培训，拓展代表培训的广度和深度，运用专题辅导、以会代训、经验交流等多种形式，提高代表履职能力和水平。开设培训班2期，培训代表400多人次。增强建议督办实效。建立健全常委会领导联系督办重点建议件，各工委联系对口部门督办等工作机制，切实提升督办工作质量。二届一次会议期间，共收到代表建议意见7件，闭会期间，代表以直通车形式提出的建议1件，这些建议意见都及时交政府及有关部门办理，督查重点建议意见3件，使一批重点建议件得到较好落实。

三、推进法治，促进履职。加强对法律法规落实情况的监督和检查，组织和配合上级人大对揭东区贯彻实施《中华人民共和国妇女权益保障法》《中华人民共和国环境保护法》等法律法规的情况进行检查，督促政府及有关职能部门提高有法必依的自觉性，推动法律法规的全面正确实施。加强司法监督。关注“两院”司法改革，听取和审议“两院”工作报告，组织代表观摩庭审，要求“两院”完善内部监督机制，规范司法行为，进一步推进审判公开、检务公开，增强司法公信力，提高人民群众的满意度。加强法治建设。坚持以普法宣传教育为基础，以领导干部学法用法为重点，以法律进机关、进社区、进学校、进农村活动为载体，有的放矢地开展全民法治宣传教育工作，提高全民法律意识和法制观念，推进法治社会建设。2016年，区政府被市政府评为依法行政优秀单位。加强信访督办。重视人民群众的诉求，将信访工作作为密切联系群众的一项重要工作来抓，实行重点信访督办制度，加大办理力度。2016年，共受理群众来信来访19宗，都转交有关部门办理，督查重点信访10宗，及时解决人民群众反映的热点、难点问题。加强组织指导。认真主持做好区镇人大换届选举工作，召开选举工作会议，培训工作骨干，加强指导和协调。按照宪法和法律的规定，周密研究部署，深刻汲取辽宁拉票贿选案、湖南衡阳破坏选举案和四川南充拉票贿选案的教训，严明纪律，确保换届选举风清气正，顺利完成。圆满召开区、镇新一届人民代表大会第一次会议，顺利产生区、镇两级政府领导班子成员。

四、改进作风，服务履职。按照“政治坚定、业务精通、务实高效、作风过硬、团结协作、勤政廉政”的要求，加强领导班子政治理论学习，提高科学决策和依法履职的能力，营造民主、团结、和谐、向上的良好氛围，提高班子的合力和驾驭全局的能力。重视机关建设。以建设学习型机关为目标，突出抓好人大干部的素质教育，组织全体干部职工深入学习贯彻党的十八大和习近平总书记系列重要讲话精神，不断提高队伍的政治理论水平。重视培训工作，组织干部职工学习《各级人民代表大会常务委员会监督法》和《中华人民共和国全国人民代表大会和地方各级人民代表大会代表法》等法律知识，选派业务骨干参加上级各类培训，增强队伍的凝聚力和战斗力。重视作风建设。发扬求真务实的优良传统，坚持深入基层，走访群众，走访代表，广泛听取社会各界意见，着力探讨创新人大工作的思路和措施。结合“两学一做”学习教育活动，常委会领导带队下基层开展专题调研，倾听意见建议，既为常委会审议、决策提供真实可靠依据，也对“一府两院”工作起到积极的促进作用。重视协调指导。正确处理好监督与支持的关系，密切与“一府两院”的联系，形成齐心协力抓落实、合力攻坚促发展的良好局面。加强同揭阳产业园和各镇人大的联系，协调解决基层人大存在问题。及时派出指导组，加强对各镇评议基层所站、组织代表活动等工作的指导，提高基层人大的工作水平，推动揭东人大工作更上新台阶。

报告就新一年工作提出建议：2017年，是供给侧结构性改革的深化之年，是推动揭东和产业园振兴发展的攻坚期。区人大常委会将主动适应新常态，推动人大工作与时俱进，为实施各项事业发展提供有力的法治保障。一、加强监督工作，积极回应社会关切。推进法律法规的正确实施，促进依法行政、公正司法，维护人民群众合法权益。坚持以解决问题为导向，以群众利益为依归，着力提高监督工作质量和实效。注重发挥常委会作用，适时对事关全区改革发展稳定的重大事项作出决议、决定。继续坚持党管干部与依法任免相结合的原则，做好人事任免工作。突出监督的刚性、针对性和实效性，推动“一府两院”依法开展工作。加强对计划、预算、决算、审计工作等法定项目的审查监督，提高监督的系统性、时效性和严肃性。加强对教育、文化、民政、交通基础设施和市场秩序等民生工作的监督，促进民生改善和社会和谐。加强对环境状况及环境目标完成情况等工作的监督，推动生态文明建设。加强对司法工作的监督，促进严格执法、公正司法。加大对常委会决定、审议意见落实情况的督办力度。重视信访工作，促进热点难点问题的解决。二、加强代表工作，更好发挥代表作用。加强代表学习和培训，拓展代表培训的广度和深度，提高履职能力和水平。加强与周边市县人大的联系和沟通，交流经验。准确把握代表履职需求，完善基层代表联系点，设立镇（街道）代表联络工作室，为代表履职活动创造条件。密切同代表的联系，扩大代表对常委会工作的参与，支持代表参与执法检查、调研和视察等各项活动。建立、健全常委会组成人员联系代表，代表联系选民的制度，畅通代表联系的渠道。实施代表直通车、代表“一键通”制度，构筑代表反映问题的平台。建立代表履职手册，对代表履职情况实行存档考评制度，激发代表履职热情，切实发挥代表的积极作用。认真做好代表议案和建议的交办工作，同时加大办理督查力度。三、加强自身建设，努力提高履职能力。深入学习贯彻习近平总书记系列重要讲话精神，与党中央保持高度一致，切实提高常委会组成人员和机关工作人员的思想素质和业务水平。坚持深入群众、深入实际调查研究，充分听取人民群众的意见和建议，提高常委会民主化、科学化的决策水平。增强履职能力，不断提高监督工作和代表工作的水平。强化制度建设，充分发挥常委会各部门在监督工作中的职能作用，形成职责分明、分工负责、规范有序、务实高效的运行机制，不断提高人大机关的工作效率和质量。改进工作作风，研究解决新问题，推动重点工作不断开展。加强基层人大工作的联系和指导，有效发挥镇人大作用，整体推进基层人大工作再上一个新台阶。注重与“一府两院”、上下级人大的联系沟通，共同推动经济社会发展、民生保障落实和民主法治建设。加强与揭阳产业园的工作联系，探索推进产业园人大工作的方法途径。

会议经审议，通过大会各个报告，并作出相应决议。

会议指出，2017年，区政府应对困难和挑战，主动适应新常态，扎实推进供给侧结构性改革，全面推进稳增长、促改革、调结构、优生态、惠民生、保稳定等各项工作，发展基础不断夯实、发展环境持续改善、自身建设切实加强，为建设产业强区、宜居新城、幸福揭东实现良好开局。会议强调，2017年是揭东实施“十三五”规划的重要一年，也是推进供给侧结构性改革的深化之年。区政府要按照本次会议确定的预期目标和任务，坚持“稳中求进”的工作总基调，围绕“争当全市发展排头兵”的总目标，实施创新驱动、推动转型升级，加快扩容提质、统筹城乡发展，改善民生福祉、增强群众幸福感，实现揭东经济社会又好又快发展。会议号召，全区上下要更加紧密地团结在以习近平总书记为核心的党中央周围，在市委市政府和区委的坚强领导下，不忘初心，继续前进，凝心聚力，攻坚克难，努力争当全市发展排头兵，建设产业强区、宜居新城、幸福揭东，以优异成绩迎接党的十九大和省第十二次党代会胜利召开。

同时，会议对揭阳产业园管委会一年来所取得的成绩给予充分肯定。会议号召，产业园各级上下要在市委市政府和产业园党委的坚强领导下，坚定信心，团结一致，脚踏实地，真抓实干，为开创揭阳产业园发展新局面而努力奋斗。

（许上伟）

【区二届人大常委会第五次会议】 3月2日，区二届人大常委会第五次会议在区人大常委会会议厅举行。常委会主任许列群，副主任陈郁芳、杨明城、黄敬双、谢淡松及委员共25人出席会议。区委常委、常务副区长江玉城，揭阳产业园党委委员、武装部部长王林抛到会作建议、批评意见办理情况报告；区人民检察院检察长林楚峰到会提请人事任免事项。各镇人大主席、街道负责人大工作的，区人大机关副科级以上干部列席本次会议。常委会主任许列群主持本次会议。

会议主要内容：1. 审议通过《揭东区人大常委会工作报告（稿）》，决定提交区二届人大二次会议审议。2. 审议通过《揭东区人大常委会2017年工作要点（稿）》，决定印发给各镇人大、曲溪和磐东街道党工委及区直有关单位。3、听取和审议区政府副区长江玉城受区长方烽的委托作《关于揭东区二届人大一次会议议案转建议和建议批评意见办理情况报告》，原则同意这个报告；听取和审议揭阳产业园党委委员、武装部长王林抛受管委会主任陈少伦的委托作《关于揭东区二届人大一次会议议案转建议和建议批评意见办理情况报告》，原则同意这个报告。4. 决定召开区二届人大二次会议有关事项。经常委会组成人员审议，决定2017年3月8日至10日在区人民广场会议中心召开区二届人大二次会议，并提出区二届人大二次会议建议议程草案、大会主席团成员和秘书长名单（草案）、大会议案审查委员会组成人员建议名单（草案），决定了大会列席人员范围。5. 人事任免。根据区人民检察院检察长林楚峰提请，决定任命廖俊忠为揭阳市揭东区人民检察院检察员。决定接受林建明、李旭波、柯史斌、江雪香、王永生、黄作宏、王小辉、柯奕曼、陈杜鑫、刘晓珊10名代表辞去区二届人大代表职务。6. 审议通过区人大常委会代表资格审查委员会关于区二届人大代表资格审查报告。

【区二届人大常委会第六次会议】 5月25日，区二届人大常委会第六次会议在区人大常委会会议厅举行。常委会主任许列群，副主任黄建声、陈郁芳、杨明城、黄敬双、谢淡松及委员共29人出席会议。区人民法院院长林阳到会提请人事任免事项；区文广新局局长陈少鹏、区环保局局长陈志辉、区司法局局长林旭升到会作工作汇报。区人民政府副区长蔡晓霞，曲溪街道负责人大工作，锡场、新亨、白塔、龙尾四镇人大主席，省人大代表黄俊强，市人大代表郑锦鸿、吴爱彪、蔡琼珊、林晓涛，区二届人大代表吴淙墀、柯洁珊、徐永杰、林映波、黄苏见，区人大机关副科级以上干部，产业园党政办负责人大工作的列席本次会议。常委会主任许列群主持本次会议。

会议主要内容：1. 人事任免。根据区人大常委会主任许列群的提请，会议选举决定任命卢填波为揭阳市揭东区人大常委会农村农业工作委员会副主任；根据区人民法院院长林阳的提请，会议选举决定任命黄锐斌为揭阳市揭东区人民法院审判员。2. 听取和审议区文化广电新闻出版局工作汇报。3. 听取和审议区环保保护局工作汇报。4. 听取和审议区司法局工作汇报。5. 其他。

【区二届人大常委会第七次会议】 7月26日，区二届人大常委会第七次会议在区人大常委会会议厅举行。常委会主任许列群，副主任黄建声、陈郁芳、杨明城、黄敬双、林琼瑜、谢淡松及委员共26人出席会议。受区人民政府区长方烽的委托，区委常委、常务副区长江玉城到会作工作汇报，区发展和改革局局长林仲龙、区财政局局长陈豪杰、区司法局局长林旭升到会作报告；受区人民法院院长林阳的委托，区人民法院副院长王敏到会提请人事任免事项。玉湖、玉窖、云路、月城、桂岭镇人大主席，省人大代表宋旭彬，市人大代表吴少茂、刘金娜、高玩萍，区人大代表吴兴怀、谢楚镇、江永强、李晓龙、黎法治，区人大机关副科级以上干部、产业园党政办负责人大工作的列席本次会议。常委会主任许列群主持本次会议。

会议主要内容：1. 人事任免。根据区人民法院院长林阳提请，免去陈汉瑞的揭阳市揭东区人民法院行政庭庭长职务。2. 听取和审议区人民政府2017年上半年工作汇报。3. 听取和审议区人民政府2017年上半年国民经济和社会发展计划执行情况报告。4. 听取和审议区人民政府2017年上半年财政预算执行情况报告。5. 听取和审议区人民政府关于揭东区开展第七个五年法治宣传教育的报告。

【区二届人大常委会第八次会议】 9月28日，区二届人大常委会第八次会议在区人大常委会会议厅举行。常委会主任许列群，副主任黄建声、陈郁芳、杨明城、黄敬双、林琼瑜及委员共28人出席会议。区财政局局长陈豪杰、区审计局局长江少初到会作报告，区科协、教育局、民政局、市场监督管理局到会作工作情况汇报。区委常委、区政府常务副区长江玉城，埔田、锡场、霖磐镇人大主席，曲溪、磐东街道人大工作负责人，区人大代表罗炳海、陈意然、林合汕、刘绍坡、吴悦丽，区人大机关副科级以上干部列席本次会议。常委会主任许列群主持本次会议。

会议主要内容：1. 审议和批准区人民政府关于地方政府新增债券转贷资金收支纳入揭东区2017年度政府财政预算的报告。2. 审议和批准区人民政府关于2016年地方政府债务限额的报告。3. 审议和批准揭东区2017年财政预算调整的报告。4. 审查和批准区人民政府关于2016年度区本级财政决算草案的报告。5. 听取和审议区审计局关于2016年度财政预算执行和其他财政收支的审计工作报告。6. 听取创建全国科普示范区工作情况汇报。7. 听取和审议区教育局、民政局、市场监督管理局工作情况汇报。8. 其他。

【区二届人大常委会第九次会议】 10月20日，区二届人大常委会第九次会议在区人大常委会会议厅举行。常委会主任许列群志，副主任黄建声、陈郁芳、杨明城、黄敬双、林琼瑜、谢淡松及委员共27人出席会议。区人民政府区长方烽到会提请人事任免事项，区人大机关副科级以上干部列席本次会议。常委会主任许列群主持本次会议。

会议主要内容：1. 人事任免。根据区人民政府区长方烽的提请，会议决定免去林浩生的揭阳市公安局揭东分局局长职务；决定接受林浩生辞去揭东区人民政府副区长职务；根据区人大常委会主任许列群的提请，决定免去陈昌奕的揭东区人大常委会选举人事任免工作委员会主任职务，决定任命赖天鸿为揭东区人民政府副区长、揭阳市公安局揭东分局局长。2. 其他。

【区二届人大常委会第十次会议】 11月28日，区二届人大常委会第十次会议在区人大常委会会议厅举行。常委会主任许列群，副主任黄建声、陈郁芳、杨明城、黄敬双、林琼瑜、谢淡松及委员共28人出席会议。区人民政府副区长袁镇松到会做报告，区人民法院院长林阳、区人民检察院检察长林楚峰、区交通局局长何长全到会作情况汇报；玉滘、新亨、玉湖、白塔、龙尾五镇人大主席，区二届人大代表谢润五、王鸿城、许晓英、林乔荣、王仲芝等，区人大机关副科级以上干部列席本次会议。常委会主任许列群同志主持了本次会议。

会议主要内容：1. 听取和审议揭东区2017年环境状况和环境保护目标完成情况报告。2. 听取和审议区人民法院、区人民检察院、区交通局工作情况汇报。3. 其他。

【区二届人大常委会第十一次会议】 12月4日，区二届人大常委会第十一次会议在区人大常委会会议厅举行。常委会主任许列群，副主任黄建声、陈郁芳、杨明城、黄敬双、林琼瑜、谢淡松及委员共27人出席会议。常委会主任许列群主持本次会议。

会议主要内容：1. 人事任免。会议决定接受吴毅青辞去市六届人大代表职务，报市人大常委会代表资格审查委员会审查。会议选举李春明为揭阳市第六届人大代表，报市人大常委会代表资格审查委员会审查确认。2. 其他。

【区二届人大常委会第十二次会议】 12月21日，区二届人大常委会第十二次会议在区人大常委会会议厅举行。常委会主任许列群，副主任黄建声、陈郁芳、黄敬双、林琼瑜及委员共27人出席会议。常委会主任许列群主持本次会议。

会议主要内容：决定补选区二届人大代表的有关事项。会议决定提名蔡淡群、赖源凯、谢泽湖、朱培涛、许赐鹏、赖伟松、王岳周、吴焕松为区二届人大代表候选人，推荐到有关选区依法选举，12月29日为选举日。

【区二届人大常委会第十三次会议】 12月29日，区二届人大常委会第十三次会议在区人大常

11月15日，区人大常委会到区交通局调研 （许丹琼 摄）

委会会议厅举行。常委会主任许列群，副主任黄建声、杨明城、林琼瑜及委员共26人出席会议。常委会主任许列群主持本次会议。

会议主要内容：1. 审议和批准揭东区2017年度财政预算调整的报告。2. 人事任免。会议选举王小杰为揭东区人大常委会办公室副主任；许徐洪为揭东区人大常委会办公室副主任；陆少萍为揭东区人大城乡建设环境与资源保护工作委员会副主任。会议决定接受陆奕斌、林崖丰辞去揭东区第二届人大常委会委员职务；免去陆奕斌的揭东区人大常委会财政经济工作委员会主任职务。决定接受陆奕斌辞去区二届人大代表职务。

（王小杰　许上伟）

【人事任免】　2017年，区人大常委会依法任命国家机关工作人员7人，免职4人，接受辞职2人。区人大常委会认真做好人事任免工作，充分发扬民主，严格按照法律程序办事。严格执行党管干部和人大依法任免的原则，加强任前调查和法律知识考试，严肃执行任命干部就职宣誓制度，并加强任期监督，促进干部队伍依法行政。

（罗洁苹）

【代表调研视察】　8月9日，区人大常委会组织部分市、区人大代表共24名，围绕我区城乡环境卫生整治工作开展专题视察活动。活动采取看、听、议相结合的方式进行，实地察看曲溪街道、埔田镇环卫整治工作情况，召开座谈会听取区人民政府、曲溪街道及埔田镇创文工作情况汇报，最后开展集中讨论。代表们针对存在问题积极建言献策，提出要全力打好攻坚仗、建立长效机制、强化舆论宣传等9项建设性意见建议，进一步推动各地创文工作深入开展并取得了实实在在的成效。

（谢晓舜）

【执法检查】　2017年，区人大常委会配合有关部门，依法履行职责，积极开展执法检查，对“一府两院”及有关部门进行工作监督与法律监督。

5月中旬，配合市人大常委会对区社区事务的民主决策、民主管理和民主监督等有关情况开展专题调研。

5月中旬，就区司法局在依法履行职能、推进全区司法工作发展的情况进行调查解，提出加大法治宣传力度，深化基层人民调解，强化社区矫正工作，增强法律援助实效等建议意见。

7月下旬，根据市人大常委会的文件精神，区组织对本行政区域内贯彻实施《中华人民共和国未成年人保护法》情况进行检查。这次检查坚持把法律的监督实施与督促有关政策的落实相结合，围绕中心，突出重点，听取政府及有关部门的汇报。

9月下旬，就区民政局在健全社会救助体系、发展社会福利慈善事业方面情况开展调研，提出完善社会救助协调机制、加大社会救助资金投入、加强养老服务体系建设、加快推进慈善事业发展的意见建议。

10月中旬，配合市开展地方立法调研，对《揭阳市扬尘污染防治条例》出台之后在我区实施的情况进行调查了解。

8月9日，区人大常委会副主任陈郁芳（前中）致埔田镇调研“创文”工作

（许丹琼　摄）

10月下旬，配合市人大常委会对2016年以来区社会治安管理工作情况和存在问题进行调研。

11月下旬，先后对区人民法院、人民检察院进行调研。对法院提出进一步推进司法公开、加强队伍建设、深化司法改革、提升执行工作等意见建议；对检察院提出要服务服从监察体制改革大局、围绕监督做好各项检察工作、打造一支忠实履职的检察队伍等意见建议。

（朱楚虹）

8月23日，推进代表联络室建设工作现场会在揭东召开 （许丹琼 摄）

【议案建议情况】 10月中旬，区人大常委会抽调有关人员，邀请相关的区人大代表组成督查组，围绕区二届人大二次会议代表提出的6件建议进行重点依法督查。督查组围绕《关于尽快解决揭东城区停车难问题的建议》《关于尽快解决揭东城区行车拥堵问题的建议》和《关于在金凤路揭东区人民武装部到第四小学阶段附近增设限速摄像头的建议》《关于在206国道锡场中学与世德中学路段架设人行天桥的建议》《关于扩建国道206新享路段的建议》《关于要求上级政府不将玉滘镇划归榕城区管辖的议案》（转建议）等重点建议，分别到承办单位区住建局、民政局、公路局、公安交警大队和锡场镇政府，通过听取工作汇报、实地查看、代表评议和座谈交流，提出推动代表建议的相关事项得到彻底解决的督办意见，代表对各承办单位的办理结果均表示满意。

（谢晓舜）

【代表联络室建设工作】 区人大常委会全面加强乡镇人大工作，积极推进代表联络室建设工作。7月26日，埔田镇人大代表联络室作为揭东区（含揭阳产业园）11个镇、2个街道首个打造的先行点，开展第一次“集中联系日”活动。至9月底，全区（含揭阳产业园）11个镇、2个街道人大全部按“七有”（有牌子、有场地、有设备、有制度、有人员、有活动、有经费）建设要求，全面完成各自的人大代表联络室建设工作，并按规定开展代表“集中联系日”活动。在活动中收到的群众意见建议均得到全面落实和解决。

（谢晓舜）

8月23日，市人大常委会副主任杜小洋（左二）在区人大常委会主任许列群（左三）的陪同下到代表联络室指导工作 （许上伟 摄）

【代表小组活动】 10月至11月，区人大常委会指导揭东区（含揭阳产业园）5个市人大代表小组（共62名代表），紧紧围绕服务揭阳市打造“粤东新发展极”这一奋斗目标开展代表小组活动。各代表小组分别选取经济发展、卫生创强、生态旅游、环境整治和新农村建设等5个主题，采取走访群众和企业代表、实地察看项目建设等方式进行，通过零距离与群众、企业主的接触和面对面交流，了解并收集了制约当前经济发展的短板问题与群众反映的热点难点问题，总结出17项具有针对性、可行性的对策建议和解决思路，为以后人代会议代表更好履行职责、提出更高质量的意见建议打下坚实的基础。

（谢晓舜）

【信访工作】 2017年，揭东区人大常委会制定出台《揭东区人大常委会信访办法》，规范区人大信访工作。全年共受理人民群众来信来访26件次，督办重点信访件9宗。

8月3日，广东省人大常委会调研组专题到揭东调研，肯定区人大信访工作。区委书记蔡淡群提出信访工作“五清”思路：听清、查清、讲清、理清、厘清。全国人大常委会办公厅主编的专刊《人大信访工作情况交流》（2017年第五期），以《发挥人大优势，做好转型期人大信访工作》为题，报道揭东区人大信访工作。

（黄俊煜　郑淑香）

【省、市人大代表名单名录（2017年揭东区）】

省代表：黄俊强　陈壮华　宋旭彬　廖刘辉　黄剑珊（女）

市代表：蔡淡群　刘佑知　方　烽　陈少伦　许列群　李旭波　林建明　王拥新　张伟亮　陈小宝　黄成武　杨宝生　林众伟　李秀香（女）　刘俊荣　林晓涛　陈俊旭　陈愈胜　郑锦鸿　姚建安　张天保　蔡琼珊（女）　卢玉玲（女）　黄建伟　王永生　陈如杰　谢应明　林铁汉　柯史斌　许树侨　王荣光　林丽英（女）　江琼芝（女）　谢　斌　林丽君（女）　张卫丽（女）　吴少茂　吴广标　许悦君（女）　林炜填　王小辉　高玩萍（女）　蔡楚明　刘俊贤　张增宽　吴爱彪　陈桂生　刘金娜（女）　李洁龙　吴育华（女）　黄庆仰　林春鹏　杨映光　李晓英（女）　洪燕琼（女）　卢晓贝（女）　刘建芬（女）　刘秀萍（女）　吴克胜　江渊博　黄作宏　刘奕辉

（陈昌奕）

揭东区人民政府

【区政府常务会议工作会议】 2017年区政府召开常务会13次，工作会议25次，通过集体讨论和民主决策，全力推进相关重点工作，研究解决相关问题，深入开展相关专题学习活动并传达贯彻落实上级有关会议文件精神。

研究推进揭东大道车站路口和金叶酒店路口交通及景观提升改造工程，揭东区北环大道综合管沟工程项目，启动2011年度保障性住房“清华园”项目装修，揭东第一中学教职工宿舍室内配套建设项目，建设揭东第一中学教职工宿舍楼附属工程，市政道路工程，揭东经济开发区新型工业园万发路二期市政工程，夏新路西段市政工程，宝丰路市政工程，启动揭东区北环大道工程三个交叉路口交通信号灯及电子监控设备工程，揭阳市区进贤门大道延伸段榕江跨河景观大桥项目建设拆迁补偿，启动区中医医院首期工程项目建设前期工作，启动揭东区第二小学及青少年活动中心教育设备采购有关工作，启动金溪大道等5条排污管疏通清淤，检查井维修，淤泥运输等服务项目，揭东云山殡仪馆改扩建二期工程，在东环城路与国道539线交叉路口设置交通信号灯及电子监控系统，启动揭东经济开发区人民大道（龙港路—兴源路）道路修复改造工程，于在揭东区人民广场建设美斯学谷·朝启文化创客综合体项目，启动城区金溪南段（滨江路—金溪大道）市政道路工程，区妇幼保健计划生育服务中心与曲溪社区卫生服务中心整合工作，建设区消防防灾体验馆，揭东经济开发区人民大道（龙港路—兴源路）道路修复改造工程，揭东大道车站路口交通及景观提升改造工程，揭东大道金叶酒店路口交通及景观提升改造工程，揭东区北环大道三个交叉路口交通信号灯及电子监控设备工程，路篦片区中兴路北段等8个市政道路工程，启动网安实战平台，揭东区政府门户网站集约化平台和电子政务云平台建设租赁，启动建设揭东经济开发区新型工业园通用厂房及配套设施，西一，西二横路改造工程，揭东区出口竹笋质量安全示范区，启动揭东区沿江路东段堤防改造综合工程建设和工程项目国有土地上房屋征收补偿方案及工程项目建设拆迁补偿，揭东经济开发区新型工业园110千伏硕新，岭锡线改造工程，关于城区金新南路南段（滨江路—金溪大道）市政道路工程，揭东区水厂路西段（金凤路—石空路）市政道路工程，“村村通广播”系统项目，建设揭东电视台高清频道，揭东区中医医院建设工程，埔田“特色小镇”和全域旅游，城东片，中心片，广梅汕铁路南3个生活垃圾中转站，经营性公墓，110千伏云曲甲乙（芙渔、芙曲）输变电线路部分杆塔迁移改线及优化，110千伏云曲甲乙（芙渔、芙曲）输变电线路部分杆塔迁移改线及优化，趸售供水单位污水处理费征收，中德金属生态城870亩征地地上附着物（建筑物）拆迁补偿，国道G206曲溪至枫口大桥段，国道G539曲溪至深坑桥段沿线边绿化带非设计开口封闭和绿化提升工作，“三路”建设，加快推进中德金属生态城建设过程中存在有关问题，车田河右岸堤防整治工程（桩号CT0+000至CT0+437）等重大工程项目建设。

贯彻落实2017年《政府工作报告》的意见，《2016年国民经济和社会发展计划执行情况与2017年计划草案报告》《2016年财政预算执行情况和2017年财政预算草案报告》，2017年揭东区打造产业转型升级示范区实施方案，2020年揭东区赶超全国人均GDP，全体居民人均可支配收入和市三产占比经济目标实施方案，揭东区优化企业投资项目并联审批实施方案，2017年财政预算调整报告，我区金融科技产业融合风险准备金管理实施意见，揭东区教育发展“十三五”规划（2016—2020年），贯彻落实省、市有关开展“家庭发展促进月”及在全区开展“卫计知识灯谜进百村”宣传服务活动。

讨论研究揭东经济开发区综合产业园控制性详细规划修编，揭东旧城区控制性详细规划修编，揭东区河东新区控制性详细规划和揭东区集中供热及热网专项规划、揭东区临时救助实施细则和开展“救急难”工作试点实施方案的意见、拨款解决五堆祠堂（公厅）特殊项目补偿、国家电投揭东工业园2×25兆瓦背压式供热机组工程社会稳定风险评估为低风险，启动揭东经济开发区新型工业园第二批工业用地招拍挂工作，近期预算外资金分配情况，揭东区实施创新驱动发展战略2017年重点工作任务实施意见，区公开招聘辅警工作，改革创新“卫计知识灯谜进百村”宣传方式，玉滘镇和中德金属生态城有关建设规划，揭东区不动产登记信息基础平台首期建设经费的意见，揭东区玉滘镇危险化学品仓储区布局专项规划（2017—2030年），揭阳市中德金属生态城贝多芬生态公园概念规划方案，主城区公共绿化养护管理服务项目采购招标方案，揭东区取消车辆通行费年票制资产处置及人员安置工作方案，中德金属生态城建设用地（揭东区2016年度第四批，第五批城镇建设用地）地上附着物拆迁补偿实施方案，埔田镇笋壳及废弃物处理资金扶持、2017年揭东区招聘教师有关问题，中小学教师信息技术应用能力提升培训经费，参加揭阳市第七届运动会暨第四届学生运动会、揭东区医疗卫生强基创优行动计划（2016—2018年）和启动首批卫生创强项目建设，中海石油揭阳能源开发利用有限公司玉窖LNG卫星站管网扩建工程（揭东经济开发区新型工业园供气管网工程）项目社会稳定风险评估为低风险，揭东经济开发区新型工业园和中德金属生态城未批先建项目补办报建手续有关问题，解决位于中德金属生态城金属表面处理中心北侧，英皇陶瓷公司西侧的1000亩土地征收赔青及迁坟欠缺补偿费用，榕江（锡场段）水污染防治工作，揭东区政府向社会力量购买服务指导目录，揭东区污水处理设施整区打包ppp项目合同及有关污水处理设施项目用地问题、揭东区污水处理费征收使用管理实施办法，中海石油揭阳能源开发利用有限公司揭东城区供气管网（一期）工程社会稳定风险评估，揭东区曲溪河和大港溪黑臭水体整治工作实施方案，做好全区2015年符合政府安排工作条件退伍士兵安置工作、做好农村最低生活保障制度与扶贫开发政策有效衔接三年攻坚实施方案，创建“广东省推进教育现代化先进区”工作奖励措施，揭东区2017年度国有建设用地供应计划、区总工会，区妇联购买社会服务，公开招考招聘电视节目主持人记者编辑、区购买耕地储备指标，揭东区扶持展览业发展实施意见，区2017年公开招聘卫生事业单位专业技术人员，区卫生事业单位专业技术人员读取本科学历奖励措施，区专业森林消防队伍和专职护林员队伍建设方案，揭东埔田首届竹文化节暨全域旅游启动仪式活动方案，将财政收回统筹的结转结余存量资金支持用于购买设备，国道539线曲溪至深坑桥段路面改造工程地方配套资金，区创新中心装修工程变更调整，揭东区医疗单位编制备案制管理办法，区慢性病防治中心建设用地和修缮改建资金，区公共服务中心岗位竞赛及绩效考核办法（试行），提高村（居）务监督委员会成员补贴，揭东区创建全国科普示范区工作分工实施方案，揭东区加强科普工作的实施意见和揭东区全民科学素质行动计划纲要实施方案（2016—2020年），拨款建设区公安分局交警大队智能交通指挥中心，揭东区2016年地方政府债务限额，上报要求调整揭东区省级水利建设示范县项目，曲溪街道老城区和玉湖镇东寮村共三宗国有建设用地改变土地用途，2017年省级支持揭东产业转移工业园扩能增效促进产业集聚发展4285.71万元股权投资实施方案，进一步规范地方政府举债融资行为整改意见，揭阳电力厂改革方案，揭东区清理规范区政府部门行政审批中介服务事项目录，揭东区行政许可事项保留目录（2017年版），成立玉湖等三个镇政府专职消防队的意见，揭东区全面推行河长制工作方案，落实揭东区农村地籍调查工作经费，揭东区不动产登记有关问题的处理指导意见，揭东大道主城区路段绿化带升级改造服务项目招标采购方案，拨款迁移横穿新型工业园区域两条110千伏高压线，区中医院建设用地，区公立医院药品及耗材供应链延伸服务，区解决骨干企业优秀人才子女入学措施，2017年地方政府新增债券额度（第一批）分配方案，做好“全民禁毒工程”，全区消防安全检查工作，揭东区行政审批事项调整目录，揭东区区级公共服务事项目录（2017年版），招聘劳动合同制司法辅助人员，关于揭东区保障性住房（清华园项目）分配方案，揭东区垦造水田工作方案，落实揭东区不动产登记第二期数据整合工作经费，揭东区2017年鼓励规模外贸企业创新发展实施方案和揭东区2017年小微出口企业出口信用保险保费资助实施方案，区卫生创强建设项目一般债券资金安排，解决区人民医院有关问题，揭东区开展“政融保”支农支小融资项目工作方案，发布区政府房屋征收决定公告和揭东区沿江路东段堤防改造综合工程等3个项目建设有关事项的通告，给予曲溪河寨内段综合整治资金补助，揭东区深化实施商标品牌战略资金扶持办法，赴华南师范大学现场招聘教师，补拨2015年，2016年度预算内教育经费，揭东区基层医疗卫生机构2017年公开招聘全科医生，调整揭东区机关事业单位工作人员和离退休人员住房改革补贴（原住宅维修补贴），给予卢三强行政记大过处分，中德金属生态城金叶路一期工程建设，人感染H7N9禽流感疫情防控工作，区公共资源交易中心移交，不动产登记资料移交工作，玉滘镇棚户区建设，揭东北环大道、环山东路和沿江路西段“三路”征地拆迁建设，拆除揭阳市凯盛金属工贸有限公司和揭东伟业不锈钢实业有限公司等涉钢落后产能企业以及解决影响梅汕客专云路段建设进度有关问题，加强采石场管理，揭东区玉湖联合盛金属材料有限公司落后产能和违规产能设备拆除有关工作，区房管局机关退休人员补充养老金纳入区财政拨款工作，榕江枫江水污染综合整治，解决国营揭阳糖厂改制后有关遗留问题，解决特殊项目补偿问题，揭东开发区新区，玉滘，锡场和新亨等四座污水处理厂以及配套管网工程方案，曲溪街道办关于要求核拨投资新建民办幼儿园奖励资金等有关问题。

学习传达贯彻落实党的十九大精神，习近平总书记重要批示精神，上级有关文件精神及省，市有关领导关于安全生产工作，脱贫攻坚，省计生工作，迎接国务院第四次大督查实地督查准备工作，全市水污染防治工作及经济指标完成情况等重要批示和会议精神；开展专题学习《揭阳市扬尘污染防治条例》，全面整治杜绝庸政懒政怠政行为的法律法规，先进地区社会管理经验等活动。

（卢道兴）

【政务督查】 2017年，区政府政务督查工作围绕区委、区政府的中心工作，在市政府督查室的支持指导下，围绕重点督查、目标督查、实地督查、联合督查等主方向，采取措施，落实责任，突出特色，注重质量，认真落实好各项督查任务，有效发挥政务督查为领导把握全局、科学决策和指导工作的参谋作用，也有力地推动政府工作落到实处。

办好上级督查件 配合上级开展督查活动约20场次，办理上级交办督办件近50件。重点抓好国务院第四次大督查，省环保督察交办件，市政府任务分工和民生实事，保障性安居工程等涉及民生的督查督办工作，做到按时上报，配合到位。同时，认真组织各地和相关部门对市领导的批示件、市政府决定事项等，按要求狠抓落实，并根据实际需要，深入现场督查督办和回访，确保督查目标落到实处。

抓好全区中心工作督查 对区政府工作报告承诺的十件民生实事、财税征管、重点项目、“百日百项大行动”确定的重点工作、环境保护等开展督查，经常组织各地、各相关部门对工作落实情况进行现场督查督办，督查情况及时进行通报并反馈给领导，为领导科学决策、正确指导工作发挥积极有效的参谋作用。通过督查，区政府承诺的十件民生实事均得到按时落实，全区确定的重点项目和重点工作也经督查后取得了较好的成效。

开展联合和专项督查 加强与区委督查部门的密切联系，并紧扣区委、区政府的工作动态，主动参与或组织开展联合大督查，特别是区主要领导现场办公活动的工作任务，区委常委会议决定事项等，按照要求开展督查督办，确保各项工作有序推进并取得实实在在成绩。对人大代表建议、议案和政协委员提案办理工作按照“一事一办，专人负责，严格把关，定期催办，跟踪办理，注重实效”的原则，组织相关单位开展调查、核实和办理，做到件件有答复，事事有交待；对各阶段的工作开展专项督查，及时发出督办通知，强化督查事后跟踪落实，有效推动工作落到实处。

（林晓龙）

【政务服务中心】 2017年，揭东区公共服务中心围绕区委、区政府建设“生态型，效益型”新型城镇示范区的工作任务，按照建设一流的服务、便捷的通道、便民的环境这一目标要求，推进政府门户网站集约化平台建设，加快“数字政府”建设，全面提升政府网站集约化建设水平，完成一门式、一网式政务服务系统平台及投资项目在线审批子平台实施工作，实现“前台综合受理、后台分类审批、统一窗口出证”的科学服务模式。全面深化服务理念，创新服务模式，落实“马上办”工作要求，减少审批、简化程序、提高效率，实现办结时限“双减半”，创建文明微笑服务示范窗口，提供特色化、差异化服务。

区公共服务中心入驻事项280项，其中入驻“大一门”149个事项，入驻“小一门”131个事项。全年共受理各类行政许可和公共服务事项117905件，其中行政许可43522件、公共服务74383件，办结117880件，办结率达99.98%。区直部门行政许可事项网上全流程办理率达77.8%，上网办理率达91.43%，网上办结率达80.2%，79.06%网上申办事项到现场办理次数不超过1次，21.12%网上申办事项事项零次跑动。受理“12345”市民服务热线1719笔，按时办结率达94.94%，办理满意工单736件，群众满意率达48.87%。

（池少云）

【应急管理】 2017年，区按照省突发事件应急体系建设“十三五”规划有关要求，围绕“健全公共安全体系”目标，以保障公众生命财产安全为根本，以提高应对突发事件能力为核心，以做好预防应急准备工作为重点，进一步完善应急管理体系，夯实应急管理基础，加强和改进应急管理工作，全面提升应急管理精细化、精准化、精确化水平，主动服务全区发展大局，为建设“平安揭东”做出新的贡献。

组织机构体系进一步健全　区把应急管理组织体系建设作为区政府各项工作的重中之重来抓，确保应急管理机构健全，做到有主管、分管和协管。2017年，区、镇人事调整比较频繁，区应急管委、区三防指挥部、区消委会等领导机构、指挥机构、办事机构和工作机构跟随人事变动、部门整合而进行调整，实现应急管理工作常态化、规范化。为确保全区应急应急管理工作的正常运转，各镇（街道、开发试验区）和区直有关单位应急领导机构和办事机构设置也进一步健全；各村（居）委、学校和企事业等单位，明确落实了具体人员负责应急工作，全区“横向到边、纵向到底”的应急管理工作组织体系更加健全。

应急预案体系进一步修善　2017年，区在参考上级应急预案体系的基础上，结合本县实际情况，逐步进行修改和完善。全年制订、修改了区专项应急预案5个，各镇（街道、开发试验区）和区直有关部门制订各种应急预案100多个，协助危险化学品从业单位完善完全生产应急预案23个，协助企业制订环境安全应急预案60个。全区基本形成了多层次、广覆盖、相互衔接，具有较强针对性和可操作性的应急预案体系。

应急保障力度逐步加大　为实现“无急可应，有急能应”的目标，揭东区采取有效措施，大力开展基层应急规范化建设，着力提升综合应急救援能力，全力提供全区的应急保障，时刻做好全区处置突发事件的应急准备。

1. 应急救援队伍建设逐渐壮大。2017年，由区人民政府批准建立专业森林消防队（30名）和专职护林员队伍（18名），以政府财政保障，是镇（街道）人民政府、国有林场和区农林局的基层森林资源保护管理队伍，是直接从事森林火灾扑救、森林资源保护工作的重要力量。由区人民政府批准建立了云路、玉滘2镇的专业消防队，确保各镇（街道）都有一支专业消防队。目前，揭东区有防汛抗旱、抗震救灾、森林防火、消防救援、公路事故救援、矿山救护、医疗救护等应急救援队伍40支，其中，区级19支、镇级21支。配备必要装备，组织联合培训、联合演练，提高合成应急、协同应急的能力，增强我区综合抢险救援能力。如防汛期防汛抢险，全区可组织防汛抢险队伍88支、28950人（其中专业人员447人），其他应急救援专业队也能做到召之即来，来之能战，战之能胜，在全区应急救援队伍和日常应急管理工作中，充分发挥重要作用。

2. 应急物资储备比较充分。结合区人口数量和经济社会发展实际，细化物资储备分类，量化物资储备任务，完善应急物资储备目录，建立统一指挥，分级负责，政府、企业、社会共同承担，法律、行政、市场手段相结合的应急物资储备体系。2017年，全区有区级应急装备和应急物资储备库11个，镇级应急物资库18个，基本上能为各类突发事件的预防和处置提供物资保障。入汛以来，区迅速落实区有关部门储备杉木、织袋、砂石、活动钢筋石笼、桩棰、救灾大米、棉被、救灾帐篷、毛巾被、折叠床、救生衣等抢险救灾物资。区公安部门购置防暴器材及警用装备近100多套，

3. 应急避难场所建设。根据上给级应急避护场所建设的指导意见，结合地理环境、地形地貌、居住人群、危险源分步以及公共建筑等情况，充分依托现有的、符合避难要求的公共设施进行增加应急功能方面的建设，规范场所管理，投资20多万元，完善的揭东人民广场、榕泰健身广场、锡西村文化广场等避难避护场所的帐篷、应急供电、供水、标识设置等配套建设。

防范和处置能力大大提高　2017年，坚持事前积极主动防控与事后及时处置同抓，在行动上，做到早布置、早预防，尽可能将突发事件消灭在萌芽状态。

1. 监测体系进一步完善。建立健全三防、气象灾害、地质灾害、森林火灾、环境安全、教育安全、食品安全、市场物价、社会治安等监测系统；加强预警系统建设，完善预警信息发布平

台和预警信息快速发布机制。是年，共发布台风、暴雨、高温等气象预警信息约200多次，森林火灾预警信息80多次。针对节假日和敏感时期、敏感时段召开不稳定因素情报研判会14场次，收集各类情报信息190多条。

2. 排查整改常态化、规范化。区坚持以“抓排查，保稳定，促和谐”为目标，严格落实排查整改制度，常态化地开展对全区堤围水库、森林火灾、地质灾害、学校安全、建筑施工（含渣土受纳场）、危险化学品、油气管道、城市燃气、民爆物品、交通运输、消防安全、非煤矿山、特种设备、环境污染、传染病、食品安全等领域的突发事件风险隐患进行大排查和大整治，并针对当前形势，开展对社会治安、涉军事件、征地拆迁、劳动纠纷、代课教师、金融事件等社会稳定隐患和苗头性问题的排查和防范工作，同时，结合我区实际情况，坚持突出重点，深化开展易燃易爆危险品场所、消防安全重点单位、“三小”场所、生产性场所、火灾隐患重点地区、锅炉安全、交通运输安全、食品安全等专项整治。全区各级各有关部门通力合作、各司其职、互相配合，广泛深入开展隐患排查和整治行动，消除了一大批风险隐患。2017年，共排查各类场所8356家（次），发现消防安全隐患2465处，一般性交通运输安全隐患12项，建筑施工安全隐患37项，危险化学品、非煤矿山安全隐患460件、学校安全47项，100%完成整改。检查食品生产经营单位共2290家次，立案29件，结案29件，罚没款14.63万元。

3. 应急防范处置力度加大。区加快各类应急预案建立和完善、学习和掌握应用，严格信息报送制度，加强应急队伍建设，加强应急资源管理，全面提高突发事件应急处置能力。

自然灾害方面。区重点做好森林火灾的防控工作，特别是“清明”“冬节”期间，落实森林火灾防范措施，加强对重点部位的日常巡查。今年“玛娃”“苗柏”“天鸽”等台风不断，揭东区适时发布预警防御信息，及时启动防台风防汛紧急预案，各地各部提前进入防御临战状态，落实防风防汛工作责任，做足防御措施，转移危险区域人员，确保人民群众生命财产安全。加大地质灾害防治经费投入，2017年争取省级地质灾害治理专项资金83万元对揭东区玉湖镇汾水村石牌岭崩塌地质灾害点进行治理，治理工作已落到实处。

事故灾害方面。加强巡查监管力度，及时排查发现问题，限期责令整改，都已整改完毕，事故风险在可控制范围内。成功处置“7·17”云路太昌不锈钢公司一露天天然气储罐管道泄漏起火。至目前共处置全区发生火灾40起，没有发生人员伤亡事件，查封25家，“三停”40家，拘留15人，下发责令整改1384份。全区没有造成较大以上生产安全事故。

社会安全方面。区重点加强对元旦、春节、元宵等节日和全国“两会”期间的维稳工作，认真做好信访工作，提前介入，认真做好有苗头性问题重点人员的排查稳控工作。加大对违法犯罪防范惩治力度，在云路、锡场两个常设卡点实施每周不少于7次的不定时设卡，全面防范惩治涉车、涉抢、涉暴恐等违法犯罪活动，建立环中心城区防控圈。2017年，共化解群众到区上访141批、377人次，到市上访66批、150人次，到省4批、8人次，到京10批、15人次，没有发生群体性事件和越级上访案件；拖欠农民工工资案件150起，672人次，拖欠农民工工资330多万元；处置化解涉军事件1项、征地拆迁1项、村政纠纷2项；调查处理价格投诉和举报59宗。全区未发现涉及政治事件，社会治安总体安定。

公共卫生方面。2017年，全区在定期对各镇养殖场（户）进行疫情监测的基础上，加强高致病性禽流感防控和防范。发放消毒药物6200公斤，消毒养禽场点40处，屠宰场7个，对全区7个镇22处监测点采集血清350份、病原拭子420份进行检测均呈阳性，未发生重大疫情突发公共事件。

应急演练针对性、实战性强　区抓好应急队伍建设的同时，着力抓好应急队伍的应急演练，提高对突发事件的应急处置能力。2017年，区落实区安监部门牵头，消防等多部门参与，开展各危险化学品从业单位、非煤矿山应急救援演练1

次，组织企业应急演练参加演练人数达到120人次；落实区公安分局组织应急处突演练3场次，参加演练人数达到120人次；落实各镇（街道）消防应急演练20场次，参加演练人数800多人次；落实区交通运输部门组织重点运输单位举行了交通运输安全演练3场次，参加演练人数达到80人次；区供电局开展防风防汛应急综合应急演练和消防应急演练各1次；落实区人武部民兵轻舟分队开展水上救援、抢险救灾演练1次，参加演练人数达到40多人次；落实区教育局组织各学校、幼儿园开展安全疏散演练及遇险自救实践活动，全区各学校、幼儿园基本组织应急演练1—2次。通过演练，提高预案的针对性、科学性和可操作性，提高了突发事件的应急处置能力。

宣传培训深入扎实　2017年，区结合“3·22”世界水日、“5·12”防灾减灾日、“6·25”全国土地日、安全生产月宣传日等，充分利用电视、网络等媒体开展应急宣传活动，组织人员进村、进学校、进企业，印发资料20多万份、海报15万份、宣传栏3000多个广泛宣传突发事件工作所涉及的相关法律法规和应急救援常识。按各自职能，加强对广大应急管理人员和应急救援队伍、企业安全管理人员等的培训。先后举办防汛责任人履行职责知识、重大动物疫情救援、水上救援、防灾救灾、森林防火、交通运输、安全生产管理员、学校安全、登革热、人感染H7N9禽流感预防等50多个专题应急培训，培训班达1550多（场）次，参加人数达25万多人次，大大提高应急队伍的救援能力。组织安监、公安、卫生、消防、地震等部门进入各中小学，面向学生开展应急救护、消防安全、应急避险、交通安全常识宣讲和救护技能演示，建设校园微型消防站，创建“平安校园”，进一步增强学生应急意识和自救互救能力，努力实现“教育一个学生，带动一个家庭，辐射整个社会”目标。

应急值守和信息报送工作得到加强　落实24小时全员轮流值班和班子领导带班制度，明确信息报告责任、报送主体、报告范围、报告时间、报告程序、续报方式和值班要求，严格规范工作程序、信息报告规定和责任追究制，保证信息畅通。

（黄树浩）

【政务公开】　2017年，揭东区深入贯彻落实党的十九大精神，以习近平新时代中国特色社会主义思想为指引，按照《条例》的规定和省、市的文件要求及工作部署，全力推进政府信息公开工作。

主动公开信息　揭东区政府信息公开目录系统2017年共主动公开政府信息（含区政府直属各信息公开单位和各镇、街道）1557条，其中组织机构28条、规范性文件12条、其它文件268条、政务动态类信息704条、行政执法类信息105条、办事指南类信息28条、财政预决算信息102条、政府工作报告6条、政府信息公开工作年度报告47条、其他信息257条。通过其他方式和载体主动公开政府信息880条。

及时答复依申请件　2017年，全区共收到政府信息方面的依申请公开22件（其中当面申请4件、网络申请2件、信函申请16件，全部均来自公民的申请），均依法予以受理和按时答复办结。接受关于政府信息公开方面的咨询共111人次。

申请行政复议和提起行政诉讼情况　2017年，关于政府信息公开的行政复议案件4件，办理结果均属于“其他情形数”；关于政府信息公开的行政诉讼1件，办理结果为“其他情形数”。

抓好各项公开工作　紧扣市的文件精神和人民群众关心和与群众密切相关的政府信息、重点领域信息，按照政府信息主动公开范围，严格遵守信息公开制度，依法及时准确公开主动公开的信息。一是推进“放管服”改革信息公开。根据市的文件精神，发文落实各地和各有关单位要按照市的要求，全面清理“放管服”不符合要求的文件和已经废止及失效的文件。二是全面落实“五公开”工作机制。贯彻落实政务公开五公开工作要求，将政府的决策、印发的文件公告、执行的情况、管理的过程、服务质量和具体结果，通过区政府信息公开目录系统、重点领域信息公开专栏、政府网站动态专栏和网上办事大厅网站等平台进行公开，有效深化公开内容，并加强解读回应，扩大公众参与，增强公开实效，保障人民群众知情权、参与权、表达权、监督权。三是进一步健全政策解读回应机制。在揭东区人民政府门户网站开设“政策解读”专栏，专门用于区政府的政策性文件的解读内容的公开，方便广大人民群众查阅。区政府主要领导利用区政府常务会议，对一些政策性强、涉及面广的带头进行解读和组织学习。对印发的政策性文件，落实起草办文单位按要求组织开展解读，并将解读情况于网站公开。四是加强政务公开平台建设。按照省文件要求，启动全区政府网站集约化建设，印发《转发关于推进基层政府网站集约化建设的通知》，制订《揭阳市揭东区政府网站集约化建设实施方案》，根据上级的部署和要求做好全区政府网站的调查和关停迁移、拟保留等工作。对重点领域信息公开专栏进行优化升级，确保栏目设置更加符合上级的建设要求和信息公开实际。构建电子政务云平台，实现政务系统的数据集中互通、各行局数据横向共享，通过云网一体实现区镇村三级垂直数据共享。五是精心组织业务培训。2017年，举办业务培训班2场次、培训人数88人次，进一步提高从事政务工作人员的业务水平和综合能力，特别是指导督促各地、各部门依法做好依申请公开工作的受理、答复和资料归档等工作。

（林晓龙）

【法治政府建设】 2017年，揭东区认真贯彻党的十九大精神、以习近平新时代中国特色社会主义思想为指引，深入贯彻落实中共中央、国务院、广东省《法治政府建设实施纲要》《揭阳市法治政府建设工作方案（2016—2020年）》《揭东区2017年全面依法治区工作要点》的精神，以加快建设法治政府为目标，积极深入推进依法行政工作，取得了较好成效。

加强领导，明确责任，着力推进依法行政工作 区政府把加快法治政府建设列入重要议事日程。切实加强对此项工作的领导。区政府成立以区长任组长、常务副区长任副组长、政府有关组成部门主要负责人为成员的推进依法行政领导小组，下设办公室，负责具体事务。各镇（街道、开发区）、各行政执法部门也相应成立工作机构，加强对此项工作的领导，明确各自的责任。

大力提高行政机关工作人员依法行政的意识和能力 一是健全领导干部学法制度。区政府领导坚持利用常务会议和党委理论中心组会议加强法律知识的学习，做到每季学法一次，学法计划、内容、时间、人员、效果“五落实”，增强依法行政、依法办事意识；特别是在政府常务会议上，2017年重点学习《党政主要负责人履行推进法治建设第一责任人职责规定》《揭阳市扬尘污染防治条例》的重点内容，明确加快法治政府建设的基本要求等。对所要解决的事项和问题有针对的进行选学，明确法律依据，自觉运用法律解决各种问题。

二是健全公务员、事业单位人员学法制度。对全区公务员、事业单位人员进行年度普法学习和考试；组织全区行政执法人员开展法律知识培训等，有效促进行政人员法律意识水平的提高。

完善区政府依法行政机制 区建立健全揭东区人民政府《重大行政决策听取意见制度》《重大行政决策专家咨询论证办法》《重大行政决策合法性审查制度》《重大行政决策集体讨论制度》《重大行政决策实施情况后评价制度》等10个制度，规范政府决策的科学化、规范化、民主化，推进依法行政，加快法治政府建设。

建立健全规范性文件监督管理制度 一是严格规范性文件制定的权限和发布程序，在制定区政府或部门规范性文件的过程中，严格按照《揭阳市行政机关规范性文件监督管理规定》执行，规范了规范性文件审查、发布、备案工作，确保抽象行政行为的合法性。二是认真审核政府和部门的规范性文件，做到统一规范、统一审查、统一发布。

严格行政执法，规范行政执法行为 一是规范行政执法行为，在推行行政执法责任制过程中，做到了执法人员、执法职责范围、执法责任、执法程序、执法标准、违法责任明确，保证了行政执法的合法、公开、有效。二是规范行政

处罚自由裁量权，完善行政处罚自由裁量基准，根据法律、法规、规章的变化及时修订完善行政处罚自由裁量基准制度，减少执法的随意性。三是开展行政执法案卷评查，通过评查，发现问题，有效促进各行政机关执法案卷质量的提高，规范行政执法机关执法行为。四是狠抓重大行政处罚决定备案工作，按照《揭阳市重大行政处罚备案审查规定》的要求，通过备案，加强对我区重大行政处罚决定的监督，避免行政纷争。五是加强行政执法队伍建设，严格按照“三定方案”要求审查行政执法人员资格，认真核对办证人员的资格条件，有效加强行政执法证件的管理工作。

加快推进政府职能转变 深化行政审批制度改革，全面清理行政审批事项目录，对保留行政许可事项实行目录化、编码化管理，并以“便民、利民、高效、廉洁”为宗旨，区政府各行政许可机关的窗口，集中在政务服务中心办公，为广大人民群众和企业办事提供“一个窗口对外、一次性告知、一条龙服务、一次性收费、一个时限办结”的高效便民政务服务平台，有效地转变了政府职能，提高了办事效率。并通过建立权责清单制度，进一步明确各部门职责权限，转变政府职能，推进依法行政，建设法治政府、责任政府、服务型政府、廉洁政府。

（陈楚焕）

【金融工作】 2017年，揭东区金融办在区委、区政府的正确领导下，在上级金融部门的关心指导下，紧紧围绕服务中心工作大局，协调推进各项工作，着力提升全区金融发展水平，为揭东经济社会发展提供更加有力的金融支撑。

促进创业投资，扶持企业上市 区出台《揭东区扶持企业上市的若干意见》，由区财政拨出专项资金激励企业上市，对上主板和中小板、创业板、新三板企业分别给予1500万元、1200万元、300万元的资金扶持，为企业成功上市注入新鲜活力。6月8日下午，召开“企业上市辅导报告会”，邀请黑牛投资公司、国金证券公司、大华会计师事务所、恒德律师事务所专家分别在会上讲解上市流程、主要法律问题、上市利弊和账务处理等问题。

紧跟创文步伐，创建文明金融网点 贯彻落实市“四级联创”要求，督促各金融机构严格按照《实地考察场所测评要求》，全力做好揭东区金融网点的迎检工作，查漏补缺，以最良好的面貌迎接省的实地考察检查验收，为揭阳成功创建省级文明城市贡献力量。

健全金融服务体系，助力农村精准扶贫 区制定出台《揭东区金融精准扶贫精准脱贫三年攻坚的实施方案》，按照方案要求，落实加大金融政策支持力度、扩大贫困地区融资规模、建立扶贫信贷风险补偿分担机制、提高贫困地区金融服务基础环境等各项任务，力求全面提升我区金融精准扶贫精准脱贫服务能力。

推进农村普惠金融，服务新农村建设 抓住定为全省农村普惠金融试点单位的有力契机，稳步实施农村普惠金融政策，基本完成区综合征信中心、信用村、金融服务站、助农取款点等基础工作，打通金融支持现代农业发展、促进社会主义新农村建设的对接通道。

持续推进去杠杆行动，防范金融风险 根据《揭东区供给侧结构性改革去杠杆行动计划（2016—2018年）》以及区防范和处置非法集资工作实施方案等一系列指导性文件，继续进行处非、涉众金融领域社会矛盾纠纷排查整治，并开展防范和处置非法集资宣传月活动，向民众普及金融风险防范意识，稳妥化解各类风险隐患，促进社会和谐稳定。

（江浩明）

外事侨务工作

【宣传联络】 区华侨博览馆已成为区一个展示揭东新貌、弘扬潮汕文化、开展爱国主义教育、加强对外交流的综合文化交流平台。2017年，局接待来访外宾、海内外社团12批次，共250多人次。积极向来访侨胞、港澳同胞、国际友人宣传推介揭东的人文环境和优势，推动区企业与各界潮侨的经济合作上新台阶。元旦、春节期间，向海外侨胞、港澳同胞及友好人士寄发贺年卡片150多份，给他们送去新春的祝福，保持并加深同各方侨胞的友谊和联系。

【侨务经济】 2017年，使用扶贫求助资金15.08万元，慰问全区生活困难归侨156户次。是年，全区海外侨胞、港澳同胞捐资共188万元人民币，支持家乡公益事业建设。

【侨政工作】 2017年，接待群众来信来访4件，协助解决有关问题，真正做到件件有落实，事事有回音。

【证照管理】 进一步规范和健全因公出境证照管理事务，2017年办理因公出访通行证、护照21人次，协助辖区企业办理邀请函18人次，证照办理未发生差错，出国（境）组团未发现违规事件。

【友好往来活动】 2017年，区外事侨务局热情接待外宾、海内外社团12批次，共250多人次。1月6日，市六届人大列席华侨代表新加坡南洋普宁会馆永远名誉会长蓝楚汉等6人到揭东中德金属生态城参观。揭东区委常委、统战部部长陈妙龙等领导陪同活动。3月7日，接待到揭东参加政协会议的港澳政协委员和港澳特邀嘉宾共20多人，并开展联谊活动，加强交流。4月12日，厄瓜多尔驻广州总领事馆总领事马莲娜率瑞士、奥地利等十九国驻穗领团一行27人到揭东参观考察，在省外办副主任罗军和市委副书记、市长陈东等领导陪同下，代表团参观巨轮智能装备股份有限公司和中德金属生态城，副区长蔡晓霞等领导陪同活动。6月15—17日，泰国中央电视台副总裁Ms.Kris chen（陈佳）率泰国中央电视台访问团一行2人到揭东区参观访问，先后参观访问揭东区锡场镇军埔电商村、揭东区广东美橙玩具科技有限公司、中德金属生态城。区外事侨务局派员参加陪同活动。7月12—13日，海外社团中青年负责人研习（揭阳）班34人到揭东参观。研习班学员分别来自美国、法国、英国等16个国家和香港、澳门地区的侨团中青年侨领。研习班先后到中德金属生态城、揭东华侨博览馆和揭东区军埔电商村参观。揭东区委常委、统战部部长陈妙龙等领导陪同活动。7月19日，香港九龙揭阳同乡总会会长王锡廷、主席孙振光率访问团47人莅揭东参观访问。访问团参观锡场中心幼儿园、玉湖坪上茶场。揭东区委常委、统战部部长陈妙龙等领导陪同活动。8月1日，泰国潮州会馆主席黄迨光率访问团一行14人，到中德金属生态城和揭东华侨博览馆参观访问。揭东区委常委、统战部部长陈妙龙等领导陪同活动。10月9日，香港科技大学原副校长林垂宙先生莅揭东参观访问，参观中德金属生态城。揭东区委常委、统战部部长陈妙龙等领导陪同活动。11月12日，新加坡揭阳会馆会长洪静源先生带领访问团一行23人，到揭东区玉湖镇新寮古村落、黄旭华故居参观访问。揭东区委副书记陈建雄等领导参加活动。11月13日，第六期德国中小企业经理人来华交流培训班学员一行21人到揭东参观访问，先后参观巨轮智能装备股份有限公司、广东中宝炊具制品有限公司、揭阳（中德）中小企业合作区。区政府办等领导陪同活

3月1日，揭阳市副市长、中共揭东区委书记吴毅青（前左）率团参加香港九龙揭阳同乡会换届大会 （区侨务局 供稿）

动。同日，香港驻粤经贸处邓家禧主任一行3人到揭东区钻宝科技有限公司考察并访问。区外事侨务局领导陪同活动。12月5日，新加坡揭阳会馆副会长兼财政辛松永带领“揭阳之旅”省亲团一行56人莅揭东参观访问。省亲团参观揭东区玉湖镇新寮古村落、黄旭华旧居，锡场镇军埔电商村。揭东区委常委、统战部部长陈妙龙等领导陪同活动。出访二批次。2月27日，揭阳市副市长、揭东区委书记吴毅青带队一行应邀参加香港九龙揭阳同乡总会第十二届会董就职典礼，并拜候香港揭东商会，香港揭东商会主席、区政协常委王锡廷就任香港九龙揭阳同乡总会会长。11月4日，揭东区委常委、统战部部长陈妙龙带队一行4人应邀赴香港参加庆祝香港回归祖国20周年暨香港揭阳侨联联谊会第四届会董就职典礼会员联欢宴会。

（郭　葵）

政协揭东区委员会

【政协揭东区第二届委员会第二次全体会议】 政协揭东区第二届第二次全体会议于2017年3月7—3月9日在揭东召开，应出席本次会议委员283名，实际出席256名。

会议议程：听取、审议政协揭东区委员会常务委员会工作报告和提案工作报告；列席揭东区第二届人民代表大会第二次会议，听取、讨论揭东区政府工作报告、揭阳产业园管委会工作报告及其他报告；审议通过政协揭东区二届二次会议决议。揭东区委副书记、区长方烽，揭东区政协主席林炳华在会上作讲话。

【委员视察情况】 2017年揭东区政协开展6次调研视察活动。政协常委会就创建广东省推进教育现代化先进区工作开展视察，形成《推进教育创先，实现率先发展》的视察报告，与港澳台侨专委会联合视察宗教活动场所，听取宗教界代表人士的意见；联合社会与法制专委会开展了消防安全视察活动，指出消防工作存在的问题，为消除安全隐患提出了建议意见。社会与法制专委会对揭东区城区创文工作情况进行调研，教科文卫体专委会对揭东区文化建设情况进行调研，经济专委会开展全区经济情况调研。

【协商议政】 揭东区政协召开全体会议，围绕揭东区、揭阳产业园经济、政治、文化、生态、社会等方面的重要问题，开展协商议政。召开常委会议，围绕政府工作进行广泛协商，提出优化工业发展平台、完善工业园区建设、加大招商引资力度等意见，许多建议得到区委区政府的采纳和落实。各专委会紧扣揭东区、揭阳产业园生态环境整治、精准扶贫、持续改善民生等目标任务进行专题协商，有效推动有关问题的解决落实，促进经济社会的和谐稳定，协调发展。

【联络联谊】 走访揭东、揭阳产业园14个镇（街道、开发区）200多名政协委员，收集大量的社情民意信息。赴深圳、香港、惠州、广州等地走访了外出委员，鼓励外出委员主动参政议政、创业创新。组团赴香港、深圳、广州、云南等地开展系列联络活动，应邀参加“庆祝香港回归20周年庆典”，云南省丽江市广东商会成立一周年庆典活动；拜会香港揭阳同乡总会、香港揭东商会、广州揭阳商会、深圳市揭阳企业家公会等，进一步畅通交流渠道，广交朋友，增强委员回乡创业、建设家乡的信心。组团赴杭州、上海等地开展考察活动，宣传揭东发展优势，开展招商引资工作。走访了浙江省安吉县、云南省丽江市古城区以及周边县（区）政协，与兄弟单位开展工作交流。接待全国政协副主席齐续春莅中德金属生态城考察，香港揭阳同乡总会、广东省政协、江门市、珠海市金湾区、海南省三亚市、四川省资阳市、内蒙古包头市、湖南省湘阴县等政协组织对揭东区电子商务、城市综合管理、工业污水整治、新时期港澳台侨工作等的调研考察活动。

【民主监督及提案办复】 组织30多位委员对公安、检察、法院、住建等部门开展民主监督，有针对性地提出意见和建议，积极开展监督评议，促进行风政风的明显改变。二届二次会议以来，委员们共提出提案21件，经审查立案5件。

（林悦喜）

中共揭东区纪律检查委员会

【中共揭阳市揭东区纪律检查委员会二届二次会议】 2017年2月16日，揭东区召开区纪委二届二次全会，学习贯彻习近平总书记在十八届中央纪委七次全会上的重要讲话和十八届中央纪委七次全会精神，胡春华在省纪委十一届六次全会上的讲话和省纪委十一届六次全会精神，严植婵在市纪委六届二次全会上的讲话和市纪委六届二次全会精神，总结2016年纪律检查工作，部署2017年任务。市政府副市长、区委书记吴毅青出席会议并发表重要讲话，就如何进一步加强区党风廉政建设和反腐败斗争提出三点意见：一是要深入学习贯彻习近平总书记重要讲话精神；二是要切实抓好2017年揭东区党风廉政建设和反腐败工作；三是要深化标本兼治，推动全面从严治党向纵深发展。区委常委、区纪委书记周武城代表区纪委常委会作题为《强化使命担当，忠诚履职尽责，坚定不移推动全面从严治党向纵深发展》的工作报告。

全会回顾2016年全区党风廉政建设和反腐败工作情况：一是把纪律挺在前面，监督执纪“四种形态”积极实践；二是强化责任担当，反腐败体制机制改革扎实推进；三是驰而不息纠正“四风”，党风政风民风持续好转；四是坚定不移惩治腐败，减存量、遏增量态势不断巩固；五是注重载体创新，反腐倡廉宣传教育亮点频现；六是突出忠诚干净担当，纪检监察队伍素养进一步提升。

全会指出，2017年全区党风廉政建设和反腐败工作总体要求是：深入学习贯彻党的十八大、十八届历次全会和习近平总书记系列重要讲话精神，认真贯彻落实十八届中央纪委七次全会、省纪委十一届六次全会、市纪委六届二次全会和区第二次党代会部署，严肃党内政治生活，加强党内监督，强化监督执纪问责，驰而不息纠正“四风”，保持惩治腐败高压态势，推进标本兼治，以坚强政治定力推动全面从严治党向纵深发展。坚持打铁还需自身硬，严格执行监督执纪工作规则，加强纪检监察机关领导班子和干部队伍建设，践行忠诚干净担当，以良好精神状态和优异工作成绩向党和人民交上满意的答卷。2016年要重点抓好“六个方面”工作：一是挺纪在前，强化监督，用纪律管住大多数。二是主动作为，强化问责，推动“两个责任”落实。三是紧盯四风，多措并举，狠抓机关作风建设。四是保持高压，从严执纪，加大纪律审查力度。五是聚焦基层，严查快处，切实维护民生民利。六是深化改革，忠诚担当，打造过硬干部队伍.

全会号召，要更加紧密地团结在以习近平同志为核心的党中央周围，在区委和市纪委的正确领导下，勇于担当，锐意进取，真抓实干，攻坚克难，扎实推进党风廉政建设和反腐败工作，坚定不移推动全面从严治党向纵深发展，为争当全市发展排头兵，建设产业强区、宜居新城、幸福揭东，为开创“十三五”发展新局面提供坚强有力的纪律保证。

晨读党章

（区纪委办 供稿）

【学习贯彻党的十九大精神】　学习党的十九大报告和新修订的党章，学习习近平总书记“7·26”重要讲话、关于全面从严治党的系列重要论述、对广东工作重要批示精神和《习近平谈治国理政》第二卷，深入领会习近平新时代中国特色社会主义思想的时代背景、科学体系、精神实质、实践要求，领会党的十九大关于推进新时代党的建设、坚定不移全面从严治党的重大决策部署，增强维护核心、保持一致的思想自觉和行动自觉，激发做好新时代纪检监察工作的政治责任感和担当精神。

严格落实党风廉政建设责任制，建立完善反腐倡廉定期分析研判工作机制，推动压实主体责任。5名党委（党组）书记向区纪委全会作“三述”报告，接受评议。咬耳扯袖、红脸出汗成为常态，全区各级领导干部开展谈话提醒1747人次。严格把好政治关、廉洁关、形象关，区纪委办理回复党员领导干部党风廉政意见806人次，有效防止“带病提拔”“带病上岗”。开展村级“两委”换届风气专项督查，建立专项核查和案件处置机制，快速查处玉滘镇桥头村党员李某武拉票贿选违纪案件，形成有力震慑，维护换届风清气正。贯彻落实问责条例和省委实施办法，开展对生态环保问题、安全生产事故、重点项目建设等专项督查，做到失责必问、问责必严。有15名党员干部被问责。根据市委、区委“百日百项大行动”的决策部署，牵头成立效能督导组，制订实施方案，加强督促检查，对10家单位发出预警通知书，约谈8家单位负责人，推动各级党员干部增强“一分部署九分落实”意识，推动中央、省委、市委和区委重大决策部署落实到位。

【持之以恒正风肃纪】　紧盯“四风”问题，巩固拓展落实中央八项规定精神成果。按照“抓常抓细抓长”的要求，发扬钉钉子精神，持续整治“四风”。组织明查暗访30场次，发现问题15个，实施效能责任追究77人次；查处违反中央八项规定精神问题1起，给予党纪政纪处分2人；问责“为官不为”3人；通报曝光违反会风会纪40人。坚决贯彻落实市委书记李水华调研的指示精神，对全区各政务服务窗口开展明查暗访，督促各部门提高办事效率和执行能力，营造“马上办”的氛围。坚持纠“四风”和树新风并举，开展领导干部“党纪政纪法纪教育培训班”、新提任区管干部集体廉政谈话教育、党章党规党纪知识竞赛、廉洁读书月、反面案例警示教育、基层党员干部专题廉政教育课、送廉书等活动，编印纪律教育学习月专刊，编写《廉洁教育——农村基层干部必修读本》，深入开展廉洁教育。大力弘扬中华民族优秀传统文化，注重家庭、家教、家风，不断推动作风建设常态化、制度化。

坚持惩前毖后、治病救人，运用监督执纪“四种形态”。全区纪检监察机关运用“四种形态”处理164人次，其中，运用第一种形态83人次，占50.6%；第二种形态70人次，占42.7%；第三种形态11人次，占6.7%；第四种形态0人次，占0%。部署建立区管干部廉政档案，开展政治生态分析研判，为准确运用“四种形态”提供重要依据。贯彻“两个尊重”“三个区分开来”原则，落实容错纠错机制，解决干部做多错多的思想顾虑，着力营造“走正道、出实绩”的

8月5日，揭东区委第一轮巡察工作动员会在区纪委会议厅召开

（区纪委办　供稿）

干事创业氛围。

【保持惩治腐败高压态势】 持续保持惩治腐败力度不减、尺度不松，坚持有腐必反、有贪必肃，努力减少存量、遏制增量，保持惩治腐败高压态势。共受理信访举报279件，处置线索114件；初核线索105件。立案77件86人（其中科级干部9件），给予党纪政纪处分81人，挽回经济损失187.67万元；镇（街道）纪（工）委办案率100%。区纪委自办案件 31件，严肃查处了云路镇云七村原党总支书记江某弟等村干部非法出租土地、挪用资金案，中夏村原党总支书记林某水等村干部虚报挪用危房改造补贴资金案，赵埔村原党总支书记涂某亮、原村委会主任涂某彬涉嫌骗取惠农资金案。严把案件质量审理关，在全市率先开展近三年来纪律处分决定执行情况专项检查。进一步强化“镇案县审”，保持“镇案县审”零申诉。严守执纪安全底线，对执纪审查安全进行全面提升，精心打造镇街纪委谈话室规范化建设“升级版”，实现 “零事故”，受到中央纪委、省纪委、市纪委和区委的充分肯定。

聚焦扶贫领域违纪等八类问题，对典型案件上提一级，督办直查，重拳整治基层“微腐败”。共排查问题线索74条，其中重点线索17条，立案32件32人，向司法机关移送违法犯罪线索4条、刑拘逮捕4人。深入开展农村基层党员干部违纪违法线索排查活动，加大对农村基层违纪违法问题的查处力度。高质量协助省纪委第十抽查组到新亨镇楼下村开展农村党员干部违纪违法线索排查结果抽查复核工作。在全市率先开展扶贫领域违纪违法线索排查结果异地交叉复核工作，实现异地抽查复核“镇街全覆盖”，共排查问题线索88条（其中诉求类线索53条），目前立案9件6人，给予纪律处分5人，取消预备党员资格1人。

【政治巡察稳步启动】 区委履行巡察主体责任，区委常委会、书记专题会多次部署推进巡察工作，在机构、编制、经费、办公用房等方面提供有力保障。成立区委巡察工作领导小组，设立区委巡察办、三个巡察组。高标准选好配强巡察干部，组建“巡察工作人才库”。出台《揭东区委巡察工作实施办法》，制订《揭东区委巡察工作基本流程》等13项规范性制度。探索实行问题线索收集研判、党员干部到巡察组挂职锻炼、共性问题定向反馈与推动未巡先改等机制。先后开展两轮巡察工作，共对6家单位党组织开展巡察监督。区委巡察监督工作实现了起步平稳、开局良好，逐步迈向规范化、常态化、制度化。

【深化监察体制改革试点工作】 区委贯彻落实中央、省委、市委深化国家监察体制改革试点工作的决策部署，切实担负主体责任，成立区深化监察体制改革试点工作小组，坚决落实改革试点工作时间表、路线图。区委书记带头履行“施工队长”职责，先后主持区委书记专题会、区委常委会以及工作小组会议，专题审议《揭阳市揭东区深化国家监察体制改革试点工作实施方案》，对改革试点工作关键环节始终亲力亲为。区纪委认真履行“施工队员”牵头抓总的专责，加强沟通协调，协助区委抓好组织实施和任务落实。各成员单位各司其职、各尽其责，齐心协力推动改革试点工作。

区监察改革会议在揭东召开 （区纪委办 供稿）

围绕改革目标任务，坚持把思想政治工作作为重中之重，做深做实做细谈心谈话；按照人岗相适、人尽其才、深度融合等原则，妥善安排转隶人员工作岗位，确保在机构组建和人员转隶过程中人心不散、队伍不乱、工作不断。扎实推进区监委班子成员提名、检察机关有关案件线索移交、资产划转、办公场所和留置场所的安排等工作。区监察委员会已于2018年1月16日挂牌成立，与区纪委合署办公。

【建设忠诚干净担当的纪检监察队伍】 把持续深入学习和贯彻落实党的十九大精神作为首要政治任务，开展专题党课、晨读党章、每周专题学习、编印专刊等活动，深刻领会习近平新时代中国特色社会主义思想的历史地位和丰富内涵，努力学懂弄通做实。积极开展“四铁”主题教育实践活动和“能力建设年”活动，扎实推进“两学一做”学习教育常态化制度化。坚持内外兼修，“内”修忠诚干净担当，“外”修监督执纪问责，推动学思践悟、知行合一。

着眼“决策、文风、会风”三个重点推动制度建设，建立健全常委会工作规则、文件会议日常管理意见等规章制度，完善议事决策机制，改进文风会风。2017年，以区纪委、区监察局、办公室名义印发的文件共24个，同比减少45.83%。进一步强化干部人事工作，会同区委组织部细化完善镇（街道）纪（工）委副书记任免程序，创新优化新调入干部考察研判制度，开展业务知识测试，严格把关人事档案。坚持严管就是厚爱，强化自我约束监督，坚决防止“灯下黑”。带头落实禁止工作时间在办公场所冲泡“功夫茶”、严格执行考勤制度、办公用房规范整改“三项要求”。认真开展谈话提醒工作，对纪检监察干部工作动态以及出现的苗头性、倾向性问题全面掌握，做到早提醒、早纠正，共开展谈话提醒23场次。

（王　鑫）

人民团体

总工会

【工会组建】 区总工会按照“增强凝聚力、扩大覆盖面”的总体要求，充分发挥工会组织作用，做好工会组建工作。2017年7月，召开全区各镇（街道、开发区）工会主席工作会议，布置工会组建和换届工作，并检查督促各项工作的落实。2017年，全区新建工会组织13家，新发展会员数1321人（其中新发展农民工会员数1300人）；女工组建工作按照“三个同步”工作要求进行，6家企业同时建立女职工委员会，女职工人数少于十人的7家企业设立女职工委员，成立女职工小组。2017年，区总工会全面完成市总工会下达任务，并将13家新建工会组织及时录入全国非公企业工会组织数据系统，进行规范管理。

（许国文　黄艳芬）

【劳模管理】 做好评选“广东省五一劳动奖状”工作　2017年2月，区总工会开展评选“广东省五一劳动奖状先进集体”工作。经自下而上推荐，层层把关，揭阳市揭东区税务局被广东省总工会授予“广东省五一劳动奖状先进集体单位”并参加广东省庆祝“五一”国际劳动节暨劳模表彰大会。通过评选活动，激励其他单位学习先进，争当先进，推动全区争先创优，为揭东区经济和社会各项事业发展做出应有贡献。

做好关爱劳模工作　2017年春节期间，区总工会对25名困难劳模每人发放慰问金800元，合计2万元，使困难劳模真正感受到党和政府的关怀；区总工会组织各级劳模8名到惠州巽寮湾省总劳模疗养基地疗养；8月，组织2名省级劳模赴全总安徽黄山劳模疗养基地休养；12月，组织全区范围内全国和省部级劳模到市人民医院免费体检，关心劳模的生活保障和身体健康，在社会上营造尊重劳模、学习劳模、关爱劳模的氛围。

（许国文）

【提升职工队伍素质活动】 开展“千万职工大培训”行动2017年区总工会继续与揭东技工学校开展合作，在前两年职工技能培训的基础上，2017年再投入培训补助资金16万多元，于3月和5月举办两期女职工专门培训班，培训女职工从业人员206名，圆满完成原计划的培训任务，进一步帮助职工和相关从业人员提升素质，提高市场竞争力，帮助部分困难群众解决就业和创业的问题。

开展“安康杯”劳动竞赛活动　在企业间积极组织开展全国“安康杯”竞赛活动，增强职工安全健康意识，班组安全管理水平进一步加强，提升职工安全技能，促进揭东区安全生产形势的持续稳定好转，切实维护广大职工的安全健康权益。

取得的各项荣誉　通过组织广大职工参加各项积极有益的活动和对干部职工的教育培训，使广大职工综合素质得到明显的提高。（1）经自下而上推荐和层层把关、审核，揭阳市揭东税务局被授予“2017年广东省五一劳动奖状先进集体单位”称号。（2）推荐揭东区第二中学李桂华老师的“广东省中小学名班主任李桂华工作室”参加评比，获“广东省女职工创新工作室”殊荣。（3）响应市总工会组织举办的，于党的十九大召开前夕在全市职工中开展的“中国梦·劳动美——喜迎党的十九大”职工书法、美术大赛，区总工会共推荐23件美术、书法作品参加比赛，其中书法作品中获得一等奖1件、获得优秀奖3件，美术作品中获得一等奖1件、获得二等奖1件、获得优秀奖1件，区总工会荣获书法作品优秀组织奖和美术作品优秀组织奖。

（许国文　黄艳芬　江拱林）

【职工维权】　做好工资集体协商和企业民主换届　2017年7月，区总工会召开全区工资集体协商和企业民主换届工作会议，要求各有关单位工会要认真开展工资集体协商和工会民主换届工作，确保广大职工的民主权利和自身权益得到充分保障。同时将广东电网揭阳揭东供电局有限责任公司、青岛啤酒（揭阳）有限公司分别作为全区重点行业性和重点企业开展工资集体协商工作并在全区推广经验。据统计，2017年全区已建工会组织企业工资集体协商签订率达到80%，企业工会民主换届26家，职工权益得到有效保障，全面完成市总工会下达任务。

女职工工作扎实有效开展　组织“女职工维权月”等活动，宣传贯彻落实《中华人民共和国妇女权益保障法》，提高女职工的法律素质，增强女职工知法、懂法、守法、用法的能力。

建设“爱心妈妈小屋”　为切实维护女职工的合法权益和特殊权益，以及妥善解决女职工在生理卫生、哺乳方面的困难，区女职工委员会积极响应省总工会的号召，进一步开展落实爱心妈妈小屋行动。在2016年三个爱心妈妈小屋示范点的基础上，按照成熟一批、发展一批的原则，增加曲溪街道办事处和人民医院两个建设点，使“爱心妈妈小屋”成为基层工会落实女职工“四期”保护的重要阵地，帮助女职工有尊严、体面地度过特殊生理期。

“三个一批”建设工作试点　按照“八有一基本”的要求加强工会组织建设，使各级工会组织逐步规范化发展，打造一支高素质的工会干部队伍。结合揭东区工会工作实际，确定揭东经济开发区为全市第一批“源头治理劳资纠纷试验区（三个一批）”工作试点。根据建设“三个一批”工作的具体要求，成立了揭东经济开发区园区工会联合会，建设一个会、站、家一体化的职工之家，全面开展服务职工、维护职工合法权益工作。

（许国文　黄艳芬　江拱林）

【宣传联络和关爱农民工】　为全面了解全区各企事业单位贯彻落实《女职工劳动保护特别规定》的情况，区总工会于2017年6月对揭东区数家单位进入深入走访调研。共走访工会干部、管理人员、一线职工、未婚及已婚各层面女职工近百名，调查以座谈会、实地走访、填写调查表等多种形式进行。调研发现企业贯彻落实《女职工劳动保护特别规定》情况总体较好。这次被调查的各单位生产工作情况正常，效益良好，能按时、足额发放工资，基本遵守女职工劳动保护有关规定，无侵犯女职工合法权益现象发生。企业工会组织健全，都成立女职工委员会，女职工组织制度较规范。能基本落实养老、医疗、生育等保险。能保证女职工享有国家规定的产假待遇，无孕、产期辞退女职工现象发生，劳动关系较为和谐。

6月是“全民禁毒集中宣传月”，为响应区禁毒办部署和要求，为广大职工营造“无毒青春，健康生活”的良好环境，区总工会制订《揭阳市揭东区总工会2017年国际禁毒日期间禁毒宣传教育活动方案》，发动各基层工会要根据禁毒委的部署和工会工作实际，在广大职工中积极开展禁毒宣传教育活动，促进揭东区禁毒宣传工作在企业和职工中的深入开展，扩大禁毒知识普及面，让全区工会系统干部职工、广大企事业单位员工（异地务工人员）充分认识到毒品对社会、家庭和个人的极端危害性及远离毒品的重要性，切实提升企业职工群众的禁毒意识和能力。并于“6·26”当天，联合揭东经济开发区总工会在大北农农牧科技有限公司开展禁毒宣传教育活动。

进一步实施女职工“关爱行动”，组织区各中小学校、开发区、揭东区曲溪街道办等24个单位的314名女职工参与“两癌”（乳腺癌、宫颈癌）检查活动，体检项目包括：妇科常规+白带检查、乳腺触诊、乳腺B超、子宫附件B超、宫颈液基细胞学检查、人乳头瘤病毒筛查、骨密度、体检报告、健康管理等8个项目。

（黄艳芬　江拱林）

【工会帮扶送温暖】 2017年，区总工会大力推动困难职工帮扶工作，并为77名困难职工完成新建档工作。2017年度，区困难职工帮扶中心共筹集资金58.11万元，受益职工640人次。其中医疗救助70人次，共发放帮扶款13.4万元；助学救助122人次，共发放助学款13.5万元；生活救助448人，共发放帮扶款31.21万元。

开展夏季高温“送清凉“活动 7月，市天气持续高温，17日区总工会开展了对奋战在高温作业第一线职工的“送清凉”关爱活动。先后到开发区企业广州大北农农牧科技有限公司揭阳分公司和区环卫局开展夏季高温“送清凉”活动，送上消暑清凉饮料和矿泉水等一批，受到广大职工群众的一致好评。

做好在职职工医疗互助保障活动 该活动因参与便捷，保费低廉，理赔及时，非盈利性等特点，深受广大职工欢迎，缓解职工因患病所造成的经济困难。2017年，区总工会协助办理职工医疗互助保障413人次。

（江拱林　许国文　黄艳芬）

共青团揭东区委员会

【概况】 2017年来，团区委在区委、区政府的正确领导下，紧紧围绕区委、区政府的中心工作和上级团委的各项任务，紧扣自身的主业，团结带领全区广大青年开拓创新、积极进取，深入推进共青团改革，推动团的各项工作深入开展，取得良好的成绩，充分发挥生力军和后备军的作用。

【青年志愿者工作】 2017年，团区委高度重视青年志愿者工作，充分利用学雷锋活动月、五四青年节，国际志愿者日等重要时间节点，结合“五城同创”活动的契机，深入开展一系列助力“五城同创”志愿服务活动，不断弘扬“奉献、友爱、互助、进步”的志愿服务精神。

围绕中心，服务大局 围绕区委、区政府中心工作，结合区全面开展“五城同创”活动的契机，开展各项助力“五城同创”的青年志愿服务工作。在全区全面开展“五城同创”活动期间，组织青年志愿者开展“水岸同治”“众剑行动”“文明交通”“义务植树”等一系列形式多样、内容丰富的助力“五城同创”志愿服务活动，用实实在在的行动为揭东区“五城同创”工作贡献青春正能量。

深入基层，服务农村 寒、暑假期间，组织揭阳市大学生联合会、向阳志愿队等志愿服务队伍组成“三下乡”服务队，深入到全区各地的农村、基层社区开展义医、义诊和义教活动，把志愿服务活动送到农村中去。

关爱社会，服务社会 春节前夕，开展“文明揭东，你我共建”——“青春情暖”春运志愿服务活动，在玉湖镇政府前设置“民工返乡休息站”，为返乡“摩托车大军”免费提供热情、温馨的志愿服务。

（林锴标）

【青联工作】 区青联充分发挥组织优势、人才资源优势和信息资源优势，围绕中心，服务大局，创新思路，推进改革，在联络联谊、创业创新、关心关爱等方面上，服务区党政中心工作，各项工作取得新的成效，为区经济社会发展汇聚青春正能量、唱响时代主旋律。

为贯彻落实区委、区政府《关于做好2017年元旦春节期间我区有关工作的通知》精神，帮助困难群众解决生产生活困难问题，让他们过上一个欢乐、祥和的春节，1月18日上午，区青联在全区各地开展迎新年慰问活动，把党和政府的关怀和青联大家庭的温暖送到困难群众手中。

5月4日晚，团区委、区教育局、区青联联合在华南师大粤东实验学校举办“不忘初心跟党走，文明创建展青春”——揭东区纪念“五四”运动98周年文艺会演活动。

【基层团建】 团区委全面做好发展新团员计划工作，实行发展新团员编号制度。根据区发展团员计划数量，为各镇（街道）各单位团组织分配发展团员编号号段。2017年，新发展团员共1510名。

为进一步推进全区非公企业团建工作，不断扩大共青团的组织覆盖和工作覆盖，按照团市委的工作要求和部署，团区委积极推动非公企业团建工作，不断扩大团组织的有效覆盖面，2017年，新建非公团组织10家。

【少先队 学校工作】 3—6月，组织广大团员和少先队员参加团省委开展的第二届届寻找“最美南粤少年”活动。

为贯彻落实好团中央、教育部联合印发的《中学共青团改革实施方案》有关要求，推进区中学共青团改革和团校建设工作，3月31日上午，团区委、区教育局在揭东一中召开揭东区中学共青团改革暨团校建设工作会议。

5月3日下午，团区委在揭东二中举行“新团员入团宣誓暨老团员重温誓词”仪式活动。5月4日晚，团区委、区教育局、区青联联合在华南师大粤东实验学校举办“不忘初心跟党走，文明创建展青春”——揭东区纪念“五四”运动98周年文艺汇演活动。10月12日，团区委联合区教育局在锡场镇世德初级中学举办揭东共青团禁毒“青锋计划”活动启动仪式暨禁毒宣传进校园活动。10月13日上午，团揭东区委、揭东区教育局、揭东区少工委联合在新亨镇硕榕中心小学隆重举行主题为“我是光荣的少先队员”——揭东区纪念建队68周年主题队日活动。

（林锴标）

区妇女联合会

【巾帼建功】 开展“巾帼创业示范基地”建设 2017年，新增揭阳市雾峰茶叶专业合作社为“揭阳市巾帼创业示范基地”“广东省巾帼创业示范基地”。区妇联充分调动各条战线妇女的主动性、积极性，促进广大妇女岗位成才，岗位建功，岗位创优。2017年，共涌现出全国巾帼文明岗1个、省“三八”红旗集体1个、市级巾帼文明岗3个、市“三八”红旗集体2个、市“三八”红旗手4名、区“三八”红旗集体8个区“三八”红旗手10名。

组织纪念“三八”节系列活动 3月2日，区妇联举行庆三八国际劳动妇女节107周年表彰大会，对区一批妇女工作先进集体和先进个人进行表彰。会议分上半场和下半场，上半场是表彰大会，下半场是法律讲座。区委陈建雄副书记，区政府蔡晓霞副区长、全区妇女界代表以及受表彰单位和个人等参加会议。下半场，区妇联和区司法局联合举办“创建文明家庭、巾帼在行动”法律讲座，进一步增强大家依法维权的法律意识，提升大家知法、懂法、用法的能力，推进文明家庭建设。“三八”节前夕与电视台联合开设《巾帼风采》栏目专门报道先进典型，为全区妇女树立模范作用。“三八”期间，全区各级妇女组织立足实际，开展创建文明城市，关爱弱势群体等系列活动，通过活动，让广大妇女群众度过了一个欢乐喜庆的节日。

【提升女性综合素质】 10月31日，揭东区女企业家联谊会召开第二届会员大会，市妇联主席庄少琼、区委副书记陈建雄和区妇联主要负责人等到场参加活动。会议总结区女企业家联谊会成立五年来的工作成效，并选举新一届理事机构。陈建雄为新一届理事会会长林楚华颁发当选证书。

女企业家联谊会做好牵线搭桥工作，为女企业家提供交流和创业成长的良好环境。同时，联谊会引导会员参与社会建设，奉献爱心，树立女企业家的良好形象。联谊会共组织慰问活动15场次，慰问金额30多万元，发放物资100多万元，共慰问困难妇女儿童314人次。广大女企业家主动承担社会责任，展现别样风采的“半边天”。

庄少琼、陈建雄分别在活动上讲话，对联谊会圆满换届表示祝贺，并充分肯定联谊会过去五年的工作成效，希望把女企业家联谊会建设成为“学习型、服务型、精干型”组织。希望各级妇联要支持女企业家联谊会工作，建立和发展女企业家联谊会组织，壮大妇女工作力量。

活动现场，女企业家联谊会的会员们还踊跃捐款，奉献爱心。

【妇女维权】 切实维护妇女合法权益。进一步加强“12338”维权热线工作，开展妇联主席接听热线活动，加强热线规范化管理，提高维权服务质量。进一步畅通和拓展妇女诉求渠道，引导妇女依法理性维权。同时深入开展普法宣传工作，充分利用各种媒体广泛宣传保护妇女儿童权益法律法规和妇女儿童新规划。贯彻依法治国的战略部署，继续开展“三八”妇女维权周活动。发挥巾帼志愿者作用，利用“妇女之家”等工作阵地，开展法治宣传教育和维权服务，引导广大妇女学法遵法守法用法。为继续推进“平安家庭”创建活动深入开展，根据《揭阳市开展深化“平安家庭”创建活动实施方案》的精神，2017年命名8户揭阳市“平安家庭”示范户。为有效预防和化解婚姻家庭矛盾纠纷，维护家庭稳定，促进社会和谐，进一步发挥妇联组织调处婚姻家庭纠纷的专业优势，区妇联、区综治办、区司法局、区民政局联合成立揭阳市揭东区婚姻家庭纠纷人民调解委员会。

【援助扶贫服务】 1月19日，区妇联联合区女企业家联谊会举行春节前送温暖活动，为全区38位困难妇女和儿童送去社会大家庭的温暖。副区长蔡晓霞参加慰问活动，此次节前送温暖活动，得到康佰公司和共信赢军埔分公司等热心企业的大力支持，捐赠慰问金和慰问物资，向全区38位困境妇女儿童送去一批大米、食用油、保暖被和慰问金，让她们温暖过节。活动上，蔡晓霞等还为热心企业赠送锦旗，褒扬他们热心公益的善举。

蔡晓霞希望各级妇联组织充分发挥优势，协调动员社会各界力量，开展社会帮扶救助活动；要把帮扶弱势群体工作制度化、规范化、常态化，把扶贫和扶志结合起来，增强贫困妇女儿童的生活信心和自我发展能力，努力在全社会形成扶贫济困、共创和谐的良好风尚。

10月，区妇联得到“榕江源”的支持，特别资助区20名品学兼优的中小学生共4万元，20名学生为表达感谢之情，纷纷给对接资助人送上一封感谢信。

开展庆“六一”系列活动。5月31日，区委副书记陈建雄、副区长蔡晓霞一行，到玉湖镇观音山村，参加由区妇联、区女企业家联谊会、揭东移动公司和揭东康佰公司联合举办的庆“六一”“爱苗护苗、关爱留守儿童”主题活动，并给小朋友们送来节日慰问金和慰问品。在座谈中，副书记陈建雄、副区长蔡晓霞鼓励孩子们要努力学习，奋发向上。同时叮嘱各级党政和妇联组织，要为少年儿童的茁壮成长，创造良好的环境；希望社会各界爱心人士一如既往重视、关心、支持揭东的少年儿童工作。

副区长蔡晓霞一行专程到玉湖镇北坑村，看望当地的困境儿童，为他们送来慰问金和慰问品。在北坑村，参加慰问活动的领导和企业家还在现场主动为一户困境儿童捐出额外款项，帮助这户困难家庭解决生活问题。

2017年“六一”节，区妇联共慰问全区50多名困境儿童，送去慰问金16400元和慰问品一批，给孩子们送去党政和社会各界热心人士的关怀。

【加强未成年人道德教育】 区妇联组织举行家庭教育大讲堂进村（社区）系列活动，10月11日，在曲溪街道区第四小学为学生们带来一场自我保护教育活动，助力少年儿童健康成长。当天下午，来自揭阳市慧成玩具有限公司社会责任部的导师们为孩子们带来一堂趣味十足的教育课，通过游戏的方式，让孩子们学习认识到日常生活中可能遇到的各种危险，以及求救自救的正确方法，帮助他们更好地认识社会和人际关系，学会自我保护。

此次活动还在玉湖、新亨和埔田等镇开展，进一步提高学生的自我保护意识，树立正确的人生观和价值观，帮助他们健康成长。

【创先争优活动】 开展“揭阳市最美家庭”、“揭东区美丽家庭”和“揭东区传承最美家风家庭”评选活动。共评选出7户“揭阳市最美家庭”、21户“揭东区美丽家庭”和12户“揭东区传承最美家风家庭”。

开展感恩母亲，弘扬传统美德活动 5月9日晚，区妇联、曲溪街道妇联联合揭阳市善行义工协会，在曲溪街道道德讲堂开展母亲节感恩活动，并邀请善行协会协会吴会长为大家讲授“移风易俗，莫善于乐”孝道主题课程，通过孝亲音乐来启发大家的感恩之心。活动上，区妇联主席代表区妇联向各镇（街道）妇联进行爱心赠书，鼓励母亲们读好书、育好人，并对全区的母亲们致以节日的问候。

举办拒绝毒品，健康人生讲座 5月11日，区妇联在区委党校开展禁毒宣传教育活动。活动邀请揭阳监狱监区长赵少德为区直妇女干部开设“禁毒防毒 创建文明城市”宣传教育讲座。区直妇女组织负责人50多人一起聆听讲座，并发放《家庭防毒手册》《珍爱生命，远离毒品》《学法用法，维护权益》等禁毒、法律法规等方面的宣传资料750多份。为贯彻落实省委、市委、区委“全民禁毒工作”的工作部署，配合我区“众剑行动”的开展，结合妇联实际在全面开展“无毒家庭”创建活动，进一步增强妇女禁毒意识和家庭成员参与禁毒积极性，逐步实现“无吸毒、无贩毒、无种毒、无制毒”的总体目标。

举办“创建文明城市，共建美好家园”先进事迹巡回报告会。6月21—29日，区妇联在全区各镇（街道）举办7场“创建文明城市，共建美好家园”先进事迹巡回报告会。报告会上，来自揭东区各地的8位先进代表的感人事迹和崇高精神，感人肺腑、催人奋进，在广大妇女群众中引起热烈反响。先进事迹巡回报告会旨在通过身边看得到、学得到的平民英雄和助人善举，大力宣传助人为乐，诚实守信、孝老敬老的道德素养，积极营造崇德向善的社会道德氛围。

开展巾帼志愿活动，投身创建省“文明城市”。精心组织区巾帼志愿者服务队开展一系列“创文”活动，组织巾帼志愿者开展环境卫生整治，定期开展打扫路面、清除路旁杂草、清理牛皮癣等活动，有力促进城区环境整治工作；开展宣传文明出行活动，组织巾帼志愿者轮流在金溪大道春晖幼儿园路口协助交警开展交通劝导活动，向过往路人发放倡议书、交通知识等材料，通过现场引导，让群众提高交通安全意识，做到自我约束、自我管理，创造良好的道路交通环境，提升群众的文明素质。

【组织建设】 强化“妇女之家”建设。健全完善“妇女之家”功能，使之真正成为宣传法规政策的阵地、传授知识的课堂、传递信息的纽带、服务妇女的窗口。2017年，区新增省级示范点4个。

2017年6月和9月，省妇联和省改革办调研组分别来到省“妇女之家”示范点新亨镇硕联村和曲溪街道检查指导工作，并对揭东区妇女工作作出充分肯定。

学习贯彻党的十九大精神 为带动全区妇女深入学习贯彻落实党的十九大精神，10月31日上午，揭东区妇联组织单位全体人员、各镇（街道）妇联、各界妇女代表参加学习贯彻党的十九大精神会议。

揭东区全面完成村（社区）妇代会改建妇联工作 为进一步深入贯彻《中共中央关于加强和改进党的群团工作的意见》的文件精神，落实

省、市妇联对新时期妇联工作的新要求，揭东区妇联领导高度重视，迅速召开会议布置工作，在全区各级妇联地努力下，于2017年8月28日全面完成121个村（社区）妇代会改建妇联工作。

推进乡镇妇联组织区域化建设改革和做好乡镇妇联换届工作。为贯彻落实中共十九大精神，和习近平总书记对群团改革的重要讲话精神、《关于加强和改进党的群团工作的意见》、省妇联《转发〈关于进一步深化改革 夯实基础 更好发挥基层妇联组织作用的意见〉的通知》文件精神，区妇联于11月在全区启动乡镇妇联组织区域化建设改革和乡镇妇联换届工作，并于12月底全面完成。各镇（街道）妇联要抓住这个换届契机，加强妇联队伍建设，打破行政壁垒和条块分割界限，打开大门、拆除围墙、走出机关建乡镇妇联，纵向把辖区内所有村（社区）妇联组织都纳入到乡镇妇联组织体系中；横向把组织覆盖拓展到辖区内所有机关、企事业单位、各类社会组织、联谊组织中的妇女群众，统筹辖区内各方妇女工作力量和工作资源，实现区域内组织联建、人员联管、活动联办、资源共享，建设一支理想信念坚定、勤政务实清廉、充满生机活力的妇联干部队伍。

举办基层妇女干部培训班 5月10日上午，区委组织部、区委党校和区妇联联合在区委党校开班培训区直妇女干部，集中学习贯彻习总书记重要批示精神。区直50多名妇女干部参加培训。培训班开设有《学习贯彻习总书记重要批示精神》《学习贯彻十八届六中全会精神、开启全面从严治党新征程》《学习贯彻揭东区二届二次党代会精神、营造风清气正的良好政治生态》、《关爱自己从现在开始》等专题讲座。通过系统的理论指导，并结合揭东工作实际，进行教学和研讨。

（区妇联）

区科学技术协会

【概况】 区科协把创建全国（省）科普示范区列入区级“迎盛会·百日百项大行动”，以此为契机，着力建体系、强阵地、广宣传，科普工作跃上新台阶，揭东区被评为“2016—2020年度第二批广东省科普示范区”，是全省五个获此殊荣的县（市、区）之一。

【科普宣传】 在“全国科普日”、全省“科技进步活动月”等时间节点，组织主题鲜明的科普活动。开展“科普与创文同行”科普宣传活动，在创文工作中牵头开展全民科学素质行动。10月16—21日，区迎来以“创新驱动发展，科学破除愚昧”为活动主题的揭东区2017年全国科普日暨“科普大篷车”进校园巡展活动，共有15000多名中小学生和1万多名群众参与科普巡展宣传活动。

【技术培训】 引导科普基地开展科技示范和人才培养，深入开展广东省文化科技卫生“三下乡”暨“千会服务千村”行动，联合相关部门开展科技推广培训。7月24—27日，揭东区科协与省市区农业部门联办的农业科技下乡活动在揭东区锡场、玉窖、埔田、云路、玉湖五镇举行，分别就蔬菜技术、畜禽防病技术、茶叶无公害生产技术、水产专题技术举行了一系列的培训讲座。

【乡镇科协和学会工作】 健全完善镇村科协组织和区级学会、协会，发展壮大科普志愿者队伍，镇级科协组织全面落实专人负责，建立区科普工作联席会议制度。开展国级省级科普基地创建活动，在中德金属生态城成功创建中国科协“海智计划”广东（揭阳）工作基地，揭东区润丰生猪养殖专业合作社成功创建2017年广东省科协“海智计划”工作站，搭建科普工作创新平台，不断提高基层科普服务能力。

【社区科普】 实施“科普惠农兴村计划”和科普信息化建设，润丰生猪养殖专业合作社科普示范基地获2017年广东省科普惠农科普示范基地，印发《揭阳市揭东区科普信息化建设实施方案（2017—2020年）》，完成4千米沿江路段步道的科普宣传长廊建设，打造揭东科普品牌。团结带领广大科技工作者、科普志愿者，深入社区针对不同人群的不同需求提供科普宣传和服务，组织形式多样、实效突出的科普宣传活动。

【机关建设】 深入学习党的十八大、十九大和习近平总书记系列重要讲话精神，领会贯彻习近平总书记提出的新思想、新论断、新要求。全面落实党风廉政建设责任制，开好2017年度科协党员领导干部民主生活会，推进“两学一做”学习教育常态化制度化，进一步增强干部职工想干事、能干事、会干事、干成事的激情和活力，健全各项规章制度，树立良好机关形象。

【实施《全民科学素质纲要》】 贯彻落实《广东省全民科学素质行动计划纲要实施方案（2016—2020年）》和市全民科学素质工作会议精神，印发《关于印发揭东区创建全国科普示范区工作实施方案、揭东区加强科普工作的实施意见和揭东区全民科学素质行动计划纲要实施方案（2016—2020年）的通知》，加强与相关部门的联系合作，促进科普工作制度化、规范化，不断开创科普工作新局面。

（杨俊涛）

区工商业联合会

【概况】 2017年，区工商联按照中共中央国务院、省、市、区《关于加强和改进新形势下工商联工作的意见》精神，带领广大会员牢牢把握促进非公有制经济健康发展和引导非公有制经济人士健康成长的工作主题，把广大非公有制经济人士的思想和行动统一到上级的决策部署上来，引导非公有制经济人士大力弘扬中华民族传统美德，积极承担社会责任，做合格的中国特色社会主义事业建设者，努力开创新形势下工商联工作的新局面。

2017年，区工商联按照上级的统一部署，在广大非公有制经济人士中以“守法诚信、坚定信心”为重点开展理想信念教育实践活动，增强非公有制经济人士对中国特色社会主义的信念、对党和政府的信任、对企业发展的信心和对社会的信誉。组织收看全国年轻一代民营企业家理想信念报告会，组织青年企业家参加市新生代民营企业家培训班，加强对年轻一代非公有制经济人士的教育培养；激发以创新、执着、责任为主要内容的企业家精神，调动企业家的积极性、主动性、创造性，发挥企业家才能和作用，促进两个健康，为服务“四个全面”战略布局做出新的贡献。

【换届工作】 1月16日，揭阳市揭东区工商业联合会第一次会员代表大会召开，大会审议通过揭东区工商联（商会）工作报告，选举产生区工商联第一届执行委员会和执委会领导班子，广东榕泰实业有限公司董事长杨宝生当选为揭东区工商联主席。

【扶贫与服务】 引导广大非公有制经济人士弘扬中华民族传统美德，致富思源、富而思进，踊跃投身公益慈善事业和光彩事业，参与创文工作，捐款捐物，修建桥梁、道路、卫生设施、文化场所等公共设施，帮助家乡改变面貌，设立奖教奖学基金，组织开展“送温暖、献爱心”活动；例如广东榕泰实业股份有限公司设立的“杨启昭先生高考、中考优秀奖” 基金会累计已颁发奖学金近300万元；副主席吴潮标捐资2000万元建设宝嘉广场获得市美丽乡村建设“乡贤杯”先进个人、副主席纪少文捐资210万元建设道路获得区美丽乡村建设“乡贤杯”先进个人等，起到非常良好的榜样作用。

区工商联发挥党和政府联系非公有制经济人士的桥梁纽带和政府管理和服务非公有制经济的助手作用。一是充分发挥桥梁纽带的作用，参与政治协商，发挥民主监督作用，做好参政议政工作，建言献策，组织民营企业参与降低实体经济企业综合成本调研、2017年营商环境评价调研等活动，为非公有制经济营造一个和谐宽松的市场环境、政策环境、法治环境、社会环境，推动非公有制经济健康发展；二是服务非公有制企业加快转变发展方式，加强与有关部门、机构合作联系，加强对非公有制经济人士的教育培训工作，拓宽企业家的视野，更好掌握现代管理理念和创新管理方法，组织企业家参加第一期“揭商大讲坛”讲座，提升民营企业家的综合素质。

【联络与接待】 区工商联积极加强对外交流合作，增强发展动力。协助区委、区政府做好“乡贤回归”工作，深圳市工商联知名商协会会长（知名企业家）产业投资合作考察团一行40多人于12月6日莅临揭东，参观考察中德金属生态城，为揭东产业引进搭建平台、穿针引线；为加强联络，敦睦乡谊，促进经贸交流合作，推动“乡贤回归”工程的深入开展，引导广大乡贤参与揭东经济社会建设，参加佛山市揭阳商会第三届理事会就职典礼等活动；加强与周边县市区工商联的交流合作，为地方经济发展和民营企业发展搭建平台。

文学艺术界联合会

【概况】 揭东区文联是区委、区政府领导下的文学艺术界群众团体。2017年，共举办“送春联”活动2次，潮乐演奏1次，艺术交流2次，采风2场次，书画摄影展5次，现场笔会2次。活跃基层群众的文艺生活，推动揭东文艺事业的全面发展。

【队伍建设】 区文联是贯彻执行党的文艺路线、方针、政策；指导各文艺协会开展文艺活动，配合有关部门有重点地组织、创作、展出、演出，力求出作品、出人才；各文艺协会对文艺工作者的联络、服务、组织会员间的交流活动，使文联和各协会成为文艺工作者之家；同各地文艺协会和其他地区文联的业务交流与协作。2017年，区文联组织干部职工和各协会骨干，学习贯彻党的十九大精神，增强文化自信，不断提高队伍整体素质。

【文艺精品展览】 7月15日，“美丽揭东，魅力埔田”揭东埔田首届竹文化节拉开序幕，以竹文化为主题活动如火如荼的开展。为配合竹文化节，区文联组织区美协、区书协、区影协选送优秀作品参与到活动中，其中美术作品15件、书法作品10件、摄影作品224件，有序地陈列在书画展厅和摄影作品展示区，游客们通过书画摄影展更清晰地了解埔田的风景和人文精神，让人一饱眼福。在书画展览的第三天，区文联还组织书画家进行现场书画创作，书画家们以饱满的热情创作出一幅幅题材丰富、形式多样、风格鲜明的作品，让人感受到浓浓的竹文化气息；8月30日，区文联协助区关工委征集“浓墨重彩·共庆盛会”书画作品展活动，经过精心组织，共挑选出5件书画作品参加此项活动；1—9月，由区委、区政府主办，区委宣传部、区文联、区创文办、市摄影协会、区摄影协会联合承办的“美丽家园——文明揭东”摄影大赛共收到参赛作品近800件。经过公开征稿、专家评选、点评等方式入围作品共72件：一等奖1名，二等奖2名，三等奖3名，优秀奖66件；10月9日，区文联协助区总工会举办的“中国梦·劳动美——喜迎党的十九

揭东工艺美术生活馆一景 （吴锐亮 摄）

大”揭阳市职工书法、美术大赛活动。区文联积极配合，动员区直书画家和所属文艺协会踊跃参加到活动中去，经精心组织和部署，共精选出20件优秀书画作品参加活动。11月7日，经评选，揭东区书法协会郑少龙的作品《归去来兮辞》荣获一等奖。范赛亮、刘畅辉、刘金山的书法作品荣获优秀奖。揭东区美术协会谢建鑫的国画《花鸟》荣获一等奖，陈潮鑫的国画作品《秋日絮语》荣获二等奖，林旭的作品荣获优秀奖。

【文艺交流】 1月23日，揭东区文联组织书法家走进锡场镇新置寨村和军埔村，现场泼墨挥毫，为村民书写春联，把浓浓的年味儿和新春的祝福送到村民的家门口；2017年1月28日下午（正月初一）由揭东区文联主办，揭东区潮州音乐研究会承办的2017年“心潮乐韵”迎春活动，在揭东区榕泰广场舞台演出，演员们激昂的歌声，悠扬的舞姿诠释潮乐丰厚浓郁的乡土文化，为现场观众呈现一场丰盛的新年文化盛宴；4月26日上午，市委宣传部组织市美术家协会深入锡场镇潭王村开展“守望家园”采风创作和艺术交流活动，区委宣传部、区文联组织揭东的美术家积极参加此次活动。当天上午，市区美术家协会一行来到锡场镇潭王村，参观该村的革命历史宣传墙、红色主题公园和龙船坊等地方，了解当地风土人情及创文建设成就。随后，市美术家们在现场进行书画创作，用手中的生花妙笔，把潭王村红色文化、龙舟文化和美丽生态融入文艺创作中，创作出具有深厚人文底蕴和贴近生活的文艺作品，助力创文深入开展。此次活动以艺术的形式为我区创建文明城市营造良好的氛围，调动广大市民参与创建活动的积极性、主动性和创造性，形成全社会参与创文的合力；5月23日上午，为纪念毛泽东《在延安文艺座谈会上的讲话》发表75周年，揭东区文联组织各协会领导班子成员深入埔田镇开展文艺采风活动。文艺采风团一行先后到埔田镇牌边村、车田村、祯祥坑村参观，零距离感受新农村建设成果，文明创建新貌，饱览蕉林竹海秀丽宜人的自然风光。通过此次活动，进一步开阔文艺工作者们的创作视野，点燃他们的创作激情，也为接下来揭东区埔田镇建设全域旅游小镇以及举办首届竹文化节提供思路和素材；2017年10月16日，揭东区美协组织协会领导班子及会员共十多人到梅岗中学美协创作基地举办“喜迎十九大”笔会。一幅幅描绘祖国美好山河的作品，在画家们的点染下，不仅多了一份艺术的魅力，也融进他们对祖国的美好祝愿。由多位画家共同创作的国画作品《欣欣向荣》，以花鸟、兰竹入题，透过劲健又灵动的写意笔墨，营造出蒸蒸日上，欣欣向荣的艺术氛围，寄托作者们深远的寓意；为深入学习贯彻十九大精神，在区文联的指导下，11月25日，“广东玉清宫书画院”和“陈泽平创作基地”揭牌成立。“广东玉清宫书画院”和“陈泽平创作基地”将广泛团结各界书画艺术家、书画爱好者，挖掘书画艺术精粹，特别是蕴藏在民间的传统书画技艺、遗产，发现、培养、推介、书画艺术人才，做好书画艺术的整理、弘扬工作，联系组织海内外书画文化艺术交流和社会文化活动。此次活动还举办广东玉清宫书画院作品集展，荟集粤东五市书画名家的作品近50幅，以丹青笔墨之形式寄情和谐社会发展，颂扬祖国文化繁荣，共同谱写书画领域的新篇章。

（王剑波）

残疾人联合会

【概况】 2017年，区残联在区委、区政府的正确领导下，在上级残联的指导下，坚持以习近平新时代中国特色社会主义思想为引领，围绕区委、区政府的工作思路和部署，以加快推进残疾人小康进程为目标，以解决残疾人创业难为导向，开拓创新，务实干事，努力在新时代开创残疾人事业发展新局面，取得较好成效。

【残疾人康复】 区残联联合区教育局、民政局、财政局、人力资源社会保障局、卫生和计划生育局和区扶贫办印发《揭阳市揭东区残疾人精准康复服务行动实施方案（2016—2020）》。精准康复救助项目中，0—6岁脑瘫儿童康复训练项目20人（10个月补贴康复训练经费1.2万/人）、0—6岁孤独症儿童训练项目19人（10个月补贴康复训练经费1.2万/人）、居家康复服务项目20人（服务时间一年，康复训练经费6000元/人）、低视力残疾人辅助器具免费适配90多人、依托区慢病站调查核实498名精神病残疾人作为精准康复扶贫对象并提供服务、盲人定向行走培训32人、假肢装配7人。举办全民学习残疾预防知识宣传会。将区人民医院、区中医医院、区慢性病防治中心、区脑瘫儿童康复中心、蒲公英肯纳学园（儿童孤独症康复机构）评定为区康复评估机构；区各镇（街道）卫生院、区人民医院、区中医医院、区慢性病防治中心、区脑瘫儿童康复中心、蒲公英肯纳学园（儿童孤独症康复机构）评定为区康复服务机构。

【残疾人培训就业】 区残联于12月成功举办首届揭东区残疾人创业论坛，省、市残联及区政府有关领导、区残工委成员单位领导、各镇（街道）残联理事长、各专门协会、残疾人创业代表、爱心助残人士等共110多人参加。区残联充分利用互联网，探索“平台、导师、文化、产品”四合一模式，助推残疾人创业脱贫，涌现出李良雄、王创平、高喜东、林晓聪、林晓凯等一批自强模范和创业创新典型人物。通过活动分享优秀残疾人创业经验和全面推广“四合一”模式，为残疾人创业提供借鉴与平台，也为残疾人实现创业就业探索出一种新模式，在全省尚属首创。加大残保金征缴力度，完成年审单位256个，已缴金额287.56万元，安置残疾人117人。

【特教工作】 在各级领导和社会各界人士的关心支持下，区特殊教育学校全校师生共同努力，各项工作都在稳步提升。现有教职工16人，其中特殊教育专业教师8人，设有6个教学班，在校学生64人。积极进行课程建设，开设生活语文、生活数学、生活适应、绘画、手工制作、唱游和律动等课程，贯彻“生活教育是培智教育的最终目标”的教育理念；多次进行教育教学改革，拓展专业发展路径，提升教育教学质量。多次参与社区残疾人关爱活动，增强社会反哺功能。

【助残与扶贫】 一是开展“助残迎春送温暖活动”。二是开展助残日慰问活动。助残日期间，区残联、各镇（街道）残联和五大专门协会开展一系列扶残助残活动。三是做好贫困精神残疾人精准康复扶贫工作。

【宣传文体】 出版第二期《天使风采》。举办“残疾人书画、手工艺术作品展”、盲人协会举办“盲人潮曲演唱会”、聋人协会举办“聋人手机摄影采风活动”、聋人乒乓球比赛活动，通过活动在全社会营造理解、尊重、关心、帮助残疾人的良好风尚。“乐帮手”智能盲杖的研发与生产项目在2017年广东众创杯创业创新大赛残疾人公益赛中获得优胜奖，该项目还被推荐参加梅州市第二届创业创新大赛并夺得铜奖。在省文化厅、省残联联合举办的第三届“南粤金影奖”——广东公益微电影大赛中，选送的《你是我的眼》荣获优秀微电影奖，《星星的孩子》夺得最佳微电影专业评审大奖。廖奕芳在全国残疾人公路自行车锦标赛女子C5级个人赛项目中获得第四名，黄映明的手工作品《自强不息》在第六届广东省残疾人美术作品大赛中荣获三等奖。

（黄银娜）

归国华侨联合会

【概况】 揭东区侨联是区委领导的的由归侨、侨眷组成的人民团体。揭东区侨联机关事业编制4名，其中主席1名，副主席1名，秘书长1名，正、副股长1名，后勤服务人员数1名。揭东区现有海外侨胞27.90万人，华侨华人主要分布在泰国、新加坡、马来西亚、柬埔寨、印尼、越南等；港澳同胞4.62万人，台湾同胞0.22万人。归侨323人，侨眷14.02万人。侨联主要职责履行群众工作、参政议政、维护侨益、海外联谊、完成上级侨联和区委区政府交办任务。

【群众工作】 2017年春节期间，组织看望慰问部分年老体弱、生活困难的归侨侨眷和侨联退休干部、供养对象；多方筹措资金2多万元，为40户困难归侨侨眷送上慰问金和慰问品；区侨联选派一名优秀干部挂钩云路镇云七村开展整顿弱涣散党组织工作，并帮助其抓好计生工作和排忧解难；以“一局一文明路”和“创文”活动为锲机，多次组织侨联机关人员进行环境卫生整治活动，并带动沿街业主共同维护城区街道卫生整洁和绿化美观；筹措资金1万元，为云路镇“创文”和整顿软弱涣散党组织尽一份力。

【参政议政】 揭东区共有港澳政协委员19名，本地侨界政协委员3名。“两会”期间，港澳政协委员积极建言献策，共谋家乡发展大计。揭东区侨联推荐19位归侨侨眷为揭阳市第四次侨代会代表，8位为揭阳市侨联第四届委员会委员候选人人选。袁奕江当选为揭阳市侨联第四届委员会常委。

【维护侨益】 发挥职能做好宣传，及时解决涉侨信访问题，为侨界群众提供咨询、解答、解决问题，维护其合法权益。2017年，接待群众来信来访8件，全部办结。

【海外联谊】 2017年，接待泰国、新加坡、柬埔寨侨团和中国香港、澳门等团队9个，海外侨胞、港澳台同胞450多人次。2月27日，以揭阳市人民政府副市长、中共揭阳市揭东区委书记吴毅青为团长的代表团参加香港九龙揭阳同乡总会换届。元旦、春节期间，向海内外华侨华人、归侨侨眷、重点社团寄发贺卡500多份。联系发动海外侨胞、港澳台同胞回乡捐资兴办公益事业7宗，捐资人民币198万元。积极宣传揭东良好投资环境，引导、发动海外侨胞、港澳台同胞回乡投资置业，共建幸福新揭东。

（潘小霞）

红十字会

【概况】 2010年12月，区编委批准揭阳市揭东区红十字会是单独设置的参照公务员管理的正科级事业单位，人员编制4人，由区政府分管领导兼任会长，设常务副会长1名（正科级）。主要负责开展人道领域内的社会服务、社会公益活动和国际人道主义救援工作，参与、推动无偿献血等工作。

【救灾救助工作】 *开展救灾、救助活动* 采取多种方式，继续加大宣传力度，广泛动员、整合社会各方力量，建立和拓宽资金来源渠道，逐步提高红十字会救助实力。针对区情，结合红会实际，建立健全报灾制度，做好救灾、备灾工作准备工作。协助政府部门做好灾害救助工作，努力发挥红十字人道主义救助作用。

初级救护知识培训 争取在交通、旅游、电站、建筑等行业开展卫生救护知识培训，努力提高人们在突发事故中的自救、互救意识和能力。

加大防艾的宣传力度 按照“保护人的生命和健康”的宗旨，切实发挥红十字会特殊作用，参与全区的艾滋病防治工作。开展红十字青少年活动，从小培养“人道、博爱、奉献”精神。不断提高自身素质，继续发展会员，提高备灾、救灾能力。

【扶贫捐款工作】 深入城区、企业和公司进行沟通联系，争取爱心募捐，多方筹集资金，为开展救灾救助提供资金保障。把红十字会倡导的“人道、博爱、奉献”精神带到基层，使更多有需要的地方得到援助，彰显奉献之美。

（吴　忠）

FAZHI

法 治

揭東年鑒

法 治

■ 责任编辑：杨锐标

政法委及综治

【概况】 2017年，在上级政法机关和区委、区政府的正确领导下，区政法委围绕建设“产业强区、宜居新城、幸福揭东”的目标，以中共十八届六中全会和十九大精神为指引，以党的十九大安保工作为主线，以服从、服务区委、政府的中心工作任务为抓手，牢牢把握稳中求进总基调，通过“抓班子、带队伍、促工作、保平安”，主动作为，综合施策，深入推进十九大安保维稳“十大专项行动”和“飓风2017”“迎盛会·百日百项大行动”违法违规打击工作、“众剑行动”等专项行动，不断提升社会治安管理能力和水平，创造更加平安、稳定、祥和的社会治安环境，为全区创文活动做出积极贡献。

【维稳工作】 为做好党的十九大、“一路一带”高峰论坛、省第十二次党代会、香港回归20周年、“金砖五国”领导人会议、《财富》全球论坛、农村土地确权、换届选举等工作，在区委、区政府的领导下，各镇（街道、开发区）和各部门主动作为，认真配合，加强对涉维稳重点案事件的排查化解稳控工作，落实“一人一档，一事一包案领导、一责任人”工作机制，对重点案事件做到高度敏感，反应迅速，措施有力，及时处置。通过一系列措施，实现“四个不发生”目标，确保十九大期间区人员到市、省、京零上访，全区实现无影响政治稳定的重大事件、无重大治安事故等重大责任事故、无越级上访的“四无”目标，社会政治和治安大局持续稳定。揭东人民群众安全感和满意度全市第一，成为全市社会治安最稳定最平安的县（区）之一。

【平安建设】 围绕“平安揭东”建设确定的工作目标，深入贯彻党的十八大和区委全会精神，加强“平安揭东”建设，按照“谁主管谁负责”和“属地管理”原则，压实平安细胞创建各地各牵头单位的主体责任，条块结合、分层落实，全面推进平安细胞创建工作，围绕全区中心工作目标，以全面落实社会治理各项措施，以建立健全长效机制为核心，以平安镇街、平安村居、平安医院、平安学校、平安企业、平安金融单位、平安小区、平安家庭创建活动为载体，着力创新思路、丰富创新内容，为“平安揭东”建设提供有力的支撑。通过创建活动，全区的社会秩序得到明显好转，人民的公共安全感和满意度逐步提高。

【严打整治】 维护社会治安良好秩序，重点惩治“两抢一盗”侵财犯罪和严重影响人民群众安全的杀人、抢劫、强奸等暴力犯罪和多发性侵财犯罪，成功破获一批大案要案，极大地震慑犯罪分子，巩固良好的社会治安局面。开展交通秩序整治，有针对性地组织开展“酒后驾车”专项行动20多场次，改善交通秩序和交通安全环境。

【普法教育】 围绕法治揭东建设，开展专题法治宣传教育，采取形式多样的宣传活动，取得较好效果。一是建设法治文化宣传阵地。二是利用重大节日深入开展专项主题法治宣传和法律咨询活动。三是突出抓好青少年法治宣传教育。四是印发“七·五”普法资料。五是开展民主法治村（社区）创建活动。

【政法队伍】 抓住“队伍建设是根本、是保障”这条主线，围绕“严纪律、正作风、促廉洁”主题，深化党的群众路线教育实践活动，咬住队伍作风建设不放松，彻底杜绝“四风”问题反弹；进一步完善“每周一学习日”制度，不断提高队伍服务大局服务群众能力，努力锻造一支组织放心群众满意的高素质政法队伍。按照“照镜子、正衣冠、洗洗澡、治治病”的要求，重点学习党章和党的十八大报告，政法机关深入开展社会主义法治理念教育，坚持政治建警、素质强警、从严治警等工作措施，加强教育培训工作，使政法队伍的日常管理工作得到进一步加强，广大政法干警管理社会、服务经济、服务大局、服务群众的责任意识全面提升，对敌斗争、化解矛盾纠纷、驾驭治安局势、维护社会公平正义、服务经济社会发展的能力进一步增强，政法队伍的整体素质明显提高。

【防控体系】 开展治安巡防工作，推行网格化布警和动态化巡控，对重点地区、重点时段实行机动巡防机制加强群众防范组织建设。大力完善电子监控系统建设，2017年，全区实现治安视频监控全覆盖，实现人防、物防、技防“三位一体”的立体式动态防控格局，群防群治力度加大，技防水平进一步提高。制订出台《关于全面推进“中心+网格化+信息化”建设实施方案》，明确“中心”防控违法犯罪、化解矛盾纠纷、排除公共安全隐患等三大职责任务，落实网格化管理“四定”要求。以曲溪街道和玉滘镇作为网格化试点，加大资金投入，完善功能配套，以点带面，全面推进，是年，全区各镇街网格划分已全面就绪，网格员已全面落实，职责已全面分清，流程已全面规范，综治网格化管理的村（社区）覆盖率达到100%。

（倪旭明）

公 安

【概况】 2017年，揭东公安分局围绕市委关于“严厉打击各类违法犯罪，铁腕整治涉毒问题，全面提升社会治安综合治理水平”的决策部署，按照市委李水华书记“走正道、出实绩”“公则安、打则稳、建则强”要求，深入开展十九大安保维稳“十大专项行动”和“飓风2017”、“迎盛会·百日百项大行动”“众剑行动”等专项行动，全年立刑事案件939宗，破案605宗，刑事拘留497人，提请逮捕422人，移送起诉514人，其中“两抢一盗”案件破案283宗，刑拘127人；查处行政案件1045宗、1833人，其中赌博案件506宗1113人；抓获网上在逃人员93名，治安刑事警情同比呈下降趋势。

揭东公安分局圆满完成村居换届选举、“一带一路”国际合作高峰论坛、省第十二次党代会、香港回归20周年庆祝活动、“金砖五国峰会”和十九大安保维稳任务，先后被省厅评为2017年度“一长四必”十大优秀县区公安机关；荣立“打击盗抢专案”集体三等功；在群众满意度安全感测评中连续二年排全市第一名；在十九大维稳安保中分局指挥中心、经侦大队名列全市第一名。

【社会治安整治工作】 2017年，全区立刑事案件939宗，破605宗，刑事拘留497人，提请逮捕422人，移送起诉514人，其中“两抢一盗”案件破案283宗，刑拘127人；查处行政案件1045宗、1833人，其中赌博案件506宗、1113人；抓获网上逃犯93名。在“飓风2017”专项行动中，涉赌逮捕任务目标73名，完成73名，完成率100%；涉黄逮捕任务目标13名，完成11名，完成率85%；涉食药环逮捕任务目标10名，完成26名，完成率260%。整体成绩列全市第三名。落实寄递物流管理安全查验制度的三个100%，严防不法分子利用寄递物流非法贩运枪爆、毒品等违禁物品查获违禁包裹1726件，涉案金额100多万元。

【交通管理】 2017年，揭东公安分局交警大队围绕“降事故、保安全、保畅通”的工作思路，以预防道路交通事故为重点，采取措施，切实加强路面巡逻监控，加强交通安全宣传，严查严处各类严重交通违法行为，努力消除道路交通安全隐患，有效预防和减少道路交通事故的发生。2017年，查处各类交通违法行为37668宗，其中酒后驾驶105宗，醉酒驾驶16宗，泥头车遗洒185宗，摩托车交通违法行为（包括不戴安全头盔、逆行、超员）10126宗，机动车乱停乱放4910宗，查扣无牌无证机动车562辆。另外，在辖区各主要道路共增设交通标志牌380套、施划标线21000平方米，新增临时汽车停车位1200个、摩托车停车位3000个，增设交通信号灯3个，完善各主要道路的交通设施。

2017年11月18日晚，揭东交警大队开展夜查酒驾行动，并利用微博＂一直播"软件应用平台进行首次现场直播，公开执法过程，接受群众监督，提高交通违法曝光率。至20日，参与互动人数高达27万人次。

【网络安全监察】 2017年，揭东分局网警大队主侦案件破案80宗，抓获人数172人，刑拘人数92人；配侦案件破案170宗，抓获人数288人，刑拘240人；行政处罚案件36宗。在整治网络风险隐患方面，处置11家重点网站漏洞571个；对本地重点网络和网站进行排查管理93家，关停僵尸网站32家；开具执法文书24家；检查信息中心1家，安全机房9家。在处置网络政治谣言方面，编报有害信息311条，发现谣言样本562个，依法惩治谣言编造者、传播者7人；编报互联信息129期，网侦情报5篇，网情综述1篇，落地查证28人次，为各级领导决策和各部门工作提供有力支撑。在清理网上有害信息方面，通过互联网违法信息巡查处置系统完成处置任务14件，完成落地查人12次。在经营网络涉恐活动方面，发现12条涉恐视频，破获网络涉恐活动案件12宗，抓获12人，行政拘留12人。

【出入境管理】 2017年，揭东分局出入境管理大队窗口受理各类出入境证件33495份，包括护照9511份、往来港澳通行证22525份、大陆居民往来台湾地区通行证1431份、前往港澳定居申请28份。另外，出入境管理大队对境外人员加强管理和改进服务并重，深入开展“三非”外国人清理整治行动，共查处涉“三非”外国人案件46宗，抓获“三非”越南人162名，成功遣送出境120名（其中4名为刑满释放人员），在押待遣送46名。

【户政业务】 2017年，全区户政部门共受理户政业务96093人次、办理二代身份证53396证、办理临时身份证8078证、全区共办理户口迁移10350人次，主项目变更308人次，出生申报9638人，死亡注销4323人。对公安部及省级人像比对平台下发的3777条疑似重户数据，各派出所逐一调查核实，已全部清理完成，共注销重复（虚假）户口885个，处理相片差错16条。全区“一标三实”基础信息采集工作顺利开展，取得阶段性成果，全区已采集录入“一标三实”标准地址信息307087条。全区共登记流动人口14657人，总登记出租屋1651间，已全部签订责任书，其中2017年新登记流动人口3009人，新登记出租屋213间，新办理居住证201个，延期（变更）居住证信息430条，2017年新增门禁视频9套，覆盖实有房屋625间。

【严打聚众赌博】 2017年，揭东公安分局以“飓风2017”专项行动为依托，以“揭阳市公安机关组织打击整治赌博问题专项行动”“揭东公安机关严厉惩治涉赌违法犯罪活动工作方案”为指引，以净化社会风气、杜绝涉赌违法犯罪活动为出发点，以提升人民群众满意度，实现治安稳定、社会和谐为宗旨，进一步强化社会治安管理，对赌博问题坚持“零容忍”，突出重点、深入摸排，认真核查、精准惩治，切实解决公开聚赌的社会治安突出问题，取得一定成效。是年，查破涉赌案件514宗，处理1143人。其中聚众赌博案件42宗、177人；破获刑事案件42宗、刑拘犯罪嫌疑人71人、逮捕犯罪嫌疑人73人；查处涉赌行政案件472宗、处罚966人。

【打击经济犯罪】 2017年，揭东分局经侦大队立经侦类案件32宗，破案27宗（破案绝对数较2016年上升约19%），刑拘36人，逮捕23人，取保7人。其中，组织、领导传销活动案破案4宗，刑拘5人，逮捕4人；非法吸收公众存款案2宗，刑拘1人，逮捕1人（其中一案由上海警方并案处理）；虚开增值税发票案破案1宗，刑拘1人，逮捕1人，超额完成“飓风2017”专项行动中“打击金融领域突出犯罪”的考核指标，全市排名第二。

5月，经侦大队参与省厅发起的集群战役，辗转广东、江西、河北、湖北4省6市，成功侦破利用“迈捷普瑞公司”进行传销违法活动的案件，抓获犯罪嫌疑人4名。是月，破获一起虚开增值税专用发票案，价税合计460多万元，成功抓获犯罪嫌疑人黄某喜。

【禁毒工作】 2017年，结合全市部署开展“全民禁毒工程”“2017飓风扫毒”“迎盛会·百日百项大行动”“众剑行动”等专项行动，查处吸毒人员215人，刑事拘留57人，逮捕64人，强制隔离戒毒106人，破获团伙案件4宗，“千克”案件2宗，目标案件5宗。禁毒宣传工作进学校、进社区、进企业十余次；6月26日，区禁毒办联合区委宣传部、区公安分局、区司法局、区教育局在揭东区榕泰广场举行一系列“6·26”国际禁毒日宣传活动，现场发放禁毒宣传资料1000余份，接受广大群众现场咨询100多人次。

【社会治安防控体系建设】 完善“八张网”建设（即：技术视频防控网、信息网络防控网、社会面巡逻防控网、人口房屋防控网、重点人员和社会组织防控网、重点行业防控网、城乡社区防控网、单位内部防控网），以军埔电商村“寄递物流”安全系统、城区视频监控“天网”和“大情报”平台系统建设为三大培育亮点，进一步深化社会治安防控体系建设，全面提高公安机关驾驭复杂治安局势的能力和水平。

【重大活动安保工作】 揭东公安分局圆满完成揭阳市人大、政协会务安保、揭阳市第三届中小型企业交流会、首届埔田竹文化节、“1001”安保任务和第九届粤东侨博会的会场安保等各项警卫、安保任务183多场次。

【“飓风2017”专项行动】 制订《关于印发全区公安机关迎接党的十九大胜利召开安保维稳工作总体方案及成效评价办法的通知》，“以有发案必有破案，通过打击促平安”的思路，全力推进“飓风2017”专项整治行动，较好地完成市局下达的工作任务，确保揭东社会治安持续稳定。

【众剑行动】 为严厉惩治年末岁初各类突出犯罪，以更加平安、稳定、有序的社会治安环境，根据市相关工作部署，揭东分局从2017年11月至2018年2月在全区范围内开展“众剑行动”，对涉毒、涉盗抢、涉电诈、涉黑恶、涉假、涉黄赌、涉食药环、涉交通违法8类突出违法犯罪进行惩治围剿。

【文化育警】 在公安文化建设中实现三个“率先”，即4月18日率先建成警察书屋、5月11日率先成立揭东区公安文学联合会、8月31日率先举办民警书画摄影展。

（张晨阳　李婷婷）

检　察

【概况】 2017年，揭东区人民检察院围绕“五位一体”总体布局和“四个全面”战略布局，坚持以司法办案为中心，以深化改革为动力，勇于担当，善于监督，为揭东区和揭阳产业园的经济平稳健康发展、社会和谐稳定提供了有力司法保障。“吴友平等9人涉黑案件”办案组被揭阳市检察院记“集体三等功”一次，政工科、未检办受揭阳市检察院“集体嘉奖”。陈建足、黄少旭两位干警分别被揭阳市检察院记“个人三等功”一次，黄春梅、郑仰伟等14位人受揭阳市检察院“个人嘉奖”。

【刑事检察】 区检察与公安、法院加强协调配合，合力打击侵害人民群众生命财产安全、破坏环境资源和危害食品药品安全等违法犯罪。批准（决定）逮捕各类刑事犯罪嫌疑人583人，决定提起公诉658人，与上年分别同比上升0.9%和12%，有效提升社会面管控成效， 切实维护揭东区和揭阳产业园的社会和谐稳定。

坚持惩治犯罪与保障人权并重，对证据不足不构成犯罪或涉嫌犯罪但无社会危险性的，决定不批捕48人；对真诚悔罪，积极赔偿损失、赔礼道歉，获得被害人谅解的轻微刑事案件犯罪嫌疑人，决定不起诉55人。抓严抓实维护政治安全和社会稳定工作，批捕“两抢一盗”、涉赌涉毒刑事案件346人，审结起诉349人。对因邻里纠纷、临时争执等原因引发的轻伤害案件，以及因交通肇事造成人员伤害的过失案件，力促矛盾化解，主动引导、促成当事人达成诉前刑事和解协议24件，最大限度地增加了社会和谐因素。

【职务犯罪侦查与预防】 以零容忍态度立案查处贪污贿赂案件1件4人、渎职侵权案件2件2人，为国家和集体挽回直接经济损失4.5万元。坚持惩防并举，结合执法办案及时向涉案单位及其主管部门提出防控风险、堵塞漏洞检察建议14份，有针对性开展预防警示教育16场次，开展行贿犯罪档案查询834宗，更好地服务地方经济社会发展。加强与区直部门预防职务犯罪志愿者小组的经常性联系，及时指导各部门有效开展职务犯罪预防工作，提高行政人员依法行政能力。

【诉讼监督】 一是加强侦查活动监督。改变侦查机关案件定性18件，纠正侦查违法行为23次，促进侦查机关办案更加规范；开展立案监督3件，杜绝出现刑讯逼供、以罚代刑等问题。督促公安机关受理揭阳产业园环安局移送的7宗涉嫌污染环境犯罪案件，公安机关对其中6宗符合立案标准的以涉嫌污染环境罪决定立案侦查，震慑了环境污染犯罪分子的嚣张气焰。二是深化诉讼行为监督。开展社区服刑人员脱管漏管专项检察活动，揭东区、揭阳产业园有监外执行人员250人，没有出现脱管漏管和重新犯罪现象。推进羁押必要性审查工作，及时变更了25名不适宜继续羁押的在押犯的强制措施，维护在押犯的合法权益。建议法院采用简易程序审理355件，向法院提出量刑建议372件，受理不服民事裁判申诉和行政履职监督案件4件、控告申诉案件31件，疏导了矛盾，维护了公正。三是强化行政履职监督。积极参与揭东区、揭阳产业园环保问题、非法挖土采砂问题的整治行动，优先批捕环境污染案件15人、快速起诉23人。协调促成召开了揭东区“两法衔接”工作推进会并作主题发言，“两法衔接”成员单位增至33家区直行政机关。将行政违法检察监督试点工作优化提升为“聚焦行政履职监督，护航生态文明建设”检察品牌，并借力揭东区委常委会专题研究并批转的《揭东区人民检察院关于发挥民事行政检察职能服务揭东区实施“水岸同治”工作的若干意见》，探索推进行政履职监督工作。

【未成年检察工作】 围绕“耐心教育、用心感化、倾心挽救”的工作理念，主动创新“课堂化预防”“技工化观护”和“社会化疏导”三条未成年人检察工作新路，邀请人大代表、政协委员，以及教育局、妇联、团委和学校师生代表参加“防止校园欺凌，护航未成年人成长”主题检察开放日活动，在揭东6所中学开展“防治校园欺凌”法治巡讲活动，给15名涉罪未成年人提供心理测评和心理疏导，为未成年人共沐阳光撑起同一片蓝天。

【阳光检务】 加强信息宣传队伍建设，牢牢占据宣传、网络两大阵地。在《揭阳日报》和“南方网”等公共媒体刊登检察工作新闻通稿13篇、在“两微一端”新媒体发布检察资讯309条，切实掌握了检察意识形态工作的主导权和话语权。同时，不断加强检察长的接访、下访和巡防等工作，集中时间多次走访揭东区和揭阳产业园各级人大代表、政协委员、企业法人和基层干群，面对面解决基层群众反映的突出问题。认真做好信访接待工作，提升检察院的社会知名度和公众影响力。

【司法改革工作】 出台实施《揭阳市揭东区人民检察院办案职权划分细则（试行）》等11份司法责任制文件，彻底改变过去“案件承办人、部门负责人、检察长”办案审批模式，强调突出检察官主体地位与检察长统一领导检察工作相统一、明确检察官权力与强化监督制约相统一，赋予22名员额检察官在职权范围内独立对案件作出决定的权力，全面落实“谁办案谁负责、谁决定谁负责”，确保放权不放任、有权不任性。将检察人员明确划分为检察官、检察辅助人员、司法行政人员三类。根据实际办案需要组建反贪类、侦监类、未检类、刑执类、公诉类等13种类型办案组织，22名员额检察官和相应配备的检察官助理全部到岗履职，业务人员全面按照新权限进行执法办案。领导干部带头办理重大、复杂、疑难、新类型案件制度基本形成，检察长、副检察长带头办案总数达到50件。

（曾文洲）

法 院

【概况】 2017年，揭东区人民法院受理各类案件3325件，办结3052件，同比上升8.06%和11.18%，法官人均结案91.72件，同比提升17.59%，均创历史新高。该院依法惩治刑事犯罪，审结刑事案件467件，判处犯罪分子670人；妥善化解民商事纠纷，审结民商事案件1656件，解决争议标的金额7.83亿元；全力开展执行攻坚，完善“基本解决执行难”综合治理工作格局，汇聚合力破解执行难题，执结案件920件，同比提升28.85%。扎实推进司法改革，优化司法资源配置，组建新型审判团队6个，制定《审判职权配置暂行规定》等8个司改配套文件，完善法官绩效考评机制，以司法责任制为核心的主要改革任务全面落地；立案登记制、民商事案件繁简分流改革、小额诉讼速裁等工作同步推进。加强司法人文关怀，为困难群众缓、减、免交诉讼费20余万元，为特困诉讼当事人争取到司法救助金50余万元。

区法院诉讼服务中心外貌 （区法院 供稿）

【刑事审判】 2017年，审结各类刑事案件467件，判处犯罪分子670人；依法严惩故意伤害、强奸、抢劫、抢夺、盗窃、诈骗等高发多发性犯罪，审结案件165件，惩处犯罪分子236人；严厉打击毒品犯罪，重点严惩参与走私、制造和贩卖毒品等犯罪分子，共审结该类案件66件，惩处犯罪分子75人。依法保障绿色发展、城镇化和新农村建设，审结涉及污染环境、非法占用农用地犯罪案件25件、44人。坚持宽严相济的刑事政策，做到宽严有据，罚当其罪。对认罪认罚，有赔偿、谅解情节的被告人从宽处理；落实未成年人轻罪记录封存制度，避免其刑释后回归社会时受到歧视；加强刑事和解，切实消除社会治安隐患。

【民商事审判】 2017年，共审结各类民商事纠纷案件1656件，解决争议标的金额近8亿元。服

4月6日，区人民检察院检察长林楚峰带领院班子成员到惠州市惠阳区检察院开展“结对帮扶”工作对接 （曾文洲 摄）

务供给侧结构性改革，以审判为手段助力揭东经济发展，依法审理涉及借款、买卖、金融、保险、证券等合同纠纷案件1192件，同比上升26%；注重保护合法的个人借贷和企业融资行为，及时审结民间借贷纠纷案件246件；加固筑牢家庭这一社会稳定的基石，有效化解涉婚姻家庭、赡养抚养、继承纠纷等案件388件；加强民生司法保障，妥善审理涉住房、教育、医疗、权属侵权、交通事故等与群众切身利益密切相关的案件；将劳资矛盾引入司法框架中予以妥善解决，为和谐劳动关系的形成提供良好的法治土壤。注重简易程序和调解方式结案，做到快立、快审、快执，民商事案件简易程序适用率达到67.9%，调解撤诉率达到35.9%，有效缩短办案周期，减轻执行压力。

【执行工作】 推进“攻坚2017”“执行案款集中清理”等专项行动，全面打响基本解决“执行难”攻坚战。全年共受理各类案件1012件，执结920件，同比上升25.4%和28.85%；执行标的到位率48.95%，实际执行率30.76%，同比分别提升14.78%和19.01%；清理发放执行案款（历年积款）185笔120余万元。实现“司法网拍”全覆盖，提高拍品成交效率，节省大量的佣金，网拍成交28宗，成交金额1.17亿元。切实加大对被执行人信用监督、警示和惩戒的力度，将835名被执行人纳入失信名单并公开曝光、限制高消费，执行联动、信用监督、警示和惩戒威慑已步入制度化、规范化、常规化轨道。成立由区委政法委、区人大、法院、检察、公安、国土等18个部门组成的基本解决“执行难”工作领导小组，综合治理执行难工作格局已初步建立。

【服务大局】 区法院坚持把思想统一到区委、区政府中心工作上来，切实发挥司法职能作用，为揭东和揭阳产业园经济社会健康快速平稳发展提供优质的司法服务和保障。同时，还积极投身社会治安综合治理工作，进一步完善矛盾纠纷多元化解机制，推动形成“司法引导、多元衔接”的大调解格局，有效化解一大批涉商贸、保险、消费维权、婚姻家庭、交通事故等多发性纠纷，为辖区经济发展、社会稳定、民生改善做出贡献。2017年，落实普法责任制，强化以案普法、以案释法，讲好法治故事，传播司法正能量；在国家宪法日、禁毒宣传日、法院开放日等时间节点，开展全民普法活动，培育法治信仰，弘扬法治精神。

5月15日，市女法官协会和区法院联合到辖区内学校开展法治教育讲座 （区法院 供稿）

【深化司法改革】 区人民法院切实按照中央、最高法院改革决策要求和省、市法院的工作部署，在区委及区委政法委的组织领导下，稳步推进各项改革。2017年，区人民法院共选任员额法官25名，组建新型审判团队6个，完成法官工资制度改革，实施省以下法院人财物统一管理，以司法责任制为核心的主要改革任务已全面落地。与此同时，其他配套改革措施也协同推进，成效显著。如立案登记制改革全面落实，全年登记立案2993余件，当场登记立案率接近98%。院长、庭长办案工作制度进一步规范，院、庭长共办结案件1380件，占总结案数的45%。完善多元化纠纷解决机制，建立健全揭阳产业园区和揭东区诉前联调工作联席会议制度；民商事案件繁简分流，小额速裁改革试点全面铺开，纠纷前端分流、案件审理提速提质步入常态化轨道。

（黄基宇）

司　法

【概况】 2017年，区司法局实有人员47人，领导职数16人。其中局长1人，副局长3人。内设机构6个：政治工作办公室（副科级）、法制宣传教育股、基层工作管理股、社区矫正工作股、公证律师管理股、区法律援助处。直属行政单位有9个，其中司法所7个，律师所1个，公证处1个。

【调解工作】 设立区、镇（街）、村（社区）三级公共法律服务平台，为群众提供法律服务，实现法律服务全覆盖。各司法所深入各村（居）调解组织，开展矛盾纠纷排查调处，调处一大批矛盾纠纷，把矛盾纠纷化解在基层，为揭东区发展营造稳定的社会环境。全年培训人民调解员近600人，排查纠纷15宗，调处人民纠纷1284宗，成功调处1284宗，成功率达到100%。

【律师事务】 2017年，全区有揭东公职律师事务所1个，律师4人。除做好本职工作之外，深入推进一村（居）一法律顾问工作，按要求认真开展基层法律服务，探索创新方式、方法。建立多种联系方式。以微信、QQ等网络搭建平台，让驻村律师与群众共同关心的热点问题进行交流。针对农村基层群众集中难、上课难的老问题，律师采取灵活多样的方式上法制课，包括在村支部会议、村民重要议事会议中增加法律学习的内容，有条件的到镇、村小学上法制课等。是年，共接受各类服务对象11232人次，为村（居）提供法律服务1842件次，接访咨询1324人次、举办法制知识讲座504场次，参与群众3万余人，成功调解各类矛盾纠纷7件，出具法律意见、提供法律援助等其他法律服务7件。

【公证服务】 公证处是依法设立，不以营利为目的，依法独立行使公证职能、承担民事责任的证明机构。公证处将公证工作融入公共法律服务建设中，深入乡村开展承包合同见证、财产继承等法律服务工作、在乡村、广场中开展咨询活动，着力于服务经济社会发展。2017年以来办结各类公证512宗。

【法律援助】 区法律援助处加强对各镇（街）法律援助工作站的管理，进一步降低法律援助门槛，把对困难群众的法律援助工作列为工作重点，加大对困难群众的法律援助力度，将法律援助办成实实在在的民生工程。2017年，全区共办理法律援助案件32件，法院指定提供法律援助案件6件，解答群众法律咨询461人次，发放法律援助服务指南及各种法律援助宣传资料近5000份。

【法制宣传】 充分利用广场、乡村文化公园等场所，将法治元素融入其中，建立法治公园1个、法治广场1个、法治校园1个、法治宣传栏250个、法治宣传橱窗242个、法治宣传一面墙等精品阵地，在全区主要干道悬挂法治宣传标语800条、法治宣传口号3000多条、滚动视频宣传600多条。同时，定期在揭东司法公众号上进行法治文化宣传以及司法行政工作的宣传，组织法律工作者在“3·8”国际妇女节、“4·15”国家安全日、“6·26”国际禁毒日、法律援助月等重要节假日，分别在揭东榕泰广场、揭东人民广场开展安全生产、环保、创建文明城市方面的法律知识宣传活动，现场解答群众法律咨询4000人次，发放法治宣传读本（海报）达2万本（册）。组织普法宣讲团、律师、法制副校长全面深入全区各中小学开展以“学习宣传宪法，增强法制观念”为主题的法治宣传教育活动，分发《弘扬法治精神　创建法治揭东》系列读本1000多册。开展民主法治村（社区）创建活动。截至2017年年底，全区有60个村（社区）已经达到民主法治村（社区）省级创建标准，达到50%以上的要求。在全市率先创建“广东省法治文化主题公园”。12月4日，全市创建“广东省法治文化主题公园”推进会在揭东区锡场镇彬淇村召开。

【社区矫正工作】　落实社区服刑人员管控制度，每月分期分批组织服刑人员学习教育和社区服务活动。及时将社区服刑人员信息录入系统，实现局与各司法所信息共享。严格贯彻社区矫正管理实施意见，细化教育、管控、帮扶、督导措施，确保无脱管、漏管现象发生。全区2017年累计接收社区服刑人员60人，累计解除67人。

（柯心志）

JUNSHI

军 事

军 事

■责任编辑：杨锐标

区人民武装部

【概况】 区人武部着眼政治全局，深入学习习近平新时代中国特色社会主义思想和习近平强军思想，全面贯彻政治建军、改革强军、科技兴军、依法治军战略思想，围绕省军区系统“5+2”职能筹划部署展开工作，特别是调整整编以来，人武部全体干部职工适应新形势新任务新常态，不断强化政治自觉，扎实推进全区武装工作和民兵预备役建设全面发展。

【思想政治工作】 一是强化理论武装。在开展“维护核心、听从指挥”主题教育和深入推进“两学一做”学习教育常态化制度化教育的基础上，结合学习习近平“7·26”重要讲话、在建军90周年大会上和阅兵时的讲话以及宣传贯彻中共十九大精神，坚持不懈抓好理论武装。严格按照上级部署要求，先后3次召开党委会对学习贯彻党的十九大精神研究部署，紧密结合实际细化方案并逐步完善，突出以十九大报告原文和解放军报评论员文章为主要内容，坚持原原本本、原汁原味学习领会，制作知识要点“口袋书”和理论学习字帖，每周组织理论考试，在学懂弄通做实上下功夫。到驻地汾水战役烈士纪念碑重温入党誓词，到“核潜艇之父”黄旭华故居参观学习并感悟模范事迹，通过丰富的配合活动迅速掀起学习热潮，牢固树立习近平强军思想在部队建设中的指导地位。二是严守政治规矩。将《关于全面深入贯彻落实军委主席负责制的意见》纳入党委专题学习计划，结合军委政治工作部下发的宣讲提纲组织对解放军报评论员文章中相关内容进行深入宣讲，进一步坚定“三个维护”。结合学习《军队实践运用监督执纪“四种形态”的意见》和军委国防动员部“禁酒令”，认真剖析各类贪腐及顶风违纪问题的原因教训，深入开展针对性教育，引导树起鲜明导向，进一步打牢信念信仰，强化遵规守纪和令行禁止的政治自觉。三是营造浓厚氛围。通过营门宣传栏、营院灯箱和广播及横幅等方式，重点宣传国防和军队建设改革、建军90周年、朱日和沙场阅兵和党的十九大等重大内容，营造浓厚的政治文化氛围；投入近3万元购买时势政治及励志精神类图书，定期组织读书活动，购买DV摄影机和一批文体器材，开设摄影及书法兴趣小组，组织篮球、羽毛球和乒乓球比赛，提升业余文化水平；并结合实际撰写新闻报道反映人武部大项工作，先后有10余份通讯及图片被《揭阳日报》《广东武装》和解放军新媒体等刊用，3份反映人武部学习贯彻十九大精神的报道分别被解放军报新媒体和今日头条刊发。

【党管武装工作】 一是理顺工作机制。以依法建设为保证，结合军队改革实际，依据政策和法规建武装、管武装、用武装，完善配套政策法规，提高制度化、规范化、科学化水平。以开拓创新为动力，总结新经验、谋求新突破、推进新发展。结合人员调整变动实际，随缺随补、及时完善人武部党委、国防动员委员会、人民武装委员会及其办事机构，确保领导力量到位。严格按照上级关于党管武装工作要求，结合区委主要领导调整的实际，严格落实第一书记任职相关事项，推进双向兼职、宣布任命、请示报告和调查研究等规章制度，进一步强化党管武装工作的组织领导。二是聚焦应急备战。坚持以多样化军事任务为牵引，确保平时服务、急时应急、战时应战，实现军事、经济和社会效益有机统一。及时修订完善《应对重大事变军事行动局部动员方案》《抢险救灾方案》以及《应急行动预案》等战备方案计划，明确任务区分，合理编配人员。2017年上半年，在参加市组织民兵轻舟骨干训练的基础上，利用10天时间组织各镇（街）52人进行轻舟分队集训，熟悉操作冲锋舟和应急抢险技能，提高民兵轻舟分队应急救援能力。在后续防范台风“洛克”“纳沙”和“海棠”等强台风的过程中，严密关注，沉着备战，牢牢掌握应急工作的主动性。三是抓实基础训练。周密制订军事训练计划，坚持每天1小时体能训练，突出抓好干部职工和哨员进行体能训练，提高军事素养和体能素质。11月中旬，组织一期以埔田镇民兵应急分队为主体的集训，投入10余万元完善物资器材及配套设施，开展队列、防暴和消防灭火等科目针对性训练，供全市观摩借鉴，逐步规范基层队伍建设。

【国防后备力量建设】 一深化思想认识。3月1日，区组织召开武装工作会议，对民兵整组工作进行专题部署。区主要领导专门对抓好工作落实讲清重要意义，提出具体要求，引导各级充分认清民兵调整改革的重大意义，统一思想认识。二明确责任分工。各级深入调查解基层情况，组织业务培训，熟悉具体程序方法。国动委各专业办公室及时搞好协调衔接，形成合力开展潜力调查，细化分解整组任务。落实村（社区）自查、镇武装部审查、区人武部核准的方式，防止重复编兵、交叉编组现象。三提高编组质量。严格按照整组方案，区分应急、专业和特殊3支力力量，按1∶1.2左右比例组织政治考核和体格检查，按15%比例以内组织出入队，认真开展分队调整组建、人员出入队和民兵干部调整以及开展集结点验，及时补充被装和物资器材，指导开展军事训练及政治教育制度，落实人员请销假管理，开展随机走访和定期联系等方式，牢牢掌握工作主动性。四狠抓工作落实。先后2次下基层督促落实，现场指正问题，重点纠治部分专武干部思想不重视，畏难情绪重和敷衍了事等工作作风问题。结合市专项检查，联合地方政府2次发文通报检查问题，督促整改完善，推进末端落实。目前，民兵整组工作进展比较顺利，并经相应检查后，逐步整改完善。圆满完成普通民兵2万人，应急力量16个、专业力量5个，特殊力量2个共23个分队1059人的组织规模、结构、布局调整任务。

【拥政爱民工作】 组织民兵参加应急维稳拉动演练等任务，认真做好敏感时期维护社会稳定工作。协调驻军部队和当地政府做好“八一”、春节等重要节日期间的走访慰问活动，想方设法做好随军家属安置、子女入学入托和涉军维权等工作，到社区、街道参与城市“创文”活动，净化市容市貌，融洽军政军民关系。积极发挥人才优势，春节前广泛开展“到群众中送春联”活动，先后送出600余副作品，引起积极反响，较好的融洽驻地军政军民关系，当地新闻媒体对此作专题报道。

【国防教育和征兵工作】 充分利用“文明揭东”和“揭东先锋”等官方微信平台发布国防教育资讯，部领导先后到蓝田中学、云路中学和梅岗中学组织500多名高考学生普及国防知识，开展国防教育。坚持以征兵“五率”量化考评为抓手，以新兵质量为标准，统筹抓好各项工作落实。一是抓好宣传发动。在兵役登记率达到99.72%的基础上，深入宣讲大学生征集优待政策，给大家算清政治账、经济账和荣誉账，报名人数很快达到征集任务数的4倍以上，成功做法被《广东武装》《揭阳日报》刊发，揭阳市电视台和揭东区电视台先后进行专题报道。二是抓好廉洁征兵。区征兵办严格按上级要求及时聘请5名廉洁征兵监督员向社会公开。同时，与市征兵办和各镇（街）征兵办签订廉洁征兵责任状，集中所有征兵工作人员签订廉洁征兵承诺书，认真学习违反廉洁征兵规定的25起案例，深刻解读省军区系统内发生的2起案例，起到很好的警示作用。三是抓好审批把关。全程采取全封闭式体检，确保体检站井然有序，不受干扰，严格筛选289名初检合格人员。严格落实谁考核、谁签字、谁负责，深入了解青年入伍意愿、现实表现、病史和家庭主要成员情况，掌握工作主动性。淘汰31名因年龄及学历不符合规定的应征青年，严格按照阳光征兵政策集中审定入伍新兵，圆满完成了177名兵员征集任务（含2名女兵），其中大学生新兵征集率高达46%，位居全市第一。并按3000—8000元6个档次发放大学生入伍奖励金，进一步激发全社会对高学历青年应征的广泛关注，引起社会积极反响。

【安全稳定及保障工作】 一是认真分析安全形势。结合全国“两会”、中共十九大等盛会召开等实际，专题召开党委会，深入分析国内外形势复杂多样和辖区安全因素存有的不稳定性，加强人员值班备勤，密切关注辖区动态，制定有效管控措施。加强安全常识教育，加大对重大节日和敏感时期人员和车辆的管控，突出外出人员要严格遵守安全有关规定，严格落实省军区公务用车管理“七个严禁”，大力营造“我的安全我负责、他人安全我有责、单位安全我尽职”的良好局面。二是深入排查安全隐患。为充分做好迎接省军区安全大检查相关准备工作，对照检查的相关内容和标准，逐项进行清查，重点查找薄弱环节，突出“管住人、限住车、防住险、保住密、护住院、守住点、盯住网、防住暴、捂住线、控住酒”10个重点内容，深入细致进行隐患排查，力争全部解决在萌芽状态。同时，为做好季节性安全防范，结合轻舟分队集训，专门制作下发了季节性事故防范安全常识读本并组织大家学习，重点对台风灾害、中暑问题、雷击问题、动物咬（蛰伤）、触电事故、食物中毒6种防范做详细介绍，提高干部职工和参训人员自救互救和遵守安全规定的自觉性。三是抓好营院整治。为开展好“百日安全”活动，做好迎接上级安全大检查相关准备，投入经费20余万元，重点对营院围墙防盗护栏、红外对射报警系统、公寓楼线路改造进行集中整治，并对营院下水道、花圃护栏、围墙进行整修。同时，按照正规化建设要求，对男女职工宿舍进行调整修缮，新增干部职工网络学习室、健身房和营院亮化工程，至2017年底，营院安全和环境面貌得到大大改善。

（林　忠　梁泽龙）

武警中队

【概况】 2017年，武警揭东区中队以建设一支听党指挥、能打胜仗、作风优良的现代化人民武装警察部队为目标，出色完成各项工作任务，为确保揭东区社会稳定和人民安居乐业做出应有的贡献。

5月10日，践行习近平总书记重要批示精神之阅读推广进军营活动在武警营队举行　（区武警中队　供稿）

【思想政治工作】 深入学习贯彻党的十九大和习主席系列重要讲话精神，重点抓好“维护核心、听从指挥”主题教育和“两学一做”学习教育，扎实开展“党纪条规学习月”活动，充分利用驻地红色资源建队育人，铸牢官兵绝对忠诚之魂。2017年，中队党支部被总队评为“先进基层党组织”、战士毛雨先后被表彰为武警广东省总队十佳“四会”政治教员和武警部队优秀“四会”政治教员，1名战士荣立三等功，11名官兵荣获上级嘉奖，8名战士被评为优秀士兵。

【执勤战备】 落实《中华人民共和国人民武装警察法》和执勤、战备系列规定，坚持依法文明执勤，不断加强应急班建设，狠抓各项制度落实，连续15年实现执勤安全无事故，确保中心任务的圆满完成。2017年，中队出动官兵近百人次，配合公安机关和有关部门完成十余次武装押解临时勤务和长途调犯地面武装警戒等任务。

【军事训练】 坚持战斗力标准，牢固树立练兵备战鲜明导向，贯彻落实《纲要》，坚持训练“八落实”，深入转化教练员集训成果，常态化开展“五小练兵”，严格训风演风考风，有效提升打赢能力。2017年，在支队党委和区委区政府的关心支持下，中队花费5000元购买哑铃、杠铃、仰卧起坐架、脚靶等训练器材，为搞好各项军事训练打下坚实基础。

【管理工作】 坚持“依法治军、从严治军”的要求，狠抓新《正规化管理规定》落实，坚持以纪律建设为核心，强化条令法纪意识，严格一日生活制度，确保人员、思想、组织“三个不失控”，建立和保持正规的执勤、战备、训练、工作、生活秩序，做到中队按条令正常运转，官兵按条令规范言行。

【后勤保障】 推进后勤科学化管理，注重加强后勤人才队伍建设，把思想政治坚定、工作能力突出、敬业意识牢固的战士补入后勤队伍中，严格按照制度控制经费开支，加大农副业生产力度，着力提升伙食精细化保障水平，进一步规范战备物资管理，逐步实现生产生活、文体、训练、执勤设施“四配套”，努力提升综合保障能力，官兵生活条件改善明显。

【军民共建】 始终坚持为人民服务的根本宗旨，把驻地当故乡，视人民为父母，积极参与军民共建活动；3月“学雷锋月”，组织官兵到驻地看望曲溪敬老院老人、为揭阳血站无偿献血、为揭东二中品学兼优家庭贫困学生爱心捐款等；4月与揭东区图书馆开展“流动图书进军营”活动；8月初，邀请驻地各级领导到中队过“军事日”；9月初，组织官兵参加烈士纪念日公祭烈士活动。

（张云龙）

消防大队

【概况】 2017年，揭东公安消防大队立足“忠诚、奉献、服务”，开拓进取，出色地完成防火、灭火各项中心工作任，并继续向创建全省标兵单位发起冲锋，坚持“一线一站”总体工作思路，坚决树立起揭东消防良好形象，大力推进揭东消防事业的进档提质和跨越发展。大队被省消防总队评为基层建设先进大队，被市消防支队评为执法考评先进单位；下辖揭东消防中队被省消防总队评为基层建设先进中队、“先进基层党组织”等荣誉，先后有3人荣立个人三等功，并涌现出援藏官兵林宇泓、优秀党员覃超强等先进典型。

1月24日，区长方烽区长率队到区消防大队指导工作并慰问全体官兵 （区消防大队 供稿）

【党委班子和队伍建设】 揭东公安消防大队党

3月12日，公安部消防局副主任杨守成（前中）、省消防总队政委黄远杰到区消防大队检查指导工作 （区消防大队 供稿）

委班子充分发挥核心领导和战斗堡垒作用，一班人干事创业，以上率下，提出“训练立标杆、养成铸兵味、执法树公信、建设添光彩”的工作号召，并全面把握好班子建设的方向与全局，根据上级2017年工作部署要求，坚持贯彻落实“531”工作计划主线和建设现代化消防站的“一线一站”总体工作思路。2017年，大队66项年度重点工作扎实开展，帮助官兵办好事、办实事近50余件，消防工作和部队建设呈现新局面。

【思想政治工作】 2017年，各类教育活动开展有序，大队党团组织建设、从优待警、育警工作等成效明显。集中开展“维护核心、听从指挥”主题教育、“深入学习贯彻习近平总书记重要讲话精神、创建人民满意消防队伍”专题教育、贯彻十九大精神专题学习等系列教育活动，并充分利用辖区资源，在潮汕地区第一所红军小学锡场镇潭王小学（前身蓝康中心学校）、揭阳楼揭阳市反腐倡廉教育基地打造思想政治教育基地，聘请地方一名专业心理医师为大队心理咨询师，定期为官兵开展心理授课、心理疏导、心理评测等服务。发挥堡垒作用，积极打造创建党组织规范化建设示范点，并指导下辖中队深化党建、团建工作，今年中队团支部续评省级“青年文明号”，并被团市委和团区委评为“共青团员先锋队”。坚持政治建警、文化育警，围绕“兵之初、兵之器、兵之梦”这一主线，致力提质“兵味”特色文化品牌，并结合官兵兴趣特点，邀请吉他、南枝拳等专业老师到队指导，并积极打造“书香警营”，在全市范围内成立首个“红门书社”，利用大队图书室定期举办读书会。因“兵味”文化工作创建工作成效明显，被推荐参加全省“支部工作法”评比活动，并在57个推荐单位中脱颖而出荣获三等奖。

【执勤备战和训练工作】 坚持从严治警、素质立警、科技强警，不断提高部队正规化管理水平和实战能力。深入开展部队精细化管理，落实评比“星级化”，秩序“正规化”等工作要求，不断培养官兵细致严谨、规范高效的素质，挖掘队伍潜在的源动力。大力促进软硬件升级，以争创标兵单位为契机，掀起新一轮“大练兵”热潮，按照体能、技能和“六熟悉”三个打基础经常性开展专项训练，不断加强大跨度大空间和高层建筑专业技术课题研究，修订辖区40家重点单位灭火救援预案，并被支队推荐至总队参加评审。9月，完成省消防总队、市消防支队两级水域救援培训承训工作，并邀请广东省红十字会水上安全救生志愿服务总队专业教员进行授课。结合按纲建队试点工作，大队探索设立作战指挥室，实现灭火救援全程音视频实时传输与指挥，并利用网络实现与辖区镇（开发区）专职消防队联通，大队作战指挥室建设成果经验被推荐至省消防总队评选。

2017年，大队共接警出动126次，抢救被困人员16人，疏散人员349人，抢救财产价值4600.2万元，救援成功处置率100%，尤其是成功处置揭东区“7·17”太昌不锈钢液化天然气储罐泄漏事故，得到各级领导和驻地群众的广泛赞誉。

【后勤保障】 注重装备结构优化，按《城市消防站建设标准》，大队投入36.47万元加强18种消防员个人防护装备和常规灭火器材配备，新购置一辆5吨水罐消防车配备到位，并与揭东区一家地方修理厂签订车辆维修协议，切实加强车辆的维护保养。完善医疗保障机制，落实官兵高危补助，与地方医院合作建立医疗绿色通道机制。组织全体官兵参加支队急救技能培训开班仪式暨第一期急救技能培训班动员会，全员通过初级急救员合格证考试。

【火灾防控】 贯彻中央领导重要批示指示精神和公安部工作部署，提请区政府部署开展各项专项行动。以夏季消防检查、今冬明春火灾防控等工作为重心，开展“三小”场所、生产性场所、重大火灾隐患挂点督办整治、高层建筑消防安全综合治理，电气火灾综合治理、电子商务场所整治、全区小娱乐场所和出租屋专项夜查等系列专项行动，切实消除火灾隐患。上一批市挂牌督办玉滘镇火灾隐患重点地区顺利完成验收，并大力指导2017年市挂牌督办的玉湖镇火灾隐患重点地区整治工作，全镇共筹集资金800多万元用于整治，排查各类场所1137家。提请区政府挂牌督办3个重大火灾隐患单位，关停新亨镇木材加工厂不放心区域17家场所。一年来，全区共发生火灾48起，直接财产损失25.9万元，火灾形势总体平稳，无人员死亡和受伤。加强消防基础建设，新增市政消火栓80个，并落实镇（街道、开发区）市政消火栓穿衣戴帽工程，云路镇、玉湖镇2支专职消防队成立，提请区政府投入经费建设揭东区消防防灾体验馆，并新配备1辆多功能消防宣传。同时，拓宽渠道深化消防宣传培训，借助户外显示屏、道路交通LED屏、微博、微信、广播、电视等定期开展消防宣传，切实营造浓厚氛围。

（办公室）

人民防空

【工程建设】 2017年，人防工程在建4宗，防空面积约70000平方米，对参与项目建设的建设单位，监理单位、人防设备安装单位严格要求，各个环节做到无隙合作而不脱节，共把质量关。其中丹凤城1.2万平方米，抗爆6级5个防护单元的防空地下室一次性验收通过，投入使用。全区建成防空地下室约3.5万平方米。

【工程管理】 对全区已建投入使用的5宗人民防空地下室，进行规范化管理，在防空地下室的明显地方设置人防标志，定期检查内部结构状况和平战结合情况，确保防护功能正常完好。

【警报维护】 2017年，城区防空警报网络一共设置27个警报点，每月一次检修维护，发现故障及时排除，确保8月28日防空试鸣顺利举行。

【权现清单】 按照上级要求，重新清理调整人防权责清单，编制行政许可3项，行政处罚32项，行政强制2项，行政征收4项，行政检查13项，行政确认2项，行政奖励1项，其他事项25项，工作职责范围总共93项，并经有关部门审核，同时对外公布。

（江创奇）

全国代理
招商中
防癌养生
软化血管
减缓衰老
乌发亮泽
生津润燥
健眼明目
增强免疫力
古村郎酒
业务专线 18025538786
广东古酒坊酒业有限公司荣誉出品

JINGJI

经 济

经 济

■责任编辑：杨锐标

农 业

【概况】 揭东区耕地面积21万亩，林地面积约36万亩，拥有“竹笋之乡”光荣称号，埔田竹笋、吴厝淮山获得国家地理标志产品保护。2017年揭东区各级农林业部门大力推进农业供给侧结构性改革，加快培育农业农村发展新动能，扎实深化农村综合改革，全力抓好农林业农村各项工作，全区农林业农村经济呈现良好发展态势。全区农林牧渔业总产值38亿元，比增4.6%，全区农村经济总收入219.65亿元，比增15 %，城乡居民人均可支配收入13149元，比增10%。全区全年粮食播种面积23.5万亩，粮食总产量11.2万吨。肉、蛋、奶产量分别为1.13万吨、258.4吨和1668吨。渔业总收入12136万元；水产品总产量11660吨，比2016年增长1.13%。农业发展基本保持稳定，保障主要农产品有效供给，没有发生重大动植物疫情和农产品质量安全事故。

【稳定和发展粮食生产】 全区粮食播种面积23.5万亩，粮食总产11.2万吨，其中水稻播种面积11.9万亩，总产量6.04万吨。基本完成市下达的粮食生产各项指标。

1.大力调整生产布局，稳定粮食播种面积。按照区域化、规模化、基地化的发展方向，在广泛调查的基础上，因地制宜，采取宜果则果，宜笋则笋，宜菜则菜的原则，进一步调整生产结构，合理安排生产布局，加强冬种生产，稳定全年粮食播种面积，确保达到前5年平均水平以上。

2.推进高标准基本农田建设，提高耕地质量等级，改善农业生产条件。2017年，完成高标准基本农田建设1.57万亩，投资2826万元，重点修筑三面光排灌渠道、机耕路和提水站等，其中建成三面光排灌渠道39.2千米，田间耕作路16千米，提水站4个，改善农业生产条件，提高农业综合生产能力和抗自然灾害能力，成效突出，受到省政府奖励100亩的用地指标。项目通过田间基础设施重新规划、建设，优化农作物种植结构，可涵养水源、治理水土流失，防止土地退化和土壤污染，增强土壤肥力和抗灾能力，提高土地产出率，耕地质量等级均在原先基础上提高1个等级。

3.落实和完善粮食扶持政策，提高农民种粮积极性。积极采取各种措施，按国家、省、市规定及时、足额发放粮食相关补贴，区财政不挤占、不截留，且按规定配套各项区级应承担的资金。一是认真落实耕地保护补贴政策，全年共补贴耕地地力保护面积10.79万亩，金额1000多万元，购置农机具补贴3.17万元，对新型粮食生产经营主体的培育示范补助20.75万元，财政补助资金保持增长。二是落实政策性水稻种植保险，加大扶持力度，2017年，全区水稻种植投保共3132.83亩，降低种植户种粮损失风险。

4.实施科技兴粮，进一步提高粮食生产科技水平。一是调整品种结构和推广良种，提高良种普及率。把粮食生产从过去的追求“高产”调整为向“优质高产高抗”的方向发展，水稻优质率进一步提高。全区早稻良种覆盖率达98%，杂交稻播种面积占水稻面积的70%左右，优质稻播种面积占水稻面积的28%以上。二是推广农业实用新技术，加强技术指导，进一步提高粮食生产科技水平。早造全区推广尼龙薄膜育秧面积0.5万亩、水稻软盘育苗抛秧栽培0.45万亩、水稻测土配方施肥8万亩，全面推行规范化高产栽培及病虫综合防治技术。

【畜牧业生产】 2017年，全区生猪出栏量为8.46万头；家禽出栏量为253.7万只；牛羊出栏量0.2万头，肉类总产量1.28万吨。

*抓好动物疫病的防控，保障畜牧业的健康发展。*一是落实家禽养殖企业定点联系制度。要求区畜牧行政主管部门领导、业务部门工作人员以及镇级农业部门分管领导和乡镇兽医站工作人员要定点挂勾辖区内家禽养殖场（户），具体联系到场到人，做到经常沟通信息，及时掌握各场有关情况，尽可能把矛盾和问题化解在萌芽状态之中；二是强制免疫工作扎实有效。全年免疫生猪15.87万头次，免疫率占饲养量100%。家禽免疫注射376万只，免疫率达到100%；三是搞好动物疫情及免疫效果监测，提高动物疫病防控能力和免疫效果。全年采集送检血清：禽流感1260份、H5、H7病源各750份，口蹄疫720份、“瘦肉精”监测样品1200份。牛结核病检测280份、布氏杆菌病检测480份。四是做好消毒灭源和指导工作。全年共发放禽流感疫苗200万毫升，消毒药450件。组织工作人员督促指导规模场、养殖量大、密集的村落和相关生产场所全面落实消毒措施及做好死亡动物无害化处理工作。

*扎实推进畜禽养殖污染治理和规范管理，推动畜禽养殖业转型升级。*扎实推进畜禽养殖污染治理和规范管理，发布《关于清理整治畜禽水产养殖污染的通告》，划定揭东区畜禽养殖禁养区，分发《畜禽养殖业污染防污告知书》，下达限期关停转迁通知，并全面落实禁养区清理整治大行动。2017年，全区禁养区规模场已清除13家，养殖专业户161户，清理生猪1.8万头，其他家禽23万羽；限养区、适养区畜禽规模养殖场已完善减排设施并通过环评审批15家，已建设雨污分流工程、化粪池等减排设施8家，垫料干清粪便8家，水禽1家。关闭清除牛蛙面积1563亩。畜禽养殖场、专业户全面要求配套完善沼气池、化粪池、雨污分流等治污减排设施，推进畜禽养殖废弃物资源化综合利用，落实土地消纳等措施，力争实现养殖废弃物零排放。

*构建畜产品安全监管体系。*畜产品安全工作坚持从源头抓起，全程监管，重点加强，确保畜产品质量安全。加强养殖投入品监管，提升畜产品质量安全。全年累计检查畜牧业投入品经营使用单位20个，检查饲料、兽药32批次。

【农业示范区建设】 揭东区把竹笋作为高效农业的支柱产业来打造，采取建基地、扩规模、抓出口等措施，种植规模和产量逐年增大。目前，已有竹笋种植面积近5万亩，年产鲜笋超过10多万吨，已发展成为规模化、区域化的大型竹笋生产基地。埔田镇作为竹笋生产核心区，辐射带动了锡场、新亨、玉湖等周边乡镇的全域发展，先后被评为“中国竹笋之乡”“广东省竹笋专业镇”“广东省科技专业镇”“全国特色小镇”“全国一乡一品”示范镇，埔田竹笋获得国家农产品地理标志登记保护。至2017年，该镇竹笋种植面积达3.5万亩，年产竹笋10.5万多吨，竹笋加工企业49家，年加工量超过6万吨，80%以上的竹笋产品出口远销美国、欧盟、日本、韩国等国际市场。

2017年，为加快推动竹笋产业转型升级，揭东区委、区政府全面启动创建省级出口竹笋质量安全示范区工作，计划创建出口竹笋质量安全示范区面积约5万亩。经过一年的建设，出口竹笋质量安全示范区建设阶段性工作已基本完成，达到省级标准。在创建工作中，为将组织领导和责任落实到位，揭东区于2017年7月成立以区长为组长，揭阳出入境检验检疫局局长、区政府分管副区长为副组长和相关部门负责人为成员的项目建设领导小组。制订印发《揭东区出口竹笋质量安全示范区建设实施方案》，构建“地方政府总负责，揭阳出入境检验检疫局监督管理，区农林局主抓，相关部门齐抓、行业协会协调、社会力量参与”的出口竹笋质量安全管理新机制。围绕创建出口竹笋质量安全示范区，重点建立“七大体系”。一是建立示范区保障体系。划定以埔田、锡场两个镇为核心区的示范区范围，总面积约5万亩。落实扶持政策和专项资金，出台助农“政融保”融资实施方案，投入500万元作为竹笋质量提升推动资金。加强竹笋先进栽培技术的推广应用，开展田间指导，规范栽培管理；引进加工设备对麻竹笋进行加工，实现增值增效。同时，健全病虫害检测制度和出口竹笋质量安全区域性检测网络，开展农资专项整治，确保示范区竹笋完全符合国家最低农残留检测标准。二是建立示范区质量安全标准化体系。通过制订技术标准和操作规程，推广使用高质量安全卫生技术标准，使全区竹笋产品逐渐向有机绿色产品转化。引导示范区出口竹笋企业通过产品质量安全认证（如绿色食品认证、有机食品认证等），获得诸如ISO、HACCP、BRC、IFS等各种国内外质量安全认证。鼓励条件成熟的企业申请并取得出口企业检验检疫备案。三是从源头上确保竹笋质量安全的示范区农业投入品控制体系。制定农业化学投入品监管办法并实施日常监管；企业建立农业投入品使用台账，使各种农业投入品，从采购到使用的各个环节完整、真实，以便溯源。四是示范区出口竹笋质量安全追溯体系。建立区、镇二级质量安全检测站，构筑质量安全检测体系。完善出口竹笋质量安全可追溯信息平台，建立产品可追溯体系。五是示范区农残监控评估及预警应急体系。定期对辖区内出口的竹笋产品质量安全实施抽样普查，制定竹笋病虫害监测计划和控制措施，按监测控制指标及时指导示范区进行综合防治。根据监控和检查结果，对存在的重大安全隐患，及时发布预警通报，提出整改措施。六是示范区企业质量安全诚信体系。宣传、倡导诚信意识，将诚信考核融入《农产品质量安全巡查监管记录》，建立诚信评价制度，建立信息共享机制，积极营造政府监管、行业自律和社会监督的氛围。七是多元化的国际市场体系。鼓励示范区企业引进国内外知名企业和品牌，拓宽出口渠道。同时，组织企业参加国内外重要农业博览会，开拓高端出口市场。

在创建示范区工作中，揭东区引导成立竹笋行业协会，制定竹笋相关地方性标准、规范，充分发挥行业协会的行业管理作用。并于2017年7月举办“首届竹文化节”和“笋王争霸赛”，以此促进企业间的横向交流，强化行业自律。并努力促进龙头企业的发展壮大，在其上市融资、品牌建设、市场推广、公共服务平台建设等方面给予支持，发挥其带头示范作用。目前已形成以竹笋产业为主，产业横向延伸、“接二连三”、多元结构有机结合的全产业链。将在“一个产业”（即竹笋产业），“三个延伸”（即特色餐饮、文化旅游、生态旅游）的基础上，融产业优势、交通优势与生态资源、文化资源于一体，实现一二三产业深度融合和全链条增值。

【农业产业化】 一是大力开展现代农业示范区、休闲农业与乡村旅游创建活动。以揭阳市田田绿示范基地为载体，综合打造集现代化新农业、新技术研究、生态农业旅游产业于一体的新型农业园区，该园区已被评定为“广东省休闲农业与乡村旅游示范点”，正在按标准创建国家AAA级旅游景区。埔田镇、玉湖镇也已被评为休闲农业与乡村旅游示范镇，埔田镇作为全国一村一品示范镇，形成以竹笋文化、农家文化为载体的旅游产业。二是积极培育扶持新型农业经营主体，提升农业产业化水平。帮助6家企业申报2017年省级农业发展和农村工作专项（现代农业经营主体培育建设）项目资金，加快推进农业示范基地建设，带动现代农业产业发展。新增省级龙头企业1家（广东捷发农业科技有限公司），全区现有龙头企业15家（其中省级10家、市级5家）；新登记成立农民专业合作社19个。以“一镇一品”等特色农产品为重点，大力培育发展农产品精深加工，全区特色农产品加工企业56家。完成裕丰公司养猪场养猪设施改造和环保设施完善，确保省级菜篮子工程各方面均顺利进行。三是以4个“一镇一品”示范镇为引领，狠抓农产品标准化生产、品牌创建、质量安全监管。经国家、省、市级认证、“三品一标”认证的名牌农产品有竹笋、茶叶（米翠绿）。

【强农惠农】 采取各种措施，按国家、省、市规定及时、足额发放粮食相关补贴，区财政不挤占、不截留，且按规定配套各项区级应承担的资金，落实扶持和发展粮食生产的一系列政策措施。一是认真落实耕地保护补贴政策，全年共补贴耕地地力保护面积10.79万亩，金额1000多万元，购农机补贴3.168万元，对新型粮食生产经营主体的培育示范补助20.75万元，财政补助资金保持增长。这对提高了农民种粮积极性，稳定全区粮食面积和产量，增加农民收入，确保粮食安全，起到一定作用。二是落实政策性水稻种植保险，加大扶持力度，2017年来全区水稻种植投保共3132.83亩，降低种植户种粮损失风险。同时，以一卡通形式将2017年生态公益林补偿金341.82万元发放到林户卡中。2017年全区申报“一事一议”筹资财政奖补项目33个，涉及31个村，项目总投资4503.5万元，其中：申请财政奖补资金1097.5万元，所有项目建设均按照规定程序，足额筹资、严格奖补手续、强化工程质量管理和跟踪督查，保证建设项目的质量和进度。

【农业农村改革】 立足谋改革，着力理顺农业农村关系。一是积极稳妥推进农村土地承包经营权确权登记颁证工作。全区涉及土地确权总面积99284亩，农户总数101274户，应确权行政村93个。2017年，为有序有效推进确权工作，进一步明确工作重点和主攻方向，因村施策化解矛盾，妥善解决好实际问题。根据《揭东区加快推进农村土地承包经营权确权登记颁证工作实施方案》，重新明确时间节点和目标，建立健全目标任务倒逼机制，把颁证任务逐级落实到镇到村，压实镇村干部的主体责任，落实好各级领导干部包干负责制，实行区领导包镇，镇领导包村，村两委干部包社包组，层层推进。区成立土地确权颁证工作指导组，班子成员分别挂钩到各镇，负责所挂钩镇土地确权颁证工作的指导、协调、督促。同时，落实严明的奖罚措施，实行“一月一督查、一排名、一通报、一奖罚”制度，确保于2017年年底前全面完成确权颁证任务，为促进土地合理流转，产业结构调整创造条件。是年，全区颁证数102425本，占99.03%。二是印发《揭东区开展农村集体“三资”管理风险隐患排查整治专项活动的实施方案》，完善区级监管平台的监督管理作用，加强农村“三资”监管。全区进入三资管理服务平台交易达168宗，进入平台交易额8646.84万元，成交金额8642.04万元。

【农业科技】 抓好2017年基层农技推广体系改革与建设示范县项目的工作，遴选专家组、农业主导品种和主推技术、技术指导员100名、科技示范户1000户。抓好六大农业科技示范基地建设，开展农业科技先进种养技术示范推广，带动周边农户科学先进技术普及和应用，有效推动全区农业现代化建设步伐。着力抓好农村能源建设。加强对玉湖、埔田、玉润等沼气用户安全监管。开展农业土壤重金属普查工作，完成省厅定点取样送检等。在新型农民培训基础上，区农林局与省科贸学院、省农展馆等单位合作，开展新型职业农业培育，科技示范户培训等工作，取得良好效果。全年培训新型农民1000名、技术指导员123名、农户1500人次、技术指导员100人次，开展科技下乡8场次，咨询活动2场次，送科技书资料、图片下乡达4000多份，组织专家教授到示范镇、村开展科技下乡服务5场次，有效推动农村科技普及、新技术推广主，为农村经济发展提供科技支撑。

（区农林局办公室）

林　业

【概况】 全区贯彻落实省、市的工作部署和要求，开展绿化大行动，建设山青水秀、宜居宜业的美丽揭东。全区林业以“重扩绿、增资源、活产业”为理念，促进林业生态、产业、文化三大体系同步发展，抓好林业生态红线划定、责任考核和森林公园建设，森林覆盖率50.14%。

【造林绿化】 揭东区牢固树立和践行创新、协调、绿色、开放、共享，绿水青山就是金山银山的发展理念，紧紧围绕核心任务，大力实施生态联动战略，扎实推进以生态景观林带、森林碳汇为重点的绿色揭东建设，狠抓森林资源培植和管护，全面提升林业生态建设水平，取得较好成效。2017年，区森林资源保护和发展目标责任制执行情况综合考评99.6分。

党政高度重视，级级落实目标责任制。区委、区政府高度重视森林资源保护和发展工作，专门成立揭东区生态建设领导小组，大力实施“生态联动”战略，扎实推进“绿色揭阳”工程建设。全区各级政府将森林资源保护和发展工作列入重要议事日程，按照“十三五”期间森林资源保护和发展目标责任制的目标要求，确定年度目标任务、工作重点和保障措施，切实加大对林业的投入力度，统筹安排好森林资源保护和管理工作。并将年度工作目标任务层层分解落实到各乡镇，做到有计划、有措施、有考核、有奖惩。各级政府一把手亲自抓，负总责，分管领导具体抓，形成层层有人抓、一级抓一级、级级抓落实的良好局面，确保森林资源保护和发展工作各项目标任务的落实。

加强宣传发动，营造生态建设良好氛围。全区各地、各单位切实加大宣传力度，全方位、多角度开展宣传，为全力推进生态文明建设营造良好氛围。一是充分发挥揭东广播电视台宣传主力军作用，积极开展生态建设宣传报道，弘扬先进、树立典型。二是在全区各地机关、团体、企事业单位、乡村管区开展以“绿色揭阳”建设为主题的宣传教育，积极倡导全区人民共同参与“绿色揭阳”工程建设。三是全区各地各部门突出地方特色，突出绿色主题，开展“人人植绿、我与绿树共成长”等主题实践活动，建成一批绿色家庭、绿色校园、绿色单位、绿色村庄、绿色社区、绿色园地。2017年，全区参加义务植树的适龄公民达到48.6万人，义务植树100万株。

采取有力措施，狠抓林业重点生态工程建设。造林绿化工作季节性强，全区各地抢抓造林时机，采取有效措施，高质推进林业重点生态工程建设。一是争早抢先，全力加快造林进度。在雨季来临时节，全区各地树立强烈的紧迫感和责任感，抢时间，争速度，组织起足够的人力、物力、财力，全力以赴开展植树造林，加快工程建设进度。二是严把工程建设技术关，确保造林质量。全区各地通过挖大穴、打支撑、开排水沟等一系列措施，力求生态景观林带建设造林质量和成活率。落实森林碳汇、生态景观林带、森林进城围城和乡村绿化美化“四大工程”，进一步提升全区森林覆盖率。全面完成景观林带完善提升2533亩、碳汇林建设9450亩（其中人工造林500亩、补植套种2500亩、更新改造2000亩、封山育林4450亩）的栽植任务，实施森林碳汇林抚育面积2791亩，建设“三江”绿化示范点北河江畔绿化8千米、乡村美化绿化示范点6个，其中省级示范点玉湖镇新寮村投入资金19.49万元，已完成建设并通过省级验收。

【生态公益林建设】 全区核定省级生态林面积1722万亩。生态公益林是以发挥森林生态效益，维护和保持自然生态环境，保护生物多样性和丰富的自然景观，提高人民生活质量发挥了积极的作用。

落实生态公益林效益补偿。贯彻落实《广东省生态公益林建设管理和效益补偿办法》及《广东省生态公益林补偿资金管理办法》的有关文件精神规定，做好生态公益林补偿资金发放工作。对自留山、责任山，将损失性补足额发放到林农手中；对集体统一经营的山林，将损失性补偿的70%以上发放到林农手中。以一卡通形式将2017年生态公益林补偿金341.82万元发放到林户卡中。

落实生态公益林保护。为切实加强区省级生态公益林保护管理和效益补偿工作，根据省市有关要求，采取有效措施改善生态环境，实现林业生态的快速、健康发展。一是落实责任做好管护

工作。落实管护责任单位，签订管护。结合全区生态公益林区域分布特点，按照管护区域的难易程度，与管护责任单位签订管护合同。落实管护人员，各管护责任单位根据管护区域的难易程度，对全区管护人员划定管护责任区，管护面积大小不等，但管护责任一致。同时按照上级有关文件等规定，根据管护人员的工作实绩，对管护人员上一年度的工作进行考核，对部分管护人员进行适当调整并进行上岗培训。通过进一步明确了管护单位和管护人员的责任，把管护责任落实到具体单位、落实到人和山头地块，确保重点生态公益林区在管护到位。二是强化水源涵养林养护。组织技术人员对源头、库区水源涵养林的范围面积、林分结构、蓄水功能、保存情况进行清查，制定完善造林、封山育林、病虫害防治等水源涵养功能修复措施，对水源林区的针叶林、疏残林、过熟林、火烧迹地或病虫严重的林分，进行有计划地更新和改造，逐步建设成以常绿阔叶林或针阔混交林为主的生态公益林。火烧迹地为即发生，当年即造林。同时，组织专业技术人员实地调查监测，积极开展森林病虫害综合防治，使病虫害发生比例每年都控制在省规定的指标内。三是加强宣传培训。采取多种形式加强对生态公益林的宣传，以广播电视、标语、会议、宣传牌等形式对生态公益林实施项目进行宣传；管护人员则以现场典型教育等形式对生态公益林实施项目进行宣传。对公益林区树立20处永久性宣传牌、120块小型宣传牌。同时发放、粘帖宣传标语1520条，印发相关法律、法规手册180册，对管护责任单位召开培训会议多次，培训包括乡镇分管领导、林业站工作人员、护林员等相关人员，通过宣传，取得明显效果，生态公益林周边农户对生态公益林的边界四至、管护范围、管护面积等有全面的认识，能自觉地参与到生态公益林的管护工作中来。

【森林资源保护与发展】 揭东区以“重扩绿、增资源、活产业”为理念，促进林业生态、产业、文化三大体系同步发展。通过建设完备的森林生态体系和发达的林业产业体系，实施绿色发展和生态惠民战略，落实森林资源保护和发展目标考核，抓好林业生态红线划定、责任考核和森林公园建设，落实森林防火措施，有效保护好森林资源，完成森林覆盖率50.14%的目标任务。

强化林地保护。区农林局实行林地用途管制，严格征占林地审核审批，严防林地资源非法流失。严格按照《中华人民共和国行政许可法》《占用征用林地审核审批管理办法》，规范林地审核审批制度和林地征占用行为，禁止毁林开荒开垦，严禁非法采石挖土、开矿、乱征滥占林地行为的发生。推进林业生态红线划定工作，明确揭东区林业生态红线保护目标任务，将林业生态红线范围落实到山头地块，明确林地、湿地保护区域等级，建立了林业生态红线空间数据和属性数据库，编制《揭阳市揭东区林业生态红线划定成果报告》。同时，区公安林业分局成立2个巡逻组，分片包干落实责任，确保对库区周围的林地每周巡查不少于一个工作日，及时发现和破坏林地资源行为，把破坏林地资源的行为消灭在萌芽状态，严厉惩治乱砍滥伐林木、非法毁林开垦、非法毁林开山采石、采矿、采土、造坟、搭建永久性建筑物等违法犯罪行为。

强化林木保护。开展惩治破坏森林资源违法犯罪活动，依照《广东省森林采伐更新管理办法》等法律法规加强林木采伐限额管理，规范林木采伐审批程序，大幅减少木材砍伐量，依法惩治贩运私木、盗伐森林、批少伐多等不法行为。严厉惩治破坏森林资源违法犯罪行动，有序、有力、有效地开展整治。2017年，受理各类破坏森林资源案件12宗，其中：林业行政案件8宗（擅自改变林地用途案件8宗），罚款84300元；刑事案件4宗（非法占用林地）。全年审批商品林采伐5宗，蓄积10204.1立方米。开展护绿植绿活动，义务植树约5500株。

强化农林业生态环境安全保护。对双坑省级自然保护区双坑片区存在的问题整改落实到位。对受损林地全面进行造林复绿，落实专人管护，植被已基本恢复。设置“揭东区双坑管理站”，配置专职管理人员5人，加强监护管理。设置保护区标志牌和宣传牌，在进入核心区主要路口设置检查哨卡，禁止闲杂人员进入核心区。

*落实防火措施。*落实森林防火责任制和各项防范措施，狠抓森林防火工作，确保森林受害面积控制在省规定的指标之内。主要工作：（一）加强领导。区委区政府领导十分重视森林防火工作，将森林防火工作摆上议事日程，召开专门会议，亲自部署，狠抓督促；森防指、森防办、拟发转发文件6个，全面部署、落实森林防火工作；抓好森林防火工作责任制，层层落实责任，实行森林防火工作各级行政首长负责制，使森林防火各项行之有效措施落到实处。（二）加强宣传。充分利用电视、广播、标语宣传牌、横幅上防火知识课等开展宣传，区森防办拟发宣传标语下发到区、镇电视台召开展宣传，同时加大，制作新的永久性宣传牌140块。（三）加强野外火源管理。一是建成远程视频监控系统建，提高对外野火源监控；二是镇、村建立野外火源管理巡逻队、加强巡护；三是严格执行野外用火制度，从严控制炼山作业；四是重要时段在上山路口设卡；五是落实护林员责任区；六是区农业和林业局成立督查组，加强督查，狠抓落实。（四）加强扑火队伍建设。一是建立揭东区2017年森林消防专业队伍和专职护林员队伍；二是各镇也都重新建立、调整镇级业余扑火队伍，由区统一配备服装和机具；三是加强培训和演练，在2017年9月初在新亨镇五房村举办由各镇分管领导、林业站长、护林员、扑火队长、等参加的防火培训和演练的学习班，增强扑火组织指挥的扑火技能。（五）做好轮值工作。一是做好潮揭梅三市八（区）边界护林联防值班工作；二是建立森林防火值班和领导带班制度，确保讯总联络申通，共分成5个值班组，坚持24小时值班，及时做好火情处置工作，上传下达。确保森林火灾发生率控制在省0.5‰的指标内。

（区农林局办公室）

渔　业

【水产养殖】 通过优化水产养殖结构，推进标准化鱼塘建设和渔业示范园区建设，开展水产养殖污染治理，发展绿色环保可持续发展的淡水养殖模式，开展海洋经济调查等一系列工作，实现渔业增效、渔民增收，渔业经济发展态势良好。今年来，全区渔池养殖面积16020亩，渔业总收入12136万元，水产品总产量11660吨，比去年增长1.13%。

1.优化养殖品种结构，提高养渔经济效益。调整养殖品种结构，全面取滞污染较大的牛蛙养殖产业，大力引进优质养殖新品种，如中华鳖、南美白对虾、罗非鱼等，进一步提高经济效益。

2.推进标准化渔塘建设，加快渔业现代化建设进程。根据上级部门调整渔业油价补贴政策工作部署，合理利用油价补贴资金，以点带面，加快水产养殖业转型升级，推行标准化，无公害、健康养殖，促进水产养殖业持续健康发展。主要抓好2016—2017年度油价补贴政策4个项目和2016年第22号强台风“海马”渔业救灾复产项目的建设工作。

3.推行标准化生态养殖模式，转变渔业发展方式。引进大型企业及相关科研院所合作，聘请专家开展培训讲座。为养殖户解决大量养殖难题，使高产、高效健康养殖技术不断推广应用。

4.以基地龙头为依托，推进渔业示范园区建设。进一步落实上级有关政策，推进渔业园区建设健康发展，鼓励、指导养殖企业建设养殖养殖污水处理设施，完善过滤池、消毒池、净化池的建设，确保养殖尾水达标排放。.

【水产技术推广】 一是引进大型企业及相关科研院所合作，聘请专家开展培训讲座。通过与水产养殖生产研究所合作及聘请有关专家开办培训班6次，为全区养殖户解决大量养殖难题，使高产、高效健康养殖技术不断推广应用。二是通过发展建立渔业专业合作社，推行标准化生态养殖模式，以合作社为信息平台，了解各类渔业生产、销售、科技等信息，为渔业发展提供了有力的生产保障，水产养殖业逐渐由过去单一经营养殖模式向科学化、生态化、规模化养殖模式转变。全区目前建立专业合作社8家，对于促进全区水产品生产和流通起到积极的作用。

【水产品质量安全监管】 制订和印发《2017年揭东区水产品质量安全监管工作方案》《2017年揭东区农产品质量安全监测方案》《2017年揭东区农资打假专项治理行动实施方案》《2017年揭东区农产品质量安全专项整治方案》《2017年揭东区农产品质量安全监督抽查方案》等文件，围绕监测品种、整治目标，形成合力，使监测、整治工作有序、有力、有效的开展。开展以农业投入品监管为重点的综合整治行动。全年发放水产品安全生产宣传资料1220多份，组织执法检查行动53场次，出动执法人员164人次。深入各镇、对水产品养殖户、合作社、农资经营户、种养大户加强检查指导，督促建立经营生产档案，及时发现和纠正问题。同时充分发挥农业执法大队的职能，强化对农业生产资料的监管，使整治工作突显成效。一是加强对饲料、农药、兽药、化肥主要农业投入品的安全监管。通过对农药批发门市、销售店、兽药经营企业的多次排查，杜绝销售和使用高毒农药违禁兽药劣质坑农品种（含NPK15%以下）等行为，净化主要农资产品市场。二是加强农产品生产基地、农业标准化示范区和无公害、绿色、有机农产品生产基地的检查监督。三是落实渔业安全生产主体责任。明确各镇和养殖户渔业安全生产的主体责任，签订渔业安全生产责任书和承诺书，做到层层落实，责任到人，坚决取缔孔雀石绿、呋喃类、氯霉素等国家违禁药物，杜绝安全隐患。四是开展水产养殖污染整治工作。全面取缔污染严重的牛蛙养殖产业，共取缔牛蛙养殖面积1560亩；指导、鼓励养殖企业建设养殖污水处理设施，建设云路绿源甲鱼养殖合作社尾水处理示范场，配套建设过滤池、消毒池、净化池，确保养殖尾水达标排放，起到示范带动作用。

（区农林局办公室）

水 利

【概况】 2017年，揭东水务部门围绕区委、区政府中心工作，按照年初确定的工作目标和任务，落实责任，采取得力措施，工程建设、防汛抗旱、水资源保护和管理等各项工作都取得新成效，为经济社会发展提供坚实的水利保障。据统计，全共争取已到位省级以上补助资金8170万元（其中中央2711万元，省补助拨款83万元，区财政5376万元），全区累计投入水利建设资金24170万元。累计完成土方14.22万立方米，石方1.31万立方米，砼1.08万立方米。

【工程建设和管理】 2017年，区委、区政府强化民生水利项目督查问责，区纪委、区委办、区政府办督查组会同区水务局定期和不定期开展督查，并定期通报督查情况，对排名靠后的项目实施单位实行问责。

推进省级水利建设示范县项目建设。示范县实施项目20宗，计划总投资37557.39万元，概算批复投资28700.5万元。项目累计完成投资24743.43万元（本年完成投资2171.95万元），投资完成率65.9%。已开工项目17宗，已完工并验收工程6宗；已完工未验收6宗；在建工程5宗，其中老虎陂世德堂灌区改造工程已完成投资1365万元，占计划88.3%；白石电排站正在抓紧施工，已完成投资150万元，占计划31.8%；新西河灌区改造工程已开工，计划总投资4153.68万元，已完成投资788万元，占计划19%。翁内和水吼2宗灌区改造工程经市政府六届11次常务会议同意调整，市政府于9月29日发文批复，替换成玉滘涝区、锡场涝区和玉湖四清沟3宗排涝整治工程，现正抓紧项目前期工作，争取示范县项目全面开工建设。

推进村村通自来水工程建设。村村通自来水

工程项目9宗，总投资14525万元。2017年，计划投资5533万元，累计完成投资12020万元（2017年完成投资5550万元），完成投资占年度计划100.31%。水质检测中心已完工投入使用，曲溪和埔田镇二宗项目已完成合同工程完工验收；锡场东片已完工；其余5宗项目正在抓紧施工中。

*实施“水岸同治”建设。*为贯彻落实市委、区委的工作部署，进一步保护区辖内河、溪、沟、渠、塘的生态环境，确保河道水体清洁，行洪畅通安全，消除防洪安全隐患。区委区政府召开水岸同治动员大会，对全区河、溪、沟、渠、塘两岸整治打造。项目计划总投资30000万元，至目前累计完成投资18592万元，完成率62%。其中，（1）示范溪建设完成清淤23.7千米、砌石篱19.1千米、岸坡植绿8.4千米；（2）内河清淤建设完成清淤173.34千米、砌石篱30.69千米、岸坡植绿35千米；（3）其他项目：硕和祖祠前环境整治工程、硕榕围景观工程、埔田镇车田河绿道、埔田镇老龙村人居环境整治工程、玉滘镇谢坑公园二期改扩建工程、玉滘镇尖山村院前新乡改造工程建设围栏杆、玉滘镇尖山村沿溪长廊建设红色主题公园。

*揭东区沿江路东段堤防改造综合工程建设。*工程项目建设范围：西起东寨渡口，东止枫口桥，长约4500米，宽约28—72米不等（从堤防线往内侧起算）。至目前区政府已发布《揭阳市揭东区人民政府关于揭东区沿江路东段堤防改造综合工程建设有关事项的通告》《关于印发揭东区沿江路东段堤防改造综合工程建设拆迁补偿实施方案的通知》及《关于印发揭东区沿江路东段堤防改造综合工程国有土地房屋征收补偿方案的通知》的通告，已划定拆迁红线，涉及国有土地上房屋的征收已依法确定评估机构，沿江路东段拆迁涉及国有用地收回企业17家，评估公司已全部完成进厂丈量登记、资产盘点、数据采集工作。涉及枫口村集体用地建构筑物的拆迁66户（家），目前已全面完成丈量登记工作，进入签订协议和拆迁阶段。

*推进中小河流治理项目建设。*列入中央专项中小河流治理项目的枫江玉滘围堤防加固工程和云路围堤防加固工程，均已开工建设。枫江玉滘围堤防加固工程累计完成投资2559万元，项目形象进度90%；枫江云路围堤防加固工程累计完成投资1558万元，项目形象进度56%。

*推进其他项目建设。*一是督促项目单位做好车田河和龙车溪两宗小流域综合治理工程的建设扫尾和组织验收工作；二是做好2014年度省小农水重点县项目建设监管工作；三是做好碧桂园开发建设项目水土保持方案的审批；四是做好2017年度全区水库移民后期扶持工作；五是做好全区七宗开发建设项目采石场的水土保持实施方案等的督查工作；六是对新西河灌区改造工程招投标及建设过程的指导、协调和监管工作。七是配合有关单位做好揭阳市韩江引水工程开工建设和揭阳市区南北河生态湿地系统工程前期相关工作。八是做好虎仔拦河闸重建工程建设项目社会稳定风险评估及初步设计工作。

【水资源管理】 一是严格取水许可和水资源论证工作。全年共审核取水许可证33套，新发取水许可证4套，批准许可水量2.6815亿立方米，其中农业取水量0.65515亿立方米，生活取水量0.2092亿立方米，水力发电取水量1.7055亿立方米。二是做好取水总量控制管理工作。实行用水总量控制与定额管理相结合的计划用水，促进节约用水，2017年全区取用水2.0016亿立方米，其中农田灌溉用水量1.0947亿立方米，林牧渔畜用水量0.1316亿立方米，工业用水量0.3981亿立方米，城镇公共用水量0.0535亿立方米，居民生活用水量0.321亿立方米，生态与环境补水量0.0027亿立方米。三是实行三条红线指标分解。根据揭阳市人民政府办公室印发《揭阳市实行最严格水资源管理制度考核办法》的通知各项控制指标的要求，区政府将各项控制指标分解到镇、街道、开发区，并纳入当地经济发展综合评价体系。四是抓好地下水管理工作。农村人畜饮水的小型手摇井，取水量650万立方米。全区用水总量、地下水取水量、工业用水量均不超过市下达指标。

【三防工作】 2017年，区“三防办”贯彻执行落实“安全第一、常备不懈、以防为主、全力抢险”的防汛工作方针，在兴建各类防洪工程设施的同时，建立和完善防汛指挥系统，建设和完善山洪灾害防治非工程措施监测预警平台，组织防汛抢险队伍，储备防汛抢险物资，建立和健全报讯站网。当一旦工程出险、灾情发生时，党政军民能迅即响应，投入抢险抗灾，缩小灾害的范围和程度。全年共启动防台风防洪应急响应8次，共发布预警11次、预警短信868条；上级下拨防汛经费和应急度汛资金共122万元，其中，中央资金12万元，省资金80万元，区资金30万元。

入汛以来，揭东区受2号台风“苗柏”、7号台风“洛克”、13号台风“天鸽”、14号台风“帕卡”、16号台风“玛娃”和几场暴雨的影响，全区各地普降大雨到暴雨，没有造成较大损失，群众的生产和生活秩序正常。是年，揭东区汛情主要特点：（1）降雨偏少：全区年平均降雨量1719毫米，比多年同期平均1850毫米减少131毫米，降雨较为均匀，未出现长时间降雨，没有出现旱灾；（2）水势平稳：主要江河未出现洪水，也未出现超警戒水位情况。

2017年4月19—28日，揭东区组织轻舟队在榕江进行集训，主要突出学习训练抗洪抢险基础理论、冲锋舟基本操作、水上搜救与救援。有效增强防灾减灾意识，提高科学决策、指挥调度、防汛抢险的快速反应应急处置和防灾自救能力。

2017年购置防汛应急工具：救生抛投器2套、手提高音喇叭5个、大功率对讲机8套、橡皮艇7只、宣传手册2000本，为防汛抢险提供有力保障，确保人民群众生命财产安全。

（张育群 曾照伟）

工 业

【概况】 全区新增规上企业17家，累计365家；完成技改投资55.5亿元，超额完成市下达的技改任务。全区工业企业规模质量、档次水平进一步提升，涌现出一批绿色、环保、科技创新型企业。制定出台《2017年揭东区打造产业转型升级示范区实施方案》，推进全区企业开展新一轮技术改造；制定出台《揭东区金融科技产业融合风险准备金管理实施意见》，区财政拟出资2000万元作为风险准备金，对科技型中小企业提供贷款风险补偿等扶持政策。实施《揭东区扶持企业上市的若干意见》，培育蒙泰、越群、易成等企业为区拟上市重点企业。筛选确定碧桂园、巨轮、通威等30家企业为全区的“梁柱”企业，研究制定“一企一策”扶持工作措施。大力淘汰落后产能和化解过剩产能，牵头拆除、关闭涉“地条钢”企业12家。加强同珠三角地区的对接，承接珠三角地区的产业转移，引进产业共建项目12家。

【外贸出口】 在全球经济低迷和外贸出口形势严峻影响下，着力抓住中欧、中德合作不断深化合作的机遇，鼓励企业“走出去”。组织外贸企业参加欧洲、北美等地区的展销会，巩固欧洲、北美市场，拓展东盟、南美和非洲等新兴市场；组织企业参加中国（广州）进出口商品交易会及国际各类展览会，促进企业与参展客商有效对接，利用展会抢抓订单、占领市场。着力培育自营进出口企业，壮大外贸出口主体，全年新增自营进出口企业40家，实际出口企业累计达到170多家。落实外贸创新发展奖励措施，促进外贸出口稳定增长，全年完成外贸出口总额67.68亿元。

【利用外资】 对外资项目进行全面认真清理，督促外资项目及时足额投资。完成投入外资2个，实际利用外资720万美元。

【民营企业及民营经济】 贯彻落实有关扶持民营经济发展的政策措施，把发展民营经济放在重要的战略位置，作为推动经济增长的主攻方向和突破口，实施产业 “登高”工程，采取强有力的扶持措施，以产业建设推动经济提速增效，加以引导和服务，促进了民营经济持续、健康发展。民营企业和民营经济是全区经济发展的主力军，全区产业集聚优势突显，民营企业发展后劲

4月21日，区委书记蔡淡群（左四）带队到开发区吉青电缆调研　（江明东　摄）

充足，前途广阔。

【商业及贸易】　制定《揭东区扶持展览业发展的实施意见》，进一步提升揭东区展览业发展水平。组织茂泽、易成、海兴等9家知名企业参加“腾邮赢客中国行营销会（揭阳站）”活动；组织揭东康佰健康家居用品有限公司参加揭阳市组团2017年中国加工贸易产品博览会；组织中宝、吉青、巨轮等5家知名企业参加首届中国高校科技成果交易会；在埔田镇举办揭东埔田首届竹文化节暨全域旅游节活动；组织揭阳市揭东区展慈食品有限公司揭阳市揭东区康明保健品有限公司在东莞市广东现代国际展览中心举办的2017年广东21世纪海上丝绸之路国际博览会；组织中德金属集团、吉青、海兴、中宝参加保利世博览馆举行的第十四届中国国际中小企业博览会；组织全区企业和协助市动漫游戏协会在揭东人民广场举办的“揭阳传统产业与动漫产业对接”巡回展销会（揭东站）活动。在对德（欧）“百人团”优秀企业的基础上，组织蒙泰、易成、港荣、吉青、中穗等12家优秀企业参加第三届中德（欧）中小企业合作交流对接会；组织中德金属集团，广东中宝炊具制品有限公司2家重点民营企业参加第十四届中国国际中小企业博览会；组织全区10多家模具铸造企业与中科金属研究院对接；组织更多企业参加“广货网上行”和应用电子商务，千方百计帮助中小微企业开拓国内外市场新领域。

【节能降耗】　完成2016年度能耗目标单位GDP能耗下降3.66%，节能考核结果下降3.87%，超额完成0.21个百分点。按照市下达的“十三五”节能目标任务，揭东区“十三五”单位GDP能耗到2020年比“十二五”期末（0.438吨标准煤）减少16.5%，2017年节能目标任务下降3.66%分解下达给各镇（街道、开发区）执行。完成全区公共机构能源资源统计工作，为全区　“十三五”期间能源资源消费情况提供基础性指标。根据《揭东区成品油市场综合整治工作方案》的工作目标、整治重点和工作要求，对全区成品油市场采取常态化管理，并建立检查监督机制，维护成品油市场经济秩序。会同揭东供电局在揭东榕泰广场举办节能宣传月和低碳日现场宣传户外活动，开展大型节能图片展；同时，还在揭东开发区中宝炊具制品有限公司举办大型节能宣传进园区进企业活动，现场进行节能宣传、咨询。开展重点用能企业、公共机构节能监察和能源核查，对青岛啤酒（揭阳）有限公司、恒瑞、增德等公司开展现场节能监察活动。

（区经信和科技局办公室）

【信息基础设施建设】　8月9日，区召开政府网站集约化建设工作会议，部署信息基础设施建设工作。9月29-30日，揭东区委常委、常务副区长江玉城、副区长张木奋带队到佛山禅城政务中心、广东联通考察社会综合治理云平台和“数字政府”建设工作，并与联通（广东）产业互联网公司副总经理程伟、揭阳联通副总经理朱翔、揭东联通总经理洪小勇及相关部门负责人就“数字政府”建设工作的开展进行研讨交流。

【信息规范管理】　2月16日，根据区委、区政府的工作部署，为加强基层公共服务平台建设，加快推进“互联网+政务”的有关工作，将区信息产业局属下事业单位揭阳市揭东区信息中心人、财、物成建制划转到区人民政府综合政务服务管理办公室。划转后，区信息中心为区政管办属下公益一类正股级事业单位，人员经费按区财政补助一类拨付。

（黄少钦）

能源工业

【概况】 揭东供电局担负揭东区和空港区、揭阳产业转移园部分区域的电力生产、建设、运营和客户服务工作，供电面积850平方千米，管辖15个供电所。截至2017年年底，供电客户458605户，其中大工业用户514户，非普工业用户18857户，商业用户8392户，居民用户428208户，农业、排灌用户2634户。揭东电网主要依靠省网供电、地方小水电作为补充的供电电源方式。供电辖区内220千伏变电站2座，主变6台、容量1020兆伏安（220千伏云路站为2×150+180兆伏安，220千伏桑浦站为3×180兆伏安），220千伏出线13回，总长276.31千米；110千伏变电站16座（包括泰都、通宇、华港3座用户站），主变30台，主变容量1387.5兆伏安，35千伏及以上线路151.15千米；10千伏线路228回，共2356.35千米（其中10千伏电缆478.65千米）。公变台区2074个，公变容量680.960兆伏安；专变台区2593个，专变容量898.678兆伏安。

【电力供应】 电力作为经济发展的“排头兵”，揭东供电局坚持“主动承担社会责任，全力做好电力供应”的使命，深入践行“诚信、服务、和谐、创新”的企业理念，把满足供电辖区内人民追求美好生活的电力需求作为一切工作的出发点和落脚点，努力为供电辖区重点项目建设和人民群众生产生活提供用电服务，全力提升用户服务效率和质量。

通过统筹安排运行方式，落实有序用电方案，保障供电辖区电力有序供应，2017年揭东电网网供最高负荷558.546兆瓦，未发生错峰限电，在地方政府公共服务评价中排名第一。狠抓增供扩销，2017年新装用户1.8万户，新增报装容量24.12万千伏安；在去产能、调结构的大背景下，2017年完成售电量331554.10万千瓦时，工业电量242379.76万千瓦时（占73.10%）；对揭东区（包括曲溪、开发区、锡场、埔田、新亨、玉窖、云路）售电量173678.74万千瓦时，工业电量127274.84万千瓦时，为地方经济社会发展提供可靠的电力支撑。健全工业园区协调服务机制，全力提供综合性的优质用电服务，其中，中德金属生态城用电量6485万千瓦时，同比增长65%，中德入园企业达到44家。加强全方位服务体系建设，以客户投诉为抓手，推行投诉提级管理、网格化服务、专业联动分类限时解决问题等举措，全年实现12398“零投诉”，百万客户95598投诉率全市最低。推动营销技术创新，智能电表覆盖率、低压集抄覆盖率分别达到91.37%和44.7%，同比提升6.67和26个百分点。深入推行带电作业的作业模式，2017年完成配网带电作业339次，累计减少用户停电时间约24.1小时/户，多供电量约102.72万千瓦时。加大力度推广“南方电网”“广东电网”微信公众号，让客户足不出户即可办理用电报装、电费查询及缴交、停电报修等业务，截至2017年年底，用电客户非现金缴费率为91.11%；全面实施业扩报装远程渠道“一口受理”，远程报装比例接近100%。加快实施业扩投资界面延伸和客户资产接收，全年延伸投资约1千万元，接收客户资产约348万元。业扩报装效率进一步提升，中压业扩报装平均用时较2016年度同比缩短5天。着力解决农电体制改革历史遗留问题，接管曲溪街道寨一村和新亨镇硕联村私人代管台区2个，用户约600户，并按照轻重缓急进行电网改造升级，解决了接管区域电力设施残旧、电压质量不高等突出问题，有效促进当地经济发展和居民生活改善。

【安全生产】 揭东供电局始终牢固树立安全发展理念，把人民群众生命安全放在第一位，牢牢树立“发展决不能以牺牲人的生命为代价”这个观念，切实把安全生产工作放在更加突出的位置，坚持高标准、严要求、硬约束，切实做好电网安全生产各项工作，确保安全生产稳定局面。

深化电网、设备、操作风险联动机制，推广配电网施工作业现场可视化平台应用，提高风险协同防控能力；以生产系统为平台，以配网自动化为技术手段，大幅提升配网运行和管理水平。加强应急管理，针对“多风多雨”的气候特点，做好防风防汛各项应对处置工作，成功抗击台风“苗柏”和“天鸽”，快速完成抢修复电，并于8月25日派出51名抢修人员连夜赶赴珠海斗门协助其进行灾后抢修工作。认真履行保供电组织协调职能，顺利完成党的“十九大”、全国和地方“两会”、各类教育考试、中德中小企业交流会等各类保供电任务43项，获得广泛好评。

规范配电网运行维护。扎实开展巡视及缺陷管理专项检查，2017年缺陷库共登记缺陷916个，其中一般缺陷177个、重大缺陷66个、紧急缺陷114个，其他缺陷559个，紧急、重大缺陷消缺及时率100%。全年共开展督查1459次，发现一般性违章及不规范问题102起，整改完成率100%。开展降低配网故障率专项行动，按照“一线一策”的要求，突出抓好雷击、用户故障出门、电缆附件及外力破坏四大故障整治，中压线路故障率18.17次/百千米·年，同比下降35.32%。

开展安全专项治理行动。加强跨越铁路、高速、国道、油气站的架空电力线路隐患排查，2017年针对原有33处跨越铁路（5处）、高速或国道（25处）、临近加油气站及油气输送管线（3处）的架空线路，开展特殊巡视4次、监察性巡视1次，巡视检查发现线路运行状况良好，未发现隐患。深入推进防范社会人员触电专项治理工作，制定管控措施并有效落实。筑牢信息安全防线，及时堵塞信息安全漏洞，有效避免“勒索病毒”事件对电网企业的冲击。围绕外包项目施工安全管理存在的问题，以及健全完善外包项目安全管理的长效机制等情况开展监督，特别是加强基建工程安全督查和承包商管理工作，有效杜绝了外包项目人身安全事故。

【电网规划与建设】　紧跟地方政府的部署要求，主动作为，科学谋划电网规划，持续开展电网“十三五”规划，结合中德金属生态城、揭东开发区新区、高铁产业园等重点工业园区的规划建设，做好电网规划与地方总规及部分重点园区控规的衔接，全力确保区域电网安全稳定运行和电力可靠供应。提高配网规划深度，成立揭东配网业主项目部，配置专业管理人员，提高配网建设专业化水平。从严从快强化规划收资，梳理现状问题，优化实施“规划、建设、运维、服务”四统一同步项目399个，共计将29回重过载线路、424个配变（含低压台区）纳入配网项目库，有效提升了农村电网发展水平。

深化属地化管理，配合做好梅汕客专、206国道改线、环市北路等重要市政建设、交通建设项目涉及的迁改电力设施工作，全力服务基础设施建设。全面加快电网建设改造进度，对外加强沟通协调，对内进一步压实责任，强化工程建设项目的过程管控。大力推进“迎盛会·百日百项大行动”的相关电网工程项目，主动配合揭阳供电局做好500千伏岐山、220千伏锦霖、110千伏官硕等6项主网工程的建设工作。截至2017年底，500千伏岐山输变电工程累计完成投资19550万元，2017年度投资8000万元，完成年度投资计划的100%，500千伏岐山变电站三通一平工程总进度完成98%，完成主控楼室内装修、构支架吊装，站区土建完成78%；110千伏官硕变电站2#主变扩建工程在2017年顺利投产使用，其余各项工程进度可控在控，有效地为地方经济往更高层次发展打下扎实的电力能源基础。

大力推进新一轮农网改造升级工程，加强政企联动，促成地方政府签订《2017年新一轮农网改造升级工程建设目标责任书》，保障了农网改造顺利推进。全年完成农网投资18025万元，完成率108%；建设和改造10千伏线路110千米，0.4千伏线路532千米；新增及更换配变170台，容量77915千伏安，重点解决农村电网过载和低电压问题，为加快城镇化进程提供稳定的电力支撑。

【节能降耗】　揭东供电局认真贯彻落实党的“十九大”报告中提出的“构建清洁低碳、安全高效的能源体系”精神及南方电网公司、广东电网公司提出的“到2020年年初步建成安全、可靠、绿色、高效的智能电网”要求，坚定落实国家节能政策，全力抓好节能环保各项工作。

建设绿色电网，深挖电网节能潜力。从电网规划、管理、运行、技术四个方面全面开展节能减排降损增效，做好线损管理，推进配电网升级改造，着重解决因供电半径不合理、设备老旧、设备重过载等因素造成的线损率偏高问题。2017年，计整改高损线路19条、高损台区88台，整改完成率均达100%。

以“适度超前，有序建设”为原则，着眼于电动汽车未来发展。结合电动汽车的充电需求，有序推进充电基础设施建设，配合上级开展充电设施关键技术、充换电价政策、商业模式研究，确保电动汽车充电基础设施规模适度超前。2017年，揭东供电局分别在局本部调度大楼、开发区供电所、龙尾供电所、揭阳潮汕机场新建智能充电桩，总投资106.28万元，建设直流桩5台，交流桩4台，敷设低压电缆330米。充电桩项目的顺利落实，受到地方政府和广大用户的肯定和好评。

响应国家绿色能源号召，倡导节能降耗。配合市局加强清洁能源配套送出工程建设，及时解决新能源并网存在的问题，保障新能源发电消纳。积极跟进分布式光伏发电项目建设，截至2017年年底，揭东供电局已并网光伏项目23个，装机容量1547.82千瓦；光伏扶贫项目1个，装机容量84.48千瓦。光伏项目发电量270.12万千瓦时，上网电量1.95万千瓦时，光伏扶贫项目绿色通道已经全面开通，有效地促进能源清洁发展。

（李　尧）

安全生产监督

【概况】 2017年，安全监管工作在区委、区政府的正确领导和上级主管部门的精心指导下，认真贯彻落实中共十九大精神和习近平总书记、李克强总理关于安全生产工作的重要讲话精神，坚持以人为本，以保障人民群众的生命财产安全为根本出发点，以遏制重特大事故为核心，以减少人员伤亡和实现控制指标为重点。全区没有发生重特大安全事故。

据统计，全区共发生交通事故48起，死亡17人，受伤41人，直接经济损失3.4万元；消防火灾事故48起，零伤亡，直接经济损失25.9万元；工矿商贸安全无事故。揭东区在安全生产责任制考核中被市安委会评定为“优秀”等次。

【安全宣传教育】 加强宣传和培训工作，着力提高全民安全生产意识和各责任主体安全管理能力。6月16日，成功举办“安全生产月”现场宣传咨询活动，区安委办与揭东供电局在榕泰健身广场组织开展“全面落实企业安全生产主体责任”为主题的“安全生产咨询日”宣传活动。为进一步推进安全生产月工作，形成“政府主导、媒体联动、教育渗透、全民参与”的社会化宣传格局，由政府统一组织开展安全生产咨询活动，安委会相关成员单位参与。通过电视台、各镇（街道）有线电视台开展宣传活动。重点开展《中华人民共和国安全生产法》宣传，出动宣传车108台次，悬挂横幅450幅，制作宣传光碟600张，印发烟花爆竹公告1万多份，分发宣传资料1.5万多份，营造良好的社会舆论氛围。二是加强培训教育。企业开展应急演练55场（次），协助市宣教育中心组织举办企业主要负责人、安全管理人员和乡镇、村监管人员培训班，举办各类培训班12期，培训各类人员1000多人（次）；进一步提高安全管理业务水平和防范事故能力。三是充分发挥安委会综合协调作用，11月27日，区安监局、教育局、卫计局、公安局等部门联合在揭东第一小学举办“安全知识进校园”暨“安全图片展示和安全应急演示”的活动。将“安全生产”理念带进（学校、村居、社区、企业），其目的是为进一步提高大家的自我保护意识，提高面对突发事件的应变能力，增强在紧急状态下的心理承受能力，帮助全体师生提高自救、自护的能力。

【安全防范和隐患排查】 履行职责、以预防和减少一般事故，有效控制较大事故，坚决遏制重特大事故为目标，加强宣传、落实责任、强化监管、夯实安全基础，一是切实加强特别防护期安全生产工作。按照上级和区委区政府领导工作要求，切实加强党的十九大特别防护期的安全生产工作，强化防范措施落实，确保全区的安全稳定。二是强化非煤矿山、冶金、危险化学品企业的监管，有效消除安全隐患。共检查企业271家，发出现场检查记录106份，责令限期整改指令书96份，发现问题隐患1162处，限期落实整改1162处。三是加大打非治违力度。查处违法违规企业7家，立案7宗，罚款31万元，责令停业停产企业2家，没收的烟花爆竹全部予以集中销毁，有效净化安全生产环境，消除安全隐患。

【体制机制建设】 强化安全管理力度，严格按照“党政同责、一岗双责、齐抓共管，失职追责”要求。进一步推动安全生产责任制的落实，制定2017年区安全生产责任制考核办法，认真贯彻安全生产“属地管理”，“管行业必须管安全、管业务必须管安全、管生产必须管安全”的政策要求，区政府与各镇（街道、开发区）、区安委会成员单位各责任单位签订安全生产责任书，并进行年度安全生产责任制考核工作。在各镇（街道、开发区）设立安全办，赋予安全生产检查权，使安全生产责任制落到实处。同时抓企业主体责任落实，夯实安全基础，提升本质安全水平。大力督促企业自身开展安全隐患自查自纠工作，加大安全投入，建立隐患排查治理长效机制，不断提升安全生产条件，确保安全生产。

【安全保障能力建设】 一是加强制度建设。抓好局机关制度建设，完善决策和办事程序，形成科学决策、民主决策机制。及时修订、制定各项规章制度，加强纪律约束和制度规范。坚持政务公开制度，接受社会、群众和媒体监督。二是加强作风建设。首先开展党风廉政教育，提高局机关人员廉政执法，依法行政能力，其次大力弘扬求真务实作风，深入基层、督促检查、狠抓落实，扎实有效地推动工作。三是区党政领导高度重视安全生产工作，充分发挥区安委办协调职能，多次组织公安、消防、市监、住建等部门进行联合检查，做到联合执法，齐抓共管。在春节、元宵、“两会”、清明、“五一”和国庆期间，区安委会从各个职能部门中抽调精干力量，组成检查组到各镇（街道、开发区）开展督促检查工作，对检查存在问题由属地限期落实整改，确保整改到位，安全不出事故。

（陈佩容）

商品流通

【国有商业】 揭东区商业总公司是一家国有企业。政府赋予的主要职能是归口生猪屠宰和肉品供应管理。总公司设经理一名、副经理三名。分设四个股室：人事股、财统股、业务股、秘书股。总公司下设7个镇级食品站。

2017年，全系统商品总购进实绩10524万元，商品总销售实绩11523万元，代征代收各种税费30.5万元。生猪管理领导小组出动4820人次，协助处理案件71件，有效遏制私宰偷税行为，杜绝白板猪肉、病死猪肉、注水肉流入市场。

（洪少鸿）

【供销商业】 揭东区供销社以积极的行动和切实的措施，立足支农，做好服务“三农”工作，服务城乡统筹发展，围绕“打造‘四化’融合示范区，建设美丽幸福新揭东”核心任务，为创建和谐揭东供销、维护大局稳定、促进揭东供销经济发展做出应有贡献。2017年，全区供销工作取得长足发展，工作情况和经济指标状况整体良好。全系统商品总购进13654.59万元，同期增长1.02%，商品总销售13990增长0.03%。全年农业生产资料销售额达到4612.77万元。其中，新亨供销社与豪步鞋业合作组建恒信汇购大型超市，总投资700万元，经营面积3200平方米，10月1日开业以来年销售收入2000万元，其中农产品经销售额90万元，微信经营销售额12万元，利润

216万元，经营费用276万元，举办销售活动15场，让利经营达到80万元。

（黄俊元）

【区金叶发展公司】 区金叶发展公司为区直属国有独资企业，地址设在揭东区人民广场会展中心C幢附属楼中梯以西。主要经营家用电器批发，零售；城市基础设施建设项目和重点项目投资；土地开发及管理；房地产开发经营。2017年，公司参与地方基础设施及土地开发建设，参股广东烟草揭阳市有限公司股权比例从7.5%调整为3%。公司履行股东义务，并委派15名职工借用到烟草公司工作，参与烟草公司日常业务。

区金叶发展公司设立下属公司（独立法人）：金叶房地产开发公司，主营房地产开发；金叶物业管理有限公司，主营物业管理，清洁服务，园林绿化，家政服务。金叶旅游开发有限公司，主营旅游投资开发。

（何晓强）

【烟草专卖】 2017年，全区在销卷烟品牌37个、规格141个，卷烟总销量4.28万箱，同比增长6.24%，其中一、二类烟1.96万箱，重点品牌卷烟3.94万箱，占总销量91.99%；销售额12.18亿元（不含税），比增12.36%，税利总额3.81亿元，比增13.71%，实现利润1.56亿元，比增20.64%。截至2017年12月31日，全区拥有持证（照）入网零售户2534户，全部客户实现网上订货，建成现代终端户数522户，占客户数20.6%，卷烟消费者总体满意度为92.65%。卷烟打假和市场管理工作。2017年，全年出动打假人员1665人次，查处各类违法案件302宗，破获国标网络案1宗，仓储假烟案件2宗，销售假烟案件10宗，私烟案件65宗，查获烟丝18.865吨，假烟68.264万支，私烟36.033万支，抓获涉案嫌疑人9名，刑拘8名，逮捕7名，判刑10名，有效维护良好的市场秩序。全年累计发放卷烟零售许可证（含新办和延续等）222份，市场净化率达96%。

（李旭伟 徐雄林）

旅游业

【概况】 2017年，揭东区旅游局在区委、区政府的正确领导和上级旅游局的指导下，紧扣建设“产业强区、宜居新城、幸福揭东”这三个核心任务，以加快发展有揭东特色旅游业为目标，积极创新工作思路，扩大对外宣传促销，加强旅游市场管理，促进旅游业健康发展。全年旅游接待总人数416.8万人次，同比增长16%；旅游总收入18.2亿元，同比增长15%，取得了良好的社会经济效益。景区建设稳步推进，2016年2月万竹园被评为“广东省游学旅游示范基地”，2017年6月，玉湖镇被评为“广东省休闲农业与乡村旅游示范镇”，云路镇田田绿新农业公司被评为“广东省休闲农业与乡村旅游示范点”。国家AAA级旅游景区1个，旅行社2家。

【旅游接待】 全年接待入境旅游者4570人次，比增24%。接待国内游4163310人次，比增15.9%；其中，接待住宿旅游1123095人次，比增11%。旅游总收入15.8亿元，比增23%。

【旅游宣传促销】 做好旅游宣传推介工作，提升揭东旅游整体形象。通过多种形式，把宣传揭东新城形象和宣传旅游产品有机结合，多渠道、全方位开展宣传活动，提高揭东旅游知名度。一是积极参加旅游推介活动。2017年4月、5月，先后组织旅游企业参加了厦门第13届海峡旅游博览会、第31届香港国际旅游展和广东国际旅游产业博览会，推介丰富的旅游资源、旅游产品、旅游线路，展现揭东新环境、新面貌，提高揭东旅游知名度和影响力。二是举办首届竹文化节。2017年7月，以“美丽揭东，魅力埔田”为主题的揭东埔田首届竹文化节暨全域旅游启动仪式在揭东万竹园景区举行，区旅游局作为主办单位之一，参与谋划筹备，努力协调各方关系，加强督促检查指导，做好对外宣传推介，主动配合埔田镇政府落实各项具体任务，确保活动顺利进行。三是广泛收集资料，认真编辑组稿，通过微信公众号发布宣传专稿360多篇。同时，通过各媒体报道旅游工作的新闻共20多条，并通过网站广泛宣传，提高游客对揭东旅游的认知度。

【旅游市场监督】 一是做好旅游市场综合监管制度建设。2017年7月，区旅游局制订《加强揭阳市揭东区旅游市场综合监管实施方案》，由区政府办印发至各地各部门执行落实，强化全区旅游市场综合监管。二是整顿市场秩序。惩治非法经营旅行社业务、超范围经营、虚假广告、不合理低价、强制购物、变相强制消费、无证导游、违反旅游合同等违法违规行为，促使揭东旅游市场走上规范化的轨道。

【旅游安全管理】 区旅游局始终坚持以“安全第一，预防为主”为工作指导方针，严格检查监督，认真落实责任，建立和健全安全管理制度，规范从业人员的操作行为，切实抓好旅游行业安全生产工作。一是与旅游企业签订安全生产责任书，严格落实各项安全生产责任制度，做到一级抓。

一是层层抓落实，使安全生产责任制真正落到实处。二是召开全区旅游安全工作会议。7月，区旅游局召开全区旅游安全工作会议，传达省、市、区领导批示和有关会议、文件精神，对全区旅游安全工作进行部署，开展旅游安全大排查大整治。三是开展节假日旅游安全大检查。在春节、元宵、“五一”、“十一”、中秋节等重要节假日和首届竹文化节以及十九大特另防护期间，对全区各景区景点、旅行社进行节前安全大检查，指导督促各旅游企业严格遵守各项安全规章制度，做好安全自查自纠，完善各项安全措施，全力做好全年火灾防控工作，全年旅游行业无发生重特大安全事故。

【乡村旅游】 进一步摸清全区旅游资源状况，推动景区景点建设，宝山湖景区、念恩山景区内各景点建设稳步推进。宝山湖全景观旅游厕所建设完成并投入使用，万竹园会议中心建设已完成前期准备工作。积极向上级申报旅游扶贫专项资金45万元，支持万竹园、念恩山生态旅游和玉滘镇尖山村，对旅游厕所加快建设与改造，加强管理与维护。2017年，全区新建和改扩建旅游厕所22座，其中新建15座，改扩建7座。至11月底，已全部建成投入使用。着力打造乡村旅游和休闲农业观光旅游。玉湖镇新寮村依托古村落深厚的人文历史资源和“中国核潜艇之父”黄旭华院士旧居，发展古村文化旅游和红色旅游；郑厝村利用得天独厚的山水自然风光和生态茶园，开发“体验式生态乐园”，集森林康养、茶园观光、运动拓展、科普教育、农家美食和亲子互动体验于一体；坪上村依托迤逦的山水风光，以山寨瀑布为中心，全力开发建设茶叶种植加工生态旅游基地，全力打造“万亩绿茶种植园”旅游景点，吸引游客在工作之余到山区欣赏茶园风光。目前，各种配套设施正在建设完善。埔田镇以润泽山庄、东篱香、鸿源湖山庄等餐饮企业为代表的“农家乐”发展良好，营业额稳步上升，全镇年接待量达到80万人次，年收入2400万。切实加强对景区的指导、督查、协调、服务。今年6月，玉湖镇被评为“广东省休闲农业与乡村旅游示范镇”，云路镇田田绿新农业公司被评为“广东省休闲农业与乡村旅游示范点”。

【成立揭东区旅游协会】 精心组织筹备成立揭东区旅游协会，于7月6日举行揭东区旅游协会成立大会。该协会的成立，及时服务于首届竹文化节，并将继续发挥行业组织的桥梁和纽带作用，加强对旅游企业的服务、引导和管理，促进全区旅游业快速健康发展。7月15—17日，以“美丽揭东，魅力埔田”为主题的揭东埔田首届竹文化节暨全域旅游启动仪式在揭东万竹园景区举行。为期3天的活动充分体现“竹文化”的活动内涵，笋王争霸赛、开幕式晚会、千人笋宴、高峰论坛、摄影展、乡村乐文艺晚会、国学讲座、竹文化书画现场创作等系列活动，内容丰富，形式多样，让市民游客感受到了竹文化的独特魅力。

（陈泽榕）

邮 政

【概况】 中国邮政集团公司揭阳市揭东区分公司位于揭东区曲溪街道水厂路口，共有6个职能部室及辖区16个营业网点（分布于揭东区、空港经济区及蓝城区）；职工共有146人，其中劳务工22人；揭东邮政2017年实现业务总收入4986.16万元，增比10.63%，其中邮务类业务实现收入871.23万元，代理金融业务实现收入3767.34万元。

【设施建设】 2017年，全区邮政企业有对外营业网点16个，其中：14个网点开办代理金融储蓄业务，2个网点开办邮务类业务。共有用于包件揽收车辆7辆、投递及其他生产的车辆3辆、机要通讯用车1辆，投递段道55条，服务里程2736千米。代理金融网点投放ATM取款机1台、CRS存取款一体机30台，大堂式存折存取款机2台。

【业务经营】 除信函、快递包裹、报刊订阅、集邮收藏等普遍服务业务外，邮政还为城乡居民提供订飞机票、车险、简易险等便民服务，以及存取款、理财、基金、保险、证券等全方位金融服务。同时，邮政的服务渠道更便捷，有24小时提供服务的ATM自助区、手机银行、网银等便民快捷服务渠道。2017年，邮政储蓄个人存款余额达18.4亿元，全年保险累计销售5864.03万元，理财销售保有量20968.63万元，新快递包裹共实现年收入649.06万元。

【加强服务】 揭东邮政坚决履行服务“三农”的责任，以服务质量效能提升为导向，全面提升服务能力，进一步提升整体服务软实力，通过网点整治提供服务质量硬件支撑。为更好地做好惠民、便民服务工作，构建“便民服务”平台，提升邮政普遍服务和普惠金融的服务能力，充分发挥邮政企业支持社会经济发展、保障人民群众生产生活的作用。利用发展农村电商项目，在经营辖区内共建设140多个电商站点，为当地特色经济提供共赢的平台，利用邮掌柜系统科学管理店铺，丰富经营模式，打通邮政服务最后一千米的新渠道。

（杨　如）

信 息

【概况】 2017年，中国电信股份有限公司揭东分公司（简称“揭东电信”）紧紧围绕“建设粤东新发展极”和打造“生态型、效益型”新型城镇化示范区的宏伟目标，聚焦“人民群众对美好信息生活的需要与信息发展不充分、不平衡的矛盾”，以“信息助政、信息兴业、信息惠民”三方面为发展方向，贯彻落实网络强国建设要求、供给侧结构性改革和“提速降费”行动，助力全区信息化水平实现快速提升，有力地推动揭东区“互联网+”经济的发展和产业转型升级。2017年，揭东电信荣获中国电信集团授予“集团模范职工之家”荣誉称号，揭阳市妇联授予“巾帼文明岗”荣誉称号，揭阳电信分公司授予“年度先进绩效二等奖”等。

【市场运营】 2017年，揭东电信积极发挥信息化服务优势，密切跟进政府和民生的信息化需求，坚定不移服务市经济、社会、民生发展。一是坚决落实“提速降费”工作要求。全面启动光纤大会战、智慧乡镇、免费大提速等各项专项工作，通过开展全民免费大提速、推出不限流量套餐、取消手机国内长途漫游费、降低国际长途费、降低互联网专线资费、推广六模全网通手机等举措，并举大幅降低用户通讯资费，更好地满足了政府企业以及人民群众日益增长的互联网需求。2017年揭东电信固定宽带用户户均带宽达到66 M，较2016年同期提升13%，行业第一；移动流量规模同比增长了近4倍，4G用户户均手机流量超2.2 Gb；宽带价格下降60%，移动流量价格下降50%，惠及群众超6万户和众多中小企业。二是大力推进宽带中国战略部署。2017年揭东电信加大光纤改造投资力度，全力推进光宽网络的升级改造，覆盖能力达25万户，商务楼宇、城市家庭、乡镇镇区光纤100%到达，全面实现行政村“村村通光纤”的建设目标。同时基于百兆起步，千兆引领的大带宽优势，开展“千兆示范”活动，提供智能组网、翼支付、4K高清电视、家庭云、云网融合创新等更多智能应用服务，着力打造五大业务生态圈。三是全面加快4K产业的发展。揭东电信于2011年推出高清电视业务，提前实现4K视频网络和光纤网络同步规划、同步建设，现已实现对全区居民的4K视频网络的全覆盖，并于2015年6月起，全面启用4K机顶盒，全力加速4K电视发展。2017年揭东电信电视用户规模达到3.5万户，其中4K用户3.27万户，4K用户覆盖率达到全市前列。

【网络建设】 2017年，揭东电信坚决担起揭东区信息化建设的主力军的责任，全力服务地方政府社会和民生经济的发展，为智慧城市奠定基础。一是持续加大网络基础设施投入。全年累计完成投资3000万元，建成光纤端口超2.1万个，移动基站超165个，物联网NB-IoT（窄带物联网）基站超152个，城域网出口带宽超过200 G，实现“4个全覆盖3个领先”，即：全区光纤网络全覆盖、4G无线网络全覆盖、物联网全覆盖、云网全覆盖，实现网络技术领先、网络质量领先、网络能力领先。二是全力推动全区重点项目信息化建设。揭东电信充分发挥信息化服务优势，服务中德金属生态园、军埔电商村、教育强镇、教育创现、新农村创建工程等重点项目信息化建设，率先完成互联网基础能力建设，实现百兆光纤、4G、4K视频网络的全覆盖。同时，及时跟进地方政府管理信息化需求，协助建设“平安揭东”高清视频监控平台、政法综治信息化、教育视频网、农村远教、天翼云办公等众多政务信息化项目，为各级政府和机关单位的高效运作做出应有的贡献。三是严要求、高标准落实好网络信息安全工作。揭东电信圆满完成抗击台风、十九大、香港回归20周年等重要工作的应急保障。同时，发挥网络安全技术优势，有效防范和应对网络病毒、网络攻击。认真落实实名制工作，清理疑似用户4.3万户，关停0.22万户。规范网络接入和强化监测拦截，有效防范信息诈骗，全面发送防诈提醒短信。同时积极配合公安部门开展惩治非法宽带工作，有力维护信息通信的安全稳定。

【企业管理】 2017年，揭东电信以全面从严治党为主线，一手抓经营发展，一手抓企业党建工作，以党建为全局统领强根筑魂，全面提升基础管理能力。一是精心组织，开展十九大精神大学习、大宣传大落实。结合十九大精神和国企党建要求，部署开展十九大精神“大学习大宣传大落实”工作，通过开展“不忘初心、牢记使命”主题教育、开展十九大精神基层宣讲、党员活动日、演讲、征文、“向身边的先进典型学习”等活动，将落实党建工作和企业转型升级的新要求有机结合起来，推动十九大精神在揭东电信落地生根、开花结果。二是凝心聚力，以十九大精神鼓实劲，营造干事创业的政治生态。抓住“示范带头和全员参与”两个关键，党委成员带头学习讨论、谈体会、讲党课、作报告，带头立足岗位做贡献，形成上行下效，整体联动的工作局面。持续深化管理转型，提振团队三力，持续优化人员结构，选拔基层干部，推动优秀人才下沉基层一线，一线人员占比提升至69%，着力打造一支尚实干敢担当勇作为的员工队伍。深化倒三角支撑，开展挂钩帮扶和逆向考评行动，领导班子靠前指挥支撑，有效提升一线基层的帮扶支撑力度。三是全面加强综合管理，争创转型升级新突破。着力打造服务基层一线的“三主线”支撑体系：服务一线、解放一线、减负一线，着力打造以一线为中心的运营支撑服务体系。牢固树立“以人为本、安全发展”的理念，强化监督检查，实现安全生产事故为零、群体性事件为零、火灾事故为零的“三为零”安全目标。召开基层员工、退休老员工等各类员工代表座谈会，开展“送清凉”、申请互助会资金、全员登山健身活动、员工岗位创新活动等关心关爱员工活动，了解基层员工思想状态和生产生活需求，为基层一线解决实际问题，全面提升企业凝聚力和执行力。

（王凯聪）

移动通信

【概况】 2017年，中国移动通信集团广东有限公司揭阳揭东分公司（以下简称揭东移动）在上级公司的领导下，以助力揭东区信息化建设和经济社会可持续发展为己任，努力提升网络、市场、管理等生产运营能力，开展一系列工作，取得良好的经营业绩，全年通信服务收入3.1亿元，为国家和地方创税近2400万元。2017年，揭东移动各项工作得到各级党政、省市公司和社会各界的高度认可，获得多项荣誉，其中较突出的有：荣获2017年度广东省先进县区公司，1个班组荣获广东省青年文明号，1班组荣获广东省巾帼文明岗等。

【网络设施建设】 揭东移动全面加强信息基础设施建设，持续改善网络覆盖，提升网络服务质量。

（一）不断加大网络基础设施建设。建成管道61管程千米，光缆168皮长千米，综合业务区覆盖率提升至100%。推进4G网络深度立体覆盖，优化网络性能，累计开通4G基站超95个，综合覆盖率99.7%，实现主要城区、重要镇区、景点、交通干道、工业园区等重要场景4G网络连续覆盖。

（二）响应“宽带中国”战略。加速宽带网络覆盖，采用FTTH全光接入技术，目前已建成宽带网络覆盖用户14万户，行政村光纤接入率87%以上。契合互联网主题，积极推广互联网电视业务，提供优质电影、连续剧、综艺类内容服务，让用户畅享高清视觉盛宴。

（三）主动做好通信保障。成立防汛应急通信保障机构，从指挥、落实、执行三个环节做好流程管控，顺利完成重要活动、灾害天气、节假日等通信应急保障，用户通信感知良好，保障期间无发生重大故障、无重大投诉。

【市场运营】 揭东移动全力落实市委、市政府与广东移动签署的《互联网+战略合作协议》，重点配置资源，推进“互联网+”应用，服务政务民生信息化。推进“互联网+政务”，为区委区政府等搭建“电子政务云”、基层公共服务平台，把传统的政务应用迁移到平台上，助力提升政府服务效能；推进“互联网+医疗”，协同区卫计局完成“智慧医疗”项目，利用高速、安全、稳定、便捷的网络服务，实现市、县、镇三级医疗机构远程医学影像互通，在基层医疗机构就可接受上级医疗专家在线诊断，助力优质医疗资源惠及基层百姓；推进“互联网+教育”，为学校提供网络、校园一卡通、教育云平台、数字教育资源服务等方面支持，助力提升全区教育现代化水平。同时，积极开拓“万物互联”新应用，聚焦产业群，助力企业生产监控到各个环节，应用于电力无线抄表、自来水厂无线抄表，路灯远程控制、车联网等项目等。

【企业管理】 揭东移动公司以员工对美好生活的向往，作为工作的出发点和落脚点，探索创造美好企业环境，满足员工物质上和非物质上的个人追求。一是推进“暖心工程”项目，对一线班组需求进行全面走访调查，以“五小”（小食堂、小休息室、小浴室、小活动室、小书屋）建设为主线，加强一线员工关怀，深化员工服务水平。二是组织推进企业核心价值体系建设，举办篮球、乒乓球、羽毛球、健身操、登山等多样化的文体活动，构建绿色、健康的和谐团队精神。三是全力保障安全生产，严格执行安全巡查制度，圆满实现全年安全零事故。四是深入推进运营风险防控，扎实做好风险运营自查自审自纠。

【社会责任】 揭东移动充分发挥本地通信信息优势，积极践行社会责任，努力提升服务水平，争当责任型企业排头兵。

（一）助力“创文”工作。落实区委区政府创文工作要求，成立创文工作领导小组和工作小组，主动推动各项工作落地。比如，落实好办公场所“门前三包”责任，提升营业厅窗口服务水平，参加城市环境优化行动，加强内部文明道德风尚教育，配合创文宣传等。此外，揭东移动挂钩了云路镇，全力支持云路镇开展创文工作。

（二）推进惠民便民服务。落实国家降费提速号召，推进长市漫一体化，为客户匹配最省钱的套餐升级推荐方案，降低资费。

（三）防范惩治电信诈骗。开展实名制专项整治行动，完善渠道管理，从源头上惩治电信诈骗；加强网络信息安全保障，通过数据监测、及时提醒用户安装安全软件，定期查杀病毒。

（陈蓓寒）

联通通信

【概况】 2017年，中国联合网络通信有限公司揭东县分公司（以下简称揭东联通）紧紧围绕区委、区政府制订的国民经济和社会发展目标，紧紧抓住“互联网+”带来的发展机遇，不断加大信息化建设和发展速度，强化客服感知和网络感知，实现业务发展结构持续优化，增收能力持续健康增长。2017年，揭东联通以党建为统领，党建工作与生产经营相结合，认真贯彻党的十九大精神，持续深化创先争优活动，坚持以党建统领发展，全深入推进文化兴企。2017年，荣获“中国联通揭阳市分公司优秀基层党组织”、“揭阳联通优秀区县分公司”等荣誉和奖励。

【文化建设】 揭东联通坚持落实“两学一做”、“三会一课”常态化，结合领导班子包挂基层“同竿共进”活动，每月开展支委会、党日主题活动学习。组织开展党支部全体党员干部实时观看十九大会议活动，持续开展十九大会议精神、党章党规学习活动，要求每名党员撰写学习心得，在支部会议上谈心得、讲体会，在学深学透上下功夫，切实做到内化于心、外化于行。开展《遵纪守法，齐做合格员工》、《护企爱岗，争当优秀员工》等等主题教育系列，在学习中坚持集体学习与个人自学相结合、专题学习与研讨交流相结合等方式。坚持“三会一课”制度，做到会议准备工作充分，主题突出，记录完整，保证会议质量。

【网络建设】 揭东联通在4G+时代将致力于打造“沃4G+”超卓网络，实现“网络超越引领用户卓越体验”的全面领跑。进一步完善网络覆盖，加大对4G+网络的建设投资力度，加快推进网络资源共建共享，对4G+网络覆盖的深度和广度实现全面提升；实施基于业务感知、终端能力的网络优化，真正实现网络质量与用户感知的匹配；全网部署双载波4G+网络，为用户提供极致速率体验。持续推进宽带“铜改光”建设，不断加大光纤覆盖区域，在揭东区重点镇已实现光纤到户。

【客户服务】 2017年，为有效提升客户客户感知和用户价值，揭东联通围绕存量客户，开展多方式存量经营工作：1.着力推进实名制工作，对固网行业应用产品、移网语音产品全面开展实名制补登记，通过线上线下等多种方式多渠道进行宣传和办理，同时对未及时补登记的号码进行关停，100%完成集团公司客户实名制工作要求。2.深耕存量经营：提供流量快餐包、低消送流量等流量产品，多样化满足用户流量需求，提高用户使用粘性；开展免费更换USIM卡，与平安银行合作担保4G零租机合约，引导用户登陆并体验公司的4G网络，提高用户使用感知。3.全面落实提升NPS客户服务口碑工作，开展一系列多样化积分兑换、异业联盟等俱乐部内容，提升星级用户服务感知，形成服务正向口碑。4.对集团服务经理进行全面转型，除承接客户级上门服务外，重点提升集团业务拓展能力，提升集团客户专业化优质行业解决方案能力，提升集团客户服务满意度。

【企业管理】 构建以“业绩为导向”的管理机制，通过“目标、计划、考核”三大体系和“竞争、激励、淘汰”三大机制，将经营任务和经营压力有效传递到各员工身上。针对目标制订计划，针对计划开展督查，针对督查落实考核，保证计划的有效性，保证所有员工的目标一致，行动一致，步伐一致，最终达到实现企业效益的目的。6月26日，中国联通召开“榜样·精神——中国联通企业文化理念体系发布暨好员工事迹报告会”，展示以党建为统领的企业文化建设成就。

【社会责任】 不断优化提升客户上网速度，为电商、微店用户发展应用贡献力量。在“互联网+”方面，以智慧应用为核心，积极推进应用平台建设，一批有关“智慧医疗、平安校园、移动警务、神眼监控”“云桌面”“智能移动办公”“一起沃”等“互联网+”大数据办公新技术应用产品相继投入使用，有效提升社会治理和企业管理的效率。同时，响应政府号召，积极参与各类惠民项目，在公共场所建立免费WiFi热点等，进一步推动“互联网+”在揭东区布局发展和经济社会各领域的广泛应用，推进企业两化深度融合，提升企业“互联网+”应用水平。

（方 瑶）

招商投资

【概况】 2017年，围绕区委、区政府核心任务，以党的十九大精神为指导，加大招商引资力度，助力揭东“生态型、效益型”新型城镇化示范区建设。是年，全区共引进项目27个，计划总投资56.35亿元，已投入资金7.856亿元。其中，中德金属生态城引进项目7个，计划总投资24.2亿元，已投入资金4.281亿元。

【队伍建设】 严格执行党管人才原则，把“三不用三重视”要求贯彻到干部选拔任用的全过程，提高精准科学选人用人水平。认真执行廉政意见双签字制度，防止干部“带病提拔”。抓好党员干部学习制度化建设，做到学习年有计划、月有安排，努力搭建学习平台，学习党的十九大精神、习近平总书记系列讲话精神、《习近平谈治国理政》第一卷和第二卷等，深入了解党和国家最新方针政策。

【招商投资】 充分利用“三大平台”，积极实施“走出去、请进来”战略，重点瞄准龙头性、支柱性和带动性强的大型企业、商贸及总部经济项目，提高企业引进的档次和水平。一是走出去，学习借鉴先进经验。5月，为学习、借鉴先进地区产业共建的工作经验，赴河源国家高新技术开发区、龙川县等产业园区，认真学习借鉴产业共建的先进经验，为更好地开展好揭东区的产业共建工作开拓视野、做足准备。二是请进来，认真做好考察投资商的接待工作。2017年，共有安博中国、韵达控股股份有限公司等近10多家投资商到我区考察投资环境，大部分投资商对于我区的工业园区发展建设情况表示满意。三是强化项目支撑，主动出击、紧盯目标，牢牢关注重点项目推进力度。拓宽招商渠道，通过以商引商等一系列招商活动，成功落户国家电投、格仕乐通等项目。积极协同揭东经济开发区做好智能家居系列產品材料生產基地、农副产品深加工生产基地等10多家新引进项目用地“招、拍、挂”各项准备工作，确保新引进项目顺利拍到建设用地。

【服务企业】 转变服务方式，变“被动服务”为“主动服务”，主动为碰到困难和问题的企业排忧解难。一是为来访的客商在政策咨询、投资引导、证照办理等方面提供优质服务；二是对为新引进企业推行“保姆式”招商服务，着力整治“懒、慢、推”等行为；三是积极配合做好区内企业上市的辅导工作，邀请黑牛资本、国金证券、德恒律师事务所、大华会计师事务所等企业上市推荐机构，为我区有上市意向企业作上市辅导报告，推动区内企业加快上市步伐。

【党建建设】 制订2017年党支部年度党建工作

计划，严格党内组织生活，切实抓好对党员干部的教育管理。一是加强党务管理，全面推行党务公开，积极按时足额缴纳党费。二是深入开展党建工作调查研究，在“两学一做”教育实践活动中，要求每位党员干部都要坚持理论学习和实践活动相结合，积极认真记读书笔记。三是深入开展业务讲学活动，有计划、有重点地开展政治理论学习、业务学习，进一步提高工作能力和行政效率。

【廉政建设】 一是深化反腐倡廉教育，通过廉政党课等形式，深入学习十八届中央纪委工作报告、《中国共产党党员领导干部廉洁从政若干准则》、《关于实行党风廉政建设责任制的规定》等，进一步筑牢思想防线；二是细化廉政主题讨论，结合主题教育实践活动，认真开展“依法履职、廉洁从政”学习讨论；三是强化廉政文化建设，以“新、深、细、实”为着力点，宣传党风廉政建设的工作要求和现实意义，进一步深化党员干部职工勤政、廉政意识，时刻绷紧党风廉政建设这根弦。

（孙耿丽）

JICHU
SHESHI

基础设施

揭東年鑑

基础设施

■ 责任编辑：姚家丰

城镇规划

【概况】 2017年，揭东区组织各层次城乡规划编制工作，开展城市管理整治工作，做好城乡建设和市政建设项目、公共事业管理、园林绿化、农村生活垃圾围绕创文工作总目标，做好修剪补绿、增绿相关绿化改造工作，全面提升城市品位和形象。

【规划建设】 2017年，完成《揭东经济开发区综合产业园控制性详细规划调整论证报告——A-03-01地块调整说明》《揭东县城控制性详细规划部分地块调整论证报告》《揭东区沿江路东段（东寨渡口—枫口大桥）规划调整论证报告》《揭东经济开发区新型工业园控制性详细规划部分地块调整论证报告》，和均已通过规委会审查批准，进入规划编制。

做好全区村庄规划编制工作，确保村庄有序建设和协调发展，按照《关于揭东区开展村镇规划编制工作实施方案》的要求，指导、督促各镇加快推进镇、村规划编制工作。完成《揭东区玉滘镇总体规划》（修改）、《中德金属生态城控制性详细规划》（修改）、《揭东区玉滘镇陶瓷产业园片区控制性详细规划》《揭东区玉滘镇区西南片区控制性详细规划》《揭东区玉滘镇尖山村庄规划》《揭东区埔田镇茎洋村庄规划》和《揭东区玉湖镇核心起步区控制性详细规划》，以上镇、村规划已经区政府已批准。完成《玉滘镇危险化学品仓储区布局专项规划》《揭阳市中德金属生态城贝多芬生态公园概念规划方案》《揭东区城乡生活垃圾处理设施专项规划》和《揭东区城乡生活污水处理设施专项规划》四个专项规划编制，以上四个专项规划在2017年已经区政府批准。

做好执行违法图斑查处工作：对全区24个2016年度遥感疑似违法图斑和各镇49个2016年度第二期遥感疑似违法图斑逐个调查核实，拍摄现场照片，分类提出处理意见。发《关于开展揭东区2016年第二期城乡规划建设遥感监测违法图斑查处工作的通知》。将全区涉及疑似土地违法的6个图斑和各镇涉及疑似土地违法的23个图斑移交区国土局核实查处；将全区18个涉及违反城乡规划管理的图斑和各镇26个涉及违反城乡规划管理的图斑，按照属地管理的原则，联合各镇（街道、开发区）开展查处工作，违法图斑查处工作顺利推进。

【城市管理】 2017年，以创建广东省文明城市为中心，开展城市环境综合整治工作，投入资金200万元，主城区乱搭乱建、乱贴乱挂、乱摆乱卖、乱堆乱放等现象得到整治，城市面貌有明显改观。向主城区的市民、沿街商户印发5000多份宣传资料，进行整治行动宣传动员，说明相关整治标准，发动广大市民参与整治行动，通过电视台、报纸发布《关于清理整治户外广告有关事项的通告》和《环境综合治理有关事项的通知》等文件，要求违章业主限期进行整改。联合住建、公路、交通、环卫、工商、物业、公安、交警、电力、曲溪街道相关部门召开环境综合治理现场会议，组建70余人的联合整治队伍，出动大型吊机、挖掘机、消防车、气体切割等大型机械设备对主城区违章构筑物及户外广告、乱堆乱放等进行全面拆除和清理，恢复道路整洁有序面貌。2017年，主城区完成国道206（揭阳楼到揭东交通局前）、沿江路、金凤路、金山路、金新路、金溪大道、麒麟路、福源路、人民大道、城西市场及周边横街的整治，涉及商户2500间，累计清理拆除跨路龙门架7座、大型中型广告牌35座、沿街乱搭建建筑构筑物673间，天面、墙体立面广告284幅，人行道、绿化带落地广告牌246块，灯杆小广告牌1195块，横幅布条584条；清理沿江路、丹凤路、城西市场流动摊点1430宗、清运建筑垃圾杂物70车、清理“牛皮癣”7万余张。开展“一局一文明路”整治行动。60个机关及企事业单位5000人次参与行动。各单位集中组织人力、车辆、工具，深入到挂钩责任路段开展环境整治工作，清理路道两侧各类垃圾杂物、消除卫生死角。对沿路两侧企业、工厂、铺户环境整治的宣传督促，发现乱倒垃圾、乱堆杂物等不文明现象现场予以制止，取得整治成效。对主城区实行网格化、常态化管理，全面提升城市品位和形象。

【市政建设】 揭东区北环大道市政道路工程位于206国道东北侧、广梅汕铁路南侧，与铁路平行，东西走向，揭东界内西起揭阳楼广场北侧缶灶村，东至车田大道，全长4500米，宽60米，工程总投资2亿元，完成土方挖运、排水箱涵、排水管道和路基工程，正在进行碎石稳定层施工。揭东区环山路东段市政道路工程位于飞鹰山片区，是配套碧桂园项目的市政道路，长2100米，宽36米，工程总投资1.1亿元，拆迁赔青工作已完成，进行土方开挖工作。揭东区沿江路西段市政道路工程位于揭东区沿江路西面，从金山路至揭阳楼广场，全长1100米，宽16—11米，工程总投资1350万元。工程建成交付使用。2017年，市政建设项目12个（其中续建7个，新建5个），计划总投资4.5亿元，完成投资1.7亿元。其中百合路、凤凰路西段、四干渠及体育北路、沿江路西段4个项目建成交付使用；北环大道、环山路东段、农科路、金叶路口交通及景观提升改造、车站路口交通及景观提升改造5个项目正在建设；北环管沟项目、北环大道新增三个红绿灯项目、西一西二横路改造3个项目完成可研、立项、核准前期手续，正在进行工程招投标。

【园林绿化】 揭东区园林绿化管理所承担着城区111220平方米的绿化管理工作，全年投入140万元的管养费，对城区各路段进行高效管理和科学养护。揭东大道升级改造服务项目采购开标，中标价是73.88万元。揭东区园林绿化管理所组织专业人员与管养公司到现场清点植株品种和数量，去除垂叶榕430株，留垂叶榕185株，火焰木28株，并补种秋枫427株，双色茉莉918株，改造后，揭东大道绿化景观整齐美观。揭东主城区公共绿化养护管理服务项目采购开标，中标有揭阳市骏德建设有限公司、揭阳市博艺园林有限公司、揭阳市揭东区恒青果林花木有限公司、揭阳市正盛园林有限公司四家管养公司，每月管养费共计12.35万元。揭东大道主城区路段绿化带升级改造服务项目进行采购开标，该项目审核款是186.5万元。

【公共事业管理】 新建市政道路工程：西四横路西段（金叶路—缶灶东路）市政道路工程，位于揭东城区西片金叶酒店北侧，东起金叶路，西止缶灶东路，长211米，宽15米，工程造价302万元，建成投入使用。缶灶东路（金格南路—西四横路西段）市政道路工程位于揭东城区西片金叶酒店北侧，南起金格南路，北止西四横路西段，长92米，宽20米，工程造价144万元，建成投入使用。金格南路（金叶路—缶灶东路）市政道路工程位于揭东城区西片金叶酒店北侧，东起金叶路，西止缶灶东路，长209米，宽12米，工程造价267万元，建成投入使用。对破损路面及时检查维修，维修滨江路、金溪大道、金凤路、金叶路、金城路、金山路、兴源路、福源路、汇源路等破损路面24宗（次）。对损坏的排污排水沟井盖更换，累计更换及补充排污、排水沟井盖108个；对淤积管道进行清通，清通金溪大道、金城路、金山路、金凤路、城区二干渠路篦段等五条淤积管道总计6500米，清排积水42宗（次），使路篦片区及城西市场周围内涝情况得到整治。对金溪大道、揭东大道、金城路、金山路、金凤路、滨江路、兴源路、福源路、汇源路等市政道路的人行道进行维修及升级改造，美化环境，维修及升级改造人行道9300平方米。

【农村生活垃圾】　2017年，完成镇垃圾转运站改建3个，在建2个；完成行政村垃圾收集点改造升级30个，在建11个。健全村庄保洁员制度。各个行政村都成立稳定的清运保洁队伍，建制镇的村级保洁员都能按每500人配备1名的要求配备保洁员。落实清运保洁员工作职责，采取定期和不定期方式，对农村“四边”（村边、路边、水边和田边）进行“三清理”（清理存量垃圾、卫生死角、乱堆乱放），负责村内主要道路、村内小公园等公共场地的清扫和村内池塘漂浮物清理，农村乱堆乱放垃圾现象得到有效整治。揭东区农村生活垃圾有效处理率达到95.1%，分类减量率达到50.2%，村庄保洁覆盖率达到100%。

（陈曼妮）

建筑业

【概况】　2017年，揭东区住建局结合住建系统工作实际，为打造“生态型、效益型”的新型城镇化示范区，履行住建系统规划管理、建筑管理、城市管理以及市政设施建设等方面职能，推进城市更新工作，打造宜居新城。

【城镇化建设】　2017年，办理建设用地规划许可35宗，总用地面积1898.33亩；建设工程规划许可12宗，总建筑面积67.73万平方米；出具拟出让用地规划条件66宗，总面积1936.39亩。规划核实（验收）共16宗，建筑面积89.98万平方米。在规划管理中，执行有关法律法规，按总规和详规实施管理，严格审批规划许可，做到建前严格审批、建中严格控制、建后严格验收。

【建设项目顺利推进】　建成中心城区污水处理厂二期工程及206国道截污干管工程。整个中心城区污水处理厂总投资为1.3亿元，总规模为6万吨/日，服务范围为揭东中心城区和云路镇，服务人口31万人。与之配套的截污干管近11千米，总投资0.95亿元。推进四座PPP模式污水处理设施项目的建设。揭东区与北控水务集团合作，采用PPP模式建设开发区新区、玉滘、锡场和新亨共四座污水处理厂，首期投资3.04亿元，规模为3.5万吨/日，服务人口21万人。推进剩余PPP模式污水处理设施项目整区打包工作。2016年12月完成采购工作，由北京首创股份有限公司中标建设。项目总投资2亿元，规模为1.595万吨/日，服务总人口16万人。项目完成合同草签和立项工作，正在进行EPC招标和环评审批工作，选取玉湖镇詹厝村和埔田镇饶平村作为示范点先行开工建设，探索一体化设备治污和“三级化粪池+厌氧生物处理”治污模式，在总结成果的基础，以点带面推动整区打包项目的实施。

【房地产建设】　2017年，揭东主城区住宅项目建设18宗，总建筑面积200.87万平方米。其中，中兴紫麟城北区、东方紫园（一期）、御江南花园（二期）、御江南花园（一期）、金格名苑商住楼、丹凤城·现代广场（一期）、丹凤城·现代广场（二期）、揭阳碧桂园一期（一）A标、揭阳碧桂园一期（一）C标9个项目已竣工或接近竣工，建筑面积116.74万平方米。

【建筑市场监管】　2017年，组织开展工程质量安全提升行动。落实工程项目五方责任主体项目负责人质量终身责任制度；惩治转包、违法发包、违法分包行为；执行施工图审查制度，所有项目均通过图审合格后方可开工；工程质量终身责任制基本健全，“两书一牌”签订率达到100%；工程质量保险、质量担保制度初步建立；工程质量检测机构逐步实施信息化管理。揭东区建筑工地扬尘防治工作取得成效，建筑工地文明施工水平提升。揭阳碧桂园一期（一）D标安装揭东区第一个工地自动洗车系统和抑尘喷淋系统，揭阳碧桂园和恒大华府建筑工地成为揭东区第一批安装扬尘噪音在线监测系统的工地，是揭东区首次采用建筑扬尘信息化监管手段。揭阳市第一场全市质量观摩会在揭东区揭阳碧桂园一期（一）D标举行，400多人参加会议。

【建筑科技化与建筑节能】 2017年，市政府节能考核，揭东区建筑节能考核工作全市第一名，是2010年揭东区开展建筑节能管理业务以来，连续六年全市第一名，揭东区住房和城乡规划建设局获2016年度揭阳市建筑节能先进单位称号。建筑节能备案工作。建筑节能设计审查备案率以及建筑节能验收备案率均达到100%，在备案质量上领先全市各县、区，备案文件、图纸质量接近零错漏。绿色建筑有效推进。揭东区第一个全校区按绿色建筑标准设计的校园，（揭东第二小学）建成，建筑面积29780平方米。第一个按绿色建筑标准设计的住宅小区（恒大华府）开工建设，建筑面积259800平方米，完成揭阳市分解的绿色建筑任务。加强节能管理。完成揭东区公共建筑、政府建筑的能耗统计工作；完成预拌混凝土企业生产月报、年报工作；加强预拌混凝土企业用砂氯离子含量的抽检工作；加强建筑节能材料质量抽检工作等。

【建筑工程检测】 2017年，开展各种安全生产专项整治，惩治安全生产违法违规行为，全年度安全生产无事故。执行建筑施工安全标准化评价制度。实施建筑施工安全标准化评价制度，在省质量安全监管平台上开展施工安全监督管理业务，实现业务规范化、信息化，与上级同步共享。开展各项安全生产专项整治。开展“全区工程建设领域预防施工起重机械脚手架等坍塌事故专项整治”“揭东区建筑工地突发事件风险隐患排查和整改”“防范遏制重特大事故专项整治”“2017揭东区住建系统今冬明春火灾安全防控工作”“集中开展城市风险点、危险源排查整治专项行动”“创建文明城市建筑工地专项整治”多项安全文明施工专项整治工作。

【建设工程招投标及代理】 2017年，全区房屋和市政设施招标项目26宗，招标价总额46424.97万元，中标价总额45397.81万元，招标节约资金1027.16万元；全部实行招标项目实行公开招标，招标率达100%。在房屋建筑和市政工程项目招投标监督管理中，加强管理，依法依规从严监督招投标行为，全年招投标活动正常开展，没有出现投诉、举报现象。严格要求招标人依法依规编制招标公告和招标文件，杜绝招标公告中故意缩短投标时间、人为设定各种门槛等现象的出现。启动招标工程最高投标限价备案管理工作，严格审查项目招标的最高限价，控制中标价在合理规定范围内。执行《中华人民共和国招标投标法》和《中华人民共和国招标投标法实施条例》等一系列招标投标法律、法规和规范，监督工程招投标过程各个环节：对招标文件内容严格审查，指导建设单位按照《标准文本》依法依规编制招标文件，对违反法律法规的编制内容坚决予以纠正；联合发改、财政、检察等相关招投标监管部门加强对投标报名、开标等环节的监督工作，确保项目公开、公平、公正选定中标人；执行中标公示制度，确保公示时间不少于3个工作日；受理招投标过程各类投诉举报，组织调查，依法处理。加强对招标代理公司工作监管和工程建设招标后监督管理工作，采取检查巡视等监督管理措施，严肃查处规避工程招标、超规模建设、超标准投资等违法违规现象，推进全区工程建设管理工作。

【燃气经营管理】 2017年，揭东区燃气种类主要有两种：天然气和液化石油气。液化石油气企业4家，全年液化石油气销量达7000吨。管道天然气企业1家，全年天然气（包括汽车加气）销量达18520吨，主要供应15个住宅小区、148户工业用户及汽车加气（220辆）。实施《广东省燃气管理条例》《揭东县燃气管理若干意见》，加强燃气行业安全管理工作。实行燃气销售点经营制度和持证上岗制度，定期对销售点进行监督检查，依法取缔无证经销点。2017年，检查6家生产经营企业单位，出动100多人次，现场落实整改7项、15宗，全部整改完毕。抓好安全生产责任制的落实。将管理窗口前移，与各储灌站都签订《安全生产责任书》，明确双方职责，将责任层层分解到具体单位和个人。各燃气站（库）生产安全无事故。

（陈曼妮）

【中德金属生态城】 中德金属生态城位于揭东区玉滘镇，规划总用地面积2341.66公顷，布局建设中德“合创小镇”“动力小镇”“智造小镇”三期单位，重点发展节能环保、先进装备制造和金属制品业。

中德金属生态城以“中国制造2025”和“德国工业4.0”合作共创为导向，按照“改革开放、政府主导、协会主力、企业主体、共享发展”的办园原则，搭建中国对德合作重要平台，在德国、西班牙、奥地利、法国及捷克设立10个办事处，与德国工商大会、雇主协会、家族企业基金会、弗劳恩霍夫研究所等100多个欧洲行业协会和科研机构建立合作关系，共有叶绿保资源再生基地等3个中德合作项目分别在中国国家主席习近平、国务院总理李克强与德国默克尔总理见证下签约落户，引入德国技术建成中国首个“零排放”电镀产业园，承办首个在德国的“中国中小企业中心”，成为华南地区首个中德中小企业合作区和中德中小企业知识产权保护试验区、中德智能制造（工业4.0）创新基地、中德经济合作顾问委员会成员，被李克强总理称为“中德创新合作的高地”。

2017年，已基本建成园区主干道、“零排放”电镀产业园、中德合作创新基地、中德跨境电商产业园、金融—科研—设计—服务“四大中心”，以及生活配套区、雕塑公园、贝多芬生态公园、中德国际文化交流中心等一批公共设施，德国欧绿保、奥地利保利泰克等42家德（欧）企业的合作项目落户园区，其中戴维特余热发电设备、保利泰克生物质发电、鹰之印精密工具、中德巨轮智能等9个项目已建成投产，另有50多个项目正在洽谈具体细节。

（罗丹纯）

房地产业

【概况】 2017年，揭东区房产管理局加强房产市场监管，全区房产市场呈现平稳健康发展态势，在全区经济发展和城镇化建设中发挥积极作用。全年，全区房地产开发企业31家，房地产开发投资5.6亿元，新开工面积26万平方米，施工面积104.28万平方米，竣工面积77.98万平方米。

【房屋交易管理】 2017年，区房产管理局依法依规开展房屋交易管理工作，全年完成房产交易合同网签备案4994个，抵押合同备案1541个。

【商品房预售登记工作】 2017年，区房产管理局落实房地产去库存工作要求，多措并举促进房地产的消化和去库存；全年批准商品房预售许可证10份，面积70.54万平方米，实际交易面积72.36万平方米，完成房地产去库存工作目标任务。

【房地产开发】 2017年，全区房地产开发企业31家，正常进行开发经营活动的20家，房地产开发投资5.6亿元，新开工面积26万平方米，施工面积104.28万平方米，竣工面积77.98万平方米。碧桂园、恒大等知名房地产开发企业的进入，提升揭东区房地产开发、经营、管理档次。

【房地产市场交易秩序整治】 2017年，揭东区房产管理局贯彻执行国家有关房地产调控政策，与物价、工商等部门联合开展房地产市场监管工作，规范房地产销售、房地产中介和物业管理单位活动，促进房地产业的平稳健康发展。

（刘瑾玲　池著彬）

环境与生态保护

【概况】 2017年，揭东区环保局解决突出环境问题、推进环境综合整治。全年审批环评文件总计71份，其中报告书2份，报告表69份，登记表备案2份，环评执行率达到100%。把饮用水源保护区、自然保护区等环境敏感区域列为严格控制区，加强饮用水源保护，在保护区安装设置警示标识。出动执法人员2500多人次，检查排污单位850多家次，存在环境违法行为的38家企业依法予以立案查处，其中行政处罚34宗、涉嫌犯罪移送司法机关追究刑事责任4宗，受理群众环境信访案件226宗，排查化解226宗，处理办结率100%。

【环境状况】 *水环境* 1.江河水质：2017年榕江揭东河段5个监测断面中符合Ⅳ类水质的有2个断面，占40%；劣于Ⅴ类水质的有3个断面，占60%。榕江揭东河段水质受到中度污染，主要污染指标是溶解氧、氨氮、化学需氧量。其中，一级支流北河河段水体均受到中度污染；二级支流枫江劣于Ⅴ类水质，水体受到重度污染，定类项目是溶解氧、氨氮。与2016年相比，榕江揭东河段水质有所下降。其中，锡中断面水质有所下降，其余断面水质无明显变化。

2.生活饮用水源（翁内水库、世德堂水库、水吼水库）：2017年揭东区饮用水源水质优良。翁内水库、世德堂水库、水吼水库符合Ⅱ类水质。各监测项目达标率均为100%。

大气环境 揭东区环境空气质量功能区划均为二类区。2017年，全区环境空气中的首要污染物为可吸入颗粒物，二氧化硫、二氧化氮、可吸入颗粒物日均值低于国家规定的空气质量二级标准限值。

声环境 城区声环境污染源由交通噪声、工业噪声、社会生活噪声、建筑施工噪声和其它噪声构成。区域环境噪声平均值为51.3分贝，与2016年相比，下降0.2分贝，未超出国家规定的标准限值；道路交通噪声平均值67.3分贝，低于国家规定的标准限值，与上年相比变化不大，总体上看，声环境质量较好。

【环境监测】 2017年，揭东区除榕江、枫江揭东河段水体受到不同程度污染外，环境质量总体保持良好水平。区环境空气质量达标率为94.2%；区饮用水源水质优良；榕江揭东河段水质受到中度污染；枫江揭东河段水体受到重度污染；区声环境质量状况良好。

【环境监察与执法检查】 践行“绿水青山就是金山银山”理念，执行新环保法及配套办法，加大环境保护执法监管力度，查处违法排污企业，规范企业环保行为，解决危害群众健康和影响可持续发展的突出环境问题，促进揭东区经济环境协调发展。2017年，出动执法人员2500多人次，检查排污单位850多家次，存在环境违法行为的38家企业依法予以立案查处，行政处罚34宗、涉嫌犯罪移送司法机关追究刑事责任4宗，受理群众环境信访案件226宗，排查化解226宗，处理办结率100%。

【污染治理】 生态建设继续推进。对饮用水源保护区进行优化调整，时时提醒要保护水源，爱护水源。对重污染企业进行强制清洁生产审核。

【污染减排】 污染物总量减排工作有序推进，加强污染物总量减排工作力度。2017年，揭东区上报2家污水处理厂及配套管网项目和5家规模化畜禽养殖污染治理项目，分别为：揭东县城污水处理厂二期新建1.5万吨/日项目、揭东县城污水处理厂3万吨/日完善管网建设项目、揭东华清阿杜养殖场、王林伟、揭东玉窖丽英养猪场、揭东奕群养殖场、揭阳市三好养殖专业合作社，预计新增削减COD排放量约676.69吨，氨氮68.7吨。加强排污许可证核发，促进污染减排。2017年，全区企业共持排污许可证211份。

【固体废物管理】 2017年，揭东区转移处置危险废物18062.18吨，工业危险废物处置利用率为100%。

【环保宣传】 做好环保宣传工作，印发《关于开展2017年揭东区环境保护宣传月活动的通知》，在全区组织环保宣传月活动。5月27日，组织举行“落实党政同责、共建生态文明”专题讲座；6月4日晚，区分管环保工作的领导了发表电视讲话，纪念6月5日环境日；6月5日，利用移动通信平台向手机用户发送环保宣传短信8000多条；6月12日，邀请省环保学校老师，在揭东第一小学举行一场主题为“保护环境 从我做起”的环保科普进校园宣讲活动。活动月期间，组织区电视台、各镇有线站在电视广播黄金时段播出环境保护宣传标语、口号，全区交通要道电子显示屏滚动播放环境保护宣传标语，各中心区悬挂环境保护宣传横幅24条、张贴标语口号1600多条。全年在区电视台综合频道每晚新闻后播出环保公益宣传视频。2017年12月13日，举行揭东区召开《揭阳市扬尘污染防治条例》宣讲大会。

（林丹玲）

环卫工作

【概况】 2017年，揭东区环卫局发挥创文主力军作用，全面提升揭东主城区环境卫生质量，揭东区环卫局荣获全市创文工作先进集体。区环卫局负责卫生管理的主城区市政道路有96条，总长75千米，还有榕泰广场、揭东人民广场等公共活动场所，总面积216万平方米。负责上门收集生活垃圾的居民小区共有108个（10000户）、单位共有108个、厂家有105个。负责10座市政建设配套公厕卫生管理。城区主干道及广场等公共场所设置果皮箱520只。环卫作业车辆22辆，其中垃圾运输车9辆、装载车2辆、扫路车3辆、洒水车4辆、多功能抑尘喷雾车1辆、路面养护车1辆、挂桶式垃圾车2辆。一线环卫工人290人，其中道路清扫、保洁工人228人、上门收集垃圾工人35人、作业车司机20人，垃圾清理工7人。

【环卫设施建设和设备配置】 2017年，投入资金205.8万元，配套完善主城区环卫设施设备。其中：配置8吨扫路车1辆，投入资金65万元；配置小型挂桶式垃圾车2辆，投入资金38.8万元；配置8吨垃圾运输车1辆，投入资金53万元；人民广场4座公厕维修、完善内部配套设施，投入资金16万元；榕泰广场公厕改造，投入资金20万元；重建开发区中宝垃圾收集点，投入资金13万元。城东片、中心片、广梅汕铁路南3座生活垃圾压缩转运站建设完成前期准备，是年12月进入招投标程序。

【市政道路清扫保洁】 路面作业坚持人工清扫、机械清扫、水车冲洗、喷雾抑尘“四位一体”的作业模式，提升市政道路卫生水平。路面人工清扫、巡回保洁落实每天2普扫2保洁制度，作业时间12小时。城区主干道每天进行2次机械清扫，作业时间7小时，扫路车全部使用湿式清扫，路面清扫作业全过程抑制扬尘，防止污染空气。洒水车每天对城区主路面进行3次冲洗，作业时间9小时，根据路段交通情况，分时段进行。抑尘喷雾车每天巡回喷雾，抑制城区道路扬尘，对城区主干道及车流量大、扬尘污染严重路段，增加喷雾抑尘时间，尽量减少扬尘，提高城区空气质量，作业时间6小时。

【牛皮癣清理】 使用专门清洗车，落实专人负责，每天在城区全面巡回，对城区垃圾桶、果皮箱、公厕、垃圾转运站等市政环卫设施上的“牛皮癣”，广场、大街小巷、天桥等公共场所的“牛皮癣”进行全面清理，对垃圾桶、果皮箱进行全面清洗，使城区市容形象大有改观。

【文明公厕创建】 做好揭阳市文明公厕示范点创建工作，并以点带面，全面推进城区10座公厕文明创建工作。完善监管制度，明确卫生保洁和设备维护标准，提高卫生质量和服务水平。全面进行照明灯具、洗手器具、冲水器等公厕内部设施设备检修维护，完善无障碍设施，开展公厕周边环境整治，制作安装公共文明公益广告。

平流沉淀池一景 （区自来水公司 供稿）

【环境卫生集中整治】 坚持常态管理和动态管理相结合的工作机制，适时开展集中突击整治，全面提高城区环境卫生质量。2017年，共出动5800人次，雇用大批作业机械，针对城乡结合部、卫生死角等偏僻地段，清理垃圾杂物7500多吨，全面提高城区环境卫生质量。

【生活垃圾收集转运】 加强城区生活垃圾收集、转运过程管理，避免二次污染。加大垃圾收集力度，全面推行生活垃圾袋装、定时投放，规划好住宅小区、沿街铺户生活垃圾投放时间，收集人员每天早晚2次集中上门收集，中午增加1次沿街机动收集，适时增加垃圾收集作业班次，及时将垃圾集中到各中转站，确保垃圾不落地。加大垃圾转运力度，做好垃圾压缩运输车辆、装载车和司机、垃圾清理工合理搭配，规划好每一车辆清理运载范围、运载路线安排，每天清早和中午2次清理转运，晚上根据当天垃圾量安排增加运载班次，坚持生活垃圾日产日清，主城区日产生活垃圾约150吨，全部转运至市垃圾处理场进行无害化处理。

（蔡炎波）

供　水

【概况】 2017年，揭东区自来水公司以“安全优质供水，真诚服务社会”为经营理念，加强生产经营管理。2017年，供水总量3607万立方米，售水总量2790万立方米，出厂水质综合合格率达到99.8%，优于国家《生活饮用水卫生标准》。

【供水情况】 揭东区自来水厂位于城区曲埔路牛岭山，占地80多亩，水源引自翁内、水吼、世德堂水库，原设计供水规模日产8万吨，供水人口35万人。2017年，高峰期日供水量超过10万吨，供水人口50万人。供水范围包括城区、曲溪、埔田、玉滘、云路和空港区的炮台、登岗镇。

【供水管理】 抓安全生产，保障安全优质供水；加大供水配套设施建设，提高供水能力；加强表务管理，降低产销差率；规范用水秩序，提高供水回收率；加大供水管道的查漏和维护力度，有效减少水损；创建文明窗口，优化服务功能，提升供水服务水平；开展创文行动，推进供水规范化管理。

（江　岚）

交通运输

【概况】 2017年，揭东区地方公路里程碑766千米，投入资金5650万元，完成地方公路建设改造

48.1千米，全区客运量320万人，货运量676万吨。全年完成交通行政许可10宗；查处运政、路政案件887宗。

【交通基础设施建设】 2017年，揭东区地方公路建设改造投资5650万元，其中，投资1600多万元对县道X114、X107路段进行大修改造；投资2500多万元，完成农村公路硬底化建设40千米；投资90多万元完成溢溪一桥危桥改造；投资1550多万元用于地方公路养护，完成56千米公路安全生命防护工程。

【运政管理】 2017年，揭东区交通运输局运输管理系统，通过要求企业建立健全的电脑平台，强调GPS数据的传送制度。推行专职平台管理人员，实现实时动态地监管企业。以法治思维和法治方式推进行业信用体系建设，提升行业诚信意识和推进“四个交通”发展提供保障。完成2017年黄标车淘汰185辆营运车的淘汰工作；完成3辆校车8条路线现场勘查工作。完成行政许可10宗，其中货运公司6宗，维修业4宗。做好运输年审工作，按《广东省道路运输管理条例》规定，对不符合的车辆进行清理、注销营运资格，清理注销不符合要求的车辆1318台。

【城镇公共交通】 2017年，全区农村客运班车车辆41辆，座位910座，8条农村客运线路优化为7条，提高效率完成村村通农村客运的目标；揭阳市绿源新能源公交股份有限公司在揭东区投入运营新能源汽车120辆，安装充电桩6个，线路二条，建设停车场2个，站牌16块。

【安全生产工作】 2017年，揭东区交通运输局落实安全生产，加强水陆运输管理。与揭东区安监局、揭东区公安局配合，编制三局联合制订2017年全区交通安全生产的活动方案。落实《中华人民共和国安全生产法》，印发250份安全生产法的宣传资料分发到本辖区的客运、危运等交通运输服务行业，签订交通安全生产承诺书1千多份。加强渡口渡船、港口码头的安全管理，检查港口安全管理措施、事故应急预案落实情况，强化危险品码头的安全管理，建立和完善渡口安全管理制度。加强对港口危险品作业的现场监管，加强危险货物管理工作安全专项排查整治，与企业各级签订安全目标责任书，细化安全责任。加强对企业安全管理人员、从业人员的安全教育和业务技能督导。引导企业加大安全资金投入，确保增强安全防范的力度。结合“7·6”事故教训，开展专项整治，严格监督管理，排查治理危险化学品安全隐患，降低危险化学品生产、储存、经营、运输、使用等环节安全风险。揭东区现有从事危险品货物运输码头4家，从业人员455人，管理人员14人。安全生产标准化建设实现100%达标，企业全面制订安全生产应急预案，确保安全管理工作顺利开展，实现无重特大事故的发生，安全生产形势保持稳定。加快油气输送管道安全隐患整治工作，根据《关于进一步加强危险化学品安全生产工作的紧急通知》文件精神，推进全区油气输送管道安全隐患整治工作，完善管理部门与企业之间的沟通衔接机制，建立安全监管工作体制机制。加强码头货物岸上装卸作业的现场监管，强化对辖区内港口装卸、储存易流化固体散装货物安全监督管理。加强资金筹措，改善渡运条件，以渡口渡船专项整治活动为契机，加大渡口硬件建设。全区现有渡口8道，投入渡口渡船安全设备经费63170元，用于渡口安全公告表示牌、救生衣设备更新配置，完成1道渡口的改造任务。

【运输企业】 2017年，全区公路旅客运输企业7家，年完成客运量368万人，客运周转量31.6万人千米，货运量842万吨，货运周转量84万吨千米，水路运输企业1家，码头企业8家，其中危险品货物装卸码头企业4家，普通货物运输码头企业4家，最大靠泊能力3000吨，年度码头企业货物吞吐量2374574吨。

【揭东区交运汽车运输总公司】 揭东区交运汽车运输总公司为揭东区交通运输局属下一家集体所有制企业，为全区唯一“三级站场”班车资质企业。2017年，公司属下有新亨、白塔、玉湖、登岗4家公司，拥有班车82台，客运班线45条，日均发车159班次，客运周转量7006.8万人。

（杨宪）

公　路

【概况】 揭东区公路局（简称“区公路局”）辖养国、省道公路里程81.525千米（其中国道61.276千米、省道20.249千米）。2017年，公路工程建设总投资5663.94万元，国道539线揭东曲溪至深坑桥段路面改造工程采用就地热再生施工新工艺新技术；养护管理累计投入小维费836.81万元，水毁抢修资金15万元；车辆年票于2017年1月开始停止征收工作。

【公路建设】 2017年，向省、市申报立项审批重点项目3个，计划总投资9085.72万元，完成总投资5663.94万元。其中，国道539线揭东曲溪至深坑桥段路面改造工程，总投资7416.15万元，完成工程投资4800万元。工程采用就地热再生施工工艺，原路面沥青面料100%再生利用，减少二氧化碳的排放，节约资源、保护环境，在全省国省道干线公路养护技术中开创先河；国道206线砲台大桥维修加固工程，总投资1196.63万元，完成投资391万元；省道335线德北中桥维修加固工程，总投资472.94万元，全部完成投资。

12月20日，国道539线揭东曲溪至深坑桥段路面改造工程云路镇路段就地热再生施工现场　（区公路局　供稿）

【养护管理】 2017年，累计投入小维费836.81万元，水毁抢修资金15万元。年平均优等路率71%，创优等路里程54.996千米，优良路率89.6%，创优良路里程69.434千米（9—12月施工路段12.091千米不列入评定）。

【年票征收】 2017年1月开始，停止车辆年票征收工作。原玉湖收费站和云路收费站撤销，其中：在职人员65人和退休人员33人分流到揭东区公路局下属四个养护中心（事业公益性二类）；在职人员32人分流区住建局下属城市管理中心。

【路政管理】 2017年，揭东区公路局立足城市发展大局，在维护路产路权的同时，围绕城市创文工作目标，打造出绿色、安全、畅通的优良道路环境。全年累计上路巡查269天、1052人次，累计巡查里程3.42万千米，大规模清障2次，清理堆积物123立方米，清理违章活动广告牌128块、乱摆摊点35处。

（潘伟锋）

海事工作

【概况】 2017年，揭东海事处辖区船舶进出港9106艘次（与2016年同期相比增长8.2%），货物吞吐量1806万吨（与2016年同期相比增长38.2%）。其中，危险品船舶1999艘次（与2016年同期相比增长10.7%），危险货物吞吐量234万吨（与2016年同期相比增长27.2%）。

【渡船管理】 2017年，揭东海事处以《广东省渡口渡船安全管理办法》的颁发为切入点，围绕《广东省2017年重点行业领域重点地区安全生产攻坚治理工作方案》中提出的目标，推动各有关单位落实责任，解决辖区义渡、半义渡未对外进行公布问题、相关费用未列入财政预算问题，渡船签单发航制度未有效落实等问题，推进工作得到了地方政府的重视和支持，相关工作基本得到有效落实，相关单位各司其职，形成监督合力，共同做好渡口渡船管理工作；在春运、清明、国庆等重要节假日前，揭东海事处联合地方政府相关部门，采取送培训下乡、加强巡航检查、派员现场驻守盯防等方式，增强渡工及乘客的安全意识和责任意识，惩治非法渡运和超载航行，维护渡运秩序，服务人民群众安全便捷出行。

【危险品运输管理】 2017年，揭东海事处在“安全生产月”和船载危险品货物安全综合治理行动中，强化辖区危险品监管。结合辖区危险品运输情况，严把危货申报审批关，加强液货船作业期间安全检查，重点检查船舶消防、救生、防污染设备是否符合要求，船员值班；船舶是否适航、适装、船舶AIS、VHF设备是否处于常开状态、船员是否适任等情况，要求码头、船舶落实防火、防爆、防污染等安全措施，努力排查管控载运危险品船舶运输风险，保障辖区危险品运输安全。

【通航环境管理】 2017年，根据《广东海事局防范船舶碰撞桥梁专项治理工作方案》的要求及揭阳海事局的统一部署，揭东海事处结合辖区桥梁水域，开展防治船碰桥梁警示教育，制定并发放辖区通航安全宣传手册，宣传榕东大桥推荐航法宣传，提高船员防碰意识；联合交通管理部门加强对桥梁助航标志、桥涵标志、通航情况等的巡航检查，排除桥区隐患，防范船碰桥的风险。在特别防护期期间，揭东海事处强化对辖区重点船舶、重点水域的安全检查力度，加强对危险品船舶、载运易流态化固体散货船、载货出港船舶的船员履职检查工作，提高船员航行、作业安全防范意识。

【水上交通管理】 2017年，部署春节、清明、“五一”、端午、国庆等重大节假日水上安全监管工作，把握节假日期间渡运高峰规律，周密部署，及早防范，强化“抓宣传、抓重点、抓督查”的监管措施，加大节前节中节后巡航检查力度，加强与地方政府、交通港航部门、水务部门等的联合检查，保障重大节假日期间人民群众安全出行及辖区安全形势稳定。加强十九大召开前中后期间等重点时段安全保障工作，落实严格监管措施，从严从重惩治配员不足、不按规定报告、不开启AIS等突出违法行为；加强应急值班值守和内部安全检查，做好内部人员和车船安全、网络安全工作，保障十九大期间辖区和内部双安全双稳定。

【防台防汛管理】 2017年，强对流天气高发，台风生成早、发展快，汛期持续时间较长，为做好防台防汛工作，揭东海事处会同揭东区水务局、揭东区农林局及有关镇（街道）单位联合开展小型船舶安全管理执法及隐患排查活动，吸取个别地区发生闲置船舶碰撞桥梁事故的经验教训，组织对闲置船舶进行全面排查检查，督促船舶所有人或经营人加强管理，防止失管失控，避免漂流碰撞桥梁、堤坝、船舶；坚持早准备、早部署、早检查、早落实的方针，按照局响应的防台应急响应要求，巧用智慧平台设置防台管控措施，对在港船舶进行“一对一”点名，加强巡航检查，做好“台前宣传，台中管控，台后疏导”工作，实现防台期间“三零”目标。

（王伟滨）

CAISHUI
JINRONG BAOXIAN

财税·金融·保险

揭東年鑑

财税·金融·保险

■责任编辑：姚家丰

财 政

【概况】 2017年，揭东区一般公共预算收入完成8.59亿元，完成年度调整计划的100.16 %，比2016年增收0.01亿元（可比口径，下同），增长0.16%。其中，工商税收入4.53亿元，耕地占用税收入0.48亿元，契税收入0.31亿元，非税收入3.27亿元。全区一般公共预算支出31.60亿元，完成年度调整计划的96.17%，比2016年增支1.7亿元，增长5.70%。按照现行财政管理体制，一般公共预算收入加上级补助收入、上年结余、调入预算稳定调节基金、调入资金和债券转贷收入，全区财政总收入39.12亿元；一般公共预算支出加上解支出、债务还本支出，全区财政总支出33.66亿元。收支相抵，全区财政收支结余5.46亿元。

【财税征收】 2017年，揭阳市区实行“一区一率”的财政管理体制，揭东区的工商税收留成比例由80%调整为75%，加上全面营改增影响，推进供给侧结构性改革，加大减税降费力度，相应降低区级留成收入。揭东区财政部门抓收入、保基数，确保税收收入有效增长。强化协调组织。分解下达各月序时收入任务，加强协调，抓好责任落实，促进各地和税务部门强化依法征收。强化税源管理，做强做大税基，开展纳税辅导和评估，公平企业税负，加强重点税源和纳税大户的征管工作，坚持依法征收，逐月落实税收收入增长目标，确保财税收入均衡入库。强化土地出让收入管理，增加契税收入。做好宅基地、农村集体建设用地、新增建设用地指标的申报工作，加强部门之间协调配合，跟踪落实耕地占用税的征缴。强化奖罚督促，逐月考核各镇（街道、开发区）完成税收收入任务的情况，调动各地组织收入的积极性和主动性。强化“收支两条线”管理，增加非税收入。

【支持地方经济社会建设】 2017年，根据《关于盘活揭东区财政存量资金的工作意见》，对各单位存留二年以上的闲置资金实行收回，减少财政存量资金，加快预算支出进度，提高财政资金的使用效率。盘活财政存量资金2.55亿元，纳入总预算统筹使用。争取上级基本财力保障补助、其他转移支付补助等各类财力补助资金2.60亿元，工贸、外金、电商、环保等发展专项资金2.44亿元。落实稳增长促改革调结构政策，落实区级扶持企业转型升级资金0.07亿元，支持全区的企业做强做大。筹措资金确保重要基础设施、园区扩能增效、城区扩容提质重点项目建设需要。

【财政改革工作】 2017年，推进供给侧结构性改革降成本工作，为企业降低相关税费负担，增强揭东区的经济发展质量。为企业降低相关税费负担和融资成本3.4亿元。推进政府财务报告试编工作，强化政府财务基础管理工作，提高政府财务管理水平。推进预算支出联网监督工作，强化财政资金的安全监管，提高资金使用效益。

【改善和保障民生工作】 按照有保有压的原则，统筹安排财力，调整优化支出结构，集中财力支持教育、医疗卫生、社会保障、民生水利、环境保护、公共文化事业、保障性住房等民生领域的资金需要。做好底线民生保障作为财政工作的出发点和落脚点，筹措资金，提高保障水平，确保应保尽保。2017年，全区完成民生支出25.59亿元，占一般公共预算支出的80.97%，同比增支1.75亿元，其中拨付创文资金0.61亿元，推动“四级联创”工作开展。

【接受监督和执行监督管理工作】 以预算法等法律法规为准绳，强化财政管理硬约束，推进依法理财。加强财政监管，加强对涉及农村基层的各类民生资金的监督检查，防止专项资金被截留、挤占、挪用，确保财政资金安全；开展会计信息质量检查，严肃财经纪律；坚持依法依规办理专项资金的拨付手续，确保专款专用，提高财政资金的使用效益。加强对政府投资基建项目审核和政府采购管理，规范财政资金使用，2017年审核办理政府采购70宗，完成采购金额0.97亿元；审核工程预算项目119个，核减工程造价0.26亿元，审核工程结算项目52个，核减工程造价0.31亿元。

【国有资产管理】 加大国有企业改革力度，促进国有企业发展，提高经济运行质量和国有资本效能，确保国有资本保值增值。2017年，揭东区国有企业资产总额14.33亿元，同比增加0.38亿元；负债总额5.37亿元，同比减少0.79亿元；所有者权益总额8.96亿元，同比增加0.41亿元。

（张锦华）

国家税收

【概况】 2017年，揭东区国税系统组织税收收入14.10亿元，同比增收0.9亿元，增长7.52%。其中增值税直接收入8.49亿元，同比增收1.53亿元，增长21.92%；免抵调库收入3.33亿元，同比减收0.25亿元，下降6.86%；所得税收入1.93亿元，同比减收0.29亿元，下降13.10%；区级库收入2.51亿元，同比增收0.13亿元，增长5.37%。

【组织收入】 2017年，揭东区国税局面对经济持续下行、重点税源减收、收入基数高诸多困难，找准组织收入工作突破口和切入点，把握组织收入工作的主动权。对辖管企业开展税源调查，做好2017年的税收收入计划，指导全年的税收收入工作。对重点税源实行逐月跟踪监控，掌握重点企业的生产经营情况，对纳税大户加强辅导和督促，确保纳税人税款均衡入库。把控行业税负管理、企业申报销售管理，把握纳税人同期增减收因素，利用省国税局风险监控系统和第三方信息数据，实现税收收入平稳增长。揭东区国税局领导班子落实“一线工作法”，深入基层征收单位协助组织收入，对税源变化情况进行动态督导。

【税收征管】 2017年，揭东区国税局开展经济户口清理工作，新增登记4546户，加强纳税人户籍管理，堵塞征管漏洞。结合区政府清理经济户口契机，对小规模纳税人经营纳税情况进行清理辅导，规范管理。联合区地税局开展单管户核实调整工作，发现国税地税管户不一致的或查无下落的纳税人，修正问题数据并持续跟踪修正进展情况，确保高质量、高效率地完成基础数据信息采集、维护工作。对工业小规模纳税人和用票户进行了重点清理，补税42.47万元，同时认定一般纳税人30户。对2016年度一般纳税人增值税税负偏低（免、抵、退企业除外）企业、日用塑料制品业、中德金属生态城入园企业、吹膜（流料）行业和不锈钢压延行业开展专项纳税评估工作，查补税款2500余万元。积极做好小产权房涉及国税应纳税项目的清理工作，完成对23个小产权房项目的清理，入库税款342万元。

【依法治税】 2017年，揭东区国税局开展“三项制度”（行政执法公示制度 执法全过程记录制度 重大执法决定法制审核制度）试点，推行法律顾问制度，提升依法行政水平。推进风险防控，全年应对各类风险任务448户次，完成383户，完成率达85.71%，其中有问题户数383户，风险分析识别命中率达到100%，查补税款5758.21万元，滞纳金121.97万元。强化对“失控票”的监控，加强商贸企业的事前事中事后管理，做好农产品收购发票企业核实工作，消除倾向性苗头性的税收风险。抓好税收优惠政策落实，全区享受小微企业所得税优惠691户，减免所得税额969.26万元；享受高新技术企业所得税优惠政策6户，减免所得税额762.76万元；享受固定资产加速折旧政策2户，减免所得税额21.77万元。办理出口退税7.27亿元，同比增长18.58%。开展重点税源企业随机抽查、区域税收专项检查和医药行业专项整治等工作，稽查立案案件18宗，查补税款989.52万元；稽查督导自查户数202户，自查税款1441.73万元。围绕“深化税收改革 助力企业发展”税宣主题，组织开展“绿色出行、情系税收”“税收服务一带一路”“税企联谊羽毛球赛”“税法进乡村”一系列税收宣传活动，营造良好的税收舆论氛围。

【信息管税】 2017年，揭东区国税局全面推广应用电子税务局，辅导纳税人及时完成实名认证绑定业务。启动税收征管电子档案管理工作，推动征管资料由“纸质”向“电子”顺利转变。加大增值税电子普通发票的推行力度，做好增值税电子发票的票种核定、领用，指导纳税人正确开具电子发票。

【纳税服务】 2017年，揭东区国税局紧扣“提升·创响”便民办税春风行动主题，开展纳税人满意度整改工作，征集纳税人关于需求调查问卷300多份，提升纳税服务针对性。采取实地入户走访、分行业集中座谈、微信群解答问题、纳税人课堂培训等多种形式，开展营改增政策大辅导，累计辅导纳税人9259户次，纳税人辅导覆盖面达100%。将原办税服务厅大一统的综合业务精准划分为ABC三类，A类8项业务为简单易办业务，B类13项为一般业务，C类6项为复杂业务；将年轻业务骨干配置到业务相对复杂的专门窗口，专职办理“三证合一、两证整合”、外出经营证明开具及报验、税控设备故障处理、疑难业务等耗时较长业务。规范纳税信用评价管理流程，强化补评复评及动态调整管理，落实好纳税信用级别监管机制，加强纳税信用等级评价结果应用，评出A级纳税人46户，B级纳税人654户，C级纳税人62户，D级纳税人16户。在共建办税服务厅设立国税地税业务联办窗口，为纳税人提供“一窗式”涉税业务办理服务，创新“前台一窗受理、后台分别处理、限时办结反馈”的服务模式。在建设银行揭东支行营业点投放ARM自助服务设备一台，方便纳税人就近自助办理涉税事项。

【队伍建设】 2017年，揭东区国税局创建党员之家、职工之家、妇女之家和团青之家，筑牢国税文化建设阵地。在揭阳市国税局“四个五”党建品牌评选中，3个党支部被评为先进党支部，6名党员获得优秀共产党员称号，3名工作人员被评为优秀党务工作者，1个优秀党建案例入选。1名干部被省国税局聘请为兼职教师，1篇文章在省国税局廉政征文评选活动中获得优秀奖。

（林锦玉）

地方税收

【概况】 2017年，揭东区地税系统组织税费收入11.35亿元，同比增长6.73%，可比（剔除营改增因素后，下同）增长20.3%。组织税收收入6.22亿元，可比增长8.09%，其中：区级税收2.86亿元，可比增长3.13%；组织社保费收入4.41亿元，同比增长58.04%，其中：企业养老保险费收入2.43亿元，同比增长51%。

【税费征管】 开展经济户口清理和社保扩面征缴，经济户口和养老保险缴费人数得到大幅提升，夯实税费征管基础。开展数据清理工作，处理涉及税务登记、税收申报、税费征收等问题数据4批、9464条。推行纳税人分类分级管理，加强年纳税30万元以上企业及重点项目的税源监控，年纳税30万元以上的企业223家入库税收5亿元，超过收入总量的80%。区局—分局两级联动开展风险应对，分析识别并推送实施风险应对的纳税人2546户，风险应对率100%。规范两个所得税管理，确保汇算清缴面、个人所得税明细申报率和准确率均达100%，提升征管基础质效。

【改革创新】 推进征管方式转变，实施纳税人分类分级管理，推行办税服务厅资源整合、基层分局管理职能转变，重设1个纳税服务分局、1个风险管理分局、3个基础管理分局，推行电子办税和全区通办。推进国地税合作，落实合作规范3.0版。推进税收共治，应用涉税综合利用平台、市公共资源交易平台、社保三方协同办公系统，强化涉税信息增值利用。推进环保税改革，做好调研分析、数据移交、宣传培训等前期准备工作，推进环保税改革顺利实施。推进机关养老、医疗及生育保险移交及残保金征缴改革工作，提升综合治费能力。

【税收宣传】 在《揭阳日报》《揭阳新闻》累计刊发（播）新闻报道6次，《广东税务杂志》刊载1篇，其中在《揭阳日报》头版刊发1次。首次拍摄税收公益广告，突出“诚信纳税、筑梦中国”主题，展示税务机关近年来系列便民利民办税措施。开展送税法进园区、进企业、进社区、进校园等税收宣传和现场服务，营造纳税人依法诚信纳税的良好社会氛围。

【纳税服务】 开展纳税人满意度调查，专项督查督办48项任务。规范办税服务厅和国地税“一厅式、一窗式、一站式”建设，优化纳税人办税体验。开展纳税信用评价，2017年，揭东区纳税信用评价总参评户数770户，经国地税联合评价后，A级46户、B级654户、C级62户、D级16户。联合国税部门与揭东农商行推进“银税互动”，落实守信激励和失信惩戒措施，推进地区纳税信用体系建设。

【依法治税】 推进“三项制度”试点，制定执法记录仪使用管理规定及规范用语指引，为全省地税系统统一规范提供参考；探索推行执法现场视音频记录，受到省局罗达佳总经济师的肯定。强化税收执法督察和内部审计监督，严格执法过错追究，行政监督制约机制不断完善。落实全省“双随机、一公开”工作实施细则，强化稽查震慑和教育作用。加强对法治建设的领导，将依法行政工作纳入年度考评，参加全国税收执法资格考试通过率100%，在2017年全省地税法治税务示范基地创建工作现场会上作书面经验交流。

【队伍建设】 印发绩效考评结果运用办法，推动“督考合一”，建立科学有效的绩效管理体系。开展“一月一课”“师徒结对”“全员培训”、岗位练兵比武等活动，提升教育培训质量，全年组织召开各类培训班11场次、参训223人次，有10位同志进入市局师资库。修订《区局管理干部选拔任用工作规程》，开展领导干部个人有关事项报告填报、核查工作。抓好机关与基层、地税与国税、地税与重点税源企业党建“三个共建”和“一支部一品牌”活动，联合国税举办迎七一“继承先烈遗志　凝聚发展动力”主题党日活动。参与“创文为我．我为创文”主题日与志愿服务活动，推进对埔田村精准扶贫工作。

（黄　衡）

金　融

中国人民银行揭东支行

【概况】　2017年，揭东区银行业运行呈现健康发展趋势。至2017年年底，辖区各银行机构本外币各项存款余额327.94亿元，同比增长5.41%；各项贷款余额167.69亿元，同比增长0.44%。全区银行业金融机构7家。中国人民银行揭东支行（简称人行揭东支行）履行基层央行职责，贯彻国家稳健的货币政策。

2月15日，揭东支行联合区金融办在区政府召开揭东区金融工作会议　（人行办　供稿）

【货币政策】　2017年，人行揭东支行坚持稳中求进工作总基调，理解和把握货币政策稳健中性的内涵，强化信贷政策结构调整功能，加大对地方供给侧结构性改革的支持力度；结合地区特色，引导金融机构加大对“三农”、小微企业、就业、助学等民生金融支持力度，协助地方政府开好政银企座谈会，促成辖区7家银行机构与吉青电缆等7家企业签订贷款支持协议，授信总金额1.5亿元。

【拓展履职领域】　2017年，人行揭东支行与人行丰顺支行合作，在揭东区玉湖镇共建反假货币工作站，共建工作站隆重举行“三个中心”（跨区域反假货币协作中心、打击假币犯罪信息交流工作中心和反假货币宣传教育中心）挂牌仪式和举办了反假货币宣传，优化揭东、丰顺两县（区）交界地区反假工作资源配置，提高反假货币工作质量和效率。

【支付结算】　推行分级分类管理工作。制定《中央银行会计核算数据集中系统揭东营业网点分级分类管理工作实施细则》和《中央银行会计核算数据集中系统揭东营业网点分级分类监控细化表》，逐级签订综合管理责任书；组织对部分金融机构开展支付结算现场检查。加强人民币银行结算账户管理，规范辖区银行卡收单业务，维护支付服务市场秩序，防范支付结算业务风险；加强支付结算宣传。组织开展“央行支付　为你服务”“防范和处置非法集资”大型户外宣传活动和以“支付惠民生、喜迎十九大”为主题的“支付结算知识进工厂”现场宣传活动，将金融服务精准延伸至社区、至工厂，让普通百姓享受到方便快捷的金融知识普及和宣传服务；加大银行卡、中国银联云闪付和二维码等非现金支付工具（支付方式）在辖区特别是农村地区推广应用，拓展基于金融IC卡的移动支付应用。2017年，辖区银行卡发卡量57万张，累计实现银行卡交易量5798万笔，金额3484亿元；网银交易量577万笔，金额1594亿元；票据业务交易量4万笔，金额62亿元。

【经理国库】　规范会计核算业务操作。以《中华人民共和国预算法》为准绳，按规定受理或拒绝受理各项业务，准确、及时、高效处理业务事项，保障2017年全年业务零差错；强化国库监督管理，确保国库资金安全。2017年11月下旬，对辖区银行机构开展国库经收业务和集中收付代理业务检查，提高经收处、代理行国库会计核算业务质量，确保国库资金安全；加快与财税部门的沟通协调，优化业务审批速度。2017年，共受理缴款收入32万余笔，实现税款入库42亿余元；库款支拨1.6万余笔，金额39亿余元；预算收入更正240笔，金额2.5万余元；退库1382笔，金额10.9亿余元。

【维护金融稳定】 协助揭东区金融办组织召开揭东区金融工作会议。会议向辖区各金融机构提出要把防控金融风险放在重要位置，维护辖区金融稳定的要求；关注辖区金融业重大事项及重要信息，组织辖区各银行机构签订2017年度《社会治安综合治理和深化平安建设责任书》。

（林 燕）

中国农业银行揭东支行

【概况】 中国农业银行股份有限公司揭阳揭东支行（简称中国农业银行揭阳揭东支行）现有网点总数8个（其中城区1个，乡镇7个，支行机关共设4个部门，离行式自助银行5个，全行从业人数128人。2017年，揭东支行各项存款余额43.54亿元，各项贷款余额30.87亿元。全行按照“强基础、调结构、增效益”总体工作要求，深推扩户提质、控险强基，加强队伍建设和企业文化建设。

【存储业务】 2017年12月，揭东支行各项存款余额43.54亿元，比年初增加3.56亿元，四行同业余额、增量余额均排名第一，其中：储蓄存款余额35.35亿元，比年初增加1.91亿元，对公存款余额8.19亿元，比年初增加1.65亿元。

【信贷业务】 2017年12月，全行各项贷款余额30.87亿元，比年初增加6.72亿元，四行同业余额、增量均排名第一。其中：法人贷款余额22.47亿元，比年初增加2.88亿元。个人贷款余额8.40亿元，比年初增加3.84亿元。

【中间业务】 2017年，加强对银行卡业务、结算业务、代理业务传统中间业务发展，做好分期业务和手机银行、贵金属、投资银行业务新兴中间业务发展，促进新兴业务取得突破性进展。全年实现各项中间业务收入2810万元。

【提升金融服务】 搭建政、银、企信息沟通平台，解决好企业“融资难”的问题。围绕当地政府确定重点项目，结合揭东区实际，运用信贷政策，突出信贷支持重点，扶持揭东区企业做好产业转型升级工作。做好地方交通基础设施建设、产业园区建设、支持特色农林牧、县域旅游特色产业融资支持，全年累计投放法人贷款22.47亿元。

（彭少藩）

中国工商银行股份有限公司揭东支行

【概况】 中国工商银行股份有限公司揭东支行（简称中国工商银行揭东支行）设立于1992年，位于揭东区城西206国道北侧圩埔路101号。2017年，支行网点总数为支行营业部和炮台、锡场两个二级支行共3个，设立市场营销部，负责市场营销及一切后勤保障等行政工作，支行在职人员总数为41名。2017年12月，人民币各项存款余额17.9亿元，各项贷款余额达到13.2亿元。2017年，中国工商银行揭东支行被工商银行揭阳分行授予“内控管理先进单位”称号，“效益进取奖”“国际业务综合贡献奖”“个人客户‘拓户工程’突出贡献奖”“信贷业务突出贡献奖”。

【存储业务】 主要开办活期存款、定期存款、通知存款、协定存款、结构性存款等。2017年12月，人民币各项存款余额17.9亿元，其中，储蓄存款和对公存款分别达12.67亿元和5.23亿元。

【信贷业务】 主要开办流动资金贷款、项目贷款、票据贴现、个人经营性贷款、个人综合消费贷款、个人住房抵押（按揭）贷款、质押贷款等。加大办理小微企业小额信用贷款、网贷通、大宗消费分期付款、个人网络循环贷款等业务，大力支持地方经济建设。2017年12月，各项贷款余额达到13.2亿元，资产质量优良。其中公司贷款为5.97亿元，个人贷款达7.23亿元，支持地方经济建设和满足城乡居民消费等金融需求。

【国际业务】 主要开办结汇、售汇、人民币跨境结算，主要产品有付汇宝、出口发票融资、退税贷款等贸易融资品牌，推进退税融资、出口发票融资和进口T/T融资。

【中间业务】 主要开办贵金属、转账、汇兑、票据、资金清算等支付结算业务；推出牡丹信用卡、灵通卡、贷记卡、联名卡等系列银行卡；开通自助银行、网上银行、电话银行、手机银行等电子银行业务；办理银保、银证等三方存管业务、理财业务、代理业务；代理销售、兑付政府债券；办理资信证明、现金管理等咨询顾问业务，投资银行业务、企业年金托管业务，银行承兑汇票、信用证、保函等担保或承诺业务；金融衍生业务。2017年，全行实现中间业务收入658万元。

【优化金融服务】 2017年，加大服务进基层、进市场的金融知识宣传营销活动，推进“服务标杆网点”创建等工作，开展“岗位服务明星”、“巾帼文明岗”服务窗口和党员干部创先争优活动，利用3G移动终端开展金融服务进社区、进厂区、进校园，开展“金融知识进电子商务村”“普及金融知识万里行”等宣传教育等活动，提升业务效率和金融服务水平。采取多项有力举措，维护地方金融稳定，促进地方经济建设，加强内控考核力度和管理，保障安全运营。配合揭东区委、区政府开展金融系统社会治安综合治理活动、创建平安金融单位，做好投诉建议等信访和维稳工作，保护消费者合法权益。2017年，完成本系统年度内控评价工作，继续蝉联内控管理一级高标准。落实反洗钱各项工作要求。落实“四防”演练，完善ATM机110联网报警系统。通过每月案防分析会、案情通报等形式，加强案防教育，强化员工案防意识，平衡人员紧缺和日常生产繁忙冲突，合理安排支行人员加强值班管理工作，延长支行周边营业环境巡视时间和加大巡视频率，维护揭东城乡自助交易区域安全，实现自助交易绿色通道畅通无阻，树立良好工行企业形象和品牌效应。

（黄胜吉）

中国建设银行股份有限公司揭东支行

【概况】 2017年，中国建设银行股份有限公司揭东支行（简称揭东支行）存款余额23.80亿元，贷款余额13.36亿元。坚持“与客户同发展，与地方共繁荣”经营理念，履行企业社会责任，推出创新产品，提高金融服务质量，加强与重点项目的合作，扶持当地中小企业发展。配置多台多功能智慧柜员机形成多功能智慧柜员机服务区，推出 “云税贷”普惠金融贷款，加大对小微企业服务和支持力度，设备的智能化、自动化，业务的线上化、便捷化，2017年揭东支行荣获“揭东文明单位”和“揭阳建行先进集体“等荣誉称号。

【负债业务】 2017年12月，揭东支行一般性存款余额23.80亿元，比年初新增0.48亿元。其中对公存款余额12.11亿元，比年初减少0.15亿元；个人存款余额11.69亿元，比年初新增0.63亿元。

【资产业务】 2017年12月，揭东支行各项贷款余额13.36亿元，基本与2016年持平，信贷资产不良率为0，资产业务总体质量向好。

【普惠金融】 2017年，揭东支行解决企业融资难、融资贵的问题，扶持小微企业发展，为揭东区域优质企业转型升级搭建更加宽广的融资平台。截至12月，普惠金融贷款余额1.08亿元，支持当地企业发展。

【科技金融】 科技金融是建设银行整合各方资源，针对高新技术企业打造的专属服务品牌。2017年，揭东支行对高新技术企业提供科技金融融资，为高新技术企业提供全方位综合服务，助力企业发展，助力企业转型升级。

【小微快贷】 2017年，针对中小型企业短、频、急及没有合格抵押物的情况，揭东支行推出小微快贷线上产品，即企业无需提供抵押物，只要在揭东支行有结算或者规范纳税，即可自助在网上银行申请贷款额度，受到广大企业的欢迎。产品推广以来，累计办理户数约80户，投放金额约4500万元。

【智慧银行转型】 2017年，为提升客户服务体验及服务效率，揭东支行开始配置综合版智慧柜员机，迈出智慧银行最坚实第一步。智慧柜员机渠道作为建行的一个新型重要渠道，能处理从开户、变更信息、电子银行签约等业务，从智慧柜员机的应用情况来看，其渠道分流能力已经逐步显现，业务办理效率和客户体验快速提升，推动网点人员结构优化，促进网点产品销售与物理渠道转型推进。

【经营效益】 2017年12月，揭东支行中间业务收入1450万元，比年初增加224万元。网点利润累计达到3797万元，较2016年实现翻了一翻；人均利润为200万元，较上年提升141%。经济效益发展良好。

【内控管理】 2017年，揭东支行开展“满意在建行”优质服务活动，强化合规操作和反洗钱工作，抓好重点部位、关键人员及关键风险点的监督和管控，实现全年安全无事故。

2017年中国建设银行股份有限公司揭东支行主要业务经营情况表

表1 单位：亿元

项目	余额	比年初
存款余额	23.80	0.48
其中：个人存款余额	11.69	0.63
企业存款余额	12.11	- 0.15
贷款余额	13.36	- 0.13
中间业务收入	0.145	0.0224
国际结算量（万美元）	8579	763

（黄正豪）

中国银行股份有限公司揭阳揭东支行

【概况】 2017年，中国银行股份有限公司揭阳揭东支行（简称区中行）各项存款31.02亿元，各项贷款12.28亿元，存贷比39.59%。全年实现营业净收入0.84亿元，其中非息收入0.18亿元，完成国际结算量4.42亿美元。加大网点服务软硬件建设和智能柜台、自助设备投放力度。区中行实行网点服务新模式，缩减现金窗口，将营销转移至厅堂及开放式智能柜台，将单一模式转变为厅堂100%接触客户，提升客户体验，改进业务流程，更好服务客户。

【存储业务】 2017年，区中行存款业务主要开办人民币存款和外汇存款。人民币存款有活期、整存整取、零存整取、整存零取、存本取息、定活两便、协定存款和通知存款、大额存单等。外汇存款有活期、7天通知存款、和定期存款。是年，汇总人民币各项存款余额31.02亿元。其中：人民币两项存款余额29.99亿元，外币储蓄存款余额378万美元，企业外币存款余额1193万美元。2017年12月，各项存款日均余额32.93亿元，储蓄存款日均余额19.72亿元，企业存款日均余额13.21亿元。

【信贷业务】 2017年，区中行主要开办公司贷款、中小企业贷款、住房按揭贷款、个人投资经营贷款、抵押循环贷款和信用循环贷款、“税款通宝”“教育通宝”等贷款产品。 2017年12月，各项人民币贷款余额12.28亿元。其中，个人贷款余额3.62亿元，比上年增0.33亿元，增9.88%；中小企业授信支持贷款2.25亿元，比上年净增32万元。全年累计投放贷款2.99亿元，其中：中小企业授信2.11亿元，住房按揭贷款0.58亿元。年末日均贷款余额12.56亿元，比上年净增48万元。

【中间业务】 2017年，区中行主要开办转账结算、国际国内汇兑、POS、网上支付等结算业务，推出长城系列信用卡；开通网银手机银行业务；办理第三方存管业务、理财业务、代理保险业务和代理基金业务。新开办ETC业务。是年，中间业务收入1702万元。

【国际结算业务】 2017年，区中行国际结算主要开办收付汇和结售汇业务，全年实现国际结算量4.42亿美元，比上年增0.35亿美元。其中：贸易结汇4.32亿美元，跨境人民币结算9961万元。

【内控管理】 2017年，区中行落实“八不准”“十严禁”，增强员工法纪意识和案防意识，筑牢思想道德防线。传导依法合规要求，查找风险，报告制度缺陷和管控盲点，堵塞业务流程漏洞，规范业务操作，提升风险防控技能，加强检查，开展关键风险点“扫雷”行动，重点排查理财“飞单”、违规担保、非法集资、资金掮客等行为。在基层网点风险管控“50条”、第三方支付、票据及其他高风险领域开展案件风险排查，揭示在机构人员管理制度执行、授权管理、业务真实性管控等方面的问题，提升外部欺诈风险应对能力，全面提升内控管理水平。

广东揭东农村商业银行股份有限公司

【概况】 2017年，揭东农商银行各项存款余额180.56亿元，各项贷款余额102.7亿元。有从业人员822名，营业网点94个，其中支行（营业部）18个、分理处76个，占当地金融机构132个营业网点的71.2%，平均每2个行政村就拥有1个网点，设置自助银行116个，助农取款服务点43个，服务遍布揭东、蓝城、空港城乡，建成一个方便、快捷、覆盖面广、纵横交错的多元化服务网络，是揭东服务区域最广、客户资源多、业务规模最大的地方银行机构。

【业务规模】 2017年12月，全行资产总额202.65亿元，比年初增加12.94亿元，增长6.82%；各项存款余额180.56亿元，比年初增加12.39亿元，增长7.37%；各项贷款余额102.7亿元，比年初减少11.75亿元，下降10.27%，存、贷款市场占有率达55%和61.24%以上。

【经营效益】 2017年，实现财务总收入10.69亿元，完成计划11.31亿元的94.52%；实现拨备前利润4.66亿元，完成计划4.58亿元的101.75%。全年上缴各项税费8513万元，名列全区前茅。

【改革发展】 揭东农商银行开展2017年法人专项治理落实整改工作，推动董事会健全制度，强化股权管理风险防范，规范董事会各委员会人员设置，让权、责、利得到明确划清，提升内部管理水平；明确党委会、行务会议事规则，梳理议事流程，提升议事决策的效率，防范决策风险，确保决策科学性和民主性，将政治优势切实转化为经营优势。2017年11月16日，揭东农商银行贯彻省联社《关于进一步明确农商行组建相关工作的通知》，成立广东揭东农村商业银行股份有限公司改制工作小组，启动城区农商行合并组建工作。

【社会责任】 2017年， 揭东农商银行以产品创新助力支农支小：推出“助学贷”“助企贷”，担当起帮助贫困学生完成学业，助力小微企业生

3月30日，广东省农村信用社联合社银信中心在揭东东海酒店举办广东农信第一季度“业务推广月·揭阳站”宣讲会 （揭东农商银行 供稿）

存发展的职责；推出“精英贷”，助力城镇居民提升消费水平，改善生活；推出扶贫小额贷，践行金融扶贫之路，承担支农助贫本职，发挥惠群众，利民生效果；推出“税优贷”，降低小微企业融资门槛，营造良好融资环境，实现企业、税务、银行三方共赢。截至12月，“精英贷”发放197户，余额3798万元，各项惠民助农贷款发展态势良好。推广“城镇安居贷”，解决农民购房消费资金不足的问题，截至年末，支持“安居贷”94户，贷款金融1246万元。关注社会热点，支持大众创业，截至12月，发放淘宝贷11户，余额687万元，社区农民创业贷28户、余额684万元，惠农种养贷10户，余额74万元，惠农工贸贷98户，余额1705万元，以优化服务践行普惠金融：开展“民工返乡休息站”“社保卡下乡激活”“金融知识进万家”等活动，让客户感到我行服务的人性化和灵活性，应对客户投诉事件35起，提供优质金融服务。以回归本源担当社会责任：全年在辖区创建信用村69个，授信农户39048户，授信金额29.87亿元。截至2017年12月，涉农贷款余额76.97亿元，占各项贷款的74.95%，比各项贷款增幅高4.61个百分点。小微企业贷款余额98.43亿元，占各项贷款的89.73%，比其他贷款增幅高0.19个百分点。小微企业贷款户数1368户，比年初增加14户。小微企业审贷获得率100%。实现金融服务“三个不低于”经营目标。

【企业文化】 揭东农商银行以创文系列活动建设“文明银行”。树立文明银行形象；办好竹文化节建设“品牌银行”。传播广东农信品牌，提升揭东农商银行社会形象；以搭建竞赛平台建设“先进银行”。举办各类业务技能比赛、体育竞赛、征文比赛，搭建求知求美平台、形成比拼赶超效应；以平安金融活动创建“合规银行”。举办“普及金融标准，提升服务质量”“平安金融健步走”“‘三反’主题宣传徒步行”等活动，对外打造合规品牌，对内贯彻合规意识，为信贷风险化解、促进稳健经营创造良好氛围。2017年，揭东农商银行在全区金融系统乒乓球比赛、

12月21日，揭东农商银行荣获2016年度金融消费权益保护微课堂作品竞赛活动特等奖

（揭东农商银行　供稿）

金融消费权益保护微课堂作品竞赛中均获得第一名、在全市党史党廉知识竞赛、市农合机构大堂经理比赛中获得第三名的好成绩，提升企业形象。揭东农商银行被中华全国妇女联合会授予全国“巾帼文明岗”荣誉称号，企业美誉度和知名度不断提升。

（林自立）

中国邮政储蓄银行揭东支行

【概况】 2017年，中国邮政储蓄银行揭东支行（以下简称“揭东邮储银行”），营业地址位于揭东城区G206国道埔田出入口南侧（即东庆和园楼下），辖内共有55名员工，内设机构共有3个部门：公司业务部、个人金融部、综合管理部。有小额贷款营销管理中心1个，下辖三个自营网点加14个代理网点。

【业务规模】 2017年，揭东邮储银行个人存余额22.47亿元，公司存款余额3.39亿元；小企业贷款结余2.39亿元，零售贷款结余3.93亿元。自2015年6月开始在县委县政府、人社局等相关部门的主导下，成功开办了创业担保贷款业务，期间累计发放147笔，金额2487万元，扶贫贷款1笔5万元，有力助推了地方经济发展。

【农村普惠工作】 揭东邮储银行“以立足城

揭东邮储银行外貌 （陈楚鹏 摄）

乡，服务广大人民群众，以承担全区城乡居保全覆盖工作为己任，全力落实普惠金融服务各项要求。2017年，全区新农村社会养老保险参保人数50.63万人，60岁以上待遇领取20.4万人，年度累计服务人数达到175.29万人次，累计发放待遇金额2.75亿元。同时，响应区政府关于深化农村金融改革、推进普惠金融发展的要求，大力推进农村普惠金融基础设施建设，布设助农取款机具127台，本年度取款笔数1.4147万笔，查询笔数1.7528万笔，累计取款金额1434.6万元，有效地优化了村金融环境。

【社会责任】 揭东邮储银行立足当地，践行企业社会责任。在当地党政领导下积极配合区政府各项工作，成立“创文”、非法集资、扫黑除恶等工作小组，负责统筹、落实日常的检查工作，并对网点内外的环境、员工的服务礼仪、服务行为进一步规范，运用电子显示屏广泛传播宣传标语、公益广告等，为揭东区“五城同创”贡献一份力量。

（倪昱华）

保 险

中国人民财产保险股份有限公司揭东支公司

【概况】 2017年，中国人民财产保险股份有限公司揭东支公司（简称人保财险揭东支公司）内设7个部门，下辖2个营销服务部和1个交警承保柜台，在职员工15人。中国人民财产保险股份有限公司揭东支公司承保保险金额175.68亿元。

【承保与理赔】 中国人民财产保险股份有限公司揭东支公司承保各类政策性业务保险、机动车辆保险、企业财产保险、人身意外伤害保险及其它责任保险累计保险金额175.68亿元（同比增长71.69%）。其中：政策性业务保险金额19.85亿元、各类机动车辆（含摩托车）保险金额53.33亿元、商业非车险业务保险金额102.5亿元；全年赔款支出1610万元；上缴地方政府税款258.2万元。公司履行“人民保险，服务人民”的企业使命，联合揭东区扶贫开发领导小组办公室和合作银行，出台揭东区扶贫小额信贷项目，解决建档立卡贫困户贷款难、抵押难、利率高的问题，发挥金融助推揭东区脱贫攻坚作用。创新险种发展，开发全揭阳市有史以来第一个创新农业保险险种—埔田竹笋风力指数保险。完善农网建设，发挥网点服务效应，完善服务机制，提高揭东区乡镇保险的深度和密度。

2017年人保财险揭东支公司承保理赔情况表

表2

年度	承保金额（亿元）	上缴税款（万元）	赔款金额（万元）
2017	175.68	258.2	1610

（孙少锐）

中国人寿保险股份有限公司揭东支公司

【概况】 2017年，中国人寿保险股份有限公司揭东支公司位于揭东区金叶酒店东侧，内设总经理室和客户服务中心，下设砲台、云路、锡场3个营销服务部，在编员工11人，个险销售队伍204人，全年保费收入2188万元。

【人寿险承保与理赔】 2017年，中国人寿保险股份有限公司揭东支公司主要开办人寿保险、健康保险、意外伤害保险等人身保险业务。全年首期保费收入2188万元，十年期保费收入1022万元，短险保费423万元。理赔件数729件，赔付金额497.21万元。

2017年人寿保险股份有限公司揭东支公司承保理赔情况表

表3

年份	承保保额（亿元）	保费收入（万元）	理赔件数（件）	理赔金额（万元）
2017	2.054	2188	729	497.21

（林立新）

前进中的揭东邮政储蓄银行

地址：国道G206曲溪路段
东庆和园楼下
电话：（0663）3263868

ZONGHE JINGJI GUANLI

综合经济管理

揭東年鑒

综合经济管理

■ 责任编辑：姚家丰

发展和改革工作

【概况】 2017年，揭东区发展和改革局（简称区发改局）内设办公室、综合股（与国民经济动员办公室合署）、经济体制综合改革股、投资股、工业交通能源股、人事股、粮食管理股（加挂军粮供应办公室牌子）、粮食调控监督股、价格收费管理股、物价检查所（加挂价格举报中心牌子）。加挂区粮食局牌子，区重点项目稽察办公室挂靠区发改局。核定人员编制26名，做好经济和社会发展计划规划编制，加强省市区重点项目投资的管理，统筹综合性经济体制改革及粮食与物价管理工作。区发改局按照“当好参谋、谋划全局、管理投资、推进改革、依法治价、稳定粮油”工作思路，推进各项工作。去产能，落实彻底淘汰钢铁行业落后产能及违规新增产能工作，12家企业已通过区、市、省验收组的验收和国家取缔“地条钢”专项抽查。

（刘　帆）

【计划、规划及调研】 执行国家、省、市有关发展和改革工作的方针政策和法律、法规、规章。受揭东区政府委托向区第二届人民代表大会第三次会议提交《揭东区2016国民经济和社会发展计划执行情况报告及2017年计划草案报告》。拟订2017年揭东区国民经济和社会发展计划、2020年揭东区赶超全国人均GDP、全体居民人均可支配收入和市三产占比经济目标实施方案并组织实施，统筹协调全区经济社会发展，研究分析宏观经济形势，提出全区经济社会发展、经济结构优化目标和政策建议；衔接、平衡各主要行业的行业规划，加强实施过程中的宏观调控；协调平衡人口和计划生育、科技、教育、文化、卫生、体育、旅游、民政、社会管理等发展政策，推进社会事业建设。牵头区经信和科技局、房管局、金融办、财政局，研究制订《揭东区推进供给侧结构性改革2017年度工作方案》及5个行动计划，推进“三去一降一补”工作。组织监测全区国民经济形势和社会发展态势以及预测预警和信息引导工作，研究经济运行、总量平衡等重要问题。组织研究区域经济发展中的重大问题，提出新常态下区域经济发展相关建议，为揭东区委区政府领导做决策提供有价值的参考资料。

（姚桂兰）

【投资管理】 2017年，开展“百日百项大行动”。全区188个重点项目完成投资151.78亿元。其中，5个列入省级重点项目完成投资14.98亿元；27个列入市级重点项目完成投资50.7亿元。向上争取资金，组织项目申报，全年争取专项建设资金2515.8万元，拉动投资增长。做好项目筛选、论证和储备工作，全年向上申报资金储备项目11项，总投资11.68亿元。强化项目监管工作。对工程项目招标投标活动依法实施指导、协调和监督，全年办理招标方式和范围核准39项、招标公告备案登记38项，对经核准在交易市场进行公开招标投标的项目实施全程监督，确保招标投标过程公开、公平、公正，对各类财政资金投入的项目监督管理，促使项目建设进展顺利，提高资金使用效益。

（林伍雄 吴藩鸿）

国土资源管理

【概况】 2017年，揭东区国土资源管理局（简称“区国土局”）内设8个股（室、局），在各镇（街道、开发区）分设派出机构国土资源管理所8个；设事业单位6个。有干部职工123人，区国土资源局强化职能，依法行政，推进各项工作开展，是年，全区实际耕地保有量6968公顷，组织建设用地报批面积31.98公顷，推进“三旧”改造，严格土地执法，加强地质灾害防治和矿产资源管理；做好不动产登记和土地变更调查。全年制止并处理违法用地204宗，面积29.26公顷；办理日常不动产登记1670宗，发放不动产权证明7172份。

【耕地保护与开发】 2017年，揭东区国土局坚持耕地保护制度，扎紧耕地保护的“铁篱笆”，夯实生态红线基础。落实耕地保护责任制。与各镇（街道）签订耕地保护和基本农田保护责任书，确保不突破耕地和基本农田保护目标；抓好耕地占补平衡工作。兑现2016年前占补平衡承诺450亩。加快高标农田建设和永久基本农田划定工作。完成2014年度1.79万亩高标农田、2015年1.57万亩高标建设，2016年度1万亩高标建设进入实施阶段；落实永久基本农田9.1万亩，超额落实基本农田保护任务。

【土地规划与利用】 2017年，揭东区国土局完成揭东土地利用总体规划的中期（2010—2020年）修订工作。做好项目用地预审，深化节约集约用地建设。受理各类项目用地预审41宗，面积2012亩。围绕中心、服务经济，保障发展用地。组织国有土地使用权挂牌出让38宗，面积1616.497亩，办理划拨土地3宗，面积166.28亩；编制国有建设用地供应计划，全区国有建设用地供应总量控制在252.3公顷；推进“三旧”改造，开展沿江路糖厂片区“三旧”工程改造。

【不动产管理】 2017年，揭东区国土局推动全区不动产登记工作，出台《关于揭东区不动产登记有关问题的处理指导意见》，破除不动产登记“中梗阻”问题，推进揭东不动产登记工作的开展。发放7172份不动产权证明，1670本不动产权证书。矢量逐宗 接1万多份。

【执法监察与信访】 2017年，揭东区国土局严格国土资源执法监察，加强国土资源动态巡查，规范国土资源管理秩序。集中开展土地矿产卫片执法检查等专项工作，惩治各类土地违法违规行为。动态巡查发现国土资源违法违规行为204宗，其中，土地事件198宗、面积289.04亩，矿产资源事件6宗。立案查处52宗，制止萌芽状态152宗。开展百日百项和环保督查整治及众剑行动，清理非法砖窑厂12宗，非法用地5宗，查处违法违规用地5宗，面积149.89亩，移送公安机关追究刑事责任5人。惩治违法违规土地行为。重视国土资源信访工作，解决热点问题，保护群众根本利益，维护社会稳定。

【地质灾害防治】 2017年，揭东区国土局加强地质灾害防治和矿山地质环境保护工作，编制《揭东区2017年度地质灾害防治方案》报区政府批准实施；建立健全制度，做好灾害群防群测网络建设和层层落实责任制；加大地质灾害防治经费投入，争取省级地质灾害治理专项资金83万元对地质灾害点进行治理；做好揭东区地质灾害详查工作，加强对采石场管理，迹地和开采区、可见区复绿工作。

（吴翰生 王 湃）

质量技术监督

【概况】 2017年，揭东区开展计量工作、产品质量监管、产品质量监管、准化标管理、特种设备管理工作。出动安全监察人员825人（次），检查企业246家（次），设备1163台套次。

【计量工作】 2017年，以“民生计量、能源计量”为重点开展工作。开展各项检定、校准工作：检定计量器具 6850台件，校对计量器具410台件。开展集贸市场、基层医疗卫生单位计量器具免费检定。对辖区内15个集贸市场和8家基层医疗卫生单位在用计量器具进行免费检定，检定计量器具2972台件，免收检定费用27.8万元。开展加油站监管工作。检查加油站30家，检查加油机124台，检查在用加油枪382条。开展定量包装商品监管工作。检查集贸市场6家、瓶装液化气充装站2家、加油站9家、化肥批发销售市场5家。加强计量标准建设。新建计量标准4项，现有计量标准15项，扩展计量测试范围。推动实施“计量惠民生，诚信促和谐”活动。督促企业签订计量承诺书共28份，累计督促企业签订计量承诺书共81份。完成节能减排能源计量工作。新增清洁能源锅炉7台，拆除关闭锅炉51台，改用清洁能源锅炉38台件。开展计量保证体系确认工作。全年完成AAA测量管理体系认证企业1家，二级计量保证体系确认企业1家，三级计量保证体系确认企业1家。

【产品质量监管】 2017年，开展质量强区活动：开展电线电缆重点产品质量提升行动，全区工业类产品在市级监督抽查中合格率为93.9%，质量提升行动成效显著；实施名牌带动战略，培育和发动区内企业争创广东省名牌产品，全区有4个产品获得2017年度省名牌产品荣誉称号，名牌数量位居全市前列。

【标准化管理】 推进标准化体系建设，广东热金宝新材料科技有限公司承担《陶瓷用框架窑具》行业标准制定；该项标准已发布实施。标准化动态管理方面：企业产品标准备案4家次5项，企业标准复审10家次24项，其中采用揭阳市联盟标准3项；商品条码注册17家，续展46家；企业产品执行标准网上自我声明公开共有32家企业62项标准。

【特种设备管理】 开展特种设备安全检查，加强对系统性风险分析，防范特种设备安全事故。全年出动安全监察人员825人（次），检查企业246家（次），设备1163台套次，发现隐患44宗，发出监察指令书44份，移送执法部门2宗。做好节日期间、岁末年初对重点监控设备安全监察检查。开展对电梯、起重机械、锅炉、压力容器、大型游乐设施等安全专项监察等。

（李庆国　郑燕菲　邓告发　陈潮谦）

统　计

【概况】 揭东区统计局为全额拨款行政单位，内设4个股（室），下设区事业单位统计普查中心1个，有干部职工13人。2017年，区统计局坚持以建设“生态型、效益型”新型城镇化示范区为核心任务，适应新常态，坚持依法统计、依法治统，提高统计数据质量，强化经济运行监测，全年编制《揭东统计月报》10期、统计分析4期、《统计年鉴》、《计统快报》。做好各项统计调查和普查，发挥统计整体功能，推动全区统计事业向前发展，为揭东区经济社会跨越发展提供统计保障和服务。

【信息服务】 2017年，统计工作强化经济数据运行监测，增强服务意识和大局意识。在服务决策方面：揭东区统计局局密切关注国内外经济形势的复杂性和宏观政策的变化，在经济发展新常态下和全区经济下行压力大的情况下，加强对经济运行的动态监测预警。在每月主要经济指标数据出来后，向区委、区政府反映全区经济运行情况变化，方便党政领导掌握和决策；待数据收集汇总后印制并发送《揭东区统计月报》。在服务社会方面：利用政务服务平台，发布《2017年区国民经济和社会发展统计年鉴》和统计月报；以大量翔实的数据记录2017年揭东区经济和社会发展情况，接受社会各界各种数据需求者的咨询。

【统计业务】 2017年，做好统计专业定报和年报工作，涉及到农业、工业、固投、建筑、社零、能源、服务、劳资等涉及全区经济社会领域的各项常规统计调查，按照国家统计局揭阳调查队的工作部署，完成城乡一体化住户调查和住户调查点轮换工作，做好“四上”新增企业的审核上报工作。组织统计业务人员深入乡镇、企业开展调研工作。

【普查工作】 推进农业普查工作，掌握全区“三农”情况。农业普查属于重大国情国力调查，对于摸清全区“三农”实情尤为重要。经过全区各级普查机构共同努力，完成普查各阶段工作任务。

【依法统计】 2017年，落实中央关于深化统计管理体制改革提高统计数据真实性的文件精神，结合《中华人民共和国统计法实施条例》，强化统计执法监督力度，确保统计数据真实准确、及时完整。加强统计基层基础建设，加大统计法律法规宣传力度，开展多场次的统计业务培训，夯实基层统计队伍建设；不定期开展统计执法检查、“双随机”统计执法检查，捍卫统计法律权威，推进统计政务公开，坚持依法办事、依法统计。

（林锐波　吴楚平　林翠芳）

审　计

【概况】 2017年，揭东审计局完成审计（调查）项目20个，审计查出违规金额2477万元，管理不规范金额5.54亿元，审计处理应上交财政2477万元，提出审计建议14条，提交审计信息14篇。

【专项审计和审计调查】 2017年，揭东审计局对基层医疗卫生服务能力建设政策落实情况跟踪审计。通过跟踪审计，摸清全区基层医疗卫生服务能力建设总体情况，客观评价基层医疗卫生服务能力建设成效和不足，分析原因提出对策建议，推动加强基层医疗卫生服务能力建设政策措施落实到位。提高财政管理绩效，强化预算执行审计。对揭东区财政局2016年度财政预算执行和其他财政收支情况进行审计。对关系经济社会发展大局、人民群众切身利益的重大事项进行关注，注重从体制、机制和制度层面揭示问题、分析原因、提出建议，促进深化改革和规范管理。

【审计管理】 在学懂弄通做实上下功夫，做到知责、明责、尽责、负责，以党建设推动审计工作全面提升。加强班子建设，发挥带头模范作用，增强班子凝聚力、战斗力和亲和力。加强学习培训，打造学习型机关，营造重视学习、善于学习浓厚氛围。加强审计方式创新，提高审计工作效果和效率，助力全区创文工作。

（洪榕漫）

物价管理

【概况】 2017年，揭东区物价管理部门做好价格与收费监管，收费管理，价格认证工作，维护市场物价稳定。全年接收咨询投诉举报共48宗，办理价格鉴证评估业务539宗。

【价格与收费监管】 开展节日市场价格监督检查，打击价格欺诈、哄抬物价的行为，维护节日市场价格稳定；开展春运票价专项检查，确保春运票价销售秩序；对全区殡葬收费情况进行检查，规范全区殡葬市场的收费行为；开展电力价格进行专项检查；开展涉企收费检查；对全区公立医院、学校停车场收费进行检查；对全区在售楼盘商品房销售价格行为进行检查。完善和维护好价格举报管理运行系统，做好“12358”全国价格举报管理信息系统和“12345”市民服务热线的日常维护工作。全年接收咨询投诉举报共48宗，其中“12345”热线11宗，“12358”网络37宗，全部办结。

（池家驹）

【收费管理】 将揭东区现行行政事业性收费执收单位名称予以公告，根据实际情况进行动态调整；废止原核发的收费许可证；会同区水务局、财政局、农林局，制订组织实施《揭东区农业水价综合改革实施方案》；建立揭东区推进农业水价综合改革工作部门间联席会议制度；依据价格管理权限制定本级政府定价管理的经营服务性收费目录清单，向社会公布；揭东区物价管理部门与揭东区财政局、揭东区房管局联合向政府请示拟定揭东区保障性公共租赁住房租金标准。

（黄 钟）

【价格认证】 2017年，价格认证中心办理价格鉴证评估业务539宗，标的金额299.79万元。

（洪灿铄）

工商行政管理

【概况】 2017年，揭东区市场监督管理局对市场监管系统深度融合，做好职能融合、人员整合，完善全区市场体系现代化建设，维护市场秩序、保障消费者权益、打造良好营商环境。全区累计登记各类市场主体17428户，登记在册的经济户口18859户，立案查处各类经济违法案件122宗。

【企业和个体工商户登记管理】 2017年，落实“放管服”改革，放宽名称、住所、经营范围、注册资本限制，营造宽松平准入环境；通过规范申请资料格式、缩短办事时限、简化办事程序，创新服务举措，优化服务环境，提升登记服务效能。全区累计登记各类市场主体17428户，其中：企业2122户，个体户15144户，农民专业合作社162户。全区新登记市场主体3575户，较2016年同期相比增长75.68%。深化“五证合一”登记制度改革。将人社部门社会保险登记证和统计部门统计登记证纳入“一套材料、一表登记、一窗受理”。启动全程电子化登记，实现互联网市场主体申请、身份认证、电子签名、网上审核、网上发照、网上公示，完成2户企业全程电子化的登记工作。启动实施简易注销改革，全区已办结6户简易注销登记，在国家企业信用信息公示系统进行公告。以宽松优化的准入环境引导全民创业。降低市场准入门槛、简化办事程序。优化服务质量，与相关行政审批部门衔接，形成工作联动机制。全区新登记市场主体3575户，较2016年同期相比增长75.68%，其中企业261户，个体户为3305户，农民专业合作社9户。

【商标管理】 2017年，全区累计有效注册商标10551件（县属）、“中国驰名商标”3件、“广东省著名商标”18件，辖区电商商标超过100件。揭东区第一件农产品地理标志商标“埔田竹笋”，获得国家工商总局商标局受理。

【市场执法】 2017年，惩治和查处各类经济违法违规行为，围绕社会关注和涉及群众切身利益热点难点问题，惩治制售假冒伪劣商品，取缔无照经营，打造无传销社区，规范直销经营。开展农资打假、禽流感防控、食品相关产品监督抽查和风险监控工作等日常监管。立案查处各类经济违法案件122宗，已结案件111宗，罚没金额72.7万元。结合开展“创文”活动和经济户口清理工作，全区创建15个亮照经营示范街（区）；全系统清理无照经营3350户，补办营业执照3348户，取缔2户，立案查处68宗，罚没36.98万元。

【企业信用监管】 推进年报公示工作：截至2017年6月30日，全区登记的2016年度应年报各类市场主体14221户，实报12888户，年报公示率90.6%。其中：企业、农民专业合作社、个体户年报公示率分别是93.3%、89.1%、90.2%。市场主体异常名录（状态）管理工作：对全区未按规定期限公示2016年年度报告的127户企业和17户农民专业合作社列入经营异常名录、1185户个体工商户标记为经营异常状态。将2户企业列入经营异常名录、19户个体工商户标记为经营异常状态。依法对已补公示有关年度报告提交申请的12户企业移出经营异常名录，对已补公示有关年度报告并提交申请的54户个体工商户和依法办理经营场所变更登记的1户个体工商户恢复为正常记载状态。涉企信息统一归集工作：起草《政府部门涉企信息统一归集公示工作实施方案》，做好协调联络工作。开展2016年度广东省“守合同重信用”企业公示活动，2017年全区内102户企业申报“守合同重信用”公示（其中新申报企业6户），符合公示条件的企业96户，2017年6月1号前在公示平台向社会公示。

【消费者权益保护】 2017年，受理投诉举报627宗，比2016年增长117%。其中消费者投诉453宗，办结427宗。为消费者挽回经济损失35.63万元；群众举报174宗，办结168宗，罚没7万元。办结率94.5%。

【开展经济户口清理工作】 2017年，做好经济户口清理工作。全区2017年6月底前登记在册的经济户口16200户（其中个体户共12931户，企业共3269户）。7月，开展经济户口清理至2017年12月31日，全区登记在册的经济户口18859户（其中个体户15306户，企业3553户）。新登记市场主体2862户，其中新增企业306户（“个转企”40户），创建15条亮照经营示范街（区）。清理无照经营3601户，引导补办执照3599户，立案80宗，罚没44.56万元。揭东区市场监督管理局与相关部门联动，对全区清理出来的1349户无年报和2119户停业、失联异常市场主体，详实核查其经营情况，按规定唤醒或引导注销等，梳净经济户口。引导补报年报公示并移出经营异常的共42户。

（杨晓青）

市场物业管理

【概况】 2017年，揭东区市场物业管理局针对辖属市场年代久长、基础薄弱、配套设施跟不上发展需要实际情况，投入254万元，对新亨北辰市场、埔田市场、曲溪副食品市场、城西市场、云路北洋市场和云七市场等市场的基础设施、综合环境、交易秩序进行全面升级和规范。

【市场管理】 2017年，揭东区市场物业管理局按照创建广东省文明城市标准，投入103万元用于整治市场综合环境和规范市场管理：开展市场交通整治，确保市场道路和应急车道交通秩序良好；拆除违规搭建114处，对违规私自搭建的档位、铁篷进行全面拆除，优化市场格局；清理不规范日遮帐篷1000多处，美化市场面貌；清理运走垃圾杂物500车，清除“牛皮癣”，提升市场综合环境；落实经营户门前“三包责任制”，签订责任书3000多份；维持良好市场贸易秩序，杜绝出店经营、乱摆乱卖；完善市场基础设施，修筑地下排污沟1200米，购置移动垃圾桶1500个；开展创文工作宣传，设置大型公益广告25处。

【食品安全】 2017年，揭东区市场物业管理局辖下城西市场、曲溪副食品市场、云路北洋市场分别设立农产品快速检测点，对上市蔬菜的药物残留，水产品的氯霉素、呋喃唑酮、呋喃西林、孔雀石绿有害物质进行检测，建立快检档案，记录检测结果，及时向市民公告。是年，检出不合格蔬菜113批次，不合格水产品25批次，不合格农产品全部实行无害化处理，提高市场农产品质量合格率，为市民营造一个安全放心的购物环境。

【市场安全防火管理】 2017年，揭东区市场物业管理局落实市场安全防火工作坚持“预防为主，防消结合”方针，确保市场防火安全。落实市场安全防火责任制，揭东区市场物业管理局与8个管理所签订责任书，各管理所与市场各经营户签订《防火责任书》，把安全防火责任落实到具体人；组织开展市场消防安全教育，通过多种形式定期或不定期地向市场管理人员、经营户和顾客开展消防法规、消防管理制度、市场火灾危险性、消防设施及灭火器材的使用方法、报火警和扑救初起火灾及自救逃生等知识技能宣传教育，提高防火自觉性和火灾应急自救能力；组织开展消防检查。定期检查市场用火、用电使用情况，安全出口与疏散通道设置情况，消防设施与器材配套情况，做好检查整改记录；完善市场内消防设施配置。是年投入21万元对辖属市场的消防设施和灭火器材进行完善和维护，检查维修市场消防栓12个，新购置消防水带300米，灭火器25支，灭火器重新换粉68支。

【市场改造建设】 2017年，揭东区市场物业管理局投入130万元用于改造升级市场，完善基础设施，提升市场品位。对曲溪副食品市场71间铺面的门面砖和铁门进行全面修缮翻新，更换铁皮遮阳篷，规范美化市场猪肉档位220个；改造升级城西市场，统一制作市场四周日遮伸缩篷，市场亭内加装吊顶装饰，制作不锈钢柜台，铺设石板台面，将市场C亭改建成临时贸易区，D亭改建成停车场，解决车辆拥挤问题；改造新亭北辰市场二条临时菜亭和集昌市场一部分摊档；改造升级云路云七市场，铺设水泥埕面1000多平方米，搭建市场亭700平方米；改造埔田市场，铺设水泥埕1200平方米。

（江春生　张赏辉）

食品药品监督管理

【概况】 揭东区食品药品监督管理局主要承担辖区内食品、药品、医疗器械、保健食品、化妆品监管职责。机构核定人员编制39名（其中行政编制14名，执法专项编制18名，后勤服务人员2名），内设8个股室和3个派出机构，分别为：办公室、综合协调股、食品生产安全监管股、食品市场安全监管股、食品餐饮安全监管股、药品医疗器械安全监管股、保健食品化妆品监管股、稽查局、揭阳市揭东区曲溪、锡场、云路食品药品监督管理所。2017年，在岗在职人员29人，其中公务员27人，工勤人员2人。

【工作要点】 抓好食品三大领域的安全监管一是做好2017年省、市的民生实事工作，其一是开展对农贸市场的食用农产品快速检测工作，推进农贸市场食用农产品的快检工作，提升全区市场销售食用农产品质量安全水平；其二是省、市下达全区食品检验量“每年每千人不少于1.5批次”的任务，现已完成辖区内国抽、省抽、市抽、区抽任务共510个批次的食品抽检任务。二是做好辖区内食品生产企业的日常监管工作，开展全区桶装饮用水生产行业专项整治工作，并取得“整顿一批、查处一批、淘汰一批”的实效，同时联合各镇人民政府有关部门继续做好小作坊的摸底调查工作。另一方面是为惩治食品非法添加和滥用食品添加剂的违法犯罪行为，开展“两超一非”百日专项整治；三是开展“智慧食药监”建设，开展婴幼儿配方食品、酒类、食用植物油等重点食品质量安全追溯体系建设。四是开展惩治非法添加食品添加剂和滥用食品添加剂专项整治行动，加强“地沟油”整治和餐厨废弃物管理，开展火锅原料、底料和调味料、食用油、鲜肉和肉制品、餐具消毒等专项整治工作并取得一定成效。五是做好食用农产品快速检测工作。抓好城西市场（零售）、曲溪综合市场（零售）、云路综合市场（零售）和华清市场（零售）农产品快速检测工作，四个市场共检测：快检总批：11931批次，合格批次11800批次，合格率98.9%；不合格产品处理1030公斤。其中：食用农产品11368批次，合格11270批次，不合格98批次，合格率98.9%，不合格产品处理825公斤。其中，水产品563批次，合格530批次，不合格33批次，合格率94.4%；不合格产品处理205公斤。六是开展家禽“集中屠宰、冷链配送、生鲜上市”工作。落实“一日一清洁消毒，一周一大扫除，一月一休市，当日活禽零存栏”措施（简称“1110”措施），预防人感染禽流感工作。七是做好餐饮服务食品安全量化分级管理工作。2017年，全区获得餐饮服务食品安全量化分级A级餐饮服务单位15家，B级餐饮服务单位360家，C级餐饮服务单位42家。八是推进全区餐饮服务许可的规划化管理，提高依法行政，依法提升办事水平，2017年，全区共办理各类餐饮服务许可证436份。

开展打击制售假劣药品（含医疗器械、化妆品）的违法行为　结合全区“创文”的有关要求，开展打击食品药品安全违法行为“利剑”“两超一非”等专项行动，重点惩治非法销售境外药品、生产、加工、销售中药材、饮片及中成药，非法从事医学美容服务，使用非法添加限用物质的化妆品等违法犯罪行为。2017年以来，共立案29宗，结案29宗，结案率100%，罚没款14.63万元；受理投诉举报117宗，协调办结117宗。

抓好药品领域的专项整治工作　2017年以来，主要开展冷链管理药品专项整治行动、城乡结合部农村地区小药店、小诊所药品质量整治“清渠行动”、角膜塑型用硬性透气接触镜专项、加强药械不良反应、事件监测，2017年，全区共上报药品不良反应185例，医疗器械不良事件62例。

开展药品经营企业日常检查、跟踪检查和药品零售企业认证、换证管理工作　2017年，办理药品经营许可证25家，换发药品经营许可证3家，变更药品经营许可证13家，注销药品经营许可证16家，认证药品经营企业28家。

落实上级和区宣传教育计划提出的措施和要求　建立经常性的食品药品安全宣传机制，多渠道、多形式、多层次、有针对性地开展宣传教育，提高广大群众的自我保护能力和食品药品安全意识，加强对食品药品经营单位的宣传和指导，分发宣传手册、张贴文明宣传标语，提高守法意识和从业人员的食品药品安全操作意识。2017年，共发放文明宣传画报、法律法规资料共1500多册。

【购销工作】　企业基本情况　2017年，全区共有药品生产企业　家（由市局负责监管），医疗器械生产企业5家，医疗器械批发企业6家，药品批发企业2家、零售企业190家，保健食品经营企业77家，其中批发企业3家。共有保健食品生产企业7家（由市食药监管局负责监管）。化妆品生产企业1家，（由市食药监管局负责监管）。化妆品经营企业200家，医疗器械经营企业60家。全区登记在册的餐饮服务企业共有417家（其中学校食堂53家、工厂食堂13家，餐饮店351家），食品销售经营企业1家，食品生产企业166家。

企业经营情况　2017年全区药品生产销售总额6.5亿元，纳税8000万元。

购销环节监管　加强对药品经营企业进货渠道、储存条件、分类管理等的监督，惩治从非法渠道购进药品的不法行为，严把药品购销环节质量关。

（黄昭青）

秋光灿烂（国画） 周培辉 作

JIAO KE
WEN WEI TI

教科文卫体

教科文卫体

■责任编辑：杨锐标　陈少锋

教　育

【概况】　2017年，揭东区在全市率先实现教育强镇复评全覆盖、率先接受教育强区复评和“广东省推进教育现代化先进区”督导验收，成为全市推进教育现代化发展排头兵。全区有中小学校134所（其中完全小学58所，小学教学点43个，初中22所，十二年一贯制学校1所，完全中学3所，高级中学4所，中职学校2所，特殊教育学校1所），幼儿园105所，乡镇成人文化技术学校7所；在校学生75965人，在园幼儿18890人；中小学专任教师5430人，幼儿园教职员工2055人。

【学前教育】　2017年，全区有幼儿园105所，其中公办幼儿园36所，民办幼儿园69所（普惠性民办幼儿园57所），公办和普惠性民办幼儿园93所，比例达88.6%，普惠性民办幼儿园占民办幼儿园比例达82.6%。加强学前教育规划建设，会同发改局、财政局、国土资源局、住建局联合制订印发《关于进一步加强住宅小区配套幼儿园建设和管理工作的实施办法》。制定印发《揭阳市揭东区2017年学前教育宣传月活动实施方案》。在全区幼儿园中组织开展“揭东区科学保教示范园”评选活动，揭东区春晖幼儿园、揭东区奇伟幼儿园、锡场镇小精灵幼儿园、锡场镇育苗幼儿园、玉滘镇金太阳幼儿园、云路镇佳跃幼儿园、新亨镇中心幼儿园、新亨镇中兴幼儿园8所幼儿园被认定为“揭东区科学保教示范园”。

【义务教育】　统筹推进城乡义务教育一体化发展，推进义务教育现代化学校建设，投入2000万元对全区60所学校实施运动场所提升工程，投入9000多万元用于义务教育阶段学校现代化设备及功能室建设，全区所有公办义务教育学校（含非完小）均100%创建成为广东省义务教育标准化学校，全区义务教育阶段学校教育现代化学校均自评达标。切实抓好控辍保学工作，2017年全区学龄儿童入学率100%，小学升初中升学率100%；初中在校生18007人，初中学龄入学率98.5%；初中毕业生升上高中阶段学校升学率100%，三残儿童少年入学率和巩固率均为100%。

【高中教育】　教育创先以来，全区投入1050万元用于普通高中校舍及运动场馆的新扩建工作，投入4350万元用于普通高中教育现代化设备及功能室建设，高中办学条件进一步改善，现代化水平得到提高。实施薄弱普通高中改造提升、优质普通高中再提升计划，稳步推进高中课程改革，探索差异化培养模式，高考成绩稳中有升：2017年，高中阶段教育毛入学率93%。2017年高考，揭东区报考5922人，上线5282人，上线率89.19%。其中，上一批线528人，上线率8.92%，上本科线2856人，上线率48.23%。

【成人教育】　健全以职业学校为骨干，以乡

(镇)成人文化技校为辐射点的农村职业与成人教育网络，把建好、办好示范性乡（镇）成人文化技校作为推进“农科教结合”和“三教统筹”的重要组成部分。至2017年年底，揭东区创办省级示范性成人文化技术学校1所（云路镇），市级成人文化技术学校1所（玉湖镇），镇级成人文化技术学校5所，村级成人文化技术学校103所，接受培训14350人。

【社会力量办学】 2017年，揭东区民办学校（幼儿园）75所（十二年一贯制学校1所，中职学校1所，义务教育阶段2所，幼儿园71所），在校生14868人，教职工1235人。贯彻落实市《关于进一步促进民办教育健康发展的若干意见》《揭阳市揭东区民办教育机构管理暂行规定》等文件精神，加强民办学校管理，规范民办学校办学行为，与民办学校签订各类安全责任书。建立健全民办学校校车安全管理制度。广东光正教育集团有限公司投入25500万元，改扩建华南师大粤东实验学校（揭阳市光正实验学校）。

【教育投入】 教育创先投入：以高起点、高标准、高质量为原则，创建“广东省推进教育现代化先进区”总投入约4亿元，其中投入4200万元用于义务教育阶段学校校舍及运动场馆的新改扩建，投入9000多万元用于义务教育阶段学校现代化设备及功能室建设，投入1.2亿元新建揭东二小，投入1.2亿元用于教育信息化建设，实现全区中小学校“网络全覆盖，装备全到位”。教育经费保障：全面按照“明确各级责任、中央地方共担、加大财政投入、提高保障水平、分步组织实施”的基本原则，将农村义务教育全面纳入财政保障范围，建立省、地级以上市、县分项目、按比例分担的农村义务教育经费保障机制。并按规定安排好农村义务教育经费保障机制预算；提高本级财政教育公用经费保障水平，足额拨付和规范使用农村义务教育学校各项专项资金，确保一般公共预算教育支出逐年只增不减，确保按在校学生人数平均的一般公共预算教育支出逐年只增不减。2017年，揭东区财政教育经费投入77226.06万元（其中预算内教育经费投入77142.35万元），计：中等职业教育经费3609.22万元，中学教育经费35499.17万元，小学教育经费35348.99万元，特殊教育经费243.65万元，幼儿教育经费819.53万元，教育行政单位经费761.41万元，教育事业单位经费770.63万元，其他教育经费173.46万元。落实资助政策：新设立区学生资助管理中心，2017年，落实各类资助对象7431人，涉及补助资金（奖学金）1001.015万元。其中，落实困难家庭儿童资助对象2333名，涉及补助资金233.3万元；落实建档立卡家庭经济困难生资助对象1074人，涉及生活补助资金322.2万元；落实高中非建档立卡贫困学生资助对象137人，涉及免学费资金34.25万元；落实高中贫困学生国家助学金资助对象1503名，涉及资金300.6万元；落实义务教育阶段特殊困难家庭学生资助对象1234人，涉及生活补助资金71.075万元；落实义务教育阶段一般困难家庭学生资助对象992人，涉及生活补助资金19.84万元；落实初中困难寄宿生资助对象158人，涉及生活补助资金19.75万元。

【师德师风建设】 成立师德建设工作领导小组，负责全区师德建设工作的指导和监管。加强师德制度建设，印发《严禁中小学校和在职中小学教师有偿补课专项治理工作方案》，从制度上加强师德建设。开展以“立德树人，做好学生引路人”为主题的师德教育月活动，通过演讲比赛、师德征文、师德巡回报告等形式，大力宣传优秀教师先进事迹，营造崇尚师德的环境氛围。2017年，林旭遴选为广东省中小学名教师工作室主持人，李永亮、林卫忠遴选为广东省中小学名校长工作室主持人，吴少辉被评为正高级教师，刘艺君等183位教师被评为高级教师，林晓婷、孙月琴、林丽凤、林旭等4位教师荣获“潮汕星河辉勇师表奖”，第三届名校长9人、名教师27人年度考核全部合格，全区教师师德考核结果均为合格以上等次。

【德育工作】 开展文明创建系列活动，印发

《揭东区教育系统2017年创建广东省文明城市主题系列活动方案》《揭东区中小学文明校园创建实施方案（2017—2020年）》，开展“文明在我身边”主题征文、“文明在揭东”现场书画比赛，不断丰富活动内容，揭东区第四小学被评为“广东省文明校园”。做好全区中小学内涵发展和特色化建设项目结项验收工作，有131个项目通过区教育局的评估验收，并由区教育局确认命名。推进省、市名班主任工作室建设，省级名班主任李桂华工作室期满考核优秀，自动进入下一周期建设；第一批市级名班主任倪晓霞工作室、林素霞工作室顺利通过市终期考核，第二批市级名班主任黄少坤工作室、黄彩旋工作室、陈秋霞工作室的申报获市审批通过。开展全区中小学优秀德育论文评选活动，评出获奖作品51篇。加强禁毒宣传教育，制订《揭东区教育系统2017年禁毒教育工作方案》《揭东区教育系统禁毒宣传教育工作方案（2017—2019年）》，开展“无毒青春·健康生活”中小学生禁毒征文和“全民禁毒.众剑行动”中小学生禁毒手抄报比赛。2017年，有186名学生被评为“揭东区三好学生”，185名学生被评为“揭东区优秀学生干部”，92名学生被评为“揭阳市三好学生”，58名学生被评为“揭阳市优秀学生干部”，50个班集体被评为“揭阳市先进班集体”，9个集体或个人获潮汕星河奖；3名学生被评为“广东省优秀学生”；6名学生获省宋庆龄奖学金。

【体卫艺工作】

体育方面 参加揭阳市第七届运动会暨第四届学生运动会，获得团体总分1395分（18金、12银、16铜）全市第四的优良成绩。参加“揭阳市第三届学生校园足球比赛”，蓝田中学、玉湖镇宁化初中分别荣获全市高中组、初中组冠军。举办揭东区首届中小学生校园足球比赛，有17支学生代表队参加比赛。

卫生方面 联合区疾防中心对全区中小学生全面开展健康体检。落实食堂办理“餐饮业服务许可证”“健康证”及“食品卫生管理员培训证”。联合区食药局等部门对全区中小学校食堂进行春秋季专项检查和学校卫生综合评价工作。

艺术方面 举办揭东区2017“文明在揭东”中小学生现场书画比赛，并择优推送优秀选手参加揭阳市中小学生“星河杯”现场书画比赛，获市级奖励18人次。组织全区28名初中美术教师参加全市培训活动，3名教师获市中小学青年美术教师教学能力大赛一等奖并代表揭阳市参加首届广东省中小学青年教师教学能力大赛，举办揭东区2017年中小学师生才艺比赛。

【教育督导】 推进教育创先，圆满完成省对揭东区创建“广东省推进教育现代化先进区”视导工作任务；做好申报“教育强区”复评和创建“广东省推进教育现代化先进区”相关工作；做好教育强镇复评工作，率先在全市实现教育强镇复评全覆盖。做好国家义务教育质量监测工作，成立揭东区义务教育质量监测工作领导小组，召开领导小组成员会议、动员大会及各类培训会，制定义务教育质量监测工作实施细则，20所样本校均按照规定时间节点有序实施监测，顺利完成国家布置的监测任务。规范办学行为，推进规范化幼儿园评估验收工作，有12所幼儿园通过规范化幼儿园评估验收；做好督学责任区工作，重新选聘24名责任区督学。依法治教，组织全区教育系统干部职工参加法律知识考试及考核工作；做好依法治校示范校工作，揭东二中通过“广东省依法治校示范校”认定。

【教育科研】 以提高教学质量为中心，致力于推进教研教改工作，狠抓教学质量的提高。印发《揭阳市揭东区教育科研课题管理办法（修订）》，推动课题管理更规范有效。深入开展课题研究，全面提升教研品质。2017年，全区有239项教育科研课题通过结题验收并获得结题证书（其中国家级课题3项，省级课题19项，市级课题81项，区级课题150项，校级课题748项），有100个区级课题区级课题、22项市级课题、20项省级课题通过立项申报并开展研究。组织教研员参加市级以上的学习和培训218多人次。揭东区各级教研中心组开展的公开课达6443节、专题讲座1085场，教师撰写的教学论文或经验总结9231篇（其中在市级以上刊物发表的论文102篇），揭东区师生参加各级有关部门组织的教学教研交流、竞赛活动取得显著成效，获国级奖励30人次，省级奖励84人次，市级奖励292人次，区级奖励3093人次。

（区教育局办公室）

【学校介绍】 揭东区广播电视大学（揭东区教师进修学校）

学校于1999年2月开始筹建，2000年3月经广东省高教厅批准成立，主要负责揭东区的高等教育，后与揭东区教师进修学校合署办公，实行“两块牌子、一套人马”，实现资源共享，优势互补。学校现占地面积10亩，建筑面积11000平方米，其中教学用房5700平方米。现有教室24间，其中，网络教室4间，多媒体教室19间，教室座位近1500个，CAI制作室1间，语音室1间，电子技术实验室1间，舞蹈室1间，以及卫星电视接收系统和揭东电大网站。教学设备较齐备。教职工39人（含电视大学），本科学历34人，中级职称33人，高级职称5人，其中，专任教师21人，本科学历20人，高级职称2人，中级职称19人，聘请兼职教师6人，其中，中级职称4人，高级职称2人。

区教师进修学校主要承担小学教师继续教育培训（含新教师培训、教育系统公修课及各类教师的短期培训等）。学校根据省教厅《〈关于中小学教师继续教育规定〉的实施细则》，利用寒暑假，开展小学教师职务培训、新任教师培训、《计算机网络应用》培训、“二学”补修及专业技术人员公修课程的培训等。1998—2017年培训小学教师11万多人次。

区广播电视大学坚持以人为本、科学发展的办学方针，自1999开始办学至2017年，向社会输送各类毕业生近10000人，至2017年底，揭东区广播电视大学开设本科行政管理、教育管理，专科法学、行政管理、教育管理等5个专业，在校学生600多人。

揭东第一中学　学校位于揭东城区中心片区，占地面积约12万平方米，建筑面积7万多平方米，创办于1996年9月，2002年、2003年、2010年先后被评为市、省一级学校、国家级示范性普通高中。

学校教学区、运动区和生活区“三区”分明，绿化覆盖率达到62%，环境优美。校舍建设总投资近2.5亿元，全部教室配套多媒体平台；拥有400米标准塑胶跑道的田径运动场1个、铺设人工草坪的足球场1个、篮球场11个以及网球场等大批体育设施；有创客实验室、电子计算机实验室、理化生实验室等功能室。现有教学班75个，学生4068人，教职工312人，其中专任教师265人。教师中具有正高级职称1人，高级职称84人，中级职称128人，初级职称48人；具有研究生学历7人，在读研究生22人，本科学历289人。有全国优秀教师1人，全国“千名骨干校长”培养对象1人，“南粤优秀校长”1人，广东省名校长1人，省特级教师2人、省级优秀教师11人，省级以上骨干教师培养对象22人，市级学科带头人10人；有省级名教师1人，区级名教师13人，区教研室兼职教研员13人。

6月7日，副市长姚丽璇（前中）在区领导蔡淡群、方烽的陪同下到揭东一中调研　　（区教育局　供稿）

学校坚持以科学发展观为指导，以“以人为本，科学管理，和谐发展，追求超越”为办学理念，以“勤奋，求实，立德，创新”为校训，引领打造高品位校园文化，实施素质教育，取得显著成绩：至2017年，学校为全国高等院校培养输送了1.9万多名优秀学生，其中有7名学生先后考入清华大学和北京大学。2017年高考再创佳绩：上一批线403人，一批上线率21%；上本科线1621人，比上年增加131人，本科上线率85%，创历史新高。近三年，学生参加各级各项竞赛获省级以上奖励500多人次。学校先后获“广东省先进集体”“全国教育系统先进集体”“广东省依法治校示范校”“广东省职工书屋示范点”“广东省科学教育特色学校”“广东省安全文明校园“ “揭阳市师德建设先进集体”，多次荣获“揭阳市高考成绩优异奖”。

揭东区第二中学　学校创办于2008年，是广东省一级学校、揭东区重点高中。学校占地面积12.65万平方米，建筑面积8.75万平方米，设置学位4500个和宿位4200个，图书馆藏书15.97万册，教学区、运动区、生活区三区分明，设备设施完善，功能齐全。

学校（含初中）现有学生4079人，教职工317人，专任教师293人，学历达标率100%，其中研究生毕业8人，在读研究生15人，获“南粤优秀教师”称号3人，获“潮汕星河辉勇师表奖”3人，省劳模1人，省特级教师1人，省名班主任工作室主持人1人，省名教师工作室主持人1人，省级骨干教师15人，市、区拔尖人才2人，区名教师8人。

学校确立“以人为本，为学生的终身发展奠定基础，培养具有社会公信力人才”的教育理念，以“自强不息、厚德载物”为校训，以“高起点、严要求、精管理、重细节”为办学思路，坚持以优秀文化为引领，推行特色教育，注重学生核心素养的培养，走内涵发展之路。

至2017年，师生获省级以上奖励240多人次。学校历经七届高考，本科上线率均在70%以上，名列全市前茅，为本科院校输送了近5400名优秀学生，其中有530多名学生考入同济大学、中山大学、华南理工、厦门大学、中央美院、北京航空航天大学等名牌大学。2017年，全校上一批重点线117人，比2016年增加44人，一批上线率8.95%；上本科线960人，比2016年增加89人，本科上线率73.45%。

学校连续六年被评为“揭阳市高考成绩优异学校”，先后获得“广东省五四红旗团委”“揭阳市餐饮服务安全示范单位”“揭阳市平安校园”“揭阳市优秀志愿服务集体”“揭阳市学校体育工作优秀学校”“揭东区教育工作先进单位”“揭东区先进基层党组织”“揭东区文明单位”等三十多个荣誉称号。

华南师大粤东实验学校　学校位于揭东城区，始创于2000年9月，原名揭东县实验中学，2011年5月正式更名为华南师大粤东实验学校，2017年，由广东光正教育集团与华南师大粤东实验学校联合举办（2017年6月签署联合办学协议）。学校占地面积12.68万平方米，校园建筑面积6万多平方米，办公楼、教学楼、科技楼、图书馆、艺体中心、食堂、宿舍等教学、生活场所布局合理、配套齐全；田径场、足球场、篮球场等运动场地及设施设备符合国家标准；综合电教室、计算机室、多媒体网络教室、多功能报告厅等现代化的教育设施一应俱全；各场室均接通互联网，实现教育技术装备的标准化、信息化、现代化。

学校为12年一贯制民办学校，设小学、初中、高中三个学部，现有教学班95个，学生4445人，教职员工448人。

学校秉承“以诚心服务社会，以爱心培育人才”的办学宗旨，坚持依法治校，注重精细管理，践行改革创新，取得较为喜人的成绩。2017年中考，有6名学生总分居揭东区前十二名，96人上揭阳市一中正取线，354人上揭东区一中正取线，623人上揭东区二中正取线；考上重点中学比率达67.64%，综合成绩蝉联全区16连冠。

学校先后被授予“广东省教育系统关心下一代工作先进集体”、“广东省书香校园”、揭阳市“中高考成绩优异奖”、“揭阳市语言文字示范性学校”、“揭阳市五四红旗团委”、“揭东安全文明校园”、“揭东教育工作先进单位”等荣誉称号。未来，学校将投资15亿元，力争建成15年一贯制、办学规模达1.8万人的高起点、高标准、高质量全寄宿制学校。

揭东区现代职业技术学校　学校创办于2000年，坐落在揭东开发区黄金地带，交通便利，占地面积53亩，校舍建筑面积3.8万平方米，环境优美，布局合理，设施完善，是一所集中职学历教育、职业技能培训、成人在职学历教育、就业服务、技能鉴定于一体的综合性学校。

学校开设模具设计与制造、机电技术应用、汽车维修、服装设计与工艺、电子商务、计算机应用、会计等专业，其中汽车维修专业是揭东区特色示范专业，也是学校重点建设专业。现有教职员工68人，其中专任教师52人，双师型教师38人，另聘请3位企业高技能人才作为兼职教师，形成专兼合力的“双师型”结构教师团队。2017年，有全日制在校生693人，短期培训学员500人。

至2017年，学校秉承“一专多能，品学兼优”的校训，以“团结、守纪、求实、创新”为校风，以“管教、管导、管成才”为教风，以“爱我专业、学我专业、奉献社会”为学风，把德育工作放在重要位置，采取“服务+管理”的方式，注重学生文明礼貌、行为规范和职业道德等方面的培养，设立众多学生社团，提高学生的综合素质，提升校园文化底蕴。坚持“做人处世+技能实践”人才培养模式，主动适应社会经济的发展需要，为社会培养数以万计的技能型人才。

学校先后荣获“全国职工教育示范单位”“揭阳市安全文明校园”“揭阳市高校毕业生就业见习基地”“揭东区高校毕业生就业见习基地”“揭东区教育先进单位”“五四红旗团委”“优秀志愿者团队”等荣誉称号。

揭东区青少年宫　创办于2007年8月，为区教育局属下股级事业单位，于2018年1月3日迁入新址，现位于揭东区福源路与车田大道交界，占地面积近16亩，建筑面积5000多平方米。在职人员8人，其中本科学历6人，大专学历2人。中级职称7人，初级职称1人，其他专业教师均为择优外聘。

区青少年宫以“扬起艺术风帆，成就人生梦想”为工作目标、以“面向学校、面向青少年，遵循身心发展规律，普及与提高相结合，自愿参加，非盈利性”为工作原则，促进青少年全面发展。现有多媒体电教室2间，电子琴室、钢琴室、合唱室、美术室、书法室、舞蹈室、跆拳道室、机器人创客室、陶艺室、等功能室各1间，另有电子钢琴、钢琴、萨克斯、大提琴、小提琴、民谣吉他等西乐，二胡、扬琴、琵琶、古筝、葫芦丝、笛子、箫等民族乐器，爵士鼓、电吉他、电贝司等电声乐器。所有场所均对外免费开放活动练习，能满足各方面人才培养的需要，每年培训青少年学生4000多人次。

区少年宫是学校教育的延伸和补充，是广大青少年学生课余素质教育基地。2017年，继续开展一系列资助未成年人开展普及性的非营利性公益活动，主要活动有：1.送教下乡，组织舞蹈、跆拳道、象棋、书法（毛笔）、美术（儿童画、手工）、民乐、童声合唱团等项目骨干艺体类教师进校园并赠送教材、学具，培养孩子们对艺体类学习的兴趣，提高艺术能力；2.开办免费公益班，如合唱班、小主持人班等，成立童声合唱团，举办公益篮球比赛，开展师生才艺展演。

揭东区玉湖职业技术学校　学校始建于1956年9月，前身是揭阳县县属完全中学。1991年9月改制为职业技术学校，附设普通高中和初中，2007年建成新校区。新校区占地面积79920平方米，建筑面积27457平方米，教学、生活、运动三区分离。现有34个教学班，1314名学生（其中初中学生539名，高中及中职学生775名），有正式教职员工172名，专职教师162名，其中高级教师7名，中级教师114名。

教学、生活、运动三区分离，校园的绿化率达标。教育教学设施配备完善，实验室、阅览室、计算机室、音乐室、体验器材室、心理咨询室等功能室齐全，体育运动场地符合国家标准。

学校秉承“构建文明和谐校园，培养健康发展学生”的办学理念，以艺体教育为特色教育发展方向。学校教风严谨，学风优良，办学质量不断提高。2017年，学校参加普通高考学生236人，上本科18人，专科176人，上线率82.2%；参加高职高考学生43人，上线20人，上线率46.5%。普通高考、高职高考上线率均列本区同类学校前茅。同时，中考上重点线学生人数逐年攀升，2017年上市县重点中学23人。学校先后荣获“广东省五四红旗团委”“揭东安全文明校园”等称号。

蓝田中学　学校位于新亨镇镇区G206国道旁，占地面积近150亩，前身是创办于南宋（公元1149年）的蓝田书庄。2007年，蓝田中学第四次易地新建，新校按照“一次性规划，分期建设，争取50年不落后”的理念，严格执行广东省一级学校标准规划建设，实行教学区、科研办公区、运动区、生活区四区分离，办学环境优越，教学配套设施基本齐全。学校现有学生3134人；全校教职工207人，其中研究生（含在读）5人，占2.4%，专任教师本科率100%；特级教师1人，中学高级教师37人，占18%，中学一级教师98人，占47%，85%以上的教师具备高中三年循环教学经验。

至2017年，先后为中山大学、华南理工大学、暨南大学、西安交通大学、华南师范大学等名校输送了众多优秀学生，多次荣获“揭阳市高考成绩优异奖”称号。近年来，学校先后有140多人次获全国群众体育先进个人、广东省新一轮“百千万人才培养工程”名校长培养对象、广东省特级教师、广东省名校长工作室主持人、广东省中小学校长培训中心兼职教授、广东省教育督导学会高中教育督导评估专家、揭阳市优秀专家和拔尖人才、揭阳市人民政府教育督导室督学、广东省师德先进个人、揭阳市优秀教育工作者，以及市、区“名教师”、“先进教育工作者”、“优秀教师”、“优秀班主任”等光荣称号。

学校先后被评为全国首批青少年校园足球特色学校试点单位、国家定点考场、广东省安全文明校园、广东省厂务公开民主管理工作示范单位、揭阳市一级中学、揭阳市首个教师专业发展学校、揭阳市创建无毒学校先进单位。

锡场中学　学校坐落于锡场镇打石岭，创建于1959年7月，是揭东区一所全日制公办高级中学，是揭阳市一级学校，揭阳市美术教育示范基地，揭阳市规范汉字书写教育特色学校。学校环境幽雅，布局合理，教学区、生活区、运动区三区分明，广播系统网、安全闭路监控系统网、校园网络系统网“三网”安全设施完善。录播室、电子图书阅览室、多媒体室等现代化教育教学平台，音乐、美术，物理、生物、化学实验室等功能室一应俱全，塑胶跑道等体育设施齐全，广播系统网、安全闭路监控系统网、校园网络系统网“三网”安全设施完善。师资力量雄厚，有中学高级教师22人，研究生3人，省骨干教师5人，专任教师学历达标率100%。

学校秉承“以生为本、特色引领、精细管理、创建品牌”的办学理念和“以人为本、德育为先、内涵发展、和谐共进”的办学宗旨，“爱国守纪、勤学奋进、以诚为本、唯真是求”蔚为气象，坚持“质量立校、科研兴校、文化领校、特色强校”的办学思路。坚持“问题即课题，行动即研究，改进即效果”的教研思路，教改课题立项项目省级1项、区级3项（均成功结题）；坚持科学备考、高效备考，追求低进中出、中进高出、高进优出的办学效果，2017年高考成绩位列面上高中前列。锡场中学荣获锡场镇2017年度“教育工作先进单位”称号；锡场中学团委荣获“广东省五四红旗团支部”称号。

云路中学　学校创办于1956年，是一所历史悠久、人文蔚茂、环境优美的完全中学，占地面积约2.3万平方米，总建筑面积2.5万平方米。校园布局合理，教学设施配套完善，配备录播室、多功能电教室、语音室、实验室等功能室及200米环型运动场等体育设施。2017年有学生1140人，教职员工196人，学历达标率100%。

学校以“以人为本，内涵发展”为办学理念，以“崇德、尚文、励志、敦行”为校训，依法治校，实行封闭式管理和开放性办学相结合的管理新模式，致力于“平安云中、质量云中”建设，努力改善办学条件，规范办学行为，全力营造“守时敬业，爱生奉献”的教风和“勤学守纪，尊师爱校”的学风。

举办“倡导友善　共建和谐”“心理教育进校园”“潮艺馨　乡情浓”等活动。2017年学校教师参加论文评比获市、区奖励6人次；师生参加各级各类比赛获市、区奖励53人次。

学校先后荣获潮汕星河奖集体品德奖二等

奖、揭阳市青年志愿者服务先进集体、揭阳市平安校园等荣誉称号。

梅岗中学　学校创办于1950年春，位于揭东中心片区，占地面积4.2万平方米，建筑面积2.1万平方米，交通方便，环境幽雅，为揭阳市一级学校、国家级定点考场、揭东区道德礼仪教育试验基地、美术创作基地、揭东区次重点高中。

校园布局合理，教学设施配套齐备，拥有标准300米环形跑道运动场、篮球场、羽毛球场、足球场、排球场及单双杠等体育设施。拥有图书室、阅览室、电脑室、音乐室、舞蹈室、物理实验及仪器室、化学实验及仪器室、生物实验及仪器室、体育器材及活动室、广播室等共25间功能室。学校信息化建设稳步发展，拥有校园广播系统网、高考闭路系统网、网络系统网，完成“三通二平台”的建设，所有教室均为多媒体教室，教师每人拥有一台电脑，校园网使用600兆电信光纤接入国际互联网和500兆接入揭东教育城域网，在图书管理、财务管理、食堂管理等方面实现数字化办公。

学校设立初中部和高中部，2017年有46个教学班，学生2570人（初中生305人，高中生2265人），教职工225人，中学高级教师65人，中学一级教师134人。现任校长为吴潮锋。

学校在依法治校、依章治校的基础上，逐步把制度管理上升为人文管理，以“厚德、笃学、求实、创新”为校训，全面实施素质教育，形成“团结、守纪、勤奋、求实”的优良校风。2017年，师生在各项比赛中获区级以上奖励共267人次。2017年高考成绩喜人，上线率68.2%，比去年提高11.8个百分点，其中上一批线2人，上本科线36人。

学校先后被评为揭东区“安全文明学校”“揭东县先进基层党组织”“固本强基先进单位”“五四红旗团委”“朝阳读书活动”先进集体。

揭东区第二小学　学校位于揭东主城区中心片区，学校新址建设工程于2016年10月开始动工，2017年年底竣工交付使用，工程总投资1.2亿元。学校新址占地面积44423平方米（66.7亩），总建筑面积约29780平方米，其中教学区建筑面积约18600平方米，生活区约5920平方米，运动区约5260平方米。建设有教学楼、教学综合楼（含行政楼）、艺术楼、活动中心、风雨操场、教师工作楼A/B、饭堂等，办学规模有48个教学班，最多可容纳2400个学生就读。截至2017年，开设13个教学班，学生732人，教职员工42人。

学校教育教学设备全部采用智能化、现代化理念配置，有智能化云教室、智能化录播室及观摩室、创客空间实验室、智能化舞蹈室、智能化综合实践活动室、智能化多媒体教室、智能化安防设备实施、国学活动室（道德讲堂）等现代化场室和设备。学校布局合理，建筑设计科学，教学设备先进，场室功能完善，是一所极具魅力的现代化学校。

学校坚持以管理促发展，以管理提质量，不断提升学校的办学品位，先后被评为“揭东区平安校园”“揭东区文明校园”“揭阳市少先队红旗大队”“揭东区少先队红旗大队”“揭东区德育达标学校”、“揭东区校园文化建设达标单位”、“揭东区校本教研达标单位”“揭阳市安全标准化建设达标单位”“揭东区国学经典诵读特色学校”。

玉湖镇新寮小学　学校位于揭东区玉湖镇新寮村，是一所农村公办完全小学，占地面积1万平方米，建筑面积3240平方米。现开设9个教学班，在校学生293人，教职员工17人，其中专任教师16人，本科学历13人，专任教师学历达标率100%。

2017年，学校借教育创强、教育创先东风，通过多方努力，实现办公网络化，教育信息化和管理现代化，达到义务教育现代化学校标准。

学校确立“以人为本，全面发展”的素质教育办学理念，秉承“砺志勤学，勇创一流”的校训，打造“努力学习，拥抱未来”的校风，发扬“乐教善教，敬业爱生”的教风，形成“勤学好问，善思苦练”的学风，积极践行社会主义核心价值观，依托本地乡贤中国核潜艇之父——黄旭华的先进事迹，培养学生的爱国主义精神。积极开展青少年校园足球特色活动，被国家定为“全国校园足球特色学校”，2017年新寮足球队参与玉湖镇体育节校园足球联赛，取得亚军的好成绩。开展校园集体舞等特色活动和书画班兴趣活动，校园文化特色突出。在创建文化校园中，成绩优异，办学效果等到社会认可。近几年，学校师生参加各级各类比赛获区级奖励5人次。

新亨镇硕榕中心小学　学校创办于1952年，是一所公办全日制完全小学，占地面积20500平方米，建筑面积6036平方米。目前，由硕榕村乡贤陈见喜独资捐建的硕榕中心小学埔东北校区已开工建设。学校图书阅览室、计算机室、科学实验室、科技活动室等功能室一应俱全，同时拥有标准运动场1个。现有教学班19个，教职员工43人，学生760人。

学校以“办好人民满意的教育”为目标，坚持走“特色立校”之路，外树形象，内强质量，狠抓管理，改善校风和学风。近年来，师生参加各级各项竞赛获国家级奖项38项，省级奖项42项，市级奖项56项，区级奖项196项；在镇组织的多次教学评估中综合成绩名列前茅；已验收通过的国家级、市级、区级科研课题6个，“陈秋霞揭阳市小学名班主任工作室”于2017年挂牌。

学校校长梁彬被评为揭东区第三届“名校长”。学校先后获市“揭阳市青少年毒品预防教育示范学校”“揭阳市规范汉字书写特色学校”“德育工作示范学校”“先进基层党组织”“教育工作先进单位”等荣誉称号。

中国工农红军揭阳潭王蓝康红军小学（锡场镇潭王小学）　学校是一所全日制农村公办小学、革命老区学校，前身是建立于国共合作抗日时期（1939年秋至1945年）的“蓝康中心学校”，是一所闻名遐迩的“红色学校”，为潮汕抗日战争和解放战争做出重大贡献。2017年5月，学校通过全国红军小学工程建设理事会考察验收，正式成为“中国工农红军揭阳潭王蓝康红军小学”，第十届全国人大常委会副委员长、中国关心下一代工作委员会主任、全国红军小学建设工程理事会荣誉理事长顾秀莲等领导亲自给学校授“中国工农红军揭阳潭王蓝康红军小学”校旗、校牌。

学校环境优美，教学设施较为齐全，拥有风雨礼堂、多媒体室、音乐室、体育室、图书室、阅览室、少先队队室、仪器室等专用功能室，图书室藏书1万多册。现开设教学班13个，学生489人，教师32人，教师学历达标率100%。

学校以“红色基因、代代相传”为校训，以“敬业爱生、严谨求精”为教风，以“尊师守纪、文明好学”为学风，以红色教育为办学特色，活动形式多样，多次参加省、市、区表演和比赛，《穿上红军的军装》等作品受到大家认可。在红色精神的滋养下，学校教育教学质量稳步提高，2017年，师生参加各级各类比赛获省级奖励1人次，区级奖励1人次，镇级奖励10人次。

埔田镇车田小学　学校始建于1952年，是一所全日制公办完全小学，前身可追溯到明朝时期的私塾学堂。1958年，正式定名为车田小学。1992年，搬迁至新校址办学至今。2008年建成新教学楼，后经村党政和上级教育主管部门不断加大教育投入，学校环境不断优化，硬件设施齐全，达到广东省现代化建设标准。配备计算机教室、图书阅览室、美术教室、音乐教室、书法教室、科学实验室，所有教室均配备多媒体设备。现有教学班13个，学生378人。

学校文化底蕴较为丰厚，始终以“关爱师生，温暖校园”作为办学理念，逐步形成“乐学、刻苦、求异、拼搏”的浓郁学风，“科学、严谨、探索、开拓”的醇厚教风，“文明、守纪、求实、创新”的良好校风和“好学、乐思、明德、至善”的校训。积极探索现代化办学模式，全面推进素质教育，以校园文化助推学校发展，努力打造特色教育品牌。

云路镇洪住初级中学　学校成立于1991年秋，是一所公办完全初中，前身为洪住小学附设初中，2011年5月，学校在原址上改建扩建新校舍，2012年9月竣工交付使用，总建筑面积4441平方米，配套有多媒体教室，图书馆、阅览室、电脑室、化学实验室、物理实验室、美术室、音乐室、心理咨询室、社团活动室、体育活动室等。校区全面安装监控，配备智能广播，配套篮球场、环形塑胶跑道等体育活动设施。

2017年，有教学班6个，学生284人，教师

38人，其中大学本科文化程度34人，大学专科文化程度4人，具有高级职称3人，中级职称33人，初级职称等2人。

学校坚持“以人为本，和谐发展，德育为首，科研兴教，全面发展，全员管理”的办学指导思想，与时俱进，改革创新，探索科学管理模式，实施文化治校方略，加强教师队伍建设，教学教育质量稳步提高，为社会和高一级学校培养输送了一批批优秀人才。

玉滘镇东面小学　学校创办于1922年，前身为官硕小学，占地面积约7330平方米，建筑面积3368平方米。现有教学班8个，学生316人，教师17人，其中专科、本科学历教师16人，高级职称教师1人，中级职称教师13人。校园环境优美，布局合理，配套设施齐全。

学校坚持“文明、和谐、发展”的办学理念，以“建有文化的校园，塑有理想的教师，育有特长的学生，办有特色的学校”为办学目标，以“勤奋、严谨、团结、向上”为校训，“厚德、博学、启智、育人”为教风，“强健、笃学、端行、远志”为学风。

近几年来，学校综合实力不断增强，先后荣获揭东区“优秀少先队大队部”、“优秀少先队红旗大队”、“平安校园”等称号；顺利通过揭东区“校园文化建设”“校本教研”“绿色校园工程建设”“教育创强”和“教育创先”检查验收；先后被评为区、镇“教育工作先进单位”、“先进基层党组织”、“德育量化管理先进单位”。

（区教育局办公室）

科　技

【概况】　2017年，全区有23个项目列入省、市科技计划，专利申请量568项，其中发明专利66项。新增省级工程技术研究中心3个，新增市级工程技术研究中心4个，实施产学研项目5个，投资近2000万元。

【产学研合作】　把产学研合作当作是科技工作的重中之重，鼓励企事业单位与高等院校、科研机构开展多种形式的产学研合作，把国内外高校、科研机构的人才、技术、项目等创新资源引向揭东区，引导企业与高等学校、科研院所合作，鼓励企业创建研发机构，开展“实验室+”行动，牵线搭桥巨轮、热金宝、中宝、越群、润佳肠衣等多家企业与广东工业大学、华南理工大学、哈尔滨工业大学、中山大学、广东医学院等院校开展产学研合作。

【知识产权工作】　高度重视知识产权保护，加强《中华人民共和国专利法》的宣传，鼓励企业积极申请专利，鼓励高新技术企业和省民营科技企业开展技术创新，提高企业专利申请积极性，全年专利申请量568件，其中发明专利66件，国际专利4件，超额完成市下达任务。巨轮公司获得“中国专利优秀奖”，越群公司获得“广东省科学技术奖”。

【科技计划】　贯彻落实2017年省、市创新发展大会精神，区委、区政府召开全区创新发展工作大会进行部署，并先后出台《关于全面深化科技体制改革加快实施创新驱动发展战略的意见》《揭东区实施创新驱动发展战略2017年重点工作任务实施意见》等政策性文件，推动科技创新发展。实施“创新驱动”发展战略，培育创新型企业，鼓励企业申报国家高新技术企业认定和培育入省级库，加快企业创新平台和载体建设。成功申报认定真丽斯、中穗、恒成、运泰、万事达、银利、金万得、银炜8家高新技术企业，申报重新认定吉青、世信、中宝、巨轮、海兴、万汇6家高新技术企业；申报恒成、恒翔、美橙、金万得、中穗、新广联、银利、骏佳、银炜、运泰10家企业培育入省级库；已认定易成、捷发、蒙泰、鹏锦4个科技特派员工作站；认定蒙泰、白石、真丽斯3个省级工程技术中心，恒翔、新广联、润丰、通威4个市级工程技术中心，真丽斯、鹏锦、新广联、恒翔4个市级企业技术中心。巨轮公司认定为国家绿色制造示范企业，组建“广东省智能制造技术与装备企业重点实验室”，“中小企业模具技术公共服务平台”列入广东省中小企业自主创新提升工程、“轮胎模具精密加工智能数字化车间”列入2017年广东省智能制造试点示范项目，承担省科技厅“工业机器人与智能制造系统控制集成技术研发和应用”科技攻关项目获得省科技成果鉴定（评价）；蒙泰公司认定为国家功能性聚丙烯纤维研发生产基地；越群公司“重要海水鱼类种苗开口饲料研发及应用”“高效环保虾苗开口饲料的研发与应用”科技攻关项目获得省科技成果鉴定（评价）。

【科技宣传】 通过多种形式，宣传“科学技术是第一生产力”思想，组织开展“科技进步活动月”宣传活动，宣传揭东区科技事业发展新成就，营造有利于创新的社会氛围，推动我区经济提速提质发展；通过开展科技活动月活动，宣传科技创造美好生活，增强全民科学意识，提高全民科学素质；宣传防灾减灾日等科普宣传活动，提高公众的防震、避震、自救互救意识。

【信息化管理】 广东吉青电缆实业有限公司认定为省“互联网+先进制造”企业，揭阳市揭东区润丰生猪养殖专业合作社认定为省“互联网+现代农业”企业，揭阳市港荣食品发展有限公司认定为省“互联网+现代商务”企业。

文　化

【概况】 2017年，区文广新局贯彻中共十八大、十九大精神和《广东省建设文化强省纲要（2011—2020）》，实施文化惠民工程，做好文化设施建设和抓好文化市场经营秩序工作，促进全区文化市场和广播电视、新闻出版业健康有序发展，为揭东区打造“生态型、效益型”新型城镇化示范区营造良好的文化氛围。

【公共文化建设】 加快基层综合性文化服务中心示范点和镇（街道）文体广场建设　根据《广东省文化厅关于贯彻落实〈广东省人民政府办公厅关于推进基层综合文化中心建设的实施意见〉的通知》全区完成新亨镇硕和村、玉湖镇大坑村、玉联村文化中心创建示范点和曲溪街道办事处、埔田镇为文体广场创建示范点建设；申报的锡场镇大寮村、华清村、曲溪街道港畔村、玉滘镇池厝渡村等4个村列入基层综合性文化服务中心示范点名单。

完善图书馆配套设施建设，提高服务效能　区图书馆新设立少儿阅览室，完善少儿阅览室内部配套设施；借阅室购置超星少儿一体机、卓舟数字化服务平台，免费为少年儿童及读者提供数字资源服务；设立揭东区图书馆网站和微信公众号，安装免费Wi-Fi设备，为广大读者提供方便服务；营造便民、惠民、为民的阅读环境。

【“非遗”保护】 完善博物馆配套建设　量身定制钱币装具1200个，文物锦盒装具300件套并已分装使用，保证了文物，特别是易碎易氧化的文物的存放安全。

进一步抓好文物保护单位“四有”　“四有”指有保护标志、有划定保护范围、有保护机构、有资料档案。6月，将曲溪街道陇埔古建筑群申报为省级文保单位；继续抓好非物质文化遗产的调查和保护工作。

多方渠道增加馆藏文物　经向上级争取，省调拨的深圳海关罚没文物、工艺品的顺利完成交接工作，接收文物、工艺品等667件，一定程度地充实了馆藏。并进行初步的整理、登记工作。

开展文博知识和文化遗产保护宣传　在“5·18”国际博物馆日和文化遗产日期间，设计制作“5·18”文博知识宣传栏进行宣传，还分别在博物馆展厅、区图书馆、各个中小学校以及部份机关企事业单位分发文博知识宣传手册，提高广大民众对文博知识的认知和文化遗产保护的意识。

【群众文化】 开展群众性文化活动　结合春节、元宵等传统节日开展群众性文化活动，营造欢乐祥和的的节日气氛。抓好业余文化队伍建设，加强对社区、学校、企业文化活动的辅导、培训，为全区各类文化活动的开展打下坚实的基础。农历正月期间在区榕泰广场举办潮剧专场演出，初五晚至十五晚在人民广场、榕泰广场举办电影放映。积极开展送戏下乡活动，全年送戏下乡90多场次。

举办七月七民俗展示系列活动　农历七月初七，与区文明办等单位举办“出花园”民俗活动，旨在通过弘扬中华民族传统节日文化和地方特色民俗风情，让青少年热爱家乡，立志成才，报效祖国。是日有10多个家庭参与此项活动。

【文艺创作】　1月14—19日，举办创文系列活动之“‘汲古润今’李鸣泉书画临书观摩展”；2月6—2月11日，举办“文明家园汉唐风——陈锐才书画作品展”；2月19—25日，举办北京邢亚洲老师山水画展；7月8—31日，在一楼文化长廊举办由揭东图书馆主办，揭东文化馆、揭东博物馆协办的“文明揭阳　你我共建”图片展；9月8—15日，在博物馆四楼展厅举办“《推陈出新》陈少田、陈再飞国画联展”。

【文化市场管理】　加强文化市场管理，贯彻落实《娱乐场所管理条例》《营业性演出管理条例》《互联网上网服务营业场所管理条例》等法律法规，按照上级关于整顿和规范文化市场经营秩序的工作部署，履行文化市场的监管职能，一手抓繁荣，一手抓管理，促进文化市场健康发展。一是与娱乐场所主要负责人签订“禁毒责任承诺书”“守法经营责任书”；二是倡导“文明经营、绿色上网”，规范经营跌序，与有证网吧经营户签订“守法经营责任书”，做到“文明办网，文明上网”。

加大文化市场执法力度，净化出版物市场。采取集中行动和日常检查相结合的办法，多措并举加强对歌舞娱乐场所、印刷复制企业、网吧经营场所、音像制品经营单位的巡查，共出动检查160多次，出动检查人次900多人次，检查网吧32家、印刷企业54家、歌舞娱乐场所4家，处罚网吧4家，取缔非法音像制品和书报摊档2宗，并查缴盗版光碟80余张，收缴非法出版物200多本（册），进一步规范文化市场秩序。

【队伍建设】　加强政治理论学习　学习宣传贯彻党的十九大精神，以习近平新时代中国特色社会主义思想为指引，开展“两学一做”学习教育活动，坚定文化自信，推动社会主义文化繁荣兴盛，结合文化系统的工作实际，以理论学习和工作实践一齐抓、共促进的理念，推进各项工作的开展。

完善制度　建立健全机关各项规章制度，加强思想教育、作风建设和廉政建设，提高拒腐防变的本领，提高公务员队伍的综合素质，树立文化行政部门的良好社会形象。

【新闻出版】　加大知识产权保护工作力度　提高知识产权保护意识，在全社会形成尊重知识、尊重创造，保护知识产权的良好环境。

开展“4·23”世界读书日活动　2017年，在世界读书日期间，围绕“书香与梦想齐飞，阅读与人生相伴”的主题，开展活动：通过电视、报纸、微信等媒介进行宣传报道；向市民及读者发放《全民阅读倡议书》400多份，倡议全民阅读活动；开展阅读推广暨传统文化进校园活动，到区特殊教育学校举办国学讲座、帮扶阅读及书画现场创作交流等活动；利用“岭南流动书香车”送书下乡，开展图书阅读服务，营造“书香揭东”的良好氛围；组织揭东奇伟幼儿园师生来馆参加儿童阅读活动，培养幼儿爱书读书的良好习惯；设立新书专柜，推荐新书、好书；实行惠民活动和开展业务咨询活动等。

【文化志愿者活动】　共组织文化志愿者书画队到区公安局、市武警支队、区特教学校、埔田等送春联、书画20多场次；组织潮剧票友送戏下乡到榕泰健身广场、曲溪港畔村、玉湖镇、锡场谭蔡村、埔田新龙村、曲溪上围社区、玉滘半洋村、曲溪港美社区、寨内社区等票友演唱活动15场次。组织女子诗社开展读写交流会7场次。

（区文广新局办公室）

地方志

【自然村落历史人文普查】 1月，区地方志办公室（以下简称区志办）聘请一位文字功底好的老教师到区志办协助编纂工作，同年6月，又聘请2位教师到办公室协助编纂工作。截至12月31日，完成全区有7个镇（街）、231个自然村的航拍任务和220个自然村的普查工作，总字数约54万字。

8月23日，新亨镇召开自然村落历史人文普查工作会议
（郑燕涛 摄）

【年鉴工作】 3月27日，中共揭东区委办公室，揭东区人民政府办公室发电通知，要求全区各有关单位于4月15日前报送2016年度《揭东年鉴（2017）》资料，并落实专人负责催交。4月25日，收齐全部年鉴资料。组织人员（含外聘2人）共5人进行稿件整理修改、编纂工作。8月3日，《揭东年鉴（2017）》评议会在区政府前五楼会议厅举行，来自全市各县区兄弟单位和专家共16人参加会议。会上，大家对《揭东年鉴（送审稿）》进行评议，并提出不足之处，区委常委钟金鸿参加会议。会后，区方志办根据各位专家提出的意义再次进行详细的修改和补充。于9月初定稿，复核后送回有关单位复核和揭东年鉴编委会领导领导审核，按审读意见逐条修改完毕。10月中旬，送广东人民出版社审核，12月，完成出版。

按照《广东年鉴（2017）》《揭阳年鉴（2017）》编辑部撰稿要求，区志办安排3名负责年鉴资料的人员收集撰稿工作，并在4月15日前完成撰稿任务，经审核后，于4月30日前完成报送工作。

【网站建设】 “揭东县地情网”从2010年10建站开通以来，至2017年12月，完成网站文字发布80篇约41.5万字、19张照片，访问量27.72万人次，使其成为海内外乡亲了解揭东地情的一个重要窗口。区志办每年派人员到广州参加省地情网站建设3次，全省年鉴主编工作会议、年报工作会议、自然村落历史人文普查工作会议等5次，广东人民出版社业务工作1次。

【地方志能力建设及资源开发利用】 2017年，区志室配套有书柜4台，拟增加人员编制1人，期中领导职数1人，共4人，现已报有关部门审批中。在揭东区自然村落历史人文普查的基础上，2017年12月，区志办已报玉湖镇新寮村、坪上村作为《广东名村系列丛书》村落推荐表。

（陈楚鹏）

档 案

【监督指导】 抓好档案指导，提高档案工作水平　区档案局以《中华人民共和国档案法》《广东省档案条例》等法规性文件为依据，加大对全区档案基础业务工作的监督指导力度。2017年，档案局共派出人员13多人次，指导有关单位4个。通过多次指导，全区大多数单位规范整档方法，加快档案进馆速度。

做好档案征集接收工作　根据实际情况，及时做好整理、归档、鉴定、分类、编目、排架、入库等工作。2017年，区档案馆新增档案83卷、5220件，新增相片档案102张、影片档案4盘、实物4件，圆满完成年度接收任务。

加强民生服务，做好档案查阅工作　2017

年，接待档案利用者118人次，调阅案卷、资料、报纸899多卷（册），接待现行文件利用者13人次，查阅现行文件35件，提供档案、资料复制250多页，发挥档案资料的价值作用，同时扩大了档案的社会影响力，增进同社会、团体、群众之间的关系。

馆藏档案信息化建设　2017年，揭东区档案馆完成馆藏档案文件级目录100%录入，达到90000多条，馆藏纸质档案数字化达到216097画幅，推进馆藏档案信息化建设。

【档案馆藏】　2017年，揭东区档案馆库房面积大约400多平方米，馆藏档案全宗46个，档案9473卷、20403件，排架长度约110米，其中：文书档案4298卷、20403件，专门档案5175卷；实物档案101件，主要是区委、区政府和区直有关单位的锦旗、奖牌、奖杯、证书等实物；图书、报纸、资料1739多册，包括各种年鉴、史志、方志、族谱等工具书；照片档案共1012张，主要是揭东区重大历史事件和巨大变化的纪实照片，以及党和国家领导人在揭东的视察工作活动照片；光盘档案56张，内容主要有《今日揭东》《月起金都》《潮汕历史文化研究中心成立十周年1991—2001》《揭东县曲溪镇计生村民自治试点纪实（1）》等。馆藏档案形成自1992年开始，这些档案记载本地区党政机关以及所属各部门自建县以来的历史发展、机构演变等不同历史时期的全过程。真实地记录从揭东县到揭东区建设、发展的历程以及取得的各项成就，全面地反映揭东区政治、经济、科学、文化等方面的真实面貌。这些档案材料作为宝贵的精神财富和珍贵的历史文化遗产，为全区的经济建设、科学研究以及各项事业的发展，发挥着有效的凭证作用和参考作用。

（陈旋宇）

广播电视

【概况】　揭东广播电视台于1993年9月23日成立，位于揭东城区中心，是区委宣传部直接领导下的正科级事业单位。内设13个机构，其中新闻中心、广播中心、广告经营中心为副科级建制，办公室、总编室、人事监察股、财务股、有线电视网络管理股、事业发展股、专题部、制作部、播出部、有线广播电视网络工程部为正股级建制，核定编制98人。

揭东广播电视台自办揭东电视台综合频道、公共频道以及揭东广播电台（频率FM100.2兆赫）。拥有一批专业影视管理、策划、主持、采编、摄制、播控、传输的技术及艺术人才，有专业技术人员90多人；拥有一批电视摄录、编辑、播控、传输等先进设备，有电视及电台发射塔1座，塔高118米，覆盖半径50多千米，覆盖总面积2826平方千米，覆盖人口达到500多万人，其中，揭东区、揭阳产业园、空港区共135万人，电视信号除覆盖揭东全境外，揭阳市区和周边的潮洲、丰顺、普宁、澄海、潮阳等地的部分地区均能收看到揭东电视台的节目，电台信号覆盖粤东地区。

揭东广播电视台和揭东有线电视网络遵守党的宣传纪律，并与时俱进，适时调整、优化节目结构，提升节目品位，现自办新闻类节目有《揭东新闻》《资讯速览》，每周各6期；自办社教专题类节目有《百姓话题》《聚焦揭东》《揭东风情》《政法之声》等，每周1期；少儿节目有《小小欢乐汇》，主持类节目有《但说无妨》等，每周共2期。揭东广播电台自办有《早安揭东》《快讯快报》《养生有道》《潮俗潮语》《生活全接触》《娱乐100.2》《音乐婷好听》《熟悉的旋律》等多个栏目，信号覆盖粤东各地。多个新闻类、专题类节目频繁渗透于各个播出时段，增强自办节目传播密度，打造揭东台自身品牌。节目内容面向国内外，以潮汕传统文化为依托，以当地时政、社会、人文为载体，以适合当地受众口味和具有特色为重点，兼顾外来人口的收视习惯，进行科学创新、合理设置，使栏目品位、宣传质量和宣传效果不断提高。

【新闻宣传】 2017年，台新闻宣传工作，围绕区委、区政府各个时期的中心工作和宣传任务，充分发挥专题、专栏报道有深度、广度的优势，以集约式、综合式的宣传报道新模式，强化舆论感染力和震撼力，适时地根据党政的中心工作先后推出《揭东“创文”之路》《开展“水岸同治，打造梦里水乡”》《安吉经验》等10多个专题片，推出“文明揭东你我共建”“创文随手拍”“记者曝光”“学习贯彻总书记重要批示精神”“学习贯彻党的十九大精神”“学习贯彻党代会精神”“读关键词·学十九大”水岸同治”“记者观察”“一线报道”“美丽乡村行”等20多个专栏，充分展示揭东各行各业取得的新成就，涌现出来的新风，强化舆论引导与监督。其中“创文随手拍”“记者曝光”等栏目，引导全民参与“创文”行动，强化监督，推动“创文”工作环境整治的开展，营造强势的舆论氛围，成为2017年宣传工作的新亮点，受到上级领导和群众的好评。

为扩大宣传效果，揭东台综合电视、广播、微信公众号和揭东新闻网站等媒体，构建综合媒体集群，以全媒体的形式全方位开展宣传。6月，创办的“金凤视听”公众号，每天都选择一两条大众关注的揭东方面信息，通过公众号粉丝传播，把宣传工作植入手机的屏幕中，注重潮汕传统文化的传承和发扬，以独特的视觉、内容和表现形式，办出自己的特色，真正构建起揭东广电立体宣传格局。据腾讯调查的数据显示，“金凤视听”公众号在全市100多个公众号中排名前10，粉丝100000+人，点击量名列全市前茅，尽显影响力。

在“创文”和环境整治行动中，揭东电视台发扬连续作战的精神，及时报道全区各地的“创文”工作。还投资制作“文明只一步之遥”、“保护环境，拒绝污染”、“节能减排”、“文明出行”等20多个公益广告，营造良好的“创文”宣传氛围，2017年，揭东台被评为区的“创文”先进集体。《保护环境　你我同行》在市委宣传部举办的“爱文明爱揭阳”视频公益广告征集活动中荣获二等奖。

揭东台还充分发挥自身文艺人才的作用，创作普语歌曲《揭东印象》、潮语歌曲《我想到揭东旅游》、诗朗诵《不忘初心，与梦想同行》、相声《说竹》和电视音乐片《埔田特色小镇》等一系列原创作品，在电视荧屏推出并在城乡群众舞台演出，以群众喜闻乐见的艺术形式影响视众，导舆论。

2017年，《揭东新闻》共播出310期，播出新闻1320条，并有近500条新闻上送市台。《资讯速览》共播出310期，播出消息4100多条。《揭东新闻网》播出消息2100多条，《揭阳产业园新闻》共播出257期，播出新闻390条。播出专题节目50期，《但说无妨》100多期，少儿节目《小小欢乐汇》共播出120多期。

【区镇联网和城区数字化整转】 2017年，台在加快乡镇数字电视整转步伐的同时，加快揭东广播电视台高清频道建设，引进区广播电视台高清视频摄录编辑设备、高清播出系统及配套设备、数字电视TS流安全检测监测系统等高清电视先进的设备及技术，打造揭东自己的高清频道。已启动设备和技术、采购。

2017年，揭东区广播电视数字电视平台覆盖原揭东县辖属的15个乡镇（街道），人口总数约135万人，总有效用户数为主机167666户，分机21734个。其中，城区用户已全部实现数字化，共传输108套节目，其中标清73套，高清35套，有效主机用户160078户，主机标清用户每月收费25元，分机每月收费5元，主机高清每月收费35元，分机每月收费15元。

【强化安全播出管理】 揭东广播电视台强化员工的政治意识、责任意识、安全意识：一是制订《安全播出应急预案》《安全播出应急响应、处理联系表》《安全播出应急处理指挥中心关系图》

《重要安全播出保障期管理制度》等制度，把省、市安全播出指挥中心值班电话、人员的情况登记在表上，挂墙公布，并存放于播出机房电话旁，方便工作人员及时上报，反映播出情况。二是强化安全播出防范。要求员工执行安全播出规章制度，实行全台安全统一调度指挥，保证机房24小时值班到位，电话通畅，对重大节目、重大活动、重要敏感时期实施24小时上报制度，防患于未然；值班人员做到“眼不离荧屏、耳不离监听、手不离开关”，加强对节目的监控；路巡人员定时和不定时对线路进行巡查，确保安全优质播出节目。三是要求负责安全播出的领导和工作人员把上级联系电话设在自己手机的快速拨号上，缩短上报时间，方便省、市、县（区）三级联动。

【队伍建设】 2017年，揭东广播电视台有干部职工115人，其中男67人，女48人；大专毕业62人，本科毕业44人，高中及以下9人；中级职称39人，初级职称51人，技术员6人。

（陈雪丽）

卫生事业

【概况】 2017年，揭东区有医疗卫生机构294个，其中：区直医疗卫生单位9个，乡镇卫生院6个，社区卫生服务中心1个；设置村卫生室269个，个体诊所5家；属地管理医疗机构2个（市复退军人医院、揭阳监狱医院），民营医院2家（爱尔眼科医院、集和医院）。全区共有医疗卫生技术人员2024人，其中：执业（助理）医师1036人、执业护士788人、全科医生42人、公卫人员402人；拥有高级职称33人、中级职称243人、初级职称1276人。2017年，全区门诊诊疗人数588142人次，比2016年同期增长4.51%；出院病人37146人次，比2016年同期增长5.75%；医疗业务收入2.93亿元，比2016年同期增长24.06%。

【基本公共卫生服务】 加强对基本公共卫生服务项目的工作协调，落实基本公共卫生服务项目点的指导、督导、评估等工作，以实现基本公共卫生服务均等化为目标，深化改革，强化管理，较变服务模式，推进基本公共卫生服务项目工作。全区居民健康档案电子建档人数465864人，建档率79.46%；全区城乡家庭医生式服务签约数235237人，占常住人口的40.12%，重点人员签约率65.90%，其中65岁以上老年人35946人，0—6岁儿童25724人，孕产妇3795人。

【医疗卫生服务水平】 推进区第二人民医院创“二甲”工作。经过历时四年多创建，区第二人民医院的设施设备、服务质量、技术水平均跃上了新台阶，现已基本达到“二甲”医院创建标准，2017年12月申请市专家组进行评审。开展“三平”医疗服务。2017年接诊病人997人次，为病人减轻负担11万元。其中，全区7个基层医疗卫生机构已推选使用平价药包种类21种，接诊病人4805人次，发放平价药包4805个，药品收入减少2.91万元。区人民医院、区中医院分别与市人民医院和市中医院签订“医联体”合作协议，市人民医院和市中医院也派出医务骨干到全区进

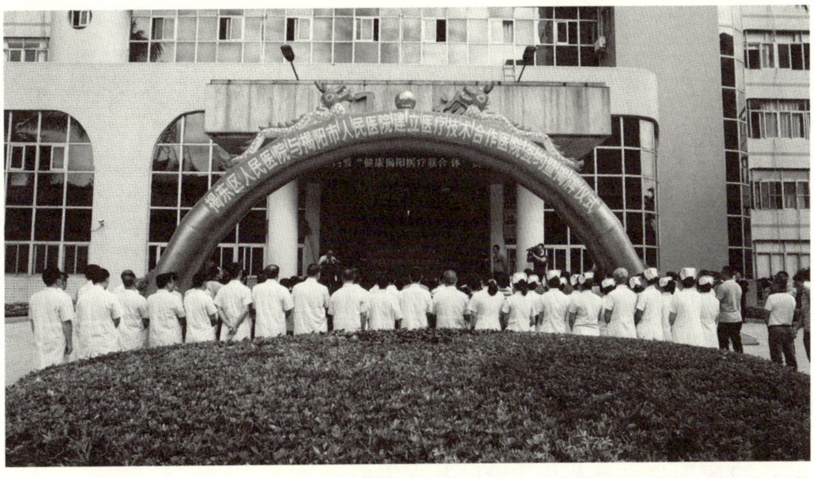

10月20日，区人民医院与市人民医院举行建立医疗技术合作医院签约仪式在揭东人民医院举行

（区人民医院 供稿）

行医疗帮扶，推动区人民医院和区中医院服务能力进一步提升。

【人才队伍建设】 全年选派715名医护人员参加省、市培训班；组织公开招聘录用17名卫生专业技术人员和14名特设岗位全科医生，并与11名被医学院校录取的应届高考生签订卫生专业人才的定向培养计划；出台《医疗单位编制备案制管理办法》，对因单位编制不足而业务发展需要需聘用医务人员的，由区卫计局按程序组织招聘，被招聘的人员经费由区财政补贴50%，2017年，通过编制外聘用方式引进医疗卫生人才50名。

【打击非法行医】 区制订惩治非法行医专项行动工作实施方案，开展非法行医专项整治行动，全年检查药店、医疗机构及行医点98家（次），现场取缔无证“黑诊所”4家，“地下性病诊所”2家（次），立案17家，结案17家，罚款人民币5.2万元，没收违法违规药品及诊疗器械17件（箱），拆除违法违规横幅、广告牌12块。对个别存在管理不够规范的医疗机构，现场给予指出并开出卫生监督书，督促立即落实整改。同时要求各镇（街）卫生监督协管员要对各自辖区进行巡查，对发现存在非法行医行为嫌疑的，及时予以制止，对明确存在非法行医行为的，立即向区卫监所上报。

【卫生基础设施建设】 全区投入卫生创强资金1.02亿元加强各级医疗机构基础建设和设施设备购置，区人民医院修缮工程已完成招投标，正在办理图设、预算等手续，争取2018年5月前开工，同时抓紧购置CT、DSA等大型设备；区中医院综合楼新建工程已完成工程初步设计、节能评估、环评、立项批复（包括可研）和招标核准工作，征地手续正在抓紧办理；区慢病中心住院部已于2017年12月建成投入使用，并开始收治住院病人；埔田卫生院新建工程已完成打桩；玉湖卫生院新建已完成建设前期手续并已挂网招标；32家卫生站规范化建设已基本完成。

【特色医疗品牌】 全区各医疗单位充分挖掘自身优势，打造出一批具有鲜明揭东特色的品牌科室，以此带动医疗业务全面可持续发展。区第一人民医院与揭阳一中广州校友会名医工作室合作，借力打造市级重点专科。区第二人民医院在进一步擦亮眼科品牌的基础上，打造口腔科、种植牙以及鼻内镜手术等尖端的外科手术品牌；埔田卫生院争取市中医院的大力支援，由市中医院派出专家团，到该院开办特色中医专科；曲溪街道社区卫生服务中心发挥与区妇幼保健计生服务中心整合的资源优势，做大做强妇产科“无痛分娩”特色品牌。

【疾病防控】 做好登革热、H7N9禽流感、埃博拉、中东呼吸综合征等传染病防控工作，强化部门之间合作，及时与农业、工商、食品药品监督等相关部门互通信息；强化疫情监测，做好应急准备；强化培训，提高防治水平；强化宣传教育，提高公众对传染病的认知水平，全年编制健康教育宣传资料11种、54万多份（包括禽流感彩页、预防接种海报、职业病预防、控烟、全民健康生活方式行动、艾滋病等）；强化督查，确保各项防控措施的落实。

【村卫生站建设】 6月19日，召开村级卫生站公建规范化建设工作会议，部署全面开展公建卫生站规范化建设，2017年年底，全区首批32家卫生站规范化建设已基本完成，实现产权公有、建设

8月26日，揭东人民医院在办公大楼前举行“义医义诊”活动
（区人民医院　供稿）

标准、形象统一、管理规范的工作目标。进一步提高村卫生站的服务能力，保障农村居民获得均等化的公共卫生服务和安全、有效、方便、价廉的基本医疗服务。

【卫生应急】 2月，对“120”线路进行升级改造，同时为每部“120”救护车配备一部具备卫星定位功能的随车电话。形成以120急救中心为指挥平台，以区第一人民医院、第二人民医院、第三人民医院、曲溪社区卫生服务中心、玉湖卫生院5个急救站作为急救终端的“一个中心、五个分站”的急救网络，及时、高效、有序实施救治工作，全年指挥中心累计指挥出车1960次，收治病人1414人。

【无偿献血】 贯彻执行《中华人民共和国献血法》，落实《揭阳市无偿献血工作方案》，强化宣传力度，多措并举推动义务献血顺利开展；强化组织领导，落实工作责任到人，强化采血管理，杜绝非法采供血违法行为，保证用血安全。全年全区参加无偿献血1789人，献血量共357800毫升，完成市下达全年计划献血任务的80.2%，名列全市前茅。

【科技兴院】 调动医务人员的积极性和创造性，在医学科学技术领域不断创新、发展，持续推动医学科研、临床和管理方面的研究和实践。全年上报市审核的科研立项5个，全系统共发表国家级论文23篇、省级38篇。

【卫生服务网络建设】 3月20日，全面启动广东省基层医疗卫生机构管理信息系统项目建设，4月7—18日组织基层医疗卫生机构信息系统建设培训，完成医保接口对接、搭建VPN备份线路、培训以及出台基卫项目医院排障指导等方面工作。首先区7家基层医疗机构配置相关终端设备，解决基层设备短缺、落实的问题。其次，全区基层医疗机构统一使用同一套业务应用软件，统一业务要求，再造业务流程，解决业务不规范的问题。截至9月底，全区七家基层医疗卫生机构全部上线成功，实现对医疗和公共卫生数据的综合运用、全市居民电子档案实时动态更新、健康档案的数据更加完整准确鲜活，解决医疗业务与公共卫生业务的协同问题。

【儿童计免爱卫】 贯彻执行《疫苗流通和预防接种管理条例》，开展常规免疫工作，规范预防接种告知和宣传行为，利用多种媒体、多种渠道和多种形式，制作或发放健康教育材料，宣传预防接种知识和政策。儿童“一类苗”接种率达到95%以上，在监督、指导基层一类疫苗接种工作的同时，推介第二类疫苗接种工作，做好狂犬疫苗、轮状病毒疫苗、肺炎疫苗、水痘疫苗、HiB疫苗等预防接种工作，全区未发生严重预防接种异常反应事件。结合开展“创文”活动，开展以环境卫生整治清除病媒孳生地、活禽市场清洗消毒为主要内容的爱国卫生运动，加强蚊媒密度水平高风险病媒控制。全年全区出动消杀人员2765人次，使用灭蚊药物1099千克。

【妇幼慢性病防治】 贯彻落实《中华人民共和国母婴保健法》，惩治非法接生、非法胎儿性别鉴定和非法终止妊娠行为，做好“二个系统管理”和规范出生医学证明的管理工作，及时掌握妇女儿童健康情况。加强慢病防治和排查工作，全年接诊可疑病人1230例，发现活动性肺结核病患者364例，完成上级下达任务指标101.4%；肺结核患者管理率99.43%，各项工作任务指标、防治质量基本达到项目质量要求和管理规定。全区发现登记管理高血压患者48333人，规范管理29958人，规范管理率为61.98%；发现登记管理糖尿病患者18175人，规范管理10982人，规范管理率为60.42%；所有指标均达到上级的要求。

（陈浩平）

体　育

【概况】 2017年，区体育局内设综合股、体育股，下属事业单位业余体育学校，局机关干部职工有6人，体校6人。

【群众体育】 *开展全民健身活动* 1月1日，在揭东第一小学联合举办揭东区“农商杯”象棋围棋比赛。参赛运动员150多人，吴喜泉夺得象棋成年组冠军，李治平获得少年组冠军，陈一诺获得围棋少年组冠军。揭阳市体育局、揭东区体育局于2017年春节期间在榕泰健身广场举办春节体育系列活动，活动内容有：腰鼓舞表演、广场健身、排舞展示、广场健身操、太极拳表演，中老年人室外乒乓球赛篮、球定点投篮赛。揭阳市关工委、揭阳市直工委、揭阳市体育局、揭东区关工委、揭东区教育局、揭东区体育局于春节期间在揭阳市乒乓球协会培训基地举办揭阳市关心下一代“关工.精益供电杯”青少年银河乒乓球赛。组织队伍参加广东省第二届百县（区）足球赛揭阳市级比赛，获得第五名的成绩。5月23日，举办揭阳市揭东区“体彩大乐透杯”首届广场健身舞大赛活动。一共6支队伍，揭东区老体协一队获得一等奖，老体协二队、玉滘代表队获得二等奖，曲溪代表队、老体协三队、云路代表队获得三等奖。6月，区体育局联合中国人民银行揭东支行举办第二届“金融杯”乒乓球团体友谊赛，揭东农商行获得第一名，揭阳市农商行获得第二名，揭东建行获得第三名。8月8日在榕泰健身广场举办“全民健身日”及“广东省第十八届体育节”揭阳市揭东区系列体育活动启动仪式。揭东区组队代表揭阳市参加广东省第四届体育大会广场舞项目比赛，获得成年组自选套路第六名的好成绩。揭阳市第七届运动会暨第四届学生运动会于2017年8月31日闭幕。揭东区体育代表团派出200多人参加九个大项目的比赛。在本届运动会上获得金牌18枚，银牌12枚，铜牌16枚，总分1395，取得全市总分第四名的成绩。同时获得体育道德风尚奖的代表队有6个，获得个人的有17人。

国民体质监测工作 组织开展2017年区直机关国民体质监测活动，并配合完成省市下达全年体质测定样本数量。

公共体育场馆免费开放工作 公共体育场馆免费开放工作。为贯彻落实《全民健身条例》，根据广东省体育局《关于开展广东省公共体育场馆免费低收费开放示范单位创建活动的通知》的精神。2017年，将揭阳市揭东区体育局综合训练馆和榕泰健身广场继续向辖区内广大体育健身爱好者免费开放。

完善城乡体育健身设施 积极向上级体育部门及地方政府争取资金和器材的支持。榕泰全民健身广场自2007年建成投入使用以来，为揭东区广大人民群众提供一个活动健身的好去处，由于使用人数众多，使用频率过繁，部分器材已经损坏，2017年体育局对榕泰健身广场的活动场地及健身器材进行全面维护、更新。

【体育彩票管理】 2017年增机扩点，新增3台，销售量至现在约2300万元。

（纪瑞萍）

【老体协工作】 2017年，揭东区老体协在区委、区政府的重视和区有关部门的支持下，贯彻落实《全民健身条例》和《中华人民共和国老年人权益保护法》，不断探索、不断进取，全民健身活动迈上新台阶，获国家体育总局授予“群众体育先进单位”称号，协会党支部被区委定为区级“两学一做”学习教育示范点，会长林岳鹏被广东省体育局授予“优秀社会体育指导员”荣誉称号。

领导重视 随着全面建成小康社会进程的推进，社会老龄化的到来，区委、区政府对老年人事业高度重视，区委副书记陈建雄副多次到老体协调研，听取工作汇报指示要把老体协建成全区社会组织的标杆。区社工委、总工会、体育局、民政局、直工委、市科协等各级领导从各自的职能对老体协政治上关心，思想上指导、工作上支持，解决协会在发展过程中的实际问题。面对党政及有关部门的强力支持，协会领导班子一致意识到各级领导对老体协关心，实际上是对全区老年人的关爱。大家一定要把面对夕阳群体的事当成朝阳的事业来干，干出特色。

追求卓越　在区体育局的支持下，2017年，区老体协培养42名社会体育三级指导员，抓训练，请专业辅导老师指导健身队伍苦练基本功，努力提高表演质量。1月，在榕泰广场举办200多人参加的迎春健身活动。5月，参加区体育局主办的首届广场舞大赛，协会第三健身代表队荣获第一名。8月，“全民健身日暨广东省体育节”在榕泰广场举办大型健身活动。10月，派出20名会员组成舞蹈队，代表揭阳市参加广东省第四届运动会荣获第六名。还与区总工会联合举办的“点赞十九大，欢乐庆重阳”联欢系列活动等。

凝心聚力　2017年，协会在册工会会员339人，区老体协培养一批工会骨干，在健身队伍中起到带头的作用。充实完善“星光老年之家”配设老年书屋、健身室、音乐室、阅览室、书画室、舞蹈室等，使会员们走进协会就有家的温暖，感受到健康与快乐的生活气息。另外，协会与市国医堂医院签订成为联合单位，由国医堂医院专家定期派员到协会义诊。市爱尔眼科医院也为会员提供关爱平台，进行无偿医疗服务。

揭东广场舞　（林岳鹏　摄）

组织建设　2017年，协会党支部按照党的基层组织的要求和标准行事，把“两学一做”学习教育纳入党支部“三会一课”等基本制度，定期组织党员参加党员大会和上党课，定期召开支部会议，讨论研究决策协会的大事，做好发展党员工作，吸收新鲜血液。全年共吸收新党员5名，按期转正党员3名，确定入党积极分子6名。

（林通文）

富贵有余（国画） 杨俊华 作

SHEHUI
SHENGHUO

社会生活

社会生活

■责任编辑：陈楚鹏　杨锐标

人口和计划生育

【概况】　2017年，区计生工作围绕“计生创先”的奋斗目标，强化措施，狠抓落实，各项工作扎实推进，取得新的成效。全区户籍人口出生率16.62‰、政策生育率96.57%、自增率为11.17‰、出生婴儿性别比为106.57，圆满完成上级下达的人口计划。2017年10月，区计生局被《中国人口报》社评为“2017年度宣传报道先进单位”。

【免费孕前优生健康检查工作】　2017年，揭东区坚持并完善揭东区创新的免费孕前优生健康检查便民服务长效机制，鼓励引导对象在空腹时参检，提高检测的精确度。同时，加大宣传力度，使国家实施的这一惠民工程的重大意义进一步深入人心，促使群众自觉参检。另外，针对检查中发现患有可导致出生缺陷的高危人员，及时组织服务站的医生区别不同病因，采取上门服务、现场诊疗等方式，悉心为对象提供治疗指导，从而有效降低出生缺陷风险。全年全区共检查对象2405对，占年任务的80.17%，达到省计生年度考核要求。

【宣传创新】　为更好适应新形势下卫生计生宣传工作的需要，揭东区创新“卫计知识灯谜进百村”宣传方式：一方面，由区卫计局邀请区灯谜协会派员支持，并组成宣传服务队，到各镇（街）巡回举办灯谜宣传和送医送药服务活动；另一方面，区将卫计知识谜语编成小册子，发给各镇（街）参考，要求各镇（街）参照区的做法，组织宣传服务队到所属各村（社区）开展巡回宣传服务活动，揭东区创新的这套宣传方式已在《中国人口报》上刊登推介并上报省参与本年度计生宣传创新项目评选；积极向国家、省、市的有关报刊投稿，2017年已在各级媒体发表稿件25篇，计生局被《中国人口报》社评为“2017年度宣传报道先进单位”。

【利益向导】　2017年，全区共审核确认新增部分农村计划生育家庭奖励对象159人，累计3625人，落实奖励资金507.87万元；特别扶助对象9人，落实扶助资金8.64万元；新增符合城镇独生子女父母奖励对象44人，累计227人，落实奖励资金20.07万元；新增节育奖对象4人，累计1578人，落实奖励资金93.44万元。

【计生信息管理】　进一步建立健全卫计、公安、民政、教育等部门的信息共享机制，结合基础信息采集，核查相关人口信息，并及时对全员人口信息数据库进行修改、补充和完善，提高人口计生信息化应用水平。2017年，全区已婚育龄妇女信息入库率100%，个案主要项目完整率99%以上。落实上级关于流动人口区域协作“一盘棋”的要求，采取经常性监测并通报结果的手段，督促基层及时做好流动人口计生信息交换和反馈工作，确保及时反馈、信息准确，全区协查信息反馈率100%、协查信息反馈及时率100%、网络化协作信息通报接收率100%。

【依法行政】 组织开展“医疗机构依法执业”以及《中华人民共和国传染病防治法》等法律法规执行情况及监督检查工作，确保各级医疗卫生机构依法执业；组织开展对各镇（街道）社抚费征收案卷的督查工作，对发现存在问题的，立即要求整改，确保征收规范、程序合法、案卷完整、材料齐全，经市检查，揭东区社抚费征管工作受到市督查组的充分肯定。按照区编办的要求，认真做好计生局行政审批和公共服务事项的用证清理工作，同时，认真抓好办证窗口管理工作，坚持“依法依规，便民高效，文明服务”的原则，努力为群众提供最优质、快捷的服务，受到群众的好评。

人力资源和社会保障

【城乡统筹就业】 2017年，全区城镇新增就业人数3389人，失业人员再就业1100人，农村劳动力技能培训2661人，全民技能提升储备培训15263人次，帮扶困难人员就业222人，城镇登记失业率2.34%，就业局势保持稳定。组织开展“南粤春暖”“贫困劳动力就业”等专项就业招聘活动27场次，提供就业岗位数5000多个，达成就业意向1965人。加大就业资金支持创业力度，推进“大众创业、万众创新”，促进创业218人，发放社保补贴63.05万元、支付小额担保贷款贴息77.67万元，创业带动就业951人。继续落实失业保险援企稳岗政策，发放稳岗补贴55.6万元。

【职业技能培训】 组织实施市“十万电子商务人才培训工程”，加强电商人才培训，做好贫困户劳动力电商培训，城乡劳动力电商务培训3221人，贫困劳动力电商培训1200人。2017年，全区共培训各类人员15263人，其中，在岗职工培训11065人、新成长劳动力培训504人、失业人员再就业培训147人、劳动力技能培训3221人、其他培训326人。

【社会保险扩面征缴】 组织实施企业养老保险省级统筹工作，推进“9070”扩面缴费计划，扩大企业职工养老保险参保人数和实际缴费人数，推动企业全员足额参保。2017年，全区企业养老保险参保49748人，实际缴费人数27646人，征收22640万元；机关事业养老参保12512人，征收14496万元；失业保险参保23003人，征收542万元；工伤保险参保25102人，征收237万元；生育保险参保25300人，征收234万元。

【社会保险待遇发放】 2017年，全区离退休人数11845人，其中：企业7392人、机关事业4453人，发放企业养老金14959万元、机关事业养老金11861万元、城乡居民养老金14086万元；支付工伤保险待遇125万元、失业保险待遇13万元、生育保险待遇250万元、职工医保待遇3606万元、居民医保待遇37446万元。分配到被征地村社保资金1293.3万元。

【劳动关系】 2017年，全区劳动人事仲裁受理案件98宗，涉及经济标的450万元。工伤认定37宗。劳动合同制度全面推行，集体协商与集体合同覆盖面不断扩大。企业劳动合同签订率达95%。是年，建工会企业集体合同签订率82.1%。

【劳动监察执法】 劳动监察共接待处理信访事项1300多人次，处理“12345”热线投诉案件155件，信访事项的按期办结率达到100%。主动监察用人单位276户次，涉及职工1.03万人，督促37家用人单位补签劳动合同482人次，追发工资346万元。劳动监察立案20宗、协调处理9宗、移交公安机关处理2宗，案件结案率100%。完善监察综合执法队伍改革，向社会招录2名公务员充实队伍。

【公务员队伍管理】 全区录用公务员48名，其中：区直机关42名、乡镇（街道）机关6名。公务员转任9名。2017年，全区党政群机关、参照公务员法管理事业单位工作人员2303人，实际参加考核2302人，评为优秀等次333人，评为称职等次的1901人，参加考核但不评定等次68人（其中53人为试用期人员）。

【事业单位人事管理】 2017年，共承办调动事业干部212人，其中，区外调入41人，调出区外28人，区内调动143人。2017年，全区事业单位工作人员8711人，实际参加年度考核8702人，9人按有关规定不进行考核，评为优秀等次1152人（占参加考核人数的13.24%），评为合格等次7472人，评为基本合格等次1人，评为不合格等次5人，参加考核但不评定等次72人。

【专业技术人员管理】 推进职称制度改革，收审职称材料正高级2份、高级206份、中级13份，初级84份。认定初级技术资格4人。全区博士后科研工作站2家：巨轮智能装备股份有限公司博士后科研工作站、广东海兴塑胶有限公司博士后科研工作站；博士后创新实践基地1家：广东博州药业有限公司博士后创新实践基地。

【教育培训】 组织全区公务员参加“学习贯彻十九大精神和新时期公务员职业道德建设”专题全员培训，参加培训公务员1855人。组织全区新任公务员66人参加初任培训。组织全区企、事业单位专业技术人员学习公需课“工匠精神和广东制造”，指导和督促专业技术人员学习专业课和选修课，参加培训学习人员6389人。

【工资福利】 按政策调整机关事业单位工作人员基本工资，在职人员正常晋升工资8210人。继续推行县以下机关职务与职级并行制度，为全区达到晋升条件的公务员晋升职级、兑现待遇。审批公务员、干部退休52人，办理遗属困难生活补助26人。做好全区防治“吃空饷”问题长效机制的自查自纠工作。

【人才交流】 2017年，共接收高校毕业生报到2281人，接收大中专生档案3024份。“三支一扶”期满考核合格聘用为事业职员2名。推进高校毕业生就业，在揭阳招聘网设立“高校毕业生就业专区”，开展网上大学生就业服务，组织开展高校毕业生专项招聘活动，提供适合大学生就业岗位2025个，办理求职登记702人，达成就业意向大学生235人。

【军转干部安置和解困】 全区困难企业军转干部79名，其中在职1名、退休78名。困难企业军转干部单位（主管部门）分布：供销社、商业总公司、粮食局、住建局、经信局、旅游局、揭阳糖厂、物资总公司、揭阳有色冶金机械厂。从2017年1月起，全区困难企业在岗（下岗、失业）和退休军转干部生活补贴，达不到全市平均水平（4013元／月）的，补贴到平均水平。2017年安置驻揭东部队随军家属1名。

（沈奕锋）

民族宗教事务局

【概况】 揭东区民族宗教事务局有人员编制2名，其中领导职数1名。2017年，全区有佛教、基督教、天主教、道教四大教派，区宗教团体有佛协、基督教“三自”爱国会2个团体，共有38个经政府批准的宗教活动场所，其中，佛教20处、基督教11处、天主教6处、道教1处。教职人员53人，教徒人数约1.5万人，分布在全区7个镇各个角落。全区少数民族有常住人口714人，民族有壮族、黎族、土家族、瑶族、满族、哈尼族、彝族等24个少数民族。

【宗教事务管理】 1.开展一系列专项工作，取得一定成效。一是继续开展“平安宗教活动场所”的创建。2017年，传达贯彻创建“平安宗教活动场所”文件精神。把文件精神传达到各宗教团体、各宗教活动场所中去，进一步提高创建“平安宗教活动场所”氛围。要求还没有评上“平安宗教活动场所”的场所，对照活动考评量化表进行自查，查漏补缺。根据对照创建标准，对剩余场所进行考量，认为揭东区光明庵达到创建标准，推荐为2017年创建“平安宗教活动场所”。二是认真开展宗教活动场所收留孤儿排查工作。根据上级工作部署，于7月25—26日开展对辖区内宗教界等机构和个人收留孤儿（弃婴、弃童）做好排查摸底工作，按文件精神，逐条对照，边查边改，落实责任，逐个建立台账，组织对揭东辖区内宗教界等机构和个人收留孤儿（弃婴、弃童）进行排查。经对辖区内历年来收留孤儿（弃婴、弃童）的锡场镇广安寺、光明庵、新亨镇凤山寺、玉窖镇腾龙寺等宗教活动场所，法人都有在区民宗部门依法登记，养育场所安全，基本符合养育条件，养育的孤儿（弃婴、弃童）都有解决户籍并纳入区福利院集体户管理，同时与区福利院签订寄养协议书，共43人，其中：入学入托30人，其他13人或重残或年幼，未到入学年龄和不能上学，每月由区民政局直接拨付孤儿基本生活费每人每月1450元到各寄养点监护人的账户，这些孤儿（弃婴、弃童）都生活得很好。经排查也存在着寄养点孤儿基本生活费虽然有全部用于孤儿（弃婴、弃童）的抚养、照料和教育，但由于这些场所人员业务水平的限制，也没有经过培训，个别场所存在记账不规范。区民族宗教事务局将进一步做好相关后续工作。三是建立和完善镇（街道）、村（社区）宗教工作网络。为贯彻落实省、市宗教工作会议精神，加强对宗教工作的领导，建立和完善县（区）、镇（街道）、村（社区）三级宗教工作网络，落实乡镇（街道）、村（社区）两级宗教工作责任制和“属地管理”工作责任制。乡镇（街道）党委、政府有一名领导分管宗教工作，确定一名干部负责宗教工作；村（社区）落实一名干部具体协助负责宗教工作。2017年，全区七个镇已落实宗教工作网络。四是做好民族专项工作。做好城市民族工作，推动民族工作的管理和服务水平，切实维护少数民族合法权益，确保揭东区民族领域稳定。

2.服务社会，为建设和谐揭东做贡献。首先，从关心和帮助宗教人士的日常生活入手，局领导经常拜访区的宗教代表人士了解他们的思想动态，协调各方面关系，帮助他们解决一些困难，对宗教界代表人士逢年过节都上门慰问，并送上慰问金，对生活困难、疾病以及意外事故的宗教教职人员进行慰问。其次，局不定期地向宗教人士通报揭东区经济和社会发展情况，给他们作国内外形势报告，使全区宗教人士认识到只有国家、社会发展，宗教才能发展，社会稳定，宗教才能和谐。第三，在宗教界中树立正面典型，在电视上宣传他们优秀事迹。这样逐步增强他们参加社会主义现代化建设的自豪感和责任感，同时加强他们的社会主义道德教育，同时发扬他们乐善好施、甘于奉献、扶贫济困的优良传统，广泛引导宗教界挖掘和发扬积极因素，动员他们热心社会公益事业。据不完全统计，2017年揭东区宗教界共捐资社会公益事业70万元，捐赠大米50万斤，食油900多桶，面700箱，特别是佛教释耀瑜会长在收养孤儿、颐养院建设及供养、布施等方面投入资金达几十万元，腾龙寺、紫林庵、金龙寺等在扶贫济困方面也做了大量工作；其中锡场道教玉清宫在2017年9月举行玉清宫扶贫助孤发放仪式，发动社会热心人士慷慨解囊，共捐资5万元。开展这次慰问活动，帮助全镇贫困户和敬老院孤寡老人解决生活上困难，受到社会各界人士一致好评。基督教、天主教修桥造路公益事业等方面也做出一定成绩，共同为建设和谐揭东做出重要贡献。

（黎育生）

民政工作

【城乡低保】 2017年，揭东区纳入最低生活保障对象15520人，城镇保障标准640元/人月，补差救助标准460元/人月；农村保障标准450元/人月，补差救助标准分别为一类225元/人月、二类235元/人月、三类245元/人月。建立健全家庭经济状况核对机制，低保工作实现动态管理下的

“应保尽保，应退则退”。

【救灾救济】 2017年，揭东区支出医疗救助资金1276万元，其中直接医疗救助支出957.8万元，救助2599人次，全额资助低保、五保对象参加基本医疗保险支出318.2万元。联合广州军医院开展“爱心救心”活动，送先心病儿童往广州军医院手术治疗二批、6人次，救助资金支出共1.9万元。

支出临时救助资金237.5万元，救助困难对象1287人次。认真制订《揭东区自然灾害救助应急预案》并开展灾后救助，2017年，受特大暴雨影响，紧急发放衣被100套，投入其他生活类物资折款2.04万元；冬春生活救助41万元。

【五保供养】 2017年，揭东区共有五保对象1809人，其中分散供养1704人，集中供养105人，供养标准为城镇每月每人1422元，农村每月每人988元。

【儿童福利】 建立健全孤儿和事实无人抚养儿童基本生活保障制度，2017年，揭东区共有孤儿172人，其中集中供养51人，生活保障标准880元/人月，散居121人，生活保障标准1450元/人月；事实无人抚养儿童共34人，生活保障标准500元/人月。春节和“六一”期间开展走访慰问活动。联合相关部门定期或不定期开展特殊群体未成年人关心关爱活动。依法办理收养登记3宗。

【老年人福利】 2017年，揭东区共有各类养老服务场所127家，养老床位共3735张，每千名老人拥有养老床位数达到34.6张。研究制订《揭东区敬老院消防安全示范建设实施方案》，与消防大队联合对区内的养老服务机构逐个进行消防安全专项检查。建立健全80周岁以上高龄老人生活津贴制度，百岁老人495元/人月，80周岁以上低保、五保、重点优抚对象115元/人月，普通80周岁以上老人25元/人月。推进“银龄安康行动”，政府出资为65周岁以上老人投保意外人身伤害保险。

【残疾人福利】 落实困难残疾人生活补贴和重度残疾人护理补贴制度。2017年，揭东区共有困难残疾人1671人，生活津贴每月每人150元，重度残疾人3601人，护理补贴每月每人200元。“两项补贴”全部实行社会化逐月发放，并加强动态管理。

【殡葬管理】 加强殡仪管理服务，深化殡葬改革，落实惠民措施。2017年，揭东区火化遗体3837具，火化率达100%；城乡居民免除殡葬基本服务费用3836宗，共计365.005万元。投入资金1119.37万元，建成云山殡仪馆骨灰楼3座、锡场镇祥福骨灰楼1座、玉湖镇、云路镇公益性公墓各1座。有序推进云山殡仪馆改扩建二期工程。4月8日，在玉窖镇红路云山开展第27次“推行骨灰生态安葬、骨灰植树，回归自然”活动，深埋植树骨灰919具。

【优待抚恤】 落实优抚保障政策。至2017年底，揭东区共有抚恤补助优抚对象4777名，发放补助金2225.7万元。发放359名义务兵家庭优待金222.58万元。2017年落实209名满59周岁农村籍退役士兵的申报登记及审批录入工作。9月30日上午，揭东区在汾水战役烈士陵园举行烈士纪念日公祭烈士活动，参加纪念活动人员200多人。下拨6.64万元慰问83户烈属。推进复退军人服务体系建设，建立区复退军人服务中心1个、镇（街道）复退军人服务工作站7个、村（社区）复退军人服务工作联络点120个。

【退役士兵安置】 2017年，揭东区共接收2016年退役士兵209名。落实6名符合政府安排工作条件的退役士兵安置。发放203名自主就业城乡户籍退役士兵一次性补助金562.31万元。动员175名退役士兵报名参加中等职业技能培训。接收2017年退役士兵188名。发放2015年9月入伍进藏退役士兵一次性补贴72万元。落实4名移交政府安置的军队退休人员（其中退休干部3人、退休志愿兵（士官）1人）安置。及时调整军休人员护理费、退休生活补贴及军休人员基本养老金。

【“双拥”工作】 2017年春节、“八一”期间，揭东区“四套”班子领导带队，组织多个慰问团（组）分别慰问驻军11个单位，召开区军政迎春座谈会，参加慰问干部60多人次，送给部队慰问金18万元。支持揭东区武装部、消防大队、武警中队建设资金共890.5862万元。重视安置部队干部随军家属和优先解决部队干部子女入学入托问题，驻市区的部队干部随军家属安置由市统一管理，揭东区负担5%并列入区财政预算。节日期间，各级党政组织走访慰问重点优抚对象333户，慰问金6.88万元，发送“光荣之家”春联3000多副，慰问信8000多份。

【基层民主建设】 4月6日，揭东区第七（六）届村（居）委会换届选举工作全面铺开，至5月15日，全区112个村委会、9个社区居委会（其中村居合一1个）全面圆满完成换届选举任务，共依法选举产生新一届村（居）委会成员558人，村（居）务监督委员会成员522人，村（居）民代表7374人，村（居）民小组长941人，副组长271人。2017年9月，举办村务公开民主管理工作业务培训班，提高镇级、村级干部村务公开民主管理工作业务水平。开展村务公开“五化”创建工作，并加强督查指导，推进村务公开工作常态化。围绕“九有”工作要求，规范建设村（居）务监督委员会，2017年12月起，揭东区村（居）务监督委员会成员补贴从原来每人月550元提高到每人月600元，全区新一届村（居）务监督委员会成员共522人，实际享受补贴506人。

【区划地名】 2017年，揭东区第二次全国地名普查领导小组办公室向省、国家提交地名普查成果复验申请，上报地名条数5519条。完成揭东区21条镇（街道）级界线、总长度236.15千米的联检任务，巩固勘界成果。

【婚姻登记管理】 2017年，揭东区依法办理结婚登记4749对，其中涉外及港澳台登记12对；离婚登记661对。从2017年5月1日起，揭东区婚姻登记机关在周六上午和法定节假日（元旦、“五一”、国庆、中秋）第一天上午提供婚姻登记服务。

【社会捐助】 制订《揭东区2017年广东扶贫济困日活动工作方案》，做好现场募捐接收工作，2017年6月30日，共接收扶贫捐款73.5万元。

【救助管理】 结合“众剑行动”，开展“寒冬送温暖”等专项救助工作，在寒冬、酷署给辖区内流浪乞讨人员送去衣物和食物，并对城区各街道、广场、商场等城区重点区域日夜加强巡查。2017年，救助流浪乞讨、流浪未成年人471人次（其中上门求助407人次，街面救助64人次）。

【社会组织登记管理】 2017年，揭东区依法登记的社会组织共133家，其中社会团体45家，民办非企业单位88家。至12月底，基本完成社会组织统一社会信用代码证换发工作，全区需换发统一社会信用代码证的社会组织103家，已申请换发新证102家，完成率99%。

（苏　霞）

荣誉证书

武夷山市天南茶共岛茶业有限公司

贵单位选送的大红袍在第十四届"闽茶杯"（秋季）乌龙茶评审中荣获

一等奖

福建茶人之家 福建张天福茶叶发展基金会 福建省张天福有机茶技术中心

二〇一七年十二月

天南茶共岛茶叶批发部

地址：揭阳市榕城区东山南和茶叶批发市场西三街

电话：0663-8745689

ZHEN JIE KAIFAQU
JIANKUANG

镇（街、开发区）简况

镇(街、开发区)简况

■责任编辑：何巧珠

曲溪街道

【概况】 曲溪街道隶属于揭阳市揭东区，位于榕江北河北岸、枫江西岸、车田河南岸，北靠牛岭山，位于揭阳市东部，是揭东区委、区政府所在地，揭东区政治、经济、文化中心。区位优越，海、陆、空交通方便快捷。榕江北河曲溪港岸线长达8千米，沿岸设有进出口货物装卸点和货运码头，5000吨级码头5座，货轮经汕头港出海可直达世界各地；国道206线、国道539线、汕梅高速公路在城北经过，广梅汕铁路设有揭东客货站；距揭阳潮汕机场约16千米、距汕梅高速公路埔田入口约4.5千米、距揭阳市区约9千米。曲溪街道区域面积27.12平方千米，曲溪街道辖3个居委会18个行政村（28个经济联合社），揭阳市公安局在曲溪辖区内设立城东、城西、曲溪及水上4个派出所，曲溪街道办事处驻地寨一社区。2017年，全街道总户数23759户，总人口96717人，绝大多数为汉族，个别为少数民族（以外来婚进女性为主）。2017年，街道各项工作进展顺利，实现社会经济各项事业稳步发展。全街道固定资产投资总额15.09亿元；实现工业生产总产值72.59亿元，实现社会消费品零售总额24.52亿元。11月，街道被评为市级创文先进集体；12月，街道陇埔社区和路篦社区被评为区级创文先进集体，街道寨二社区党总支书记吴玩明被评为区级创文先进个人；2017年，街道在区关于镇（街道）贯彻“走正道、出实绩”要求实现科学发展考评工作中被评为优秀等次。

【村级换届选举】 2017年4—5月，曲溪街道严格按照上级相关的工作要求，认真做好2017年村级换届选举工作。村级换届选举共选出新一届“两委”干部161人，其中村“两委”干部144人，社区“两委”干部17人，书记、主任“一肩挑”13人；换届时注重选好党组织书记，在20名社区（居委）党支部书记中，大专及以上学历9人。

【基层治理】 围绕“营造安全稳定的社会环境”主题主线，突出党的各项建设，推动基层治理向纵深发展。曲溪街道以城西居委、龙砂社区为示范点，全面推进“两学一做”学习教育常态化、制度化；认真组织学习贯彻中共十九大报告精神，真正做到学懂弄通做实；全面开展领导干部驻点直接联系群众工作。街道20支“直联”队伍共121名团队成员，接访群众1058人次，走访群众26880户，收集意见建议352条，慰问困难群众404户，召开座谈会229场；加强基层后备队伍建设，其中党组织书记后备的人数为39名，年轻干部后备的人数为20名，妇女干部后备的人数为20名；大力整治软弱涣散组织，三友社区、五堆社区党组织的凝聚力大幅提升，党员的思想觉悟不断提高，村居环境明显改善；以路篦社区为试点，全面推进乡贤咨询委员会建设。至2017

年11月，全街道20个社区乡贤咨询委员会顺利成立。

【新型城镇化建设】 按照区委区政府打造“生态型、效益型”的新型城镇化示范区的目标定位，充分发挥“龙头”作用，以“主人翁”的姿态全力以赴推进新城建设。一方面是全力推进“城市更新”。配合服务好沿江路东段堤防改造综合工程、进贤门大道（景观大桥）延伸工程揭东段、糖厂片区改造、曲溪河和大港溪黑臭水体整治工程、揭东大道车站路口和金叶酒店路口交通及景观提升改造工程建设等重点项目征地拆迁等基础工作，为项目建设提供无障碍施工；妥善解决好梅汕客专曲溪段、北环大道、沿江路西段等路段部分遗留问题；2017年11月2日，正式启动曲溪河（寨内段）综合整治项目建设。另一方面是大力提升“城区品位”。协调推进路篦健身广场（宝嘉文化广场）、盛泰·君和广场以及碧桂园、恒大华府和揭东人民广场周边房地产项目建设，促进主城区房地产业健康发展。碧桂园、恒大华府、滟澜春天、盛泰·君和广场等项目建设进展顺利；金格铭苑、美东怡园、东方紫园等顺利完工；路篦健身广场（宝嘉文化广场）累计完成投资1350万元（占年度任务的135%）；曲溪河（寨内段）综合整治项目已基本完成清底并夯实地基；率先完成梅汕客专重点项目征地拆迁工作，顺利完成揭东大道“两个节点”交通及景观提升改造工程建设拆迁工作。

路篦社区宝嘉广场 （党政办 供稿）

【创文工作】 2017年，曲溪街道按照区委、区政府的部署安排，根据文明创建“四级联创”要

曲溪河寨内溪综合整治 （党政办 供稿）

求，累计投入资金2000多万元，集中力量整治集贸市场及周边环境，对辖区内违章建构筑物、违规广告牌进行全面拆除，全面发动干群积极参与环境卫生大整治。重点打造国道206、省道335线、金溪大道、曲埔路等十条样板路，打造亮点路段，以点带面将创文工作向纵深推进。同时，从5月开始，由新厝区转向老厝区，开展新一轮社区人居环境大整治，重点围绕城西“四横四纵”大片区进行整治，打造人居环境连片整治示范点。结合“创文为我 我为创文”主题日志愿活动，大力营造干净整洁、文明有序的社会环境。在全街道干群的共同努力下，于2017年8月顺利通过省文明创建验收。

【生态更新】 全面启动“水岸同治”工程，配合做好城市排污管网和雨污分流等基础设施建设，实现水清岸绿的良好生态环境。2017年，曲溪街道累计投入3050万元对辖区内河、塘、沟、渠等进行清淤、砌石篱、岸坡植绿，同时积极配合做好榕江流域整治，开展新一轮畜禽水产养殖业的排查整治。开展大气污染专项整治工作，严禁露天焚烧行为。继续加强对辖区内污染企业进行清查整治。是年，共清理整治“三无”企业46家，整治小造纸厂12家，流料厂4家，其中联合区环保局执法10家，责令停业整改3家。

【信访维稳】 街道始终把信访工作当作头等大事来抓，强化责任落实，细化包案分工，对重点信访人启动稳控“专班”，努力将矛盾解决在萌芽状态。2017年，成功化解路篦李燕云信访问题，及时化解上围吴志浩交通事故赔偿矛盾；协调处理港畔社区与曲溪油库因历史遗留问题。

【社会治安综合治理】 围绕“平安曲溪”建设，开展领导班子成员周六接访和“众剑行动”活动，强化重点特殊人员群体排查管理工作，协同派出所全面开展扫黄打非行动，组织开展对严重精神病患者的专项摸底排查行动，加强和改进禁毒工作，切实维护社会安定稳定。是年，曲溪街道开展党政领导班子成员周六接访23场次，共接访群众47批、65人次，共受理37宗，已办结35宗，均已落实包案领导及直接责任人，正在抓紧调处中。发现处理违法人员7宗、14人，侦破各类刑事案件108宗，刑拘71人，查处吸毒28宗、33人，强制戒毒29人，赌博45宗78人。

【工农业发展】 以创新驱动为总抓手，扎实抓好规模上工业企业实施技术改造，促进产业转型升级，蒙泰、热金宝等企业的设备、厂房更新基本完成，上市前内控等准备工作正在抓紧进行。2017年，完成规模上工业总产值69.80亿元，占任务（68.10亿元）的102.50%。新增规模上工业2家；工业投资5.2亿元，汇嘉不锈钢等6家企业深入开展技术改造，投入5.54亿元。认真做好钢铁去产能攻坚战，清查、惩治生产销售“地条钢”，彻底取缔五堆社区东德五金加工厂和夏新材铸造厂。农业方面，按照区的统一部署，顺利完成第三次农业普查。

【商贸流通】 加快发展第三产业，推进“退二进三”，做强做大城区商贸流通业。2017年，限上商业企业销售总额达到47.02亿元，增幅12.2亿元；实现社会消费品零售总额17.16亿元，增幅5.44亿元；新增限额以上商业2家，服务企业1家。

【财税】 2017年，街道共完成工商税收入（区级库）5756万元，比增34.58%，比年度任务超额完成1068万元，其中国税收入3269万元，比增42.01%；地税收入2487万元，比增25.92%。

【社保民政】 2017年，曲溪街道城乡居民基本医疗保险参保人数77122人，征收参保费1156.83万元；新农村养老保险参保人数20257人，参保金额243.08万元。全年医疗报销3243人次（其中住院报销1738人次，生育报销1106人次，门诊报销399人次），报销医药费878.40万元。新增低保125户571人、停止369户886人，享受低保人数758户1798人，全年发放低保金共578.251元；全街道符合条件残疾人共597人，发放救助资金122.395元；有序推进精准扶贫工作，完善建档立卡制度，对161户（211人）扶贫对象落实“一户一策”帮扶措施；开展街居二级干部“一对一”挂钩帮扶贫困户，成效明显。

【教育事业】 推进“广东省推进教育现代化先进区”各项创建工作，全面提高教育质量。梅岗中学成功举办建校66周年庆典大会；揭东区第二小学改扩建及青少年宫建设已基本完成；10月20日，曲溪街道顺利通过省教育强镇复评督导验收工作。全街道有10所规范化完全小学（其中民办1所），3所规范化初中（含梅岗中学初中部），27所幼儿园（其中公办标准化街道中心幼儿园1所、标准化村级幼儿园4所），1所完全中学和1所成人文化技术学校；在校中小学生9881人，在园幼儿3823人；中小学教职员工共619人，专任教师593人；幼儿园教职员工455人。

【文化体育】 2017年，曲溪街道有社区公共文化室20个，农家书屋18个，公共文化活动场所建筑面积1080平方米，藏书3.80万册；社区文化公园（广场）18个。各类室内球类、健身场馆12个；社区小型体育文化公园8个；每万人拥有公共文化设施面积1085平方米，每万人拥有公共体育设施面积24651平方米。

【卫计工作】 曲溪街道有曲溪社区卫生服务中心1所一级甲等医院，建筑面积4539平方米，共有病床位80个，职工84人（卫技人员70人，中级职称14人），各项医疗业务工作开展顺利。为进一步提高揭东城区卫生计育服务能力，社区卫生服务中心和区妇幼保健计划生育服务中心采取“一套人马、两块牌子”的方式进行优化整合。11月7日，在曲溪社区卫生服务中心顺利举行揭东区妇幼保健院揭牌仪式。是年，曲溪社区卫生服务中心门急诊10.38万人次，住院病人3469人，医疗业务收入1735万元，建立居民健康档案62014人。街道全年出生人口1759人，出生率17.11‰，自然增长率11.80‰。抓好计划生育工作，坚持为育龄妇女免费提供孕前优生检查。

【公共服务】 在抓好公共服务平台建设的基础上，进一步创新举措，整合各类资源，规范打造“四室一厅”，对20个社区公共服务站配置专门工作人员（专职代办员和兼职代办员），落实各社区服务站分管领导，明确工作职责和工作制度，全面完成对街道公共服务中心及20个社区公共服务站升级改造，于2017年6月顺利通过市的考核验收。2017年，街道“三资”交易平台已成功交易6宗，交易金额298.05万元。

2017年曲溪街道各行政村及下辖自然村（社区）统计表

表4　　单位：人

行政村名	自然村名	人口数
缶灶	缶灶　网地	3604
圩埔	圩埔　新坑	6124
路篦	路篦	13874
新篦	新篦	2223
陈寮	陈寮	3889
五堆	五堆	2920
旧坑	旧坑	2387
港美	港美　广元	4037
寨二	寨二	2810
诸美	诸美　庵前　庵边	3499
寨一	寨一	3608
上围	兴盛	3759
蟠龙	蟠龙	5160
陇埔	陇埔	2970
港畔	港畔	5313
龙砂	龙砂	3041
云南	云南	2193
三友	刘厝　王厝　横山　枋口　顺利	5228

2017年曲溪街道主要经济指标一览表

表5

农业产值（亿元）	工业产值（亿元）	社会消费品零售额（亿元）	财政收入（万元）	税收收入（万元）	固定资产投资（亿元）	人均收入（元）
—	72.59	17.16	24621	5756	15.09	—

【2017年曲溪街道党政领导班子成员】

党工委书记：吴梓斌

人大工委主任：王岳周（12月起）

党工委副书记：方树荣（10月止）
谢泽湖（10月起）
许赐鹏（12月止）
徐允贤（12月起）　吴晓彬

党工委委员：徐允贤（12月止）　徐晓生
谢拾柒　杨顺洲
陈德贤（7月止，列席街道党委会议）
江志嘉　洪晓芬　江锡忠　陈奕敏

办事处主任：方树荣（10月止）
谢泽湖（10月起）

办事处副主任：徐允贤（12月止）　徐晓生
张楚广

（党政办　供稿）

玉湖镇

【概况】 玉湖镇位于揭东区西北部，东北接丰顺县汤坑镇、隌隍镇，东与新亨镇相连，西与丰顺县埔寨镇接壤，南与揭阳产业园桂岭镇、白塔镇毗邻，北和丰顺县汤南镇交界。距县城25.5千米，到丰顺县城12千米，镇政府驻地吴厝村。全镇总面积135平方千米，山地11万亩，耕地3万亩，是一个山区农业大镇，下辖20个行政村共47

个经联社。玉湖镇委先后获得“全国先进基层党组织”“广东省红旗基层党组织”和“全省三级联创‘五个好’乡镇党委”等荣誉。2017年，全镇总户数26575户，总人口117286人；固定资产投资总额8.48亿元；工业生产总产值15.4亿元，农业生产总产值7.34亿元。

【新农村建设】 2017年，镇共投资2000万元，新建村级文化公园三个，乡村道路五条；投入200多万元，对702乡道进行全面彻底改建；投入约30多万元，对国道两侧排水沟进行清淤疏通，对路灯进行全面更新“亮化”。2017年，镇班子成员与各村书记到浙江省安吉县参观学习新农村建设，通过学习取经，借助农村人居环境整治、创文、水岸同治的东风，各村多方筹资对环境进行大整治、大美化，建设沿溪景观，浇筑水泥路，打造文化中心，规划新区等，让安吉经验在玉湖落地生根、开花结果，变成指导乡村发展的强大助力。

【旅游】 2017年，玉湖镇聘请专业机构，编制《玉湖镇旅游专项规划》。镇多方筹资，对新寮古村落进行修缮、提升，在黄旭华旧居的基础上，重新设计、建设院士博物馆，建设环村旅游绿道、污水处理系统，加强环境卫生整治，建设特色旅游打造初具规模。一年来，镇通过加大投资力度，深入挖掘、打造和宣传，坪上茶园、汾水战役纪念陵园、新寮古村落、玉湖山生态茶园等景点都吸引了不少游客前来，在一定程度上带动了当地经济的发展。7月，镇还被评为省级休闲农业与乡村旅游示范镇。

【农业生产】 镇委、镇政府始终坚持以农业增效、农民增收为目的，强力推进农业结构调整。一是加大农田水利设施建设力度，做好沟渠清修、农业综合开发及机耕路、排灌渠系的规划和建设，提高农业综合生产能力；二是围绕科技兴农目标，扎实开展水利工程管理、农机推广、防汛抗旱等各项工作，大力推广优种良法，种植结构得到有效调整；三是走特色农业发展之路，积极培育淮山、芋头、绿茶三大主导产业，扩大规模，提质增量，借助电子商务平台拓宽销售渠道和提高知名度，促进农民增收致富。

【创文+人居环境整治】 镇结合地方发展实际，以建设美丽乡村、宜居村庄为目标，创新举措，实施“十个一”行动，突出重点，真抓实干，向纵、向深推动文明创建工作，大力整治村庄人居环境和交通环境秩序。2017年，累计投入500多万元，出动1.5万多人次，挖机、铲车等大型机械约1500台次，先后拆除广告牌5000多块，清理乱摆乱卖行为150多宗，清理生活、建筑垃圾超6500多吨。结合“四级联创”和“人居环境整治攻坚”行动要求，通过全面整治“脏、乱、差”，落实“门前三包”“公共区域网格化管理”，全面推行生活垃圾“到户收集不落地、定点转运日日清”的管理模式。是年，全镇20个村均已建立、完善环境卫生长效管理机制和考核监督机制，农村人居环境整治成效明显。

【社会治安综合治理】 严厉惩治“两抢一盗”犯罪行为，加强禁毒宣传教育工作，全面开展禁毒涉毒摸排整治工作。按照上级工作部署，做好党政领导周末接访工作，重点抓好对因征地拆迁、建房纠纷等历史遗留问题形成的信访积案和老信访户有关诉求的化解工作，切实维护社会安定稳定。2017年，共排查化解矛盾纠纷102件，矛盾纠纷排查率100%、调解率95%。累计接待群众来访60批、121人次（含重复上访），受理信访件37宗，办结26宗，有效地把问题解决在基层、化解在萌芽。生产安全、消防安全、道路交通安全、食品药品安全等形势稳定，连年来没有发生重特大安全生产事故。

【财税工作】 2017年，全镇财政一般预算支出1.61亿元，比2016年增支2779.6万元，增幅20.94%。区级库税收收入577万元，完成区下达任务的100%，比上年减收135万元，减幅19.07%，其中国税收入330万元、地税收入237万元。

【教育工作】 玉湖成为全市第一个通过省“教育强镇”复评工作的乡镇以来，2017年中考、高考取得喜人成绩，中考上区二中以上重点中学125人，上重点线率达19.7%。高考上本科线18人，上普高线176人，上线率82.2%。

【文体工作】 进一步加强基层文体设施建设，新建文化广场、公园一批。利用各村现有的文化场所，加强对全镇文化体育活动的指导和规划，活跃乡村文化，丰富群众生活。在2017年春节期间举办象棋赛、篮球赛、乒乓球赛、猜灯谜等10多场活动，群众踊跃参与。

【卫计工作】 辖区内有镇中心卫生院1所，占地面积3056平方米，建筑面积为3949平方米。2017年，医疗业务收入1735万元，较2016年业务量增长11%；合作医疗报销2459人次，金额为883万元。是年全镇出生人口1917人，出生率16.19‰，自然增长率12.22‰，政策生育率94.94%。全镇实施计生“四术”51例，其中上环17例。

【社会保障】 2017年，全镇预脱贫人口1484人，完成预脱贫比例为81.22%；不断强化居民社会保障工作水平，按时发放低保金、优抚金、补助金，全面完成低保人数扩面，做到应保尽保，2017年，共向1047户低保户发放约964.1万元，向五保户发放约440.5万元，发放优抚金333.7万元。镇慈善会向496位特困户发放约21.55万元。

【生态环保】 落实河长制，整治榕江北河（玉湖段）两岸环境，建立长效机制，全方位保护河道水环境；对中小型水库水浮莲进行常态化清理和综合利用，确保水面清洁；重拳惩治非法采石场、洗砂场、小电镀和酸洗等污染行为，以环保底线倒逼污染企业转型升级、绿色发展，保住玉湖的绿水青山蓝天。

【反腐倡廉】 共受理群众信访举报11件，办结11件；立案2件2人，诫勉谈话6人，党内严重警告处分2人。开展重拳整治基层“微腐败”、推进正风反腐专项行动，在镇便民服务中心设置整治基层“微腐败”举报信箱，严肃查处扶贫领域违纪问题、涉农政府专项资金管理使用中的违纪问题等八类问题，自查自纠5条涉及农村“三资”管理领域违纪的问题线索，问责2人（次）。2017年度共开展谈话提醒152人（次）。

2017年玉湖镇各行政村及下辖自然村统计表

表6 单位：人

行政村名	属下自然村名	人口数
浮山	浮　山	11906
东寮	东　寮	6533
詹厝	詹　厝	1120
坪上	坪　上	7639
郑厝	郑　厝	1985
洪厝埔	洪厝埔	1809
新寮	新　寮	5594
汾水	主村　九斗	10021
姑山	姑　山	4844
玉牌	石牌　朱厝　礤尾　小坑	5732
北坑	埔龙发　象地	5718
观音山	主村　横山头	10583
马料堂	马料堂	3552
大坑	大　坑	1299
下坡	下　坡	2439
洋边	主村　西门　老埔　玉斗　赤兰围　顶塔坑	9203
湖岗	湖　岗	3802
吴厝	吴　厝	4240
林厝	林　厝	2446
玉联	草猛埔　祠堂黄　洪厝　纪厝　中围罗　楼溪潭	13139

2017年玉湖镇主要经济指标表

表7

农业产值（亿元）	工业产值（亿元）	社会消费品零售额（亿元）	财政收入（万元）	税收收入（万元）	固定资产投资（亿元）	人均收入（元）
7.34	15.4	5.04	13272.1	573	8.48	—

【2017年玉湖镇党政领导班子成员】
党委书记：王拥新
镇长：谢树波
党委副书记：谢树波　李剑欢　谢伟波
人大主席：姚宏正
党委委员：许树荣　黄焕辉　郑树周　林晓铨
江伟聪　黄列国　柯庆柔
副镇长：许树荣　黄焕辉　郭耿旋　徐少荣
主任科员：蔡树波

（林晓铨　林晓帆）

新亨镇

【概况】　新亨镇位于揭东区西北部，是一个半山区镇。东北与梅州市丰顺县留隍镇、潮安县登塘镇交界；西北接玉湖镇，东连锡场镇、埔田镇，西南临蓝城区桂岭镇，南隔榕江北河与蓝城区月城镇相望。镇政府驻地硕和村，距县城17千米。全镇总面积90.60平方千米，其中耕地面积17658亩，山地面积68262亩。辖区1个居委会和13个行政村、39个经联社。2017年，新亨镇总户数25294户，总人口121151人。镇党委会下辖党总支16个，党支部121个，现有党员3162人，村（居）民两委人数126人，村民小组80个。2017年，新亨镇实现固定资产投资总额20.95亿元；实现农业总产值5.733亿元，规模以上工业生产总产值44.9亿元，商业限额以上销售总额16.71亿元。

【村（居）换届】　2017年，新亨镇贯彻新时期好干部标准，坚持德才兼备、以德为先，按照上级相关文件精神，开展村（居）两委换届选举工作，一次性成功选出支委92人，村委84人。同时，对新一届村（居）“两委”成员进行岗前教育培训，使其迅速地参与各村（居）经济社会建设中，确保村（居）各项事业顺利发展。

【新农村建设】　2017年，全镇动员乡贤多方筹资，累计投入3000多万元，改建老车站路、环罗山路、粤美特大道、鹰花大道、国防路等一批镇村主要道路，群众出行更加便利。配合做好梅汕客专（新亨段）、500千伏岐山变电站等项目建设。加快村级文化基础设施建设，硕联村龙社寨前环境整治工程、仙美寨前池环境整治工程建成并投入使用。坪埔文化广场、顶坝公园完成土地平整工作。

【新型农村合作医疗】　2017年，新亨镇城乡居民医疗保险人数96520人，实现补偿支付总额达1479.8万元，报销4546人次，新型农村社会养老保险人数39630人，享受人数达16062人。

【工农业生产】　全镇商贸往来密集，经济较为活跃，农产品、食品等小型加工企业众多，已形成茶叶、菜脯、青榄等农产品特色品牌效应，其中，五房炒茶、新亨萝卜干远近闻名，竹笋罐头远销海内外。2017年，全镇肉类产量保持稳定，全年猪牛羊禽肉产量2212.75吨，其中，猪肉产量1481吨，牛肉产量7.5吨，羊肉产量0.25吨，禽肉产量724吨。生猪存栏36712头。

【社会治安综合管理】　2017年，新亨派出所共立刑事案件101宗，破案68宗，刑事拘留55人。查处行政案件125宗，调解矛盾纠纷96宗，查处吸毒人员24人，“三非”外国人员27人。镇信访维稳中心全年共受理矛盾纠纷和群众诉求案件38宗，网上信访30宗。

【财税】　2017年，新亨镇完成税收任务2506万元，其中，国税收入1573万元，地税收入933万元。

【商业贸易】　镇大力发展电商物流，引进中通、韵达、天天、快捷、优速五家快递转运中心，共有电商商户802家，从业人员达2001人。2017年，新亨镇新增“四上”企业2家。

【教育事业】　2017年，新亨镇高中1所，初中7

所，小学13所；在校学生9420人，其中高中生1152人、初中生2945人、小学生6255人；中小学教职员工731人，其中高中教师211人、初中教师357人、小学教师374人；高级职称20人，中级职称426人。投入2700万元完成辖区各学校的操场、跑道、绿化等配套建设和“三通两平台”等相关工作，顺利通过省的验收和教育强镇复评工作。

【文化活动】 2017年，全镇有文化站1个，文化室13个，文化广场8个；不可移动文物33处，其中区级文物保护单位5处，市级爱国主义教育基地3处。具有地方特色的文艺节目主要有潮乐、灯谜、书画、民间节日庙会、摆猪羊等。硕联村“摆猪羊”十年轮值庆典活动于农历正月十五至农历正月十七在风奎经联社举行。

【卫计工作】 2017年，揭东区第三人民医院（即新亨镇中心卫生院），医院总占地面积8181.46平方米，有病床120张，在编职工84人，年门急诊量5.1万人次，收治住院病人2580例，纯业务收入1700万元。共有乡村医疗站33个，乡村医生33人。是年，新亨镇孕前优生健康检查487对，当年人口出生2085人，出生率17.11‰，自然增长率11.15‰，计划生育率98.81%。

【社会保障】 2017年，全镇低保总人数2852人，发放资金812.27万元；残疾人补助金21.18万元。复退军人87人，月拨款55740元；农村籍退役士兵494人，月拨款69250元。新农保参保人数44250人，享受人数达11430人。抓好精准扶贫工作，是年，新亨镇累计到位各类扶贫资金455.2万元，减少建档立卡贫困人口843人。

【“创文”工作】 2017年，全镇累计投入资金2700多万元，抓好创文和人居生态环境大整治，每月1日、每周五日下午定期组织开展“创文为我　我为创文”活动，切实加强对镇村主次干道、广场、公园、学校、公厕、市场等重点部位和薄弱环节的整治，全面清理整治废旧厕所、老厝区，打造宜居文明新环境，全镇面貌焕然一新，被区评为创文先进集体，受到区委、区政府表彰。深入开展“水岸同治”工作，组织人力对辖区内河道的杂草、水浮莲及淤泥等问题进行全面清理整治，对沿岸违章构建物坚决予以拆除，从源头从严治理榕江北河水环境污染，打好水岸整治硬仗。目前，龙车溪小流域整治工程已完成，新西河灌区整治工程正在加紧施工中。抓好禁养区内畜禽养殖清理工作，拆除清理畜禽违规养殖场42家。

【反腐倡廉】 2017年，组织开展“讲文明树新风，讲廉洁树清风”活动，组织学习贯彻习近平总书记对广东工作重要批示精神及学习贯彻党的十九大精神，开展系列考学活动，加强党性修养，筑牢拒腐防变的思想防线。从严查处违纪违规案件，受理或配合区纪委办结省纪委抽查组转办的重要问题线索共11条，办结省纪委转办的诉求类问题线索43条；从严查处违纪案件7起，处理违纪党员7人；另有7名基层干部受到区纪委诫勉谈话，1名联社干部涉嫌违法移送司法机关处理。

2017年新亨镇各行政村及下辖自然村统计表

表8　　单位：人

行政村名	自然村名	人口数
楼下村	官目洋　老寨　龙手　尖石　楼下	5928
秋江	老东龙　新东龙　溪头	5988
北良	北陇　大良岗	13237
白石	老寨　新寨　军埔　玉林	12124
硕和	硕和	15889
硕榕	硕榕	10635
硕联	风铺　下乡　上乡　中社　龙社　埔墘　许厝　大围　八亩　牛圩　六乡　凤奎　新寨	16889
仙美	仙美	8097
英花	英花	4465
坪埔	埔东　坪埔	9095
溢溪	老村　新村	2006

续表8

行政村名	自然村名	人口数
下坝	下坝　顶坝	3578
五房	五房	7733
居委会		5487

2017年新亨镇主要经济指标一览表

表9

农业产值（亿元）	工业产值（亿元）	社会消费品零售额（亿元）	财政收入（万元）	税收收入（万元）	固定资产投资（亿元）	人均收入（元）
5.733	44.9	16.71	17520	2506	20.95	—

【2017年新亨镇党政领导班子成员】

镇委书记：袁镇松（10月止）
　　　　　林晓川（10月起）
镇委副书记：林晓川（10月止）
　　　　　　徐卫东（12月起）　江泽华
　　　　　　吴焕松（12月止）
　　　　　　江馥青（12月起）
镇委委员：杨子财　吴伟彬　陈培鸿　李丹霞
　　　　　黄凯雄　高金勇　林桂雄　许胜波
　　　　　许树荣（12月起）
镇人大主席：徐卫东（12月止）
　　　　　　吴焕松（12月起）
镇人大专职副主席：徐永杰（12月起）
镇长：林晓川（12月止）　徐卫东（12月起）
副镇长：吴伟彬　陈培鸿　陈惠群（12月止）
　　　　王洁鹏

（高晓婷　郑　洁　陈绥燕）

锡场镇

【概况】　锡场镇位于揭东区西北面，东以马鞍山、松仔鞍为界，与埔田镇接壤，东南与榕城区东阳街道为邻，北与新亨镇相连，南、西南临榕江北河，与揭阳产业转移园磐东街道和月城镇隔江相望。总面积48.75平方千米，下辖1个居委会和江滨、潭王、潭蔡、东仓、大寮、石洋、华清、锡西、锡中、锡东、新置寨、军埔12个行政村，总人口123312人。电子商务和物流业成为新的经济增长点，社会各项事业取得新进步。

【村（社）换届】　4月7日，锡场镇启动村级组织换届选举工作。4月17日，选民上墙公布。4月21日，选举村民代表和村民小组长。4月25日，进行村级党组织选举。5月7日，进行村（居）委会选举，顺利选举产生新一届村级“两委”干部。新一届村级“两委”干部共114人，其中党（总）支委数101人，村（社区）委数75人，交叉任职数62人，交叉比例达到87%，有效地控制“两委”职数，杜绝超编现象。

【新农村建设】　推进“一村一示范路”创建工作，全面开展镇道人行道改造，改造镇道人行道10千米；县道X114线（锡曲线）锡场段建成通车；村道硬底化有序推进，新增水泥路面18千米；“三锡”、东仓电排和村村通自来水等民生水利工程建成投入使用；有序推进“一村一公园一主题一特色”工作，军埔、东仓、江滨等特色主题文化公园相继建成投入使用；推进“四站合一”控制性详细规划和全镇总体规划编制工作，形成规划草案；推进污水处理厂建设，配套完善污水处理设施，在锡中断面和玉城河共配置3台300吨污水处理设备，新铺设“雨污分流”管网2千米；锡场镇排涝工程进入设计报批阶段；以绿色发展为目标，加大环境污染整治力度，启动“水岸同治”工作，全面推进内河清淤，累计投入资金4320万元，完成清淤101.70千米，砌石篱10.30千米，岸坡植绿35千米，“河畅、水清、堤固、岸绿、景美”的生态环境初步显现。

【新型农村合作医疗】　锡场镇积极宣传发动医保的扩面和征缴，认真做好录入和登记工作，2017年全镇参保登记人数110176人，100%完成上级下达任务，住院医疗费用报销10068人次，申报支付的报销金额6991万元。

【工农业发展】 工业方面：锡场镇工业企业众多，初步形成以食品、五金加工为主，服装、塑料等行业为辅的工业格局。通过扶持企业上市、鼓励企业创新发展等措施，推动企业技术创新、技术改造。全年投入技改资金5亿元，实施技改的企业15家。中穗纸品有限公司顺利通过科技部高新技术企业认定，进入广东省科技厅高新技术企业培育库。“港荣食品”有序推进股改前期基础工作，顺利完成2017年度的财务审计。2017年，完成规模上工业总产值100.47亿元，比增11.4%；限上商业销售总额24亿元，比增25%；新增规模上工业企业2家，限额以上商业企业2家，服务业企业1家，引导68户个体户“个转企”、5家企业“企升规”。

农业方面：加快农业“一镇一品”建设步伐，着力培植壮大特色农业，“三高”农业得到大力发展。粮食作物以稻谷、番薯、豆类为主。经济作物以水果、茶叶为主。水果品种多样，以潮州柑、香蕉、龙眼、荔枝、柚、橄榄、乌榄、桃、李、杨桃著称；茶叶有云南茶、水仙茶、梅占茶等品种。初步形成了蔬菜、竹笋、甜玉米、兰花等特色农产品基地，农业经济呈现良好发展态势。2017年，农业总产值4.2亿元，比增4%；农民人均年纯收入12240元，比增8.5%。

【社会治安综合治理】 强化安全监管工作，加强对重点领域和行业的安全隐患排查；严格规范国土和规划管理工作，严厉惩治各类违法违规建设行为；深入推进党政领导周六接访工作，积极开展矛盾纠纷排查调处活动，妥善解决各类社会矛盾，全年共排查和受理来信来访181宗，办结173宗，办结率95.5%；开展禁毒集中整治专项活动，组织村干部和群众代表深入开展每季度禁毒排查踏查工作，召开禁毒工作会议8次，组织工作人员到重点村社踏查200余次，发现问题及时处理和上报有关部门；对全镇“法轮功”邪教组织等涉邪教人员进行全面排查，采用家庭走访式深入各村居，随时掌握他们的思想动态，确保其不发生违法犯罪行为；充分利用村干部、治保组织等基层力量，对涉邪教组织人员开展深入细致排查摸底工作，全镇涉邪人员共36人，管控率达100%；强化对辖区刑释解教、社区服刑、精神病患者和重点信访等特殊人群的监管稳控，全面落实教育帮扶管控责任；深入开展惩治各类违法犯罪行动，全年共立刑事案件112宗，破案72宗，治安拘留66人，查处涉毒人员20人，强制戒毒13人。

【财税社保】 2017年，完成区级库税收收入3601万元，比增10.83%，其中国税收入2276万元，地税收入1325万元；完成规模上工业总产值100.47亿元，比增11.4%；限上商业销售总额24亿元，比增25%；全社会固定资产投资20亿元，比增18%。认真开展企业职工社会养老保险的扩面和征缴工作，锡场镇全年完成社保费征收及扩面3350人，征缴金额2539万元。

【商业贸易】 锡场镇启动“军埔电商发布”项目，军埔电商的知名度和影响力进一步提高。港荣蒸蛋糕连续3年夺得全网西式糕点类销售冠军，2017年全镇电商交易额和“双十一”销售额均实现突破。大力支持和引导玉和物流、盛辉物流等龙头物流企业借助互联网、物联网实现智能化管理，加速向现代商贸物流企业发展；加强军埔电商村周边物流配套，有16家快递公司和10多家物流公司进驻。

【科技教育】 坚持教育优先发展，打造均衡优质教育，顺利通过教育强镇的复评和教育现代化先进区的评估。潭王小学跻身“全国红军小学”，成为粤东唯一获此殊荣的学校；投资1000多万元的锡场镇第一中心幼儿园建成投入使用。全镇投入1690多万元创建教育现代化，按创建教育现代化先进区的要求配置提升学校教育设备实施，功能场室；各学校“三通二平台”全面接入使用，全镇各中小学自行设计门户网站14个，图书馆电子检阅系统14套，录播室设备4套；实现100%教师配备专用教学用终端，每100名学生拥有学习终端不少于20台。举办全镇首届奖教奖学活动；全镇学校运动场配套塑胶跑道，设备设施进一步完善，办学环境不断优化。

【文化体育】 锡场镇有文化站1个，图书馆1个，书店摊15间，12个行政村都建有文化室，文化广场12个，还有作耕草堂、怡馨潮乐社、溪头标旗锣鼓队等群团组织。2017年，锡场镇举办形式多样的文体活动，大力弘扬特色传统文化，弘扬中华传统美德，启动镇志修编，举办建军90周年书画展以及国庆、“十九大”书画连展，组织举办篮球赛、乒乓球赛以及龙舟竞渡特色活动。

【卫计工作】 推进卫生创强工作，区第二人民医院对照“二级甲等综合性医院”评审标准，查漏补缺，完善各项软硬件建设，积极争创“二甲”医院，成功举办“2017年眼科技术新进展研讨会暨揭阳市揭东区第二人民医院准分子激光手术中心成立大会”。村级卫生站建设稳妥推进，已建成江滨、石洋、潭王3个规范化村级卫生站。2017年，参加国家免费孕前优生健康检查的夫妇412对，接收地贫筛查1545人，11对夫妇被征收社会抚养费共81.7万元，138人得计划生育节育奖共8.44万元。

【社保民政】 突出抓好精准扶贫对象的挂钩帮扶，对无劳动能力和没有能力脱贫的428户（741人）低保户、五保户，实施财政“兜底”帮扶。积极发动525户建档立卡有劳动能力贫困户参与揭东产业扶贫公共平台投资，努力实现增收脱贫，超额完成区下达的年度脱贫任务。

【“创文”工作】 开展“创文为我 我为创文”主题活动，实行“拆、建、管、教”多措并举，文明创建工作向纵深推进。加大环境综合整治，加强集贸市场环境卫生整治和市场秩序管理，强化“门前三包”责任；进一步完善村级日常卫生保洁和保洁员管理制度，落实经费，规范管理；定期进行督查评比，落实“红黑板”制度上墙，力促人居环境整治工作持续、深入开展。举办形式多样的文体活动，大力弘扬特色传统文化，弘扬中华传统美德。基础设施日臻完善，各种民生工程建成投入使用，特色主题文化公园相继建成投入使用，推进污水处理厂建设，配套完善污水处理设施；以绿色发展为目标，加大环境污染整治力度，全力打造良好生态环境，全镇取缔污染企业43家，清理取缔小型养猪场220户，办好省环保督察组交办案件13宗；加大林业执法力度，重拳拆除锡东藤吊岭违建27宗，自然生态环境得到有效保护。2017年，锡场镇政府被区评为创文工作先进集体。潭王村被省评为广东省文明村，被市评为创文工作先进集体。

【反腐倡廉】 严格执行中央八项规定精神，着力整治“四风”突出问题和“不严不实”问题，落实对镇、村干部谈话提醒，强化执纪问责，大力整治不作为、乱作为等问题。坚持把纪律挺在前面，加强党内监督，严肃党的政治纪律和政治规矩，铁腕查处违纪违规行为。2017年，全镇共处分违纪党员13人，其中党内警告6人，党内严重警告5人，撤销党内职务1人，开除党籍1人。

2017年锡场镇各行政村及下辖自然村统计表

表10 单位：人

行政村名	自然村名	人口数
江滨	浦南 塔步 坤山 江滨 坤洋 山尾	9242
潭王	潭王	8578
潭蔡	潭蔡	6170
东仓	后围 前围 东仓 彬琪	8275
大寮	下寮 大寮 彬美	5677
石洋	三担 石部洋 石林 溪头 东围 浦边	11706
华清	华清 崎岭	24481
锡东	锡东	16940
锡中	锡中	11898
锡西	锡西	12467
新置寨	新置寨	1776
军埔	军埔	2831
居委会	居委会	3271

2017年锡场镇主要经济指标表

表11

农业产值（亿元）	工业产值（亿元）	社会消费品零售额（亿元）	财政收入（亿元）	税收收入（万元）	固定资产投资（亿元）	人均收入（元）
4.2	100.47	24	1.52	3601	20	—

【2017年锡场镇党政领导班子成员】

镇委书记：林晓珊

人大主席：李卫川

镇长：黄壮杰（11月止）　方树荣（11月起）

副书记：蔡腾华　郑育彬

镇委委员：林树丰　卢瑜瑞　王利飞　江怀盛　黄国华　李培武　张业庆　罗　晓　倪锐勇

副镇长：林树丰　卢瑜瑞　杨楚平　范耿龙

主任科员：许文仲

（王煜浩　林惠洁）

埔田镇

【概况】　埔田镇位于揭东区中部，全镇总面积81.3平方千米，其中山地面积约46.7平方千米，下辖19个行政村（27个自然村）和1个竹山居委；距离城区8.5千米，镇政府驻牌边村。2017年，镇委镇政府坚持“生态埔田、绿色发展”的发展理念，抓住被评为第二批国家特色小镇的契机，切实推进供给侧结构性改革，发展特色农业、生态旅游，以农村人居环境综合整治为重点，大力抓好污染整治和生态环境打造，助推乡村振兴战略落地生根。全镇总户数16356户，人口68363人。完成工业总产值22.6亿元，农业总产值4.8986亿元，实现固定资产投资9.268亿元，工商各税收入总库1.12亿元，区级库2442万元。

【村换届工作】　按照上级部署，按期完成村级党组织和村委会换届。全镇20个村（社区）推选出党支部委员96名，其中书记20名、副书记22名；推选出村（居）委会委员78名，其中主任20名。“两委”交叉任职61名，书记主任“一肩挑”14名。

【新农村建设】　2017年，被区委、区政府定为社会主义新农村建设示范镇。新建、改建水泥硬底化道路约40千米，道路硬底化率约95%。累计投入资金1410万元用于“水岸同治”示范溪建设和内河清淤，完成清淤15.3千米、砌石篱11.9千米、岸坡植绿整治11.9千米。全面整治畜禽水产养殖污染，清理牛蛙池1261.9亩，拆除养猪场114个，清理禽类养殖场159个，有效改善黑臭水体。依托“一事一议”财政奖补项目，投入519.7万元完成新龙村村道建设、埔田村村道建设、老龙村寨前池环境整治工程、老岭村水渠建设项目。打造牌边、埔田、饶平3个精品村，牌边省级新农村示范片建设通过省验收。

老岭村寨前大池清理　（徐汉中　摄）

【新型农村合作医疗】　2017年，全镇城乡居民合作医疗保险参保人数59945人，征收参合费899.18万元。全年住院报销6034人次，报销金额3467.40万元。

【工农业生产】　2017年，全镇农业总产值约4.90亿元，其中种植业产值约2.02亿元，林业产值约1.91亿元，畜牧业产值约0.58亿元，渔业产值约0.36亿元。新增规模以上工业企业2家，规模以上工业产值21.34亿元，比增11.8%。纳税额超100万的企业18家，其中，超1000万元的3家，分别为广东裕洲食品有限公司、揭阳市骏佳实业有限公司和揭阳市裕中食品有限公司。

【商业贸易】 新增限额以上商业企业1家，新增限额以上服务业企业1家。外贸出口企业16家，农业出口额约1.01亿美元，工业出口额约1.22亿美元。餐饮旅游业实力进一步壮大，拥有揭东万竹园（国家AAA级旅游景区）、念恩山生态旅游区等景区，以及鸿源湖山庄、态康源山庄、东篱香、润泽山庄等生态餐饮庄园，年游客量约50万人次，营业收入约2800万元。

【社会治安综合治理】 持续开展“飓风2017”和“众剑行动”等专项行动，侦破刑事案件34宗，抓获犯罪嫌疑人26名；办理毒品案件15宗，查处吸毒人员18人；查处赌博案件8宗，抓获赌博人员151人。依法妥善处置缠访闹访、涉法涉诉、涉军群体等信访问题，接到信访案件12宗，办结12宗，排查矛盾纠纷16宗，全部化解完成。常态化开展“乡镇领导周末接访日”和“人大代表集中联系日”活动。

【财税社保】 财政收入实绩10641.2万元，支出实绩10641.2万元，当年实现收支平衡。工商各税收入总库1.12亿元，区级库2442万元。农村养老保险参保人数24889人，参保金额149.8万元；参加企业养老保险人数2331人。

【教育事业】 开展“广东省推进教育现代化先进区”创建工作，接受广东省教育强镇复评，受到复评组专家好评，埔田中学圆满完成国家义务教育质量监测任务。2017年，全镇有中小学校17所，在校学生5553人，初中1所，在校学生1473人，小学16所，在校学生4080人；中小学教职工424人。幼儿园12所，其中集体办幼儿园4所，民办幼儿园8所，在园幼儿2054人。中考成绩喜人，上区二中及以上重点线人数78人，其中揭阳市一中5人、揭东一中37人、揭东二中36人。

【文化体育】 全镇有文化站1个，农家书屋19个，电子阅览室20间，19个行政村都建有文化室。全年完成放映电影228场下乡的任务，组织参加2017年揭东区“农商杯”围棋象棋赛，举办埔田镇竹文化节书画展、茬洋村创文巡回演出等丰富多彩的文化体育活动。

【卫计工作】 镇有卫生院1所，设立床位45张，是城镇居民基本医疗保险和新型农村合作医疗定点医院。全院专业技术人员61人，其中：中级职称10人，初级职称44人，工勤人员7人，年收住院病人1524人次，门诊诊疗病人24153人次，举办国家基本公共卫生院服务下乡160次。三层医技大楼正在开工建设，预计投资800万。下辖乡村医疗卫生室38所，建成规范化村级卫生站6个。扎实开展计生服务周和计生服务月活动，计划生育奖扶制度及优惠政策落实率达100%，孕检工作排名在全区前茅。出生人数1123人，出生率16.28‰，人口自然增长率9.96‰，计划生育率96.08‰。

【社保民政】 落实五保供养254人，其中，敬老院集中供养30人，农村分散供养224人，每人每月供养金988元；农村低保户家庭774户1839人，城镇低保户家庭41户49人，每月共发放低保救助资金405045元；优抚对象135人，月发放优抚金110658元；领取孤儿基本生活费16人，每人每月950元；有办证残疾人600多名，其中重度残疾355人，每人每月享受200元补贴，困难残疾202人，每人每月享受 150元补贴。

【“创文”工作】 结合人居环境综合整治，全面做好“清垃圾、治污水、上设施、建机制”工作。2017年新建镇级垃圾转运站1个、封闭式村级垃圾收集点10个。定期组织检查评比督查，实行“红黑榜”评比制度，对前十名的村进行奖励，对后两名的村进行通报批评，倒逼各村常态化开展环境整治。以饶平村、牌边村等先行村为示范，带动各村完善公园、标准化公厕、雨污分流等硬件设施建设，建设美丽乡村。

【反腐倡廉】 加大“微腐败”问题的整治力度，开展扶贫领域专项整治，排查镇村基层党员干部违纪违法线索，严查镇村基层违纪违法案件。2017年，受理信访举报、自查、线索排查总共8宗，立案6宗，结案6宗，了结处理2宗，给予党纪政纪处分6人。组织开展廉政教育5场次，覆盖党员干部1000多人次。

【精准扶贫】 全镇认定扶贫对象959户、2091人，揭阳市气象局和揭阳市慈云医院分别挂钩帮扶老岭村和南湖村，两家龙头企业结对帮扶埔田村和庵后村，市、区、镇共111名副科级以上干部落实一对一挂钩帮扶。申报扶贫开发资金394.56万元投资通用厂房收益扶贫项目，预计受益对象达到1233人。

【土地确权】 土地确权登记工作作为全镇农业农村工作的一项重要内容，涉及农户13828户，确权总面积1.91亿亩，2017年12月底，全面完成登记确权、颁证工作。

【特色小镇】 8月22日，埔田镇被中国家住房和城乡建设部评为第二批全国特色小镇，成为全国首个“近零碳排放”特色小镇，逐步探索出一条以农业供给侧结构性改革推进产业结构调整的发展新路子。

【竹文化节】 “揭东·埔田首届竹文化节暨全域旅游启动仪式”活动于7月15日在揭东万竹园举行，为期3天。活动共3大板块，12项内容。一是学术板块，包括国学讲座、高峰论坛、揭莞青年涉农产业交流会；二是文艺板块，包括开幕式大型晚会、乡村乐文艺晚会、闭幕式晚会、书画展、摄影展、竹工艺品展；三是体验板块，包括笋王争霸赛、竹工艺品现场制作、千人笋宴等。开幕式当天，揭东区人民政府、埔田镇政府分别与多家企业签订《战略合作框架协议》。活动期间，京东揭阳馆同步直播。CCTV-7农业频道《美丽中国乡村行》栏目进行专题报道。

2017年埔田镇各行政村及下辖自然村统计表

表12　　单位：人

行政村名	自然村名	人口数
金东岭	金东岭	3530
祯祥坑	祯祥坑　福林湖　茂林　龙背	2336
车田	车田	5617
马硕	马硕	4931
茎洋	茎洋　店前围	4770
刘厝寨	刘厝寨　张厝围	3147
溪南山	溪南山　月山	2420
饶平	饶平	1095
南湖	南湖	3778
埔田	埔田	3368
新岭	新岭	1828
老岭	老岭	3334
湖下	湖下	2678
牌边	牌边	8277
庵后	庵后	8087
莲花心	莲花心	1608
新龙	新龙	1091
老龙	老龙	1141
长岭	长岭　世德堂　东寮	3575

2017年埔田镇主要经济指标一览表

表13

农业产值（亿元）	工业产值（亿元）	社会消费品零售额（亿元）	财政收入（亿元）	税收收入（万元）	固定资产投资（亿元）	人均收入（元）
4.89	22.60	2.22	1.06	2442	9.27	—

【2017年埔田镇党政领导班子成员】

党委书记：江惜辉

镇长：谢奕涛

人大主席：洪潮群

党委副书记：谢奕涛　朱树东　刘杰

党委委员：郑　斌　黄裕林　王小武　蔡晓明

郭庆南　徐俊荣　吴国荣
副镇长：郑　斌　黄裕林　林晓娜　吴志强

（郑宇宏　林玉珊　李金燕）

云路镇

【概况】　云路镇位于揭东区东北部，小北山之南，梅岗山之北，东邻玉滘镇，东北山区与潮安县登塘镇接壤，南面与砲台镇隔江相望，西毗邻揭东县城与开发区接壤。镇政府驻地陇上村，距离揭东县城7千米。全镇总面积67.20平方千米，辖下有1个居委会和20个行政村。2017年，全镇总户数20880户，总人口90830人。全年固定资产投资总额23.3亿元，规模上工业生产总产值81.2亿元，新增规模上工业企业1家，累计达38家；农业总产值6.04亿元。

陇上公园　（党政办　供稿）

【村（社）换届】　党组织换届：2017年，全镇21个村（社区）党组织都按照《中国共产党党章程》以及相关规定，通过推荐、考察、召开党员大会，顺利完成了基层党组织换届选举，选举产生党（总）支委员120人，其中书记21人，副书记24人。村委会换届：2017年，全镇21个村（社区）全部严格按照相关法律法规，推选出21个选举委员会，成员共191人，制订村委会换届选举工作方案，确定选举方式、选举日和日程安排，选举产生村委会成员81人，主任21人，副主任11人。

【新农村建设】　完善乡村路网建设，新建乡村道路13.9千米；推进村村通自来水工程建设，全镇已有19个行政村接通揭东自来水；加快民生水利工程建设进度，老虎陂世德堂灌区改造完成主体工程建设，老虎陂水库除险加固工程已完成验收并交付使用，枫江云路围堤防加固工程已完成堤坝主体建设。以陇上、洪住为中心村改造片区，启动新一轮农村电网改造升级，进一步完善农村电力基础设施，加快推进城乡电力发展。

【工农业生产】　工业和项目建设方面：2017年，实施重点项目28个，年度计划总投资额19.03亿元，已投入资金19.01亿元，占年度计划的99.99%。福昌文具、楷丰实业、金丰制罐等21家企业的技改工作全部完成设备调试并成功试产，揭阳市宝山湖文化旅游生态产业园宝山东路至仙林场水库主干道及周边配套设施、清音阁、恐龙园、水景桥等景点建设基本完成，投入资金4360万元的省级新农村示范片各个项目建设顺利完成并通过验收交付使用，梅汕高铁云路段工程建设顺利推进。农业发展方面：全面推动农业产业结构调整升级，按照市、区“一镇一品”的要求，引导甲鱼、西洋菜、大棚蔬菜等特色农业向规模化、产业化发展，推动农业产业结构调整升级，提升品质，打造品牌。加大对揭阳市田田绿新农业基地、桃园山庄等“观光农业+菜篮子”项目发展的扶持力度，培育壮大特色农业和旅游观光农业。加快农村综合改革步伐，完善三资管理服务平台运营管理。推进农村土地确权登记颁证工作，普惠金融信用村建设取得新进展。

位于该镇的揭阳市田田绿新农业基地

（党政办　供稿）

【社会治安综合治理】 开展社会治安综合治理“众剑行动”，严厉打击各类违法犯罪行为，2017年共刑事立案55宗，其中盗抢破案21宗，查处吸毒22人，强制戒毒9人，涉毒刑拘4人；依法打击陇上、洪住等村聚众扰乱社会秩序、严重影响社会稳定的不法分子，有效震慑违法犯罪。充分发挥镇综治信访维稳中心调解平台作用，开展矛盾纠纷调处工作，有效化解云七、陇上、赵埔、棋盘、洪住等村的不稳定问题。认真开展驻点直接联系群众工作，走访群众26067户，受理群众诉求3275件，全部予以办结。做好周六领导接待日工作，全年共接到来信来访21件，办结20件。强化消防安全工作，完成专职消防队建设，成功应急扑救火灾3宗；开展安全生产、道路交通安全、食品安全、校园安全、森林防火和农村“三防”等各项工作，有效遏制重特大安全事故的发生，确保人民群众生命财产安全。完善“一村一法律顾问”制度，构建覆盖村（居）的公共法律服务体系。

【财税】 完成工商税收2577万元，其中国税收入1184万元，地税收入1393万元。

【教育事业】 加大教育投入，进一步加强师风师德教育，整合教育资源，巩固提高基础教育，全力推进教育创先，力促区域教育均衡优质标准化发展。2017年，顺利通过广东省教育强镇复评验收；是年，有76位云路籍考生高考考上一批线，1位考生中考考上揭阳市第一中学，12位考生考上揭东区第一中学。

【卫计工作】 抓好卫生创强工作，不断改善基层医疗卫生条件，北洋、老桃、梅坛3个行政村成功创建省级卫生村，建成全镇首批6个公建民营卫生站，顺利通过市卫生镇验收。积极有效做好防控H7N9、登革热等传染疾病各项工作。抓好人口计生管理和服务工作，人口出生率、人口自然增长率均符合上级工作要求并通过考核验收。2017年，全镇人口出生率为14.23‰，人口自然增长率7.79‰。

【社保民政】 2017年，全镇共新增城镇就业人数280人，失业再就业125人，培训电商人才446人。城乡居民基本医疗保险参保人数82923人，城乡居民养老保险参保人数37612人，均已完成任务。完善城乡农村低保、特困人员供养和救灾救济工作，全年发放低保金502万元，特困人员供养金388万元，救灾款、临时救助金及医疗救助金约50万元。做好拥军拥属工作，全面发放优抚金292万元，农业义务兵优待金、退役士兵一次性补助金59万元。抓好提高特殊群体高龄老人和百岁老人生活津贴工作，建立健全孤儿保障体系。

【“创文”工作】 按照市、区“四级联创”的工作要求，全面开展“创文为我，我为创文”活动，全力推进城乡环境和交通秩序综合大整治，落实“门前三包”责任制，深化网格化管理，配齐农村保洁队伍，人居环境显著提升。推进雨污分流工程建设，污水雨水分流排放目标基本实现。全年共投入“创文”资金500多万元。

【反腐倡廉】 2017年，共查处违纪违法案件20宗，立案20宗，全部办结。处分违纪党员20人，其中开除党籍1人，撤销党内职务1人，党内严重警告处分5人，党内警告处分13人。受理群众来信来访13宗，办结13宗。

2017年云路镇各行政村及下辖自然村统计表

表14　　单位：人

行政村名	自然村名	人口数
赵埔	赵埔	5387
中夏	中夏	7074
棋盘	棋盘社　棋砦　新村　新堂下	6174
军田	下田　顶田　蜈蚣　后祠堂　古者	4388
洪住	鸿厝寮　莲花埔　先生寮　云石　官径　后埔　东径	9424
梅坛	梅坛	2088
古湖	古湖、云沟	2760
下径	下径	1585

续表14

行政村名	自然村名	人口数
象岗	象岗	4641
云七	云七	4467
田东	顶田　田下　巷口　杉铺　港美　月潭	7790
陇上	主村　沙田　湖下　埔美	5010
月浦	月浦	1076
永和	永和	1735
老桃	老桃	4089
新桃	新桃	2204
西洋	西洋	972
翁洋	翁洋	2196
东后	东后	1764
北洋	北洋	13265
云新居委	云新居委	2128

2017云路镇主要经济指标表

表15

农业产值（亿元）	工业产值（亿元）	社会消费品零售额（亿元）	财政收入（亿元）	税收收入（万元）	固定资产投资（亿元）	人均收入（元）
6.04	81.20	8.50	1.32	2577	23.30	—

【2017年云路镇党政领导班子成员】

镇党委书记：谢淡松

镇党委副书记：江海彬　林子明　江锐锋

人大主席：吴树界

镇党委委员：黄泓楠　陈伟生　陈壮凯　曾培昭　郭佩文　杨桂荣　徐锦峰

镇长：江海彬

副镇长：黄泓楠　陈伟生　曾振华　黄佳明

（李永丹　吴丹丽）

玉滘镇

【概况】 玉滘镇地处揭东区东北部，东濒枫江与潮州市潮安县凤塘镇隔江相望，南同空港区砲台镇、登岗镇隔枫江为邻，西与云路镇接壤，北与潮安县登塘镇以大脊岭分水，距揭东县城12千米，镇政府驻地新寨村。辖饶美、新寨、桥头、东面、半洋、凤美、大滘、谢坑、尖山、池渡10个行政村和玉滘居委会1个社区（下设35个经联社、35个村民小组）。全镇总面积38平方千米，2017年总人口数57898人。

【村（社）换届】 2017年，玉滘镇村“二委”换届选举工作顺利完成。依法选举产生村（居）委会成员53人、村党（总）支委62人，完成村级“两委”换届选举各项任务，顺利完成新老班子交接工作。

【新农村建设】 2017年，全镇加大资金投入，向“村村有主题公园和健身广场、休闲娱乐场所”的目标迈进。尖山村打造沿溪长廊，完善绿化及路灯配置；桥头村建设消防主题公园，打造集宣传与休闲于一体的活动场所；谢坑村建设文体公园，配套绿化及体育设施；新寨村建设法治主题公园，弘扬法治正能量；东面村率先建成卫生站和消防站；凤美村建设党建文化园；池渡山美建设健身广场；大滘村建设大港溪沿江绿道步道；半洋建设沿溪步道和健身广场；饶美新蛟建设寨前公园，人民群众精神文化生活层次不断提升。

新寨公园　（党政办　供稿）

【新型农村合作医疗】 2017年，全镇参加农村合作医疗保险人数50446人，征收参合费728.76万元。全年住院报销4686人次，报销医药费1630.74万元。

【工农业生产】 2017年，玉滘镇全力服务中德金属生态城建设，改革提升陶瓷科技园，盘活园区企业，不断提高全镇生产总值。全年共实现工业总产值63.62亿元，增长29.93%，其中规模上工业企业总产值39.85亿元，增长12.00%，新增规模上工业企业3家；实现农业总产值3.41亿元。

【中德金属生态城项目建设】 2017年，镇配合金属城新一批次870亩土地的征地、拆迁、赔青、迁坟工作顺利推进，珠江大道一期、中德大道、莱茵大道一期、中德文化交流中心等基础设施建设进入收尾阶段。按照“理清权责、合作共赢”的原则和“改革开放、政府主导、协会主力、企业主体、共享发展”的要求，发挥属地作用，配合完成金属城管理权限变更交接工作。

【社会治安综合治理】 开展“众剑行动”和平安玉滘建设，全年没有发生一起重大的群体性事件和群体越级上访事件，安全生产、消防安全、道路交通安全等形势持续稳定，全年没有发生安全生产事故。2017年，镇综治信访维稳中心共受理上访案件25宗，结案24宗，结案率96%，司法所受理各类矛盾纠纷155宗，调处155宗，调结155宗，调结率100%。连续3年被评为揭阳市“平安镇”，被国务院防范和处理邪教问题办公室授予“创建无邪教示范镇”称号。

【财税】 2017年，玉滘镇财政总收入7482.88万元，财政总支出7482.88万元；完成区级库税收收入1685万元，其中国税689万元、地税996万元。

【商业、贸易】 以盘活陶瓷科技园存量土地为契机，发展陶瓷产业，做大、做强进出口业务，发展地方商贸；鼓励、引进绿源环保资源综合利用揭东示范基地等新型企业入驻。2017年，全镇有个体商户610户，企业170家。

【教育事业】 玉滘镇有初中2所、小学10所、幼儿园7所；在校学生5162人，其中中学生806人、小学生2810人，幼儿1546人；中小学教师352人、幼儿教师175人。借助教育创强复评的契机，不断完善学校软硬件建设，完善官硕中学卫生保健室药品配置；新购买儿童坐椅24套，新增儿童少年读物2000册；翻新粉刷凤美教学点教室、礼堂、围墙墙面；实现半洋教学点体育器械活动区硬地软化，彻底消除安全隐患。

【卫计工作】 玉滘镇共有镇级卫生院1所，有门诊大楼和行政楼各1栋，门诊大楼建筑面积2500平方米，有医务人员60人，病床60张，年门诊共诊治病人32098人次，收治住院病人4532人次。卫生院设住院、门诊两个部门，科室设置及医疗设备、管理水平等均达到一级医院的标准。

【社保民政】 2017年，玉滘镇全年落实残疾人基本服务和需求补贴529名，为573户低保户、430名重点优抚对象按时发放生活补贴，为176户五保户按时发放供养金。全年参加新型农村养老保险人数2.4万人，参保金额158.4万元。

【“创文”工作】 2017年，玉滘镇“创文”及城乡环境综合整治成效显著。组建综合整治队，“拆、建、管、教”多措并举，完成玉东路的改扩建工程，升级改造村级垃圾转运点6个，启动建设雨污分流设施，完善各村公共设施配置等，全镇累计投入资金2500多万元，镇域范围内“脏、乱、差”现象明显减少，镇区人居环境有效改善。

美丽的玉东路 （党政办 供稿）

【“水岸同治”】 2017年，玉滘镇被揭东区定为“水岸同治”示范镇。玉滘镇抓住此契机，对全镇长达40多千米的内河及排涝系统进行全面规划建设。完成凤美、大滘等5个村总长近8千米“示范溪”工程建设，拆除沿河违章建构（筑）物40多处5200多平方米，建成7千多米石篱、1个电排站和枫江水闸，在全镇所有内河枫江入口设置拦截网，在枫江上游潮州分界处设置拦截浮箱，定期打捞水面漂浮物，逐步实现“河畅、水清、堤固、岸绿、景美”的目标。

【反腐倡廉】 2017年，玉滘镇结合“两学一做”“学报告+学党章”系列活动，深入开展领导干部直接联系群众和周六接访工作，找准与中心工作的结合点，紧扣全镇重点工作与社会发展的联结点，重点解决群众反映强烈的道路堵塞、环境卫生等问题，营造为民、务实、清廉的良好干事氛围。

2017年玉滘镇各行政村及下辖自然村统计表

表16 单位：人

行政村名	自然村名	人口数
饶美	饶美 新蛟 旧蛟 程畔	8245
新寨	新寨 六亩 启美	5795
桥头	桥头	4647
东面	东面 南面 寨内 新厝	4717
半洋	半洋 东洋 东边	4351
凤美	凤巷 巷内 涂寨 园尾	4474
大滘	寨外 寨内 玉市 下乡 水棉桥 柑园	7490
谢坑	谢坑 汉沟 寮头	4028
尖山	尖山 院前	6725
池渡	池渡 山美	5611

2017年玉滘镇主要经济指标表

表17

农业产值（亿元）	工业产值（亿元）	社会消费品零售额（亿元）	财政收入（万元）	税收收入（万元）	固定资产投资（亿元）	人均收入（元）
3.41	63.62	6.50	7482.88	1685	18.30	-

【2017年玉滘镇党政领导班子成员】

镇委书记：吴宏波

镇委副书记：曾文苗 谢昭杰 王伟春

镇委委员：谢昭杰 王伟春 李诚镪 郑晓丹 黄晓升 徐俊旭 谢庆丹 郭桂镇 杨甲峰

镇长：曾文苗

副镇长：郑晓丹 黄晓升 江小盈 柯泽敏

人大主席：李朝旭

主任科员：吴梅生

（陈玲玲）

揭东经济开发区

【概况】 揭东开发区于1992年10月经省人民政府批准设立。规划总面积17.54平方千米，横跨曲溪街道及云路、埔田二镇，分三个功能区进行开发建设。其中综合产业园、环保生态园和新型工业园的规划面积分别为6平方千米、0.8平方千米和10.74平方千米。已完成综合产业园（6平方千米）和环保生态园（0.8平方千米）的开发建设，共有175家企业投资落户，有142家企业投产，规模以上企业125家，形成装备制造、塑料化工、生物医药、食品饲料及金属制品的发展布局。2017年，全区完成产值654亿元、税收5.6亿元、固定投资42亿元、外贸出口2.1亿美元。开发区先后引进了百事可乐、四川通威、青岛啤酒等国内外品牌企业，拥有广东榕泰、巨轮智能等14家上市公司，有高新技术企业14家、院士工作站2个、博士后工作站3个、省级以上企业技术中心15个，区内产值超5亿元的65家企业实现研发机构全覆盖。先后被评为“广东省先进经济开发试验区”“中国优秀开发区”“全国劳动关系和谐工业园区”“广东省循环经济工业园”，被定为“国家新型工业化产业示范基地”，被批准为“广东省产业转移工业园”。

开发区新型工业园规划面积10.74平方千米，目前，园区基础设施建设稳步推进，累计投入4.5亿元，建成总长17千米的云宝大道、万宝路、宝山路、夏新路的主干道及万竹路、宝庭路和金润路3条区间道路；投资4000多万元的宝丰路、夏新路西段及万发路二期3条道路的建设，将全面建成使用，初步形成优越的交通条件。新型工业园已落户企业35家，占地1950亩，其中青岛啤酒、卓越、粤泰、华龙、胜为、创睿、速力、润升、热金宝9家已建成，育秀、佳烨、兴财、富德、金阳、镕润、联兴财、帝冠8家已完成场地平整，准备开工建设，其他18家正加紧申报建设前期各项手续，开发区新型工业园掀起新的投资热潮。

【财税经济情况】 2017年，开发区完成总库税收56258.4万元，同比增长15.01%，区级库税收13778.7万元；完成工业产值654.86亿元，比增17.07%；工业增加值157.04亿元，比增17.3%；新增规模上企业3家，限额以上企业1家、服务业1家。

【招商引资情况】 2017年，开发区拓宽招商渠道，通过以商引商等一系列招商活动，成功落户了国家电投、育秀实业、格仕乐通等19户项目，合同投资25亿元，其中合同投资超10亿元项目1户、超1亿元项目4户。

12月26日，市长叶牛平到揭东开发区新型工业园区调研 （江明东 摄）

【工业生产情况】 企业转型升级：2017年，开发区推动传统五金、造纸、饲料等79家企业转型升级和创新驱动，全年完成技改投资超36亿元。其中：康美、华凌、宝丰等62家企业完成增资扩产和设备的更新，投资7600万元的吉青公司建成面积约5000平方米的科技楼和年产5万千米的充电桩生产线，产品技术含量跻身国内先进行列；投资8000万元的耐德科技高端塑料用品项目正式投产，年新增产值1.5亿元。重点项目建设：2017年，开发区推进11个市、区重点项目和10个双百行动项目建设。其中11个区重点项目完成投资37.7亿元，完成年度投资任务的100.3%，10个双百行动项目也完成建设任务，雷克萨斯、斯瑞尔等7家项目建成设产，新型工业园的速力、创睿、润昇、热金宝基本建成，佳烨、兴财等8家完成场地平整。园区品牌核定：2017年，开发区完成纳入国家发改委第二轮开发区目录的修编工作，为拓展园区发展空间夯实基础；顺利通过广东省园区年度资格的验收和核定；荣获2016年度省优秀起步园500万元的奖励。企业改制上市：2017年，开发区借助券商平台，加快企业改制上市，越群、鹏锦完成股改报送证券会有关手续、热金宝争取2018年年初完成报送，海兴、恒翔等8家纳入市企业上市后备企业库。

【园区建设】 综合产业园道路改造升级建设：2017年，开发区总投资4500万元（总长2.6千米）的综合园人民大道改造升级工程完成施工单位的招标工作，进入全面施工的阶段。新型工业园基础设施建设：2017年，开发区推进新型工业园总投资4000万元（总长2.35千米）的宝丰路、夏新路西段及万发路二期3条道路基本完成。新型工业园项目建设：2017年，开发区推进二期的开发建设，新增建设用地980亩，出让土地730亩，成功签约项目19家，累计31家；在抓好综合园跟踪环评的同时，全力做好新型工业园的环评工作，前期申报资料基本完成，有效破解制约园区发展瓶颈。抓好堤防改造工作：开发区配合完成揭东区沿江东段堤防改造综合工程中13家企业、15个单位的丈量工作，拆迁评估工作正进行中。

【社会治安综合治理情况】 2017年，开发区全力抓好安全、消防、维稳、环保等工作，新建立了泰岐等11家企业安全生产工作台账，铭创等6家企业通过市安全生产标准化三级认证；强化社会治安排查和综合整治力度，全年无发生重大安全事件和治安案件。加强对酸洗企业的在线及视频的监控，淘汰取缔11家锅炉企业及8家挥发性有机物企业的设备，推进节能减排工作，引导企业开展清洁生产和循环生产。

【“创文”工作】 2017年，开发区以创建文明园区为主题，集中全力实施园区文明创建工程，强化企业主体责任，落实“门前三包”，投入900多万元加强园区环境卫生的综合整治：清理纠正乱搭、乱堆、乱摆等违章行为；拆除广告牌、灯箱，清理“牛皮癣”；区内企业、个体户等签订“门前三包”承诺书；出动铲车、推土机等机械和人员，开展执法；整治流动商贩摊点；查处乱倒建筑渣土，运输车辆沿路抛洒污染干道；完成了206国道、省道335线及区内的11条道路的除草、平整及垃圾清理，并对区内各主干道路两边企业围墙至人行道的绿化工作。同时深化道路交通秩序和文明行驶，打造园区生态文明环境。

【基层建设和反腐倡廉】 2017年，开发区坚持全面从严治党，深化固本强基工程，夯实党建阵地，有效推动党的建设和群团组织建设。深入推进“两学一做”学习教育的常态化、制度化主题活动，认真组织学习贯彻党的十九大精神和习近平总书记系列重要讲话精神；发挥开发区非公企业党委作用，成立全市第一个园区工联会——揭东开发区园区工会联合会，是揭阳市首批“三个一批”试点单位；宝嘉公司吴潮荣被评为省非公有制经济组织党务工作标兵；狠抓党风廉政建设，全面推进从严治党，打造忠诚干净担当的干部队伍，营造“务实担当、风清气正”的良好机关形象。

2017年开发区主要经济指标一览表

表18

农业产值（亿元）	工业产值（亿元）	社会消费品零售额（亿元）	财政收入（亿元）	税收收入（亿元）	固定资产投资（亿元）	人均收入（元）
—	654.86	—	1.38	5.63	42	—

【2017年开发区党政领导班子成员】

党委书记：吴鑫浩

管委会主任：蔡革亮（12月止）

党委副书记：蔡革亮（12月止） 吴秀林 方喜松 陈 禹

党委委员：蔡仰旋

管委会副主任：张跃明 袁伟鹏 蔡 毓

（林名贤 苏惠湘）

RENWU
RONGYU

人物·荣誉

人物·荣誉

■ 责任编辑：何巧珠

人物

2017年区委、区人大、区政府、区政协、区纪委领导班子成员及工作部门负责人名单

中共揭东区委员会

书　记：吴毅青（3月止）　蔡淡群（3月起）
副书记：方　烽、陈建雄
常　委：周武城　江玉城　林志伟　袁伟文
　　　　陈妙龙　钟金鸿　卢培祥　林晓珊（女）
办公室主任：钟金鸿
办公室副主任：李　旭　蔡泽堡　卢伟彬
　　　　　　　刘书文
组织部部长：林志伟
老干部局局长：方树林
宣传部部长：林晓珊（女）
统一战线工作部部长：陈妙龙
区人民武装部政委：袁伟文
区人民武装部部长：龙志飞（5月起）
政法委员会书记：卢培祥
区委依法治区办主任：卢创旭
区委政策研究室主任：缺位
直属机关工作委员会书记：陈林城
机构编制委员会办公室主任：陈林浩
区委社工委办公室主任：江少荣
区委党校校长：林志伟
区委党校常务副校长：林建南
信访局局长：李　旭
对台办主任：黄惠娜（女）
总工会主席：黄建声
总工会常务副主席：林玉龙
团区委书记：杨思洁
妇联主席：卢树娇（女）
科协主席：陈旭锋
文联主席：陈乐彬
侨联主席：袁奕江
工商联主席：杨铁生（企业家兼职）
工商联副主席：江创群
残联理事长：黄灿义
红十字会常务副会长：陈海彬
广播电视台台长：郑惠山
外事侨务局局长：吴　莉（女）

揭东区人民代表大会常务委员会

主　任：许列群
副主任：黄建声　陈郁芳（女）　杨明城
　　　　黄敬双　林琼瑜（女，非党）　谢淡松
办公室主任：郑树彬
法制工作委员会主任：吴沛端（女）
选举人事任免工作委员会主任：
　　陈昌奕（10月止）
代表联络工作委员会主任：吴秀辉
农村农业工作委员会主任：陈婕环（女）
财政经济工作委员会主任：陆奕斌（12月止）
教育科学文化卫生华侨外事工作委员会主任：

陈莲芝（女）
城乡建设环境与资源保护工作委员会主任：
郑秋兴
常务委员：吴秀辉 陈昌奕 袁奕江
卢树娇（女） 郑树彬
陆奕斌（12月止） 陈婕环（女）
陈莲芝（女） 郑秋兴
吴沛端（女） 杨素英（女）
林建生 肖俊述 蔡立藩 刘伟臣
郑潮文 蔡锡辉 陈林城 林崖丰
杨思洁 陆少萍（女）
陈旋宇（女） 吴利炜

揭东区人民政府
区 长：方 烽
常务副区长：江玉城
副区长：林浩生（10月止） 蔡晓霞（女）
张木奋 洪锡藩 袁镇松
赖天鸿（10月起）
办公室主任：柯寒青
办公室副主任：林钦胜 胡俊龙 陈有德
谢泽湖（11月止）
周秀松（11月起）
发展和改革局局长：林仲龙
经济信息化和科技局局长：郑创辉
教育局局长：柯璧彦
公安局局长：林浩生（10月止）
赖天鸿（10月起）
公安局政委：张友才
监察局局长：蔡俊藩
民族宗教事务局局长：曾育群
民政局局长：张炳怀
司法局局长：林旭升
财政局局长：陈豪杰
人力资源和社会保障局局长：蔡广辉
国土资源局局长：卢培祥（7月止）
李泳生（7月起）
住房和城乡规划建设局局长：李旭波
交通运输局局长：何长全
水务局局长：刘庭松
农业和林业局局长：卢三强
农业和林业局党组书记：王东海（7月止）
文化广电新闻出版局局长：陈少鹏
卫生和计划生育局局长：胡雄彬
审计局局长：江少初
环境保护局局长：陈志辉
安全生产监督管理局局长：林佳斌
食品药品监督管理局局长：柯再鹏
统计局局长：杨奕生
市场监督管理局局长：赖伟松
市场监督管理局党组书记：江庆好
揭东区政协常务委员会
主 席：林炳华
副主席：洪新辉
黄炎真（党外人士，民促会员）
陈豪杰 郑秋林
陈少强（无党派人士）
周建波（无党派人士）
办公室主任：许伟林
提案委员会主任：李增辉
社会与法制委员会主任：谢燕标
经济委员会主任：郑 放
教科文卫体委员会主任：方晓东
港澳台侨委员会主任：曾育群
综合科科长：谢培钦（12月止）
组联科科长：郑鹏龙
常务委员：许伟林 李增辉 方晓东 黄榕城
曾育群 王锡廷 释耀瑜
黄惠娜（女） 杨宝生 许二毫
杨炳高 吴 莉 黄 龙 郑 放
谢燕标 黄秋和 杨楚平 钟洁辉
涂德建 黄礼永 林木深 吴贤文
刘 淞 江静波 林俊忠 吴潮标
郑栩栩 吴美辉（3月起）

中共揭东区纪律检查委员会
书 记：周武城
副书记：蔡俊藩 林崖丰
常 委：陈耀才 吴奕璇 洪纯龙 黄伟群

2017年区委新任主要领导简介

蔡淡群 男，揭阳榕城空港区人，汉族，1971年10月生，学历中央党校研究生，1994年7月参加工作，1994年4月加入中国共产党，现任中共揭阳市揭东区委书记。

1990年9月至1994年7月，在华东交通大学经济管理系会计专业学习，大学毕业；1994年7月至1995年7月，在揭东县财政局工作；1995年7月至1997年1月，任揭东县财政局科员；1997年1月至1998年12月，任揭东县财政局预算副股长；1998年12月至1999年3月，为揭东县地都镇政府副镇长候选人；1999年3月至2001年12月，任揭东县地都镇政府副镇长；2001年12月至2002年3月，任揭东县地都镇党委副书记；2002年3月至2004年12月，任揭东县地都镇党委副书记、镇长；2004年12月至2005年4月，任揭东县地都镇党委书记；2005年4月至2006年10月，任揭东县地都镇党委书记、镇人大主席；2006年10月至2006年11月，任揭东县人民政府副县长、地都镇党委书记、镇人大主席；2006年11月至2011年9月，任揭东县人民政府副县长、党组成员（其间：2008年10月至2010年12月在华南理工大学EMBA班学习，获工商管理硕士学位；2008年9月至2011年7月在中共中央法学理论专业学习，研究生毕业）；2011年9月至2011年12月，任揭东县委常委、县政府常务副县长、党组成员；2011年12月至2013年2月，任揭东县委常委、县政府常务副县长、党组副书记；2013年2月至2014年3月，任揭阳市蓝城区委副书记、管委会主任；2013年3月2014年5月，揭阳市蓝城区委副书记、管委会主任，揭阳高新技术开发区党委副书记；2014年5月至2014年7月，任揭阳市蓝城区委副书记、管委会主任，揭阳产业转移园党委副书记；2014年7月至2016年2月，任揭阳市蓝城区委副书记、管委会主任，揭阳产业转移园党委副书记、管委会主任；2016年2月2017年3月，任揭阳市财政局局长、党组书记；2017年3月起，任中共揭阳市揭东区委书记。

（区委组织部）

卫生计生系统高级职称人员名录（2017年在职）

主任医师：吴利炜　吴俊波

副主任医师：廖刘辉　李鄂豫　黄　邦　张洁林　吴玩忠　梁翠玲　林铁华　陈俊禹　李耀平　徐冬锐　林　滨　谢妙君　邱少剑　陈汉斌　黄晓平　方卫松　黄宾协　吴松芝　侯文光　吴宇生　洪钟光　王　东　吴　翔　陈沛波　谢　锐　洪壁芬　林红霞　林孟强

副主任护师：张红蓉　张素莲　谢　璇

（区卫计局办公室）

2017年教育系统新增高级职称教师名录

一、高（完、职）中

揭东第一中学：侯荣亮　蔡淡鸿　黄甦宇　林籽葵　罗桂群　许利安　吴少辉

揭东区第二中学：杨芝琴　吴俊辉　杨邦彬　刘晓聪　胡利生　吴少群

华南师大粤东实验学校：徐晓玲　洪雪霞

王燕珊　吴少娜
林秀吟　洪娜珊
揭东区现代职业技术学校：林泽群
玉湖中学：黄崇志　何鸿冰　林晓芝　朱文辐
邱锐哲　黄文娜　肖建利　吴雄明
王少明
蓝田中学：徐瑜盛　谢湛萍　陈碧娜　陈少玉
吴洁卿　朱静蓉　徐洁娜　李泽伟
池创宏　苏琼芝　刘育群　陈培文
林郁东　许界平

二、初中

揭东区第一初级中学：陈小琛　陈泽文　杨少彬
玉湖镇玉联初级中学：刘艺君　吴顺通　黄翠华
冯晓芬　肖耀东　钟春红
林卫君
玉湖镇宁化初级中学：洪晓君　许灵君　黄金婷
新亨镇硕和初级中学：陈丽敏　钟梅芳　王淑君
倪晓珊　黄楚红　钟耀鸿
黄　乔　陈少霞　黄烨芬
李佳达
新亨镇硕联初级中学：倪泽萍　李佩佳　蔡旭武
倪晓佳　陈晓娜
新亨镇硕榕初级中学：黄凯哲　廖国庆　邢文娜
倪敏华　杨绵梅　潘美莲
廖翠芬
新亨镇仙美初级中学：黄凯云　廖冠芳　陈晓妍
陈燕云
新亨镇北良初级中学：叶秦珍　叶伟平
锡场镇世德初级中学：林秋娜　林宏玟　林晓珍
林如玉　陈雪君　吴志福
林育华　卢郁贞　林旭贞
锡场镇大观楼初级中学：林晓忠　林洁萍
林洁英　苏超明
林泽晗　陈宛瑜
吴琳琳　林幼芝
锡场镇华清初级中学：蔡俊丽　罗旭辉　林宏鑫
锡场镇义西初级中学：王小云　吴晓霞　林洪斌
埔田镇埔田中学：徐琼宜　陈耿鹏　徐剑锐
朱开亮　高少雄　陈燕云
何浩彬　高壮存
玉滘镇官硕初级中学：李彦彬　陈雪英　李若辉
吴泽鑫　李潮丰　谢伟祥
谢建生
玉滘镇玉滘中学：陈泽轩　曾丹丽　李妙云
高贵贞　李培锋　李培贤
云路镇棋盘初级中学：谢雄辉

三、小学

硕榕中心小学：梁　彬　林小红
坪埔小学：杜树忠　倪细君
桥头小学：李秀玲
玉联中心小学：纪永珠　黄燕娇
达能小学：王思华
白石小学：徐淑文
硕联小学：陈少萍
锡中小学：苏敏珊　林少君　吴奕娜
锡西小学：林少珍　王苗华
潭王小学：王慕和　王玉鹏
潭蔡小学：蔡如珊　柯贵平
华清小学：陈细容　杨壁琴　陈洁珊
刘厝寨小学：罗少佩
庵后小学：蔡楚华
牌边中心小学：徐妙凤　高小菊
北洋中心小学：杨奕勇　谢燕荣　江常明
中夏小学：陈少彦
棋盘小学：陈贵添
尖山小学：李培藩
揭东区第一小学：谢映珠　朱敏鹏　蔡丽云
揭东区第二小学：刘洁芬
揭东区第三小学：吴洁銮　江俊吟
揭东区第四小学：孙月琴　吴秀金
揭东区第八小学：吴旭填
东面小学：李锦霞
洋边小学：刘定珠
玉牌小学：林广兴
锡东中心小学：黄彩娟
长岭小学：徐益明
军田小学：江宏辉

桃围小学：谢旭南
洪住小学：林文悦
饶美小学：李妙红
新寨小学：李熙楷
田东小学：杨子枫
揭东区教育局教研室：陈晓珊
揭东区特殊教育学校：罗瑞创

（区教育局办公室）

年度新闻人物简介

蔡文川 揭阳市揭东区新亨镇仙美村人。现任深圳不得了控股集团董事长，健康一号饮料有限公司董事长，深圳市第四届、五、六届政协委员，深圳市微笑娃娃慈善基金会会长，深圳市潮青创业促进会创会会长，蔡翘院士博物馆馆长，仙美慈善会创会会长，国际潮青联合会名誉会长，深圳市潮汕商会名誉会长，深圳市揭阳商会名誉会长。

个人荣誉：2002年，成立“不得了助学基金会”先后资助1000多名失学儿童完成学业；2003年，担任“深圳不得了义工队”队长；2004年，成立“深圳不得了艺术团”；2007年，在深圳市政协提案中倡议设立“深圳感恩日”；2008年，被评为“改革开放30年酒业突出贡献人物”；2009年，被评为“广东酒业十大风云人物“；2009年，当选为“深圳市十大爱心大使”；2010年，回家乡揭阳发起成立仙美慈善基金会；2010年，筹资建设揭东仙美文化广场；2011年，当选为世界大学生“大运会火炬手”；2013年，创办成立深圳市潮青创业促进会；2014年，当选为“深圳市潮汕文化研究会会长”；2014年，发起捐建蔡翘院士博物馆、潮汕民俗博物馆、图书馆；2015年，创立深圳市微笑娃娃慈善基金会，帮助贫困家庭兔唇儿童免费治疗做手术；2016年，率领潮创会180名成员走进腾讯集团对话马化腾；2017年，携手世界各地潮商会设立深圳市潮青创业促进会孵化基地；甘肃省康乐县荣誉市民。

深圳与甘肃康乐县，相距2500多千米，16年前，因为一位深圳爱心企业家的捐资助学，让两地架起一座爱的桥梁。16年过去了，蔡文川带着对孩子们深深的牵挂与思念，回访当年资助过的204名孩子。

8月，康乐县的格桑花开得正盛，当年的“小不点”都已经长大成人，16年来，他们没有忘记曾经帮助过他们的“蔡叔叔”，感恩之情溢于言表，而蔡叔叔也被16年来孩子们自强自立的故事所感动。这是一个新的起点，孩子们带着蔡叔叔的激励更自信前行，而蔡文川更加坚定将慈善事业进行到底的信心，让慈善这团火带动温暖更多人。

前左五站立者为蔡文川 （谷少传 摄）

深圳市不得了投资集团董事长，在深圳潮汕商界，他以热衷慈善著称，除了回报桑梓建设家乡，他在全国各地共资助上千名家庭贫困的孩子读书，而甘肃省康乐县则是他有着不同意义的捐资助学地之一。

2002年，事业蒸蒸日上的蔡文川去西安参加一个商贸活动，在与兰州的合作伙伴张共进晚餐时，听说甘肃省康乐县有许多孩子因家庭贫困读不起书。而蔡文川小时候由于由于家里兄弟姐妹多，家庭困难，初中未毕业他就辍学，从此，一听到有孩子因贫困上不起学，他心里就隐隐作痛。

“康乐县有多少贫困孩子上不起学？他们读书的费用我全包了！”听到康乐县的情况后，蔡文川当时脱口而出，而合作伙伴张先生劝他先到康乐县考察后再做决定。随后，蔡文川径直从西安飞往兰州，又从兰州驱车沿着崎岖道路走了3个多小时到了国家级贫困县——康乐县。

在目睹了当地一个个贫困家庭的现状后，蔡文川的心情久久难以平复，与当地的朋友彻夜长谈后，他决定设立“醉不倒助学基金会”（后改名“不得了助学基金会”）甘肃办事处，捐款100万元，帮助失学孤儿、特困学生完成小学学业。其中，20万元用于资助康乐县204名贫困家庭的学生。

转眼间，16年过去了，2017年4月，蔡文川收到一封特殊的来信，是他资助过的康乐县的一名孩子小高写来的，这封信是手写的，共20页，详细记录得到蔡文川资助的小高16年的成长历程和感恩之心。

孩子们留下感恩的泪水　读了小龙写来的感谢信，蔡文川思绪万千，除2005年回过一次康乐，看过几户贫困家庭，转眼间13年过去，那些他资助过的孩子如今怎么样了？他决定回访康乐县。

8月1日，蔡文川在甘肃义顺集团董事长张秉庆等好友陪同下，来到康乐县，没有做任何停留，径直前往四户资助过的孩子家庭，其中就包括给蔡文川写信的小高家。

拿出当地最富有特色的美食，献上亲手做的千层底布鞋，敬上当地特色美酒，向蔡叔叔表达内心最真诚的感谢。在到访每一户家庭，蔡文川都受到了亲人般的礼遇，而他更关心的是孩子们的现状以及未来的打算，当听到4名孩子有的大学毕业后去新疆支教，有的在成都从事IT行业，还有的自己创业开店，这都让蔡文川感到十分欣慰。

“当时家里特别苦，住的都是土坯房，我和弟弟上小学，在面临失学之际，是蔡叔叔资助了我们，让我们走过了最困难时期，现在我和弟弟都长大了，我们一定会好好努力，让我们的家庭过上好日子，同时，像蔡叔叔一样，帮助那些需要帮助的人，做一个对社会有用的人！”8月2日，在与部分被资助过的学生代表座谈会上，女孩孙佳说上述这段话时，流下了热泪。

像孙佳一样，在场的21位长大了的孩子，发自内心的表达对深圳蔡叔叔的感激之情，还有的孩子主动要求拥抱下蔡叔叔。尽管目前大家从事的职业不同，他们都表示要做爱心的传递人。

而康乐县委书记吴国峻在得知蔡文川的事迹后，专程赶来看望蔡文川和孩子们，他对蔡文川的善举致以崇高的敬意，向协助蔡文川落实助学事业的甘肃义顺公司表示衷心的感谢！他说，作为国家级贫困县，爱心企业家对教育的资助是对康乐县另一种形式的扶贫脱困，而且是更加长远的扶贫脱困。

慈善如星火照亮他人感染别人　“2002年，我花20多万首付买一套房子，现在房子升值了1000多万，同样在这一年，我在康乐捐了20万助学，如今，16年过去了，资助的204个孩子没一个辍学，看到你们都长大懂事了，而且通过你们的自立自强改变了你们家庭的命运，我很开心，这远比那套赚了1000多万的房子让我更有成就感！捐资助学在精神上的收获比金钱更有价值！”在座谈会上，蔡文川一开始便这样讲。

面对21名受助孩子代表，蔡文川分享自己的成长及助学历程。他对孩子们16年来的成长变化感到欣慰，为孩子们的感恩而感动，他说慈善有很多种方式，希望孩子以积极心态，从日常小事做起。他寄望孩子们在今后的生活中要保持善良、务实及勤奋，在实现自我发展同时，做一个对社会有用的人才。

甘肃省义顺公司董事长张秉庆不但是生意上曾经的好伙伴，而且是慈善路上的同行人。作为“不得了助学基金会”甘肃办事处主任，张秉庆说，蔡文川是一位有大爱的企业家，对于贫困孩子有天然的爱心，同时在他的影响和感召下，甘肃义顺公司筹集1000万善款，成立义顺助学公益基金会，已经连续七年颁发金榜题名奖，对康乐县每年高考成绩前30名的学生进行奖励。

“捐资助学是最好的慈善，一位大咖在朋友圈看到我发的助学信息后，决定捐几百万支持他家乡的贫困大学生，能够牵线搭桥，引导朋友做慈善也是一种精神慈善！”8月5日，刚回到深圳不久的蔡文川，给记者发来这样一条信息。

在蔡文川看来，企业应该将慈善公益理念融入企业发展的血液之中，让其成为企业文化的重要组成部分，不仅能更好地履行社会责任，开启公益事业“向善之门”，还能树立良好的企业形象，把通过社会公益事业回报社会的正能量转化为企业的深厚资源和核心竞争力，推动企业的可持续发展。

（谷歌读特记者：谷少传）

陈培鸿 揭阳市宣传文化思想人才，现为揭东广播电视台记者、采编部主任。从事媒体工作10年来，他始终坚持深入群众，深入生活，把目光投向基层，关注小人物的喜怒哀乐，报道好人、好事，写出了大量的优秀作品并多次在省市新闻评比中获奖。他报道的《揭东盲人研发智能手机勇夺全国“双创特别奖”》夺得2016年广东省残疾人事业好新闻评选二等奖；新闻专题《为了不能忘却的英雄——记关爱抗战老兵志愿者许小鸣》荣获2015年度揭阳市广播电视新闻奖一等奖。

挖掘基层闪光点 弘扬社会新风尚 2012年6月，陈培鸿所负责的《百姓话题》栏目采写报道揭东曲溪寨二村“小矮人”的故事之后，主人翁“小矮人”提供线索说：揭东玉滘镇饶美村村民李良雄，双手残疾但办起养鸡场，还供养去世哥哥的两个儿子以及年迈的老母亲，并时常在村里帮助邻里乡亲，为村里做一些力所能及的公益事业。听了介绍之后，陈培鸿当即要了李良雄的联系电话，初步了解其情况。他联系李良雄所在的饶美村，详细了解李良雄的实际情况。在确认其事迹属实之后，陈培鸿与同事深入实地采访了李良雄本人，用镜头记录了他一天的生活，从运载饲料、配料，到捡鸡蛋、装鸡蛋，再到村前屋后的打扫、浇灌树苗，将李良雄自强不息的精神和孝老爱亲的善举淋漓尽致地展现出来，当中的种种场景令人肃然起敬。

工作中的陈培鸿（站立者） （涂英鹏 摄）

李良雄的感人事迹经过陈培鸿的挖掘报道后，多家媒体开始关注跟踪，接力报道，现已广为人知。李良雄更获得“全国自强模范”“广东好人”“中国好人”等殊荣。

创新传媒传播方式 传递社会正能量 10年来，陈培鸿采访或策划编辑的作品先后有十多篇在各级的新闻评比中获奖。其中《揭东盲人研发智能手机勇夺全国“双创特别奖”》夺得2016年广东省残疾人事业好新闻评选二等奖；《为了不能忘却的英雄——记关爱抗战老兵志愿者许小鸣》荣获2015年度揭阳市广播电视新闻奖一等奖；《探访玉湖坪上绿茶》荣获2013年度揭阳市广播电视新闻奖二等奖；《折翅也要飞翔——李良雄的坚强人生》荣获2013年度揭阳市广播电视新闻奖二等奖。

2017年，陈培鸿开始与志同道合的朋友创作微电影。由他担任编剧的作品《你是我的眼》《星星的孩子》，在2017年省文化厅等单位举办的第三届“南粤金影奖”——广东公益微电影大赛中分别荣获金奖和最佳微电影专业评审大奖；同年，作品《文明就差这点距离》在市委宣传部举办的“爱文明 爱揭阳”视频公益广告征集活动中荣获一等奖。

（揭阳日报记者 许佳曼）

吴耿彬 看着手里中国科协颁发的“院士专家工作站认证证书”，望着揭阳润丰完善的园区建设及各个专家院士忙碌的研究身影。一次次联系服务院士专家人才的画面历历在目。

吴耿彬不禁感慨万千：机会始终是留给有准备的人的！

2015年3月27日一大早，吴耿彬像往常一样早早坐在办公桌前，想起昨天去市里参加的工作汇报，不禁有些苦涩。

昨天是中国工程院院士陈勇来揭阳考察，市里组织本地几个有代表性的企业都做了工作汇报，原订5分钟的发言，润丰精心准备的汇报还没汇报到一半，就被人打断了。没办法，谁让咱是小企业呢。一阵电话声，把沉思的吴耿彬惊醒。电话中，市科协领导着急的说："小吴啊，院士马上就要到了，而且不是院士一个人来，所有的领导都来了！"

楞了一下，来不及思考，来不及准备。院士团队的车便驶入了园区。陈勇院士高大的身影、爽朗的笑声便从出现在吴耿彬的面前。

后来吴耿彬才知道，陈勇院士是临时决定要来润丰的，所以区、镇领导都没来得及通知。

吴耿彬整理思绪，向陈勇院士和随行的市领导介绍润丰的生猪养殖、沼气发电和自动化设备三大板块，并带院士参观养猪场、沼气发电设备、消纳沼液的人工湿地等等。

在参观揭阳润丰的信息中心的时候，陈勇院士忍不住感慨："这小企业不一定就做得比大企业差。同样2000万元，你给小企业他们一定花得比大企业更好。"这番话是一个极大的认可，直接说到吴耿彬的心坎里。

观结束后，陈勇院士做出一个惊人的决定：他要在润丰设立院士工作站。他指出，润丰的运营模式注重生态循环和农林废弃物的资源化再利用，非常符合"美丽乡村"项目的理念。也没什么时间多解释，陈勇院士就赶往下一参观地点，留下恍若在梦中的吴耿彬。他拿着院士给的名片，想给院士发条感谢短信，却发现手机收到了一条新信息，一打开赫然就是陈勇院士的号码，那条短信吴耿彬永生都不会忘记，陈勇院士写道："小吴，工作做得很好，望继续努力，我定全力支持。"

4月8日，陈勇院士将签好的合同寄过来，由此"美丽乡村"院士工作站正式落户揭东区润丰合作，一个小的不能再小的小企业。至此，吴耿彬与陈勇院士的见面也就隔了12天。

也就是从这一年开始，揭阳润丰开始引入资本，走上快速发展的道路。

2015年9月18日，美丽乡村院士工作站成立

（吴耿彬 摄）

随着陈勇院士"美丽乡村"院士工作站落户润丰，陈勇院士的"农村代谢共生产业"创新模式示范基地的建设成为揭阳润丰发展的指导思想，园区的建设快速进行，润丰模式逐步成形，但由于此模式不但涉及种植业、养殖业，还涉及沼气工程、沼气提纯、沼液浓缩、现代农业技术装备等多个方面，又没有成熟模式可以借鉴，揭阳润丰的技术短板也日益突出，吴耿彬急得如热锅上的蚂蚁。

2017年9月，揭阳市委组织部和揭阳市科协联合组织开展"广东省青年科学家揭阳行"活动，早早拿到科学家名单的吴耿彬，看着阵容强大的各个科研院校的专家教授，就像暗夜里发现一盏路灯一样，开始仔细挑选。由于有名额限制，终于选择了4名科学家作为对接对像。

"广东省青年科学家揭阳行"对接活动中，吴耿彬早已牢牢锁定来自海洋大学、广东省测试分析研究所、广东省生物工程研究所的四位专家教授。会后，顾不上参加会餐，吴耿彬便邀请四位专家到润丰参观，并进行初步科研合作洽谈。

吴耿彬质朴的状态，求贤若渴的态度，揭阳润丰热火朝天的建设场面及已进日渐完善的"农村代谢共生产业"模式，深深的吸引了四位专家教授。来自海洋大学的刘文超博士更是在活动的总结会上，做出润丰有望成为下一个温氏的预言。

正是由于吴耿彬这种对人才积极、进取的态度，揭阳润丰先后引进了中科院广州能源研究所、南京工业大学、常州大学、广东工业大学、中国标准化研究院、广东海洋大学、广东省测试分析研究所、广东省生物工程研究所等多个科研院校。同时建立了海智工作站，引进德国Barnstädt农业注册合作社、日本东京大学进行农业技术交流与协作。目前，揭阳润丰美丽乡村院士工作站已汇聚院士1位、教授6人、博士15名（包含两名外籍博士）。

作为一名人才工作者，吴耿彬深深明白，要使润丰的发展继续推进，科研合作就不能流于表面，要让这些专家教授来得了、留得下，就要从生活设施，科研器材配备等多个方面进行完善。因此，吴耿彬在揭阳润丰建立了技术研究中心，并先后配备了300多万元的科研仪器，还制定每年200多万元的持续科研投入计划。吴耿彬还建设了专家公寓、专家食堂、专家娱乐休闲区等，并配备了院士专家科研专用车。解决专家教授的各方面顾虑，让他们能安心的进行科研工作。

这一幕幕在吴耿彬眼前闪现，可以说园区的每一点建设、润丰模式的每一点完善，每一个专家人才的引进服务，都倾注了吴耿彬的艰苦努力。

看着这本“院士专家工作站认证证书”，吴耿彬明白，这是对他做为一个人才工作者的最好肯定。这是必然结果，因为一切付出都会有所收获的。

随着揭阳润丰农村代谢共生产业模式的完善及园区的建成，吴耿彬把他的工作重点定位在逐步把这种模式规模化、产业化，以润丰模式解决困扰农业农村的环境污染问题，积极推进地方美丽乡村的建设，实现乡村振兴战略。

抬起头，吴耿彬目光再次坚定起来，他稳稳的迈出步子，走向这片他倾注心血的事业。

（尹丽红）

林晓凯 锡场镇锡东村人，揭东区残疾人联合会肢残协会副主席，揭东区政协委员，林富科技开发有限公司董事长。21岁的时候，为了补贴家用，林晓凯在一次捕鱼的时候左手掌意外被雷管炸坏，从此他只能凭一只手干活，变成了半个残废人。但他身残志坚勇创业，一路打拼，做过

林晓凯参加中山大学管理学院培训留影 （资料相片）

手机修理工，修理过电话、手机；当过工厂杂工，还自学成才研发电子产品，什么脏活、累活林晓凯都干过，事业起起落落，人生跌跌撞撞，时至今日终于小有成就。近年来，国家、省都在大力推进残疾人小康建设进程，加快促进残疾人事业发展。身为残疾人，林晓凯显得异常的兴奋，他敏锐的捕捉到这是对残疾人的大好政策，更是他实现人生抱负，展现人生价值的大好时机。2015年以来，他以创办的林富科技开发有限公司为平台，研发、生产残疾人辅助器具，帮助广大残疾人解除生活困扰。

2015年4月，林晓凯将原来经营电子产品的富林科技部转型升级为林富科技开发有限公司。专业从事残疾人辅助器材的研发、设计、制造，服务广大残疾人。为了方便盲人朋友出行，现在，林晓凯正着手研发、生产全智能盲杖以及残疾人康复按摩器。“乐帮手全智能盲杖”除了能够对障碍物进行报障，还能够定位，盲人走到哪里，家属都可通过定位功能知道他的确切位置。该项目还荣获由省人社厅、省残联等单位联合主办的2017年广东“众创杯”创业创新大赛之残疾人公益赛全省初赛、复赛并荣获优胜奖。2017年该项目还参加梅州市第二届创业创新大赛夺得创新组铜奖。

康复按摩器则有针对性对残疾人进行康复的理疗。其中，智能盲杖已经获得国家实用新型专利。

林富科技开发有限公司创办3年多来，由于林晓凯诚信经营，公司业绩蒸蒸日上，2017年，被揭东区工商局评为“重合同守信用”企业。

（陈培鸿）

钟卫 1970年生，原藉揭东区玉湖镇姑山村人，现任职于汕头多所学校书法教师。是汕头市中华书画研究会副秘书长，全国书画考级中心汕头监考官，汕头市书法家协会会员。他自幼临池不辍，遍临《圣教序》《赵孟頫》，精熟《张迁碑》等。他广览博积，学古而不拘泥于古人。经名师指点，书法功底日见深厚。其隶书，雄健灵动，字形奇诡多变。行书姿意挥洒，摄人心魄，穿插映带。俊逸豪放，雅俗共赏。作品入展“文天祥杯”“粤隆杯”等，并经常参加慈善拍卖。曾荣获2014年度如是慈善人物称号，作品入选《全国第三届最具影响力书画家》《传世艺术家网站》等，得到书法界前辈的肯定和赞赏。

（陈楚鹏）

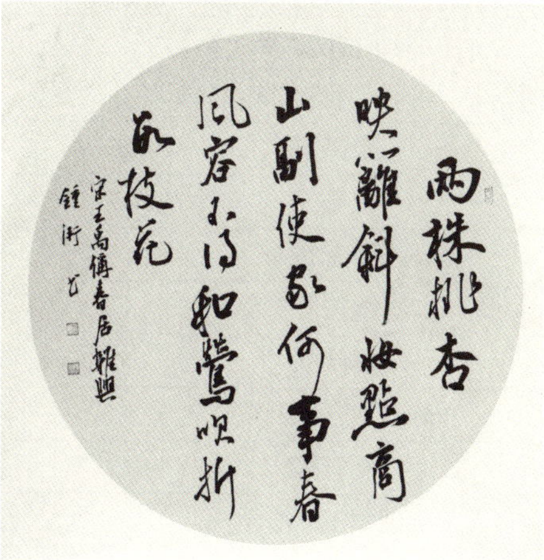

荣誉

2017年揭东区受省部级表彰单位（个人）名单

表19

获奖单位（个人）	获奖称号	授予单位
揭东公安局刑侦技术中队	集体二等功	省公安厅
揭东公安局刑侦技术中队	“一长四必”十大优秀县区公安机关	省公安厅
揭东公安局禁毒大队	全省“雷霆扫毒”专项行动先进集体	省禁毒委　省人社厅
揭东公安局安保股	集体三等功	省公安厅
吴树豪	全省优秀人民警察	省公安厅　省人社厅
林建鹏	全省法制比武优秀法制员	省司法厅
埔田镇	第二批全国特色小镇	住房城乡建设部
玉湖镇	省休闲农业与乡村旅游示范镇	省农业厅　旅游局
揭东电信工会	模范职工之家	中国电信集团工会
林建平	优秀工会工作者	中国电信集团工会
黄树沅	劳动模范	中国电信广东分公司
揭东地税局	广东省三八红旗集体	省妇联
揭东地税局	广东省五一劳动奖状	省总工会
揭东农商银行	巾帼文明岗	全国妇联

续表19

获奖单位（个人）	获奖称号	授予单位
揭东农商银行	巾帼文明岗	省妇联
玉滘镇	创建无邪教示范镇	国务院
林桂发	全国农业先进工作者	人力资源和社会保障部　农业部
李挂华	省女职工创新工作室	省总工会
毛雨	十佳“四会”政治教员	省武警总队
揭东移动分公司	省先进县区公司	广东移动公司
揭东武警中队	先进基层党支部	省武警总队
揭东消防大队	基层建设先进大队	省公安消防总队
揭东消防大队	执勤岗位练兵先进中队	省公安消防总队
揭东消防大队	先进基层党组织	省公安消防总队
揭东消防大队	“支部工作法”评比三等奖	省公安消防总队
余昌平	红旗车驾驶员	省公安消防总队
王雄光	优秀警官	省公安消防总队
潭王村	广东省文明村	省文明委
魏树壮	优秀党员	人寿保险广东分公司
林晓凯	广东省“众创杯”优胜奖	省残联
陈培鸿　杨利帆	南粤金影奖	省文化厅　省残联
林宜菡	“建功立业”标兵	人寿保险广东分公司
玉湖镇玉联小学	省规范汉字书写教育特色学校	省教育厅
揭东第四小学	第一届“广东省文明校园”	省文明委
揭东教育局	省教育均衡发展先进集体	省教育厅　省人社厅
揭东老体协	群众体育先进单位	国家体育总局
林岳鹏	优秀社会体育指导员	省体育局
郑壮忠	全国信访系统优秀督察员	国家信访局
揭东科协	省科普示范区	省科协
揭东计生局	宣传报道先进单位	《中国人口报》社
吴潮荣	省非公有制经济党务工作标兵	省非公有制经济组委会
揭阳市田田绿农业科技有限公司	“广东省休闲农业与乡村旅游示范点”	省旅游局
开发区中宝公司	省工业设计中心	省经信委
开发区中宝公司	省知识产权保护重点企业	省知识产权局
开发区巨轮公司	国家级绿色工厂	工业和信息化部
开发区海兴公司	中国轻工业塑料行业（塑料家居）十强企业	中国轻工业联合会
开发区海兴公司	国家知识产权优势企业	国家知识产权局
开发区吉青电缆	广东省制造业500强	省社科院
开发区吉青电缆	高新技术企业	省科技厅
开发区吉青电缆	广东省用户满意产品	省质量协会
开发区海兴公司	中国跨境电商凤鸣奖	中国跨境电商组委会

（区方志办）

WENJIAN
HUIBIAN

文件汇编

揭東
年鑒

文件汇编

■ 责任编辑：陈楚鹏　陈少锋

关于落实《揭阳市揭东区国民经济和社会发展第十三个五年规划纲要》主要目标和任务工作分工的通知

揭东府〔2017〕2号

各镇（街道、开发区）人民政府（办事处、管委会），区府直属各单位：

《揭阳市揭东区国民经济和社会发展第十三个五年规划纲要》（以下简称《纲要》）业经区一届人大三次会议审议批准，并由区人民政府以揭东府〔2016〕15号文印发。《纲要》主要明确“十三五”期间全区发展的战略目标、重点任务和重大举措，是政府履行经济调节、市场监管、社会管理和公共服务职责的重要依据，是未来五年我区经济社会发展的宏伟蓝图。为扎实做好《纲要》实施工作，区人民政府决定将《纲要》提出的主要目标和任务分解落实到各地、各部门。现就有关事项通知如下：

一、分工原则

（一）正确处理政府和市场的关系。在充分发挥市场配置资源决定性作用的基础上，各地政府及有关部门要切实履行职责，合理配置公共资源，引导调控社会资源，保障《纲要》主要目标和任务的完成。

（二）合理划分区与镇（街道、开发区）的责任。统筹考虑事权性质及公共资源配置能力，按职责分工，将《纲要》提出的主要目标和任务合理分解落实到区各有关部门，部分指标和任务同时分解落实到各镇（街道、开发区）人民政府（办事处、管委会）。

（三）科学把握全面和重点的关系。围绕《纲要》提出的发展目标、重点任务和重点项目全面推进实施工作，以约束性指标为重点，明确工作要求，确保各项指标和重点任务顺利完成。

二、主要目标和任务分工

（一）预期性指标分工。

地区生产总值年均增长10%以上。（区发改局）

人均生产总值年均增长9%以上。（区发改局）

城镇化率完成市下达任务。（区住建局、发改局、公安分局）

规模上工业增加值年均增长12%以上。（区经信和科技局）

三次产业结构调整为6∶69∶25。（区发改局）

固定资产投资年均增长11%以上。（区发

改局）

地方公共财政预算收入年均增长11%以上。（区财政局）

社会消费品零售总额年均增长13%以上。（区经信和科技局）

外贸出口总额年均增长10%以上。（区经信和科技局）

实际利用外资年均增长4%。（区经信和科技局）

R&D占GDP比重达到1.5%。（区经信和科技局）

每万人发明专利拥有量4件以上。（区经信和科技局）

城乡居民人均可支配收入年均增长10%。（区发改局）

城镇新增就业人数3445人。（区人社局）

城镇生活污水集中处理率达到85%。（区住建局）

城镇生活垃圾无害化处理率达到95%。（区住建局）

（二）约束性指标分工。

互联网普及率达到80%。（区经信和科技局）

劳动年龄人口平均受教育年限达到12年以上。（区教育局）

贫困发生率按相对贫困人口脱贫执行，农村贫困人口脱贫人数按市最终核定目标值执行。（区农林局）

城镇保障性安居工程建设完成1000套，城镇棚户区住房改造按市最终核定目标值执行。（区住建局）

每千人口执业（助理）医师数1.5人。（区卫计局）

耕地保有量、新增建设用地控制在市下达指标内。（区国土资源局）

万元GDP用水量降低率按市最终核定目标值执行。（区水务局）

单位生产总值能源消耗降低按市最终核定目标值执行。（区经信和科技局）

单位生产总值二氧化碳排放降低按市最终核定目标值执行。（区发改局）

主要污染物（化学需氧量、二氧化硫、氨氮、氮氧化物）排放总量减少按市最终核定目标值执行。（区环保局）

城区空气质量达标率按市最终核定目标值执行。（区环保局）

城区PM10浓度、细颗粒物（PM2.5）按市最终核定目标值执行。（区环保局）

地表水质量达到或好于Ⅲ类水体比例、劣Ⅴ类水体比例按市最终核定目标值执行。（区环保局）

省优良水质断面比例按市最终核定目标值执行。（区环保局）

森林覆盖率51.5%，森林蓄积量按市最终定核目标值执行。（区农林局）

对约束性指标，牵头单位要根据市统一部署要求，研究提出分解到各镇（街道、开发区）的方案，报区政府审定后下发。各镇（街道、开发区）人民政府（办事处、管委会）要确保完成。

（三）推进供给侧结构性改革，着力破解发展难题

1.着力去产能。积极稳妥处置“僵尸企业”，大力淘汰落后产能和化解过剩产能，建立产能结构优化长效机制。[区经信和科技局牵头，区发改局、财政局、国税局、地税局、人社局、市场监管局、环保局和各镇（街道、开发区）人民政府（办事处、管委会）等参加]

2.着力去库存。采取加大棚改安置和住房保障货币化力度、加快农民工市民化、取消过时的限制性措施等措施，逐步减少我区现有房地产库存。[区住建局牵头，区财政局、发改局、金融办、公安分局和各镇（街道、开发区）人民政府（办事处、管委会）等参加]

3.着力去杠杆。着力推动金融去杠杆，防范化解金融风险，促进金融平稳健康发展。[区金融办牵头，区经信和科技局、揭东人行、住建局、国土资源局、财政局、发改局、农林局、公安分局、市场监管局、环保局和各镇（街道、开发区）人民政府（办事处、管委会）等参加]

4.着力降成本。实施降低制度性交易成本、企业人工成本、企业税负成本等一揽子政策措

施，切实减轻企业负担。[区财政局牵头，区发改局、经信和科技局、人社局、地税局、国税局、住建局、交通运输局、揭东人行、编委办和各镇（街道、开发区）人民政府（办事处、管委会）等参加]

5.着力补短板。围绕我区薄弱环节，加快基础设施建设，加大投资于人的力度，全力提升人力资本素质。[区发改局牵头，区供电局、住建局、经信和科技局、交通运输局、水务局、环保局、公路局、教育局、卫计局、人社局和各镇（街道、开发区）人民政府（办事处、管委会）等参加]

（四）实施创新驱动发展战略，打造经济发展引擎

1.完善创新机制。强化企业创新主体地位，引导和支持创新要素向企业集聚，完善产学研合作机制。[区经信和科技局牵头，区发改局、财政局、人社局和各镇（街道、开发区）人民政府（办事处、管委会）等参加]

2.增强创新能力。加强创新平台建设，支持建设新型研发机构和科技企业孵化器，推进科技成果产业化。[区经信和科技局牵头，区发改局、市场监管局、财政局、人社局和各镇（街道、开发区）人民政府（办事处、管委会）等参加]

3.打造人才高地。加强人才引进，推进人才培养，打造人才高地。[区人社局牵头，区经信和科技局、发改局、教育局和各镇（街道、开发区）人民政府（办事处、管委会）等参加]

（五）推动产业转型升级 增强持续发展后劲

1.实施产业“登高”和“引进”工程。实施创新驱动发展战略，推进产业“登高”和“引进”工程，推动产业转型升级。[区经信和科技局、招商投资局牵头，区发改局、市场监管局和各镇（街道、开发区）人民政府（办事处、管委会）等参加]

2.推动园区集聚协调发展。加快推进中德金属生态城、揭东经济开发区、揭东新型产城融合生态园区、揭东区电子商务产业园等重点产业园区规划建设。[区经信和科技局牵头，区发改局、招商投资局、住建局、中德金属集团、揭东开发区管委会、锡场镇政府参加]

3.改造提升优势传统产业。支持优势企业做大做强，推进新一轮技术改造，全面建设质量强区。[区经信和科技局、市场监管局牵头，区发改局和各镇（街道、开发区）人民政府（办事处、管委会）等参加]

4.培育发展战略性新兴产业。加快发展高端装备机械（模具）制造、新材料和节能环保、生物医药、新型电子信息等战略性新兴产业。[区经信和科技局牵头，区市场监管局、发改局和各镇（街道、开发区）人民政府（办事处、管委会）等参加]

5.加快发展现代服务业。优先发展生产性服务业，培育发展金融服务业，提升发展生活服务业，大力发展电子商务。[区经信和科技局、金融办牵头，区发改局、旅游局、民政局和各镇（街道、开发区）人民政府（办事处、管委会）等参加]

6.巩固发展现代农业。转变农业生产方式，推动农业技术创新，发展优势特色农业、休闲观光农业。[区农林局牵头，区国土资源局、经信和科技局、发改局、旅游局和各镇（街道、开发区）人民政府（办事处、管委会）等参加]

（六）深化重点领域改革，激发发展动力活力

1.完善基本经济制度。推进国有资产重组和国有企业改革，激发民营经济的活力和创造力，推动民营经济跨越发展。[区财政局牵头，区经信和科技局、发改局、市场监管局，各镇（街道、开发区）人民政府（办事处、管委会）和中德金属集团等参加]

2.健全现代市场体系。建立市场监管机制，健全市场调节机制，加快社会信用体系建设。[区市场监管局牵头，区发改局、经信和科技局、编委办、国土资源局、揭东人行和各镇（街道、开发区）人民政府（办事处、管委会）等参加]

3.深化投融资体制改革。建立和完善政府投资管理体系，深化企业投资管理体制改革，积极发展金融租赁、消费金融等新型金融组织。[区发改局牵头，区财政局、金融办、揭东人行和各镇

（街道、开发区）人民政府（办事处、管委会）等参加]

4.推进行政体制改革。深化行政审批制度改革，深化事业单位分类改革，全面推进政务公开。[区编委办牵头，区监察局、发改局、人社局、经信和科技局、政管办和各镇（街道、开发区）人民政府（办事处、管委会）等参加]

5.创新社会治理体制。创新基层社会治理机制，培育扶持和依法管理社会组织，健全基本公共服务提供方式。[区司法局、民政局牵头，区财政局、法制局和各镇（街道、开发区）人民政府（办事处、管委会）等参加]

（七）推进基础设施建设，夯实科学发展根基

1.建设现代综合交通体系。加强各运输方式的规划衔接，打造立体交通运输网络。[区交通运输局、发改局牵头，区公路局、水务局和各镇（街道、开发区）人民政府（办事处、管委会）等参加]

2.建设现代信息基础设施。加快推进无线局域网在重点区域和公共场所的部署,加快建设覆盖全区统一的电子政务网络、政务信息资源共享目录与交换体系和信息安全基础设施。[区经信和科技局牵头，区政管办和各镇（街道、开发区）人民政府（办事处、管委会）等参加]

3.建设现代能源保障体系。推广使用清洁能源，积极发展智能电网，探索推进新能源汽车充电基础设施建设。[区经信和科技局牵头，区供电局、发改局，各镇（街道、开发区）人民政府（办事处、管委会）和中德金属集团等参加]

4.建立现代化水利支撑保障体系。加强饮用水水源保护，强化水利设施建设和管护，推进小型水利工程产权制度改革。[区水务局牵头，区农林局、发改局和各镇（街道、开发区）人民政府（办事处、管委会）等参加]

（八）推进城乡统筹建设，拓展协调发展空间

1.推进城乡规划建设管理一体化。统筹城乡规划建设和城乡户籍管理，推进新型城镇化进程。[区住建局、公安分局牵头，区发改局、人社局和各镇（街道、开发区）人民政府（办事处、管委会）等参加]

2.创新城镇化发展体制机制。创新城市开发建设模式和发展投融资机制，加快推进49.5平方千米主城区建设。[区发改局牵头，区经信和科技局、住建局、交通运输局、环保局和各镇（街道、开发区）人民政府（办事处、管委会）等参加]

3.加快镇域经济特色化发展。创新体制机制，逐步构筑特色鲜明、优势突出、错位发展的镇域经济新格局。[各镇（街道、开发区）人民政府（办事处、管委会）参加]

4.科学推进新农村建设。加快推进省级新农村示范片、“美丽乡村”建设，加强农村精神文明建设。[区农林局牵头，区住建局、环保局、文广新局和各镇（街道、开发区）人民政府（办事处、管委会）等参加]

（九）推进文化强区建设，凝聚加快发展合力

1.促进教育优先发展。加快普及学前教育，大力推进义务教育优质均衡标准化发展，着力提升普通高中教育质量。[区教育局牵头，各镇（街道、开发区）人民政府（办事处、管委会）参加]

2.提高公民文明素质。加强思想道德建设和社会诚信建设，注重通过法律和政策向社会传导正确价值取向。[区文广新局牵头，区司法局、法制局和各镇（街道、开发区）人民政府（办事处、管委会）等参加]

3.完善现代公共文化服务体系。放宽公益性文化事业准入政策，加强公共文化资源建设，健全群众性文化活动开展机制。[区文广新局牵头，区经信和科技局、住建局和各镇（街道、开发区）人民政府（办事处、管委会）等参加]

4.加快发展文化产业。打造地方特色文化品牌，创新文化商业模式，鼓励民间资本依法发展文化产业。[区文广新局牵头，区旅游局、经信和科技局和各镇（街道、开发区）人民政府（办事处、管委会）等参加]

5.深化文化体制改革。建立完善国有文化资产监管机制，深化国有文化单位改革，鼓励非公

有制文化企业发展。[区文广新局牵头，区发改局、人社局、经信和科技局、监察局、财政局和各镇（街道、开发区）人民政府（办事处、管委会）等参加]

（十）推进生态文明建设，实现绿色循环发展

1.改善生态环境。加强城乡环境污染综合治理，持续改善水环境，推进森林资源保护和城市绿化美化工作。[区环保局牵头，区发改局、农林局、环卫局、水务局和各镇（街道、开发区）人民政府（办事处、管委会）等参加]

2.发展绿色经济。限制发展过剩产能，加快推动绿色建筑发展。[区发改局、住建局牵头，区环保局、经信和科技局、国土资源局和各镇（街道、开发区）人民政府（办事处、管委会）等参加]

3.倡导绿色生活。普及群众节约意识，倡导健康文明、节俭低碳的生活方式和消费模式。[区发改局牵头，区经信和科技局、环保局和各镇（街道、开发区）人民政府（办事处、管委会）等参加]

4.健全生态环境保护责任制度。建立和完善严格监管所有污染物排放的环境保护管理体制、防灾减灾救灾体制。[区环保局牵头，区发改局、经信和科技局、水务局、监察局、民政局、应急办和各镇（街道、开发区）人民政府（办事处、管委会）等参加]

（十一）全面提升开放水平，增创区域发展优势

1.深化中德合作。积极推动与德国在新一代信息技术、高档数控机床和机器人等领域的合作。[区经信和科技局牵头，各镇（街道、开发区）人民政府（办事处、管委会）和中德金属集团参加]

2.积极参与建设21世纪海上丝绸之路。推进电子商务优先与非洲、德国、奥地利合作，积极引导东南亚华商和侨资企业回乡开展交流合作。[区经信和科技局牵头，区发改局、外事侨务局和各镇（街道、开发区）人民政府（办事处、管委会）等参加]

3.深化区域经济合作。加强与香港、澳门和台湾地区的各项交流与合作，完善区域合作体制机制。[区经信和科技局牵头，区发改局、外事侨务局和各镇（街道、开发区）人民政府（办事处、管委会）等参加]

4.加快“走出去”步伐。引导各类所有制企业有序开展境外投资合作。[区经信和科技局牵头，区发改局和各镇（街道、开发区）人民政府（办事处、管委会）参加]

（十二）着力保障改善民生，共享改革发展成果

1.提高人民生活水平。实施更加积极的就业政策，促进充分就业，稳步提高居民收入水平。[区人社局牵头，区发改局、财政局和各镇（街道、开发区）人民政府（办事处、管委会）等参加]

2.完善社会保障体系。不断扩大社会保险和社会救助覆盖面，推进残疾人事业发展。[区人社局、民政局牵头，区财政局、残联和各镇（街道、开发区）人民政府（办事处、管委会）等参加]

3.打赢脱贫攻坚战。创新扶贫开发机制，加大技能培训、转移就业和基本民生保障力度。[区农林局牵头，区财政局、人社局、教育局、住建局、国土资源局、民政局和各镇（街道、开发区）人民政府（办事处、管委会）等参加]

4.提高人民健康水平。提高医疗卫生服务水平，大力发展体育事业。[区卫计局、体育局牵头，区发改局、人社局和各镇（街道、开发区）人民政府（办事处、管委会）等参加]

（十三）推进法治揭东建设，奠定和谐发展基石

1.增强市场法治保障。完善工商登记制度改革、土地管理、市场监管及涉外经济等方面的规范性文件，强化社会民生和生态保护领域的制度建设。[区市场监管局牵头，区发改局、经信和科技局、国土资源局、环保局和各镇（街道、开发区）人民政府（办事处、管委会）等参加]

2.推进法治政府建设。积极推行政府权力清单制度，健全依法决策机制，完善行政权力监督

制度建设。[区司法局牵头，区编委办、监察局、法制局、信访局和各镇（街道、开发区）人民政府（办事处、管委会）等参加]

3.推进法治社会建设。全面落实“七五”普法规划，建立健全法律援助机构和网络。[区司法局牵头，区法制局和各镇（街道、开发区）人民政府（办事处、管委会）参加]

4.推进平安揭东建设。保障公共安全，加强社会治安综合治理。[区公安分局牵头，区发改局、信访局、药监局、安监局、人武部、人防办和各镇（街道、开发区）人民政府（办事处、管委会）等参加]

三、工作要求

（一）强化组织实施。各镇（街道、开发区）、各部门要按照《纲要》确定的发展目标、重点任务，制定年度实施方案，细化工作分工，明确责任，逐年逐项落实目标任务。各项任务的牵头部门要加强统筹协调，有关单位要积极配合，形成工作合力，共同推动《纲要》各项目标任务落到实处。

（二）加强规划评估。在规划实施的中期阶段，各牵头单位要于2018年6月前，将主要目标和任务的完成进展情况报送区发改局。区发改局要负责对主要目标和任务特别是约束性指标完成情况进行评估，并向区政府提交规划实施中期评估报告。

（三）加强责任考核。区政府办公室、区发改局要对各地各部门“十三五”规划实施进展情况进行综合考核评价，督促各地各部门狠抓工作落实，确保“十三五”规划主要目标和任务圆满完成。

揭阳市揭东区人民政府

2017年2月9日

关于印发《揭东区农村人居环境集中整治行动方案》的通知

揭东委办电〔2017〕7号

各镇（街道、开发区）党（工）委和人民政府（办事处、管委会），区直及省、市驻揭东局以上单位：

《揭东区农村人居环境集中整治行动方案》已经区委、区政府领导同志同意，现印发给你们，请认真贯彻执行。

中共揭东区委办公室

揭东区人民政府办公室

2017年4月1日

揭东区农村人居环境集中整治行动方案

为贯彻落实中央和省市的决策部署，切实改善我区农村人居环境，区委、区政府决定用3个月时间，集中力量，组织开展全区农村人居环境集中整治行动，“清垃圾、治污水、上设施、建机制”，着力解决垃圾、污水和溪河污染等社会关注、群众关注的热点难点问题，加速推进农村人居环境综合整治，特制定本行动方案。

一、指导思想

全面贯彻落实党的十八届六中全会精神，以习近平总书记“绿水青山就是金山银山”系列重要讲话精神为指引，围绕省委、省政府全面建成小康社会的总体部署，按照市委市政府“抓基层、强基础”工作部署要求，突出问题导向，聚焦群众反映强烈的生活垃圾、生活污水、畜禽污染、乱搭乱建等突出问题，“由点、到面、及片”整区全域推进村庄人居环境综合整治，促使农村人居环境和村容村貌实现根本改观，为全面建成小康社会打下坚实基础。

二、主要目标

以镇（街道）为责任主体，以自然村为基本单元，以村民居住环境“干净、整洁、有序、宜居”为目标，集中力量、整合资源、组织发动群众，用3个月的时间，开展集中整治行动，扭转农村“脏、乱、差”落后面貌。到5月底，全区农村积存垃圾得到全面清理，生活污水和溪河、黑臭水体治理初见成效，确保全区47个以上的自然村达到“清垃圾、治污水、上设施、建机制”的初步目标（附件1），并进一步压实责任，持续发力、强力推进，确保到年底前117个以上自然村完成整治，达到省“三清、三拆、三建”的基本要求，到2018年完成80%以上、2020年全面完成的自然村综合整治任务（附件2）。

三、组织保障

为确保村人居环境集中整治行动达到预期目的，成立区农村人居环境集中整治行动领导小组，由区委书记蔡淡群同志任组长，区委副书记、区长方烽任第一副组长，区人大主任许列群同志、区政协主席林炳华同志、区委副书记陈建雄同志、区委常委、区政府常务副区长江玉城同志、区委常委、宣传部长林晓珊、区政府副区长洪锡藩同志任副组长。领导小组下设整治行动组、督查问责组，具体名单如下：

（一）整治行动组

组　长：陈建雄（区委副书记）

副组长：洪锡藩（区政府副区长）

成　员：江少荣（区社工委办主任、区委农办主任）

方晓东（区宣传部副长）

李旭波（区住建局局长）

陈志辉（区环保局局长）

卢三强（区农林局局长）

刘庭松（区水务局局长）

胡雄彬（区卫计局局长）

杨楚茂（区旅游局局长）

何长全（区交通局局长）

杨锐明（区环卫局局长）

工作职责：负责牵头抓总、统筹协调和指导督促各地各单位开展农村人居环境集中整治，组织实施检查验收、考评工作，推进综合整治工作落实。

（二）督查问责组

组　长：许列群（区人大常委会主任）

副组长：林晓珊（区委常委、宣传部长）

成　员：蔡俊藩（纪委副书记、监察局局长）

郑潮文（区委组织部副部长）

陈乐彬（区委宣传部副部长）

江少荣（区社工委办主任、区委农办主任）

督查员：郑壮洁（区委宣传部）

吴奕新（区住建局）

吴小芬（交警大队）

王婉云（区委宣传部）

蔡炎波（区环卫局）

陈雅英（区特殊教育学校）

工作职责：与创文“四级联创”督查问责一并开展，负责组织实施农村人居环境集中整治常态化督导巡查、暗访、追责问责工作，对思想不重视、措施不落实、推动工作不力的地区、单位领导和相关责任人坚决进行追责问责。

整治行动组、督查问责组其他业务人员从相应部门临时抽调。行动组要及时将整治推进情况提供给督查组，督查组要及时将督查情况反馈给行动组，两个小组要加强协调合作、工作互动和信息沟通。

四、开展集中整治行动

全区农村人居环境集中整治行动为期3个月（即：2017年3月1日至5月底），分三个阶段推进：

第一阶段：动员部署（2017年3月1日—10日）。3月10日前各地要对人居环境全域整治工作进行全面部署。各镇（街道）要组织专门工作队伍，对本辖区农村人居环境现状进行全面摸底，以自然村为基本单元，逐一建档立卡，实行精准管理（附件3），要以一村一表方式提前做好收集统计，于4月21日前收集统计完毕，随时准备做好省台账建档立卡工作；要认真谋划、做好工作安排，推动全面整治。要对照区农村人居环境整治任务分解表，按连片联动整治的原则，明确各阶段完成人居环境综合整治的具体自然村。

第二阶段：强力攻坚（2017年3月10日—5月20日）。各地各单位要集中行政力量和资源，由点到面、由标到本，对农村垃圾污染、生活污水、畜禽污染和乱搭乱建现象，进行重点攻坚。区督导组将进行明查暗访，督促推进工作落实。

1.全面清理农村历史积存垃圾、杂草杂物，不留卫生死角；完善村规民约，落实“门前三包”，健全专职保洁队伍，确保村庄干净整洁。各地要结合地方实际，推动生活垃圾分类减量，有机易腐垃圾就地消化处理，农村生活垃圾减量资源化处理模式；进一步完善村庄垃圾桶、收集点等环境卫生设施，推广普宁市梅塘镇安仁村建设“无害化小型焚烧设施”就地处理生活垃圾的经验做法，因地制宜建设一批等生活垃圾处理设施。

2.全面推广“雨污分流+无动力厌氧+人工湿地”或“雨污分流+污水处理站”就地处理生活污水的经验做法，全面启动自然村“雨污分流”管网铺设，建设无动力厌氧、人工湿地等生活污水就地处理设施，解决村庄污水横流、直排江河问题。

3.全面清理农村沟渠、池塘、溪河淤泥、漂浮物、障碍物，恢复河道基本功能；推动驳岸生态化整治，避免过度硬化，提升水体自我净化能力，实现溪河、黑臭水体治理初见成效。

4.全面清理农村乱搭建、乱堆放、乱拉电线；拆除残垣断壁、废弃猪牛栏和露天厕所；推进农村厕改工作，建设无害化卫生厕所；运用乡土材料砌栏栅圈围、规整“四旁五边”地，确保村庄井然有序。

5.全面整治畜禽污染，实行人畜分离、畜禽集中圈养，依法关闭、拆除饮用水源保护区等禁养区内的养殖场（区）。

6.建立农村保洁长效机制。区设立村容村貌保洁专项补助资金，镇（街）村（居）积极自筹，保障村容村貌保洁制度的有效运转。各地要按照每500人配备1名保洁员的标准，建立固定的村庄保洁队伍、健全农村人居环境综合整治的规章制度和村民参与的监督制度。要实施精准管理，落实镇村做好建档立卡工作，为各级开展督导督查、评估验收、落实奖补政策和如期完成整治目标任务提供数据支撑。

第三阶段：检查验收（2017年5月20日—30日）。各镇（街道）组织自查自纠、查漏补缺，巩固整治效果，避免反弹反复。市区将组织对各镇（街）村（居）进行检查验收，各镇（街）村（居）要认真做好接受验收准备工作。

五、工作要求

1.分类推进全域整治。农村人居环境整治任务重、时间紧，各地要采取“抓两头、促中间”的方法，辐射带动推进全域整治。以下村庄要率先开展整治，并在今年内完成达标整治任务。一是区委组织部要督促、推动近三年被评为市级以上“先进基层党组织”的所在村开展环境整治。二是区委农办要督促省级新农村示范片主体建设村率先开展整治；区住建局督促各地对人居环境问题突出的村庄进行重点整治。四是区委宣传部、区文广新局、住建局、环保局、卫计局、旅游局、文联等部门要指导、推动国家级和省级历史文化名村、古村落、传统村落，区级以上“文明村、卫生村、生态示范村”，3A级以上景区所在村等率先开展整治，因地制宜发展乡村旅游。

2.落实工作责任。镇（街道）是农村人居环境整治的责任主体，镇（街道）党政对本地区整治工作负总责，党委书记是第一责任人，要切实担负起辖区内整治工作责任，制订切实可行的具体实施方案。村（居）及经联社是行动主体，要以网格化管理压实工作责任，具体落实到单位和个人，镇街领导要分片负责，镇村干部要包区域，充分调动广大干群力量，做到横到边、纵到底，不留任何盲点和死角。相关单位要紧密结合文明创建“四级联创”和精准扶贫挂钩帮扶，按照各自的职能和相应的分工（附件4），落实工作责任，加强指导、督促、协调，强化目标导向，主动作为，扎扎实实地开展整治行动。

3.加大投入力度。各镇（街道）村（居）要加大资金统筹整合力度，加大综合整治投入。各地要切实解决整治行动“上热下冷”，人、财、物不到位等突出问题，加大资金筹措、整合力度、财政投入、单位自筹、市场运作、金融支持和广泛发动群众、乡贤投入等多种形式筹集，确保整治取得实实在在的效果。

4.营造浓烈氛围。充分启动一切宣传工具，全面组织开展宣传教育活动，揭东广播电视台等媒体要设置农村人居环境整治宣传专栏，大力宣传我区农村人居环境综合整治重点、亮点和成效，积极曝光“脏乱差”现象；要加强社会监督，让农民群众成为人居环境整治的参与者、监督者和推动者。

5.加强追踪督办。农村人居环境综合整治列入区委督办督查事项，实行定期通报工作制度，各镇（街道）及相关责任单位每半个月报送一次整治进展情况（附件5）；相关表格逢每月14日、29日报送区委农办，汇总后报区委、区政府和市委农办。

附件1

揭阳市农村人居环境集中整治基本要求

以自然村为单位，围绕村民居住环境“干净、整洁、有序、宜居”为目标，全面做好“清垃圾、治污水、上设施、建机制”工作：

一、清垃圾：村庄积存垃圾得到全面清理，村庄公共区域、村巷道干净整洁，没有卫生死角。村庄乱搭建、乱堆放、乱拉线和房前屋后杂草杂物，以及残垣断壁、废弃猪牛栏和露天厕所得到整治；运用乡土材料砌栏栅圈围、规整“四旁五边”地，村庄井然有序。

二、治污水：村巷道排污沟全面清理；村庄沟渠、池塘、溪河淤泥和漂浮物、障碍物得到清理、疏浚，恢复河道基本功能；启动驳岸生态化整治，避免过度硬化，提升水体自我净化能力，黑臭水体治理初见成效。实现人畜分离、畜禽集中圈养、集中治污，畜禽污染得到整治。

三、上设施：村巷道有垃圾桶、村庄有垃圾收集点等环境卫生设施；启动建设一批“无害化小型焚烧设施”等生活垃圾处理设施；启动自然村“雨污分流”管网铺设，建设无动力厌氧、人工湿地等生活污水就地处理设施。

四、建机制：完善村规民约，落实“门前三包”制度；按照每500人配备1名保洁员的标准，建立固定的村庄保洁队伍，以及专项规章制度和村民参与的监督制度；建立财政补助、镇村自筹、群众和乡贤自愿出资的多元投入机制。

附件2

2017—2020年揭东区农村人居环境综合整治任务分解表

序号	镇（街道）	20户以上自然村（个）	分期整治任务				
			2017年		2018年		2019—2020年
			3—5月	5—12月	1—6月	7—12月	
1	合区合计	219	47	70	35	24	43
2	玉湖镇	47	8	15	7	6	11
3	新亨镇	39	8	13	7	4	7
4	锡场镇	27	6	8	4	3	6
5	埔田镇	19	4	6	3	2	4
5	曲溪街道	28	9	9	4	3	3
7	云路镇	49	10	16	8	5	10
8	玉滘镇	10	2	3	2	1	2

说明：本表按省“到2018年80%的自然村要完成村庄综合整治，到2020年所有自然村基本完成”的要求进行分解

附件4

全区农村人居环境集中整治行动责任分工

事项	工作任务	责任单位
重点工作任务	1.统筹、协调、督促全区农村人居环境集中整治行动 2.指导农村人居环境综合整治建档立卡，精准管理工作	区委农办
	指导各镇（街道）全域城乡人居环境改善建设规划，提高村庄规划覆盖率，强化村庄规划可实施性	区住建局
	1.指导各地全面清理农村历史积存垃圾、杂草杂物，不留卫生死角 2.督促各地按每500人配备1名保洁员的标准，建立固定的村庄保洁队伍，落实“门前三包”，确保村庄干净整洁 3.总结、探索、复制、推广农村生活垃圾减量资源化处理模式，指导、督促各地建设一批“无害化小型焚烧设施”等生活垃圾处理设施	区住建局
	指导、督促各地启动自然村“雨污分流”管网铺设，建设一批无动力厌氧、人工湿地等农村生活污水分散型处理设施，解决村庄污水横流、直排江河问题	区住建局 区环境保护局
	1.指导各地全面清理农村沟渠、池塘、溪河淤泥、漂浮物、障碍物，恢复河道基本功能。 2.推动驳岸生态化整治，避免过度硬化，提升水体自我净化能力	区水务局 区环境保护局
	指导各地清理乱塔建、乱堆放；拆除残垣断壁、废弃猪牛栏和露天厕所	区住建局
	推进农村电网改造，解决村庄乱拉电线问题；协调玉湖镇示范点电网改造	区供电局
	推进农村改厕工作，建设无害化卫生厕所，指导农民正确使用和维护卫生厕所；指导各地开展爱国卫生运动	区卫生计生局
	指导各地对村道旁和农户房前屋后空闲地、绿地、菜地等采用当地材料（木、竹、砖块、石头等）砌栏栅圈围	区委农办
	1.指导、督促各地整治畜禽污染，实行人畜分离、畜禽集中圈养，依法关闭、拆除饮用水源保护区等禁养区内的养殖场（区） 2.推广畜禽集中养殖的做法，设立1—2个试点	区环境保护局 区农业局
	指导各地结合新农村建设，运用旅游资源开发乡村旅游，创办2个以上示范点	区旅游局
	加大宣传力度，设置农村人居环境整治宣传专栏，大力宣传我区农村人居环境综合整治重点、亮点和成效，积极曝光“脏乱差”现象	揭东广播电视台
	加强财政资金统筹整合力度，加大农村人居环境综合整治投入	区财政局
公共基础设施建设	推进村村通自来水	区水务局
	推进村巷道硬底化	区交通运输局
	建设文体公共活动场所	区文广新局 区体育局
	近三年被评为市级以上“先进基层党组织”所在村	区委组织部
	近三年被评为市级以上“文明村”	区文明办
	近三年被评为市级以上“卫生村”	区卫生计生局
	近三年被评为市级以上“生态示范村”	区环境保护局
	省级新农村示范片主体建设村	区委农办
	各旅游景区，重点是AAA级以上景区所在村	区旅游局
	国家级、省级历史文化名村、传统村落	区住建局 区文广新局
	国家级、省级古村落	区委宣传部 区文联
	督促各镇（街道）选择一批人居环境问题突出的村庄重点进行整治	区委农办 区住建局 各镇（街道）

附件5

________镇（街道）农村人居环境集中整治进度表

填报单位（盖章）：　　　　　　　　年　　月　　日

镇（街道）	清理农村历史积存垃圾、杂草杂物（吨）	已建专职保洁队伍落实“门前三包”的自然村（个）	已实行雨污分流的自然村（个）		建有人工湿地、厌氧池、沼气池等处理生活污水的自然村（个）		清理农村沟渠、池塘、溪河（千米）	农村乱搭建、乱堆放、乱拉电线（宗）	修缮、改造、拆除农村危旧房、残垣断壁、废弃猪牛栏和露天厕所（宗）	实行畜禽集中圈养、人畜分离的自然村（个）
			总数	其中新增	总数	其中新增				

注：此表半月报送一次，逢每月14日、29日报送区委农办；联系电话（传真）：3263622　邮箱：jdnb3263622@163.com

关于印发《中央环保督察初步反馈意见整改方案》的通知

揭东府办明电〔2017〕16号

各镇（街道、开发区）人民政府（办事处、管委会），区府直属有关单位：

现将《中央环保督察初步反馈意见整改方案》印发给你们，请认真组织实施。

揭东区人民政府办公室

2017年4月10日

中央环保督察初步反馈意见整改方案

为确保《关于印发〈中央环保督察初步反馈意见整改方案〉的通知》提出的整改意见落实到位，制定本方案。

一、目标任务

根据中央第四环境保护督察组初步反馈意见进一步细化整改任务，落实整改责任，加快推动各项整改工作落实，确保按时完成整改任务。

二、组织机构

为加强对各地、各有关部门整改工作的组织领导，区政府决定成立中央环保督察组初步反馈意见整改领导小组，由区长方烽同志任组长，副区长袁镇松同志任常务副组长，区委常委、区国土资源局局长卢培祥同志，副区长洪锡藩同志，区政协副主席、区财政局局长陈豪杰同志任副组长，各镇（街道、开发区）人民政府（办事处、管委会）、区直有关单位主要负责人为成员（名单附后）。领导小组下设办公室，副区长袁镇松同志兼任办公室主任，区政府办公室副主任谢泽湖同志、区环保局局长陈志辉同志任副主任，办公室设在区环保局。

三、整改内容

1.抓好饮用水源保护工作。加快清理违法违规项目，消除饮用水源地安全隐患，严格依法开展水源地保护区划定管理工作。（牵头单位：区环保局，责任单位：相关镇〈街道、开发区〉人民政府〈办事处、管委会〉，参与单位:区水务局）

2.加快污水处理设施建设。多措并举推进全区污水处理设施建设，加快纳入PPP项目的4座污水处理厂的建设进度；完善城镇污水收集管网，提高污水处理收集率。（牵头单位：区住建局，责任单位：相关镇〈街道、开发区〉人民政府〈办事处、管委会〉）

3.落实省级自然保护区违法违规建设项目清理工作。对揭阳桑浦山-双坑省级自然保护区存在的违规旅游开发行为落实清理整顿。（牵头单位：区农林局，责任单位：相关镇人民政府，参与单位：区国土资源局）

4.协调经济发展与环境保护。坚持经济与环境协调发展，尤其是在承接转移产业时，应考虑当地环境承载能力与能源资源状况，避免污染转移。（责任单位：各镇〈街道、开发区〉人民政府〈办事处、管委会〉，参与单位：区经信和科技局）

5.加强畜禽养殖污染防治工作。科学划定畜禽养殖禁养区,2017年底前依法关闭或搬迁禁养区内的畜禽养殖场（小区）和养殖专业户；推进规模化畜禽养殖场治污设施建设。（牵头单位:区农林局，责任单位：各镇〈街道、开发区〉人民政府〈办事处、管委会〉，参与单位：区环保局）

四、工作要求

（一）提高思想认识。各地、各有关部门要高度重视中央环保督察初步反馈问题整改工作，加强组织领导，认真研究制定切实有效的整改措施，确保各项整改取得实效。

（二）明确工作责任。牵头单位要根据本方案，结合中央第四环境保护督察组初步反馈意见的要求，制订本地区本部门具体实施方案，落实任务分解，明确责任主体，要限定整改时间，把握时间节点，倒排工期，挂图作战，确保按时按质完成整改工作。

（三）加强工作督导。对列入整改的项目，各地、各有关单位要加大督办力度，督促加快整改工作进度，推动各项整改工作落实到位。

（四）严肃问责追究。对推进整改工作中重视不够，组织不力，不能按进度要求完成项目建设任务的，区将给予通报批评；对主观不努力，拖了全区后腿，造成较大影响或损失的，坚决追究责任单位和相关责任人的责任。

（五）建立工作台账。各地、各有关部门要建立整改工作台账，及时掌握整改进度，并及时向中央环保督察组初步反馈意见整改领导小组办公室报送相关整改材料［牵头单位4月15日前报送整改实施方案及联络人名单；4月份起每月25号前报送整改进度（附件2），12月20日前报送整改总结报告］。

附件：

1.中央环保督察组初步反馈意见领导小组

2.中央环保督察组初步反馈意见整改进展情况表

附件1

中央环保督察组初步反馈意见整改领导小组

组　　长：方　烽　区政府区长
常务副组长：袁镇松　区政府副区长
副 组 长：卢培祥　区委常委、区国土资源局局长
洪锡藩　区政府副区长
陈豪杰　区政协副主席、区财政局局长
成　　员：郑秋兴　区人大城乡建设环境与资源保护工作委员会主任
谢燕标　区政协常委
谢泽湖　区政府办副主任
蔡俊藩　区监察局局长
蔡广辉　区人社局局长
郑潮文　区委组织部副部长
吴文渊　区检察院副检察长
林仲龙　区发改局局长
郑创辉　区经信和科技局局长
柯壁彦　区教育局局长
陈奕雄　区公安局副局长
张炳怀　区民政局局长
林旭升　区司法局局长
陈志辉　区环保局局长
李旭波　区住建局局长
何长全　区交通运输局局长
刘庭松　区水务局局长
卢三强　区农林局局长
陈少鹏　区文广新局局长
胡雄彬　区卫计局局长
江少初　区审计局局长
赖伟松　区市场监管局局长
林佳斌　区安监局局长
杨奕生　区统计局局长
吴庆谋　区法制局局长
李建榕　区公路局局长
杨楚茂　区旅游局局长
胡俊龙　区金融办主任
王明怀　区供电局局长
蔡革亮　揭东开发区管委会主任
方树荣　曲溪街道办主任
江海彬　云路镇镇长
曾文苗　玉窖镇镇长
谢奕涛　埔田镇镇长
黄壮杰　锡场镇镇长
林晓川　新亨镇镇长
谢树波　玉湖镇镇长

转发区民政局　扶贫办《关于做好农村最低生活保障制度与扶贫开发政策有效衔接三年攻坚的实施方案》的通知

揭东府办〔2017〕10号

各镇（街道、开发区）人民政府（办事处、管委会），区府直属各单位：

区民政局、扶贫办《关于做好农村最低生活保障制度与扶贫开发政策有效衔接三年攻坚的实施方案》已经2017年3月31日区政府常务会议讨论同意，现转发给你们，请认真遵照执行。执行过程中遇到问题，请径向区民政局、扶贫办反映。

揭阳市揭东区人民政府办公室

2017年4月13日

关于做好农村最低生活保障制度与扶贫开发政策有效衔接三年攻坚的实施方案

区民政局　区扶贫办

为发挥底线民生在扶贫攻坚战中的兜底功能，加强农村最低生活保障制度与扶贫开发政策衔接，强化救助资源整合，推进精准扶贫、精准脱贫，切实保障农村贫困家庭基本生活，根据《揭阳市人民政府办公室转发市民政局 扶贫办关于做好农村最低生活保障制度与扶贫开发政策有效衔接三年攻坚的实施方案的通知》（揭府办〔2017〕10号）要求和《揭东区委 揭东区人民政府关于新时期精准扶贫精准脱贫三年攻坚的实施意见》（揭东委发〔2016〕13号）精神，结合我区实际，制定如下实施方案。

一、总体要求

以中央、省、市扶贫开发工作会议精神为指导，围绕我区2018年所有农村相对贫困人口全部脱贫的总体目标，贯彻落实《中共揭东区委 揭东区人民政府关于新时期精准扶贫精准脱贫三年攻坚的实施意见》，以全面健全实施好农村底线民生保障工作为主线，对无法通过产业扶持和就业帮助实现脱贫的贫困家庭实行政策性保障兜底，保障其基本生活水平与全面小康社会建设进程相适应，共享全面小康成果。

二、主要任务

（一）完善农村低保制度，发挥保障兜底作用

1.提高农村低保标准，加强政策有效衔接。健全农村低保标准自然增长机制，适时提高农村低保标准。逐步实现我区农村低保最低标准与扶贫标准的有效衔接，对无法依靠产业扶持和就业帮助脱贫的家庭实行政策性保障兜底，将所有符合低保条件的贫困家庭纳入低保范围。

2.健全经济核对手段，确保精准识别认定。完善入户核查方法，依托广东省底线民生信息化核对管理系统，实现民政部门与公安、人力资源社会保障、住房城乡建设、金融、保险、工商、税务、银行、证券等部门的数据共享，对农村低保申请家庭的户籍、人口、机动车、就业、住房、公积金、保险、个体工商登记、纳税、存款、证券等方面信息进行核对，提升精准认定能力。

3.规范审核审批程序，做到依法依规救助。困难群众直接向其户籍所在地的乡镇（街道）人

民政府提出低保申请，村民委员会依申请人委托可代为提交申请。乡镇人民政府在村民委员会协助下，对低保申请家庭逐一入户调查并提出审核意见。区民政部门在作出审批决定前，要全面审查乡镇上报的调查材料和审核意见，按不低于30%的比例入户抽查。全面落实区、乡（镇）两级农村低保公示制度，在固定的政务、村务公开栏以及政务大厅等场所进行审核、审批公示，对已纳入低保家庭的经济状况进行定期复核，做到有进有出、动态管理。

（二）提高农村五保供养水平，确保特困供养人员全面共享小康成果

完善农村五保供养标准自然增长机制，保障基本生活。将农村特困人员供养标准“按照不低于当地上年度农村居民人均纯收入的60%制定”调整为“按照不低于当地上年度农村居民人均可支配收入的60%制定”，确保农村特困供养对象生活水平达到当地平均生活水平。

（三）提高医疗救助水平，有效遏制因病返贫。加强医疗救助与基本医疗保险、大病保险、疾病应急救助及各类补充医疗保险、商业保险等制度及慈善力量的有效衔接。对建档立卡扶贫对象、农村低保家庭成员、特困供养人员以及农村低收入救助对象等参加基本医疗保险的个人缴费部分，给予全额资助。将因病致贫家庭重病患者纳入医疗救助范围，对合规医疗费用中超过家庭负担能力的部分予以救助。全面建立重特大疾病医疗救助制度，建档立卡贫困户各项医保政策报销后的合规医疗费用按照不低于75%的比例给予补助。

（四）健全临时救助制度，有效防止因突发性困难致贫返贫。完善临时救助制度体系，提高临时救助标准，有效保障因遭遇火灾、交通事故、突发重大疾病或其他特殊困难和其他社会救助制度实施后仍有严重困难家庭的基本生活。加快推进“救急难”工作，建立主动发现、快速响应和工作协调救急难长效机制。

（五）健全困境儿童分类保障制度，提高困境儿童生活水平。贯彻落实《转发国务院办公厅关于加强孤儿工作意见的通知》（粤府办〔2011〕20号）要求，完善孤儿基本生活最低养育标准的自然增长机制，逐步提高孤儿基本生活保障水平。建立事实无人抚养儿童生活津贴制度，进一步健全困境儿童分类保障制度。

（六）加强农村低保制度与扶贫开发政策的有效衔接

1.扶贫对象应保尽保，低保对象应扶尽扶。将无法依靠产业扶持和就业帮助脱贫符合低保政策的家庭及其他符合条件的困难家庭纳入低保范围，做到应保尽保。掌握纳入建档立卡范围的农村低保对象、特困人员、残疾人数据，摸清建档立卡扶贫人口中完全或部分丧失劳动能力的贫困家庭情况，将建档立卡中符合低保政策的无劳动能力的相对贫困人口纳入低保救助；对不符合低保条件的通过临时救助等方式保障其基本生活，切实做好政策性兜底保障。将省扶贫标准以下的农村低保对象全部纳入扶贫范 围，根据贫困家庭情况，通过产业扶持、转移就业、易地搬迁、教育支持、医疗救助、资产收益等落实分类扶贫措施，尤其要确保优先将无劳动能力低保家庭纳入资产收益扶贫，做到应扶尽扶。

2.加强动态监测，理顺工作机制。每年，各镇（街道）人民政府要落实由扶贫部门牵头，组织相关部门开展一次建档立卡扶贫人口与农村低保及其他对象台账比对，依据相关认定标准和程序，对不符合条件的立即清退，符合条件的办理审批手续。实施动态管理，对已享受低保的对象，区、镇（街道）民政部门将定期跟踪核查已保障对象家庭人口、家庭收入、家庭财产、家庭消费等情况，对收入达到或超过农村低保标准的农村低保对象，按照规定办理相关退保手续，形成最低生活保障对象有进有出的动态管理机制。区、镇（街道）扶贫部门加强监测和信息收集，建立脱贫认定机制，实现动态监测，经区人民政府确定后，区、镇（街道）扶贫部门将农村低保对象家庭扶贫帮扶情况以书面形式及时告知同级民政部门，由区民政部门决定是否继续纳入低保或增发、减发、停发低保金。建立健全脱贫农村低保家庭渐退机制，对经区人民政府确定已脱贫的低保家庭，决定减发或停发低保金的，可继续保留原有农村低保待遇及补差水平6个月，6个月

后由区民政部门组织进行认定，按政策调整低保待遇或退出低保。

3.建立数据互通平台，实现信息共享。区扶贫、民政部门要及时相互提供各个阶段建档立卡扶贫数据和农村低保保障数据，实现扶贫开发和农村低保的数据互通、资源共享。民政部门将认定的农村低保对象信息及家庭经济状况信息提供给扶贫部门，便于扶贫部门认定扶贫对象和选择扶贫方式。扶贫部门将扶贫对象信息和扶贫对象脱贫信息以及无法依靠产业扶持和就业帮助脱贫的家庭信息提供给民政部门，方便民政部门及时将符合救助条件的扶贫对象纳入救助范围，同时对已经脱贫的扶贫对象逐步减少补助标准或退出低保。

三、实施步骤和目标

（一）第一阶段（2016年7月—12月）。区、镇（街道）民政、扶贫部门做好农村低保和扶贫开发的衔接工作，彼此提供相关信息，实现台账比对和数据共享。区、镇（街道）扶贫、民政、财政等有关部门建立定期会商制度，出台底线民生精准脱贫实施方案，完善相关政策，做好各项制度的衔接工作。对符合低保条件的完全或部分丧失劳动能力的相对贫困人口纳入低保，确保全部实现稳定脱贫。

（二）第二阶段（2017年1月—2018年8月）。区、镇（街道）扶贫部门及时更新扶贫、脱贫对象信息，民政部门加强核查，做好主动发现工作，将所有符合低保条件对象纳入农村低保、医疗、临时救助等社会救助范围，对已脱贫不再符合低保条件的对象逐步退出低保范围。进一步提高底线民生保障水平，完善政策制度，抓好贯彻落实。

（三）第三阶段（2018年9月—12月）。区、镇（街道）对底线民生精准扶贫精准脱贫工作进行全面总结。区扶贫开发领导小组及时开展群众满意度调查，组织对各地工作完成情况进行考核验收，全面完成脱贫攻坚任务。

四、保障措施

（一）强化工作保障。区、镇（街道）民政、扶贫、财政等部门要建立农村低保与扶贫开发定期会商制度，定期交流工作信息，及时分析研究工作中出现的情况和问题，讨论解决方案、调整工作措施，通过部门合力，切实将工作落到实处。民政、财政部门要加强沟通协调，认真测算农村低保资金需求，足额纳入财政年度预算。

（二）增强主动发现能力。各镇（街道）要建立健全社会救助服务窗口，按照事权与支出责任相匹配的原则，落实社会救助工作经费。通过政府购买服务方式，按照救助对象、扶贫对象人数的一定比例配备专职工作人员，增强社会救助服务窗口精准认定、精准服务的能力。基层民政部门要指导社会救助服务窗口在接受群众咨询、开展政策宣传工作时，发挥救助对象排查作用，主动协助有需要的困难群众提出救助申请；指导村民委员会发挥了解农村贫困群众生活状况和救助需求的优势，在开展日常工作时注意收集困难群众现状信息；引导社会组织、社会工作者、志愿者等社会力量在提供服务、开展活动时做好救助对象主动发现工作。村民委员会及社会组织、社会工作者、志愿者等可协助有救助需求的困难群众提出申请，或将情况及时反映至乡镇人民政府。

（三）引导社会力量参与。引导社工、志愿者、社会组织、基层组织积极参与农村低保和扶贫开发工作，为农村贫困群众提供多元帮助和服务。引导社工、志愿者、社会组织开展社会融入、能力提升、心理疏导、资源链接、宣传倡导等服务，满足农村贫困群众的多元需求。区、镇（街道）民政部门会扶贫部门建立农村低保对象和扶贫对象信息、政府救助政策资源信息、社会力量和慈善资源救助帮扶信息对接平台，实现困难对象和救助资源透明、有效对接。

（四）严格工作考核评估。各镇（街道）要围绕底线民生以及精准扶贫总体目标，结合本地工作实际，抓紧出台具体实施方案，进一步明确工作目标、主要任务、实施步骤和保障措施，制定时间表和路线图，并将实施方案及时上报区民政局、扶贫办备案，底线民生精准扶贫开展情况每月逐级上报。区扶贫开发领导小组办公室每年组织核查、开展社会满意度调查和绩效考评价。对工作不力、渎职失职行为，造成恶劣影响的要严肃处理，依法依规追究相关责任人的责任。

关于印发《揭东埔田首届竹文化节暨全域旅游启动仪式活动方案》的通知

揭东委办电〔2017〕15号

各镇（街道、开发区）党（工）委和人民政府（办事处、管委会），区直及省、市驻揭东局以上单位：

《揭东埔田首届竹文化节暨全域旅游启动仪式活动方案》已经区委区政府领导同志同意，现印发给你们，请认真贯彻执行。

中共揭东区委办公室

揭东区人民政府办公室

2017年6月9日

揭东埔田首届竹文化节暨全域旅游启动仪式活动方案

定于2017年7月中旬在揭东区埔田镇举办揭东埔田首届竹文化节暨全域旅游启动仪式活动。为确保活动顺利开展，制定本活动方案。

一、指导思想

以践行新发展理念和推进供给侧结构性改革为指导，认真贯彻落实习近平总书记重要批示，以及省第十二次、市第六次党代会精神，贯彻实施全市“迎盛会·百日百项大行动”，围绕区第二次党代会确定的“争当全市发展排头兵”的总目标，建设“产业强区、宜居新城、幸福揭东”的核心任务，以举办揭东埔田首届竹文化节暨全域旅游启动仪式活动为抓手，进一步打响“中国竹笋之乡”品牌，推进现代农业发展，推动全域旅游建设，丰富揭东特色文化内涵，提升揭东知名度、开放度和美誉度，打造绿色崛起的城市新形象、新品位，提高市民的获得感和幸福感，促进竹笋产业、餐饮产业、旅游产业、文化产业等做大做强，为揭阳振兴发展作出应有的贡献。

二、工作目标

坚持“共享发展、增进福祉”的活动目标，以“务实、创新、节俭”为原则，实行“政府指导、社会参与、市场运作”模式，把揭东埔田农业产业化发展成果及全域旅游文化资源全面展示出来，扩大揭东农特产品开放合作，提升群众文化生活水平，使之成为一场有特色、上档次、高效益的文化盛会，成为推广先进文化、扩大对外交流、促进招商引资、打造全域旅游、推进绿色发展的新平台，努力把埔田建设成为全域旅游特色小镇，成为揭阳市农业供给侧结构性改革的探索者、示范者和排头兵。

三、活动安排

揭东埔田首届竹文化节暨全域旅游启动仪式活动主题是“美丽揭东，魅力埔田”。活动以“竹文化、美食休闲”为主线，深挖“笋乡”全域旅游资源，发展特色竹产业，提升文化品质，弘扬“竹文化”、凝聚精气神、共筑“中国梦”。

指导单位：揭东区人民政府、揭阳市农业局、揭阳市旅游局、广东省农村信用社联合社揭阳办事处

主办单位：埔田镇人民政府、揭东区旅游局、揭阳农村商业银行、揭东农村商业银行

承办单位：揭东区旅游协会、揭东万竹园、揭阳市念恩山生态园、揭阳市青农农业发展有限公司、埔田镇竹笋协会、埔田镇餐饮协会

协办单位：揭阳市青年发展现代农业促进会、中国人民财产保险有限公司揭阳市分公司、

揭东区电视台

主要活动安排：

1.新闻发布会

时间：2017年6月16日 9:30—10:30

地点：金叶大酒店五楼岭南厅

责任单位：埔田镇人民政府、揭阳市青农农业发展有限公司、潮裔文化交流中心（广东宣颐泰泽文化传播有限公司）

组织单位：揭东区旅游协会、揭阳农村商业银行、揭东农村商业银行、埔田镇人民政府、揭东区旅游局、揭阳市青农农业发展有限公司

2.笋王争霸赛

时间：2017年7月15日 9:30—11:30

地点：揭东万竹园八骏奔腾前圆坛

责任单位：埔田镇人民政府、揭阳市青农农业发展有限公司、潮裔文化交流中心（广东宣颐泰泽文化传播有限公司）

组织单位：揭阳市农业局、揭东区农林局、埔田镇竹笋协会

3.开幕式

时间：2017年7月15日 19:00—21:00

地点：揭东万竹园演艺台

责任单位：埔田镇人民政府、揭阳市青农农业发展有限公司、潮裔文化交流中心（广东宣颐泰泽文化传播有限公司）

组织单位：潮裔文化交流中心（广东宣颐泰泽文化传播有限公司）

4.高峰论坛

时间：2017年7月16日 15:00—17:00

地点：揭东万竹园云竹餐厅

责任单位：埔田镇人民政府、揭阳市青农农业发展有限公司、潮裔文化交流中心（广东宣颐泰泽文化传播有限公司）

组织单位：埔田镇人民政府、揭阳市农业局、揭阳市旅游局、揭阳市青年发展现代农业促进会

5.国学竹文化讲座

时间：2017年7月17日 15:00—17:00

地点：揭东万竹园云竹餐厅

责任单位：埔田镇人民政府、揭阳市青农农业发展有限公司、潮裔文化交流中心（广东宣颐泰泽文化传播有限公司）

组织单位：埔田镇人民政府、揭东区教育局

6.千人笋宴

时间：2017年7月15日—7月17日 19:00—21:00

地点：揭东万竹园红叶文化广场

责任单位：埔田镇人民政府、揭阳市青农农业发展有限公司、潮裔文化交流中心（广东宣颐泰泽文化传播有限公司）

组织单位：埔田镇餐饮协会

7.乡村乐文艺晚会

时间：2017年7月16日 19:00—21:00

地点：揭东万竹园演艺台

责任单位：埔田镇人民政府、揭阳市青农农业发展有限公司、潮裔文化交流中心（广东宣颐泰泽文化传播有限公司）

组织单位：潮裔文化交流中心（广东宣颐泰泽文化传播有限公司）

8.竹文化展示

（1）竹文化书画展览

时间：静态展示2017年7月15日—7月17日全天

动态现场创作2017年7月16日上午

地点：揭东万竹园水上世界湖边长廊

责任单位：埔田镇人民政府、揭阳市青农农业发展有限公司、潮裔文化交流中心（广东宣颐泰泽文化传播有限公司）

组织单位：埔田镇人民政府、揭阳市文联、揭东区文联

（2）生态埔田摄影展

时间：2017年7月15日—7月17日全天

地点：揭东万竹园小花园

责任单位：埔田镇人民政府、揭阳市青农农业发展有限公司、潮裔文化交流中心（广东宣颐泰泽文化传播有限公司）

组织单位：埔田镇人民政府

（3）竹工艺品展示

时间：2017年7月15日—7月17日全天

地点：揭东万竹园水上世界湖边长廊及水上

茶座

责任单位：埔田镇人民政府、揭阳市青农农业发展有限公司、潮裔文化交流中心（广东宣颐泰泽文化传播有限公司）

组织单位：埔田镇人民政府

9.闭幕式

时间：2017年7月17日 19:00—21:00

地点：揭东万竹园演艺台

责任单位：埔田镇人民政府、揭阳市青农农业发展有限公司、潮裔文化交流中心（广东宣颐泰泽文化传播有限公司）

组织单位：潮裔文化交流中心（广东宣颐泰泽文化传播有限公司）

四、组织机构

为加强对竹文化节暨全域旅游启动仪式活动的领导，确保活动顺利举办，区委、区政府决定成立揭东埔田首届竹文化节暨全域旅游启动仪式活动领导小组，统一指挥和协调竹文化节暨全域旅游启动仪式活动各项工作。

组　长：方　烽（区委副书记、区长）

副组长：江玉城（区委常委、区政府常务副区长）

钟金鸿（区委常委、办公室主任）

林晓珊（区委常委、宣传部部长、锡场镇党委书记）

林浩生（区政府副区长、公安局局长）

蔡晓霞（区政府副区长）

成　员：柯寒青（区政府办公室主任）

江惜辉（埔田镇党委书记）

卢伟彬（区委办公室副主任）

胡俊龙（区政府办公室副主任）

方晓东（区委宣传部副部长）

李旭波（区住建局局长）

张友才（区公安局政委）

邱树勇（区财政局副局长）

杨楚茂（区旅游局局长）

卢三强（区农林局局长）

郑创辉（区经信和科技局局长）

黄秋和（区招商局局长）

赖伟松（区市场监管局局长）

胡雄彬（区卫计局局长）

林佳斌（区安监局局长）

柯再鹏（区食药监管局局长）

柯璧彦（区教育局局长）

陈少鹏（区文广新局局长）

郑惠山（区电视台台长）

杨锐明（区环卫局局长）

王明怀（区供电局局长）

姚展旋（区自来水公司经理）

谢奕涛（埔田镇党委副书记、镇长）

许晓葵（揭阳农村商业银行监事长）

方　敏（揭东农村商业银行行长）

董松昌（揭东万竹园董事长）

吴伟东（揭阳市青农农业发展有限公司总经理）

领导小组下设办公室，负责竹文化节暨全域旅游启动仪式活动的组织协调和综合调度等工作，办公室设在埔田镇（联系电话：3230103），由江惜辉同志兼任办公室主任，卢伟彬、胡俊龙、杨楚茂、谢奕涛兼任副主任，下设综合协调、安全保卫、宣传文化活动、活动场地保障、环境综合整治、食品卫生保障、活动执行7个工作小组。同时由办公室牵头活动执行组成立组委会，制订每个具体活动方案，明确相关单位和人员的责任。

1.综合协调组

组　长：江惜辉（兼）

副组长：卢伟彬（兼）

胡俊龙（兼）

杨楚茂（兼）

谢奕涛（兼）

工作人员：从区委办、政府办、旅游局、埔田镇抽调。

主要职责：①负责制定总体工作方案和竹文化节暨全域旅游启动仪式活动总体工作的组织协调；②负责草拟活动及出席仪式市、区领导致辞稿，以及有关资料起草、收集等工作；③拟发活动通知，协调指导会场的布置、座位编排、花草摆设、话筒音响布置调控，活动须知印制等；④做好联络沟通工作，负责邀请市领导及企业出席，并协助安排接待及食宿等有关工作；⑤负责现场协调指挥，协助做好组织参会人员的分区站位等工作；⑥做好与策划单位研究细化目录，以及后勤、有关经费的保障和绩效评价；⑦完成领导交办的其它工作任务。

2.安全保卫组

组　长：张友才（兼）

副组长：林佳斌（兼）

陈奕雄（区公安局副局长）

柯　润（区消防大队队长）

工作人员：从区公安局、安监局、消防大队抽调。

主要职责：①负责指导、协调、监管竹文化节暨全域旅游启动仪式活动期间安全生产及治安保卫工作，制订并组织实施安全生产及治安保卫工作方案和应急预案；②负责做好活动期间的消防安全工作，制订并组织实施消防安全工作方案和应急预案，做好活动场地消防车和消防器材的应急准备；③负责做好活动场地临时舞台、临时活动场所的消防审批；④完成领导交办的其它工作任务。

3.宣传文化活动组

组　长：方晓东（兼）

副组长：柯璧彦（兼）

陈少鹏（兼）

郑惠山（兼）

工作人员：从相关部门抽调。

主要职责：①负责联系新闻媒体做好宣传报道等工作，协调市、区电视台在黄金时间段插播宣传片及活动告知；②整合户外资源，全方位立体化开展宣传活动，协助做好户外宣传标语、横幅、路旗等的设置，在榕泰广场、揭东人民广场等主要场所和主干道的电子显示屏播放有关宣传内容；③协调相关单位和企业，结合活动做好有关主题活动节目的策划，督促相关单位和企业及时向承办单位提供有关宣传资料；④协助办理发布活动广告的许可证，协调活动期间各项文艺表演准备工作和现场执行工作；⑤完成领导交办的其它工作任务。

4.活动场地保障组

组　长：谢奕涛（兼）

副组长：王明怀（兼）

姚展旋（兼）

董松昌（兼）

工作人员：从相关单位抽调。

主要职责：①负责活动期间揭东万竹园以及有关活动场所的保障、管理和维护，确保10日前交付活动使用；②做好亮化照明、供电、供水保障等工作；③完成领导交办的其它工作任务。

5.环境综合整治组

组　长：李旭波（兼）

副组长：谢奕涛（兼）

杨锐明（兼）

洪才星（区交警大队队长）

杨玎汕（区住建局党组成员）

工作人员：从相关单位抽调。

主要职责：①做好活动场所及周边地区环境的综合整治工作，特别是生活垃圾清理，确保卫生整洁；②加强活动场所及周边地区车辆乱停乱放的整治，负责临时停车场的规划和设置，做好车辆指挥调度，以及活动期间场地周边地区车辆停放及沿途交通管理和疏导；③加强乱搭乱建、乱停乱放、乱摆乱卖的整治；④完成领导交办的其它工作任务。

6.食品卫生保障组

组　长：胡雄彬（兼）

副组长：柯再鹏（兼）

工作人员：从相关单位抽调。

主要职责：①负责制定食品卫生安全工作方案、应急预案，做好活动期间食品安全监督；②负责万竹园及周边场所蚊蝇消杀等卫生防控工作；③负责活动期间的医疗急救等工作，妥善处置各种突发公共卫生事件；④完成领导交办的其它工作任务。

7.活动执行组

组　长：吴伟东（兼）

工作人员：由揭阳市青农农业发展有限公司和广东宣颐泰泽文化传播有限公司落实。

主要职责：负责落实竹文化节暨全域旅游启动仪式活动各项具体工作。

五、工作要求

（一）提高认识，加强领导。“揭东埔田首届竹文化节暨全域旅游启动仪式”活动是展示揭东文化、旅游、产业等优势的有效载体。举办此项活动对进一步提升揭东知名度、开放度和美誉度，增强城市凝聚力和吸引力，具有十分重要的意义。埔田镇和相关责任单位要提高思想认识，将做好活动相关工作作为当前一项重要政治任务，切实加强领导，主要领导亲抓，分管领导具体抓，并成立专门机构，按要求完成好相关工作任务。

（二）明确任务，落实责任。埔田镇和相关责任单位要明确工作任务，按照“一流的组织、一流的环境、一流的节目、一流的服务、一流的宣传”的要求，把工作任务和责任层层分解落实到具体个人，并细化工作措施，扎实推进各项工作。主要领导要负总责，分管领导要全面负责，相关责任单位要严格按照各自职责分工抓好各项工作，切实做到任务明确、措施得力、责任到人、落实到位，确保活动圆满成功。

（三）制订方案，强化保障。埔田镇和各工作小组、相关责任单位要根据本工作方案，按照各自的职责认真制订详细的工作方案和相关应急预案，做到每项活动、每项具体工作都有可操作的实施细则，有倒计时的工作进度表。一旦发生突发性事件，要快速启动相关应急预案，落实相关工作措施，把问题和隐患解决在萌芽状态，把损失和影响降到最低程度，保证人员身体健康和生命安全。同时，要强化“三保障”，做到“三确保”，即强化人员保障、强化技术保障、强化物资保障，确保每项工作任务按时按要求落实到位，确保活动每一环节不出任何问题，确保活动顺利进行。要贯彻节约、大气的原则，活动经费原则上由埔田镇政府牵头竹笋协会、餐饮协会等单位多方筹集，区将按照《揭东区扶持展览业发展的实施意见》予以奖补。

（四）加强协调，上下联动。埔田镇和相关责任单位要按照领导小组的统一部署，明确分工，各司其职，密切配合，高质量完成好各项工作任务。各职能组之间要加强协调沟通，建立有效的信息沟通机制，做到上下联动，齐抓共管，团结协作，共同完成好每一项工作任务，确保竹文化节暨全域旅游启动仪式活动圆满完成。

关于转发区民政局财政局提高2017年城乡低保标准和补差水平的工作意见的通知

揭东府办〔2017〕22号

各镇（街道、开发区）人民政府（办事处、管委会），区府直属有关单位：

区民政局、财政局《关于提高2017年低保标准和补差水平的工作意见》已经区人民政府同意，现转发给你们，请认真贯彻实施。实施过程中遇到的问题，请径向区民政局、财政局反映。

揭阳市揭东区人民政府办公室

2017年6月12日

关于提高2017年我区城乡低保标准和补差水平的工作意见

区民政局　区扶贫办

为贯彻落实《广东省人民政府关于建立全省城乡低保最低标准制度的通知》（粤府办〔2013〕17号），根据《广东省民政厅关于印发2017年全省城乡低保最低标准的通知》（粤民发〔2017〕94号）要求，揭阳市人民政府办公室《关于转发市民政局财政局提高2016年我市城乡低保标准和补差水平工作意见的通知》（揭府办〔2017〕45号）和市财政局、民政局《揭阳市落实省城乡低保补贴达到全国前十名水平工作的实施方案》（揭市财社〔2012〕78号）的要求，现就我区提高城乡低保标准、补差水平提出如下意见：

一、提高城乡低保标准和补差水平

（一）提高城乡低保标准。根据揭府办〔2017〕45号文件要求，我区城乡低保标准：城镇对象每人月由原590元提高到640元，每人月增加50元；农村对象每人月由原410元提高到450元，每人月增加40元。

（二）提高城乡低保补差水平。按照文件要求，我区城乡低保补差水平：城镇对象每人月由原425元提高到460元，每人月增加35元；农村一类、二类、三类对象每人月分别由原220元、210元、200元提高到245元、235元、225元，每人月增加25元。

（三）低保人数和资金。截止2017年6月，我区低保对象17063人，其中城镇低保对象564人，农村低保对象16499人（一类对象1387人、二类对象1661人、三类对象13451人）。按新标准测算，2017年我区低保对象年需低保资金4819.28万元（其中：城镇311.33万元，农村4507.95万元）；比提标前年需低保资金4300.62万元，增加518.66万元（其中：城镇增加23.69万元，农村增加494.97万元）。

（四）新标准执行时间。从2017年1月起，城乡低保标准和补差水平按照新标准执行；1-6月份提标补发的资金同7月份低保金一并发放。

二、工作要求

（一）提高认识，落实责任。各地要充分认识提高城乡低保标准和救助水平是落实省“十件民生实事”工作要求，是践行“两学一做”，为广东“再创新局”贡献揭阳力量的具体行动，切实加强领导，做到早部署，早落实。民政部门要积极协调有关部门及早做好提高城乡低保补差水平年需新增资金测算工作。财政部门要把民政部门测算后新增低保资金列入财政预算工作。做好地方配套资金落实工作。各县（市、区）人民政府（管委会）要在今年6月底前以政府名义出台低保提标文件，对城乡低保标准和补差水平要按市政府的要求抓好落实。

（二）做好衔接、应保尽保。各级民政部门要切实加强与扶贫部门的协调联系，做好与新时期精准脱贫工作的衔接，严格核查低保申请家庭经济状况，精确认定低保对象与补差水平，将符合低保条件的建档立卡无劳动能力贫困户全部纳入低保，做到精准进入，应保尽保；落实动态管理机制，加强对已纳入低保的扶贫对象等困难群众家庭经济收入和财产状况变动情况的核查，对不符合低保条件的对象要及时核销低保待遇，实现精准退出、规范管理。

关于印发《揭东区实施“水岸同治”三年行动计划工作方案》的通知

揭东委办电〔2017〕20号

各镇（街道、开发区）党（工）委和人民政府（办事处、管委会），区直及省、市驻揭东局以上单位：

《揭东区实施“水岸同治”三年行动计划工作方案》已经区委、区政府同意，现印发给你们，请认真贯彻执行。

中共揭东区委办公室
揭东区人民政府办公室
2017年8月4日

揭东区实施“水岸同治”三年行动计划工作方案

按照市委《关于开展“迎盛会·百日百项大行动”的工作方案》的部署安排，结合市委李水华书记莅揭东调研的重要指示、7月25日全市水资源综合利用工作指挥部第一次全体会议精神和我区实际，特制定如下方案。

一、指导思想

认真贯彻落实《中华人民共和国水法》、《中华人民共和国防洪法》和《广东省水利工程管理条例》等法律法规的有关规定，坚持一揽子解决问题的思维，集中清理整治全区河、溪、沟、渠、塘，因地制宜抓好沿岸绿化工作，做到水岸同治、还水于民。

二、目标任务

用三年时间，通过开展水岸清障、内河清淤、黑臭水体整治、岸坡整治、污水治理和水岸绿化等六项专项行动，到2020年6月底，全区河、溪、沟、渠、塘基本消除劣V类水质，水环境质量明显改善，并通过完善长效机制，最终实现河畅、水清、堤固、岸绿、景美的生态面貌。

三、工作机构

为切实加强对“水岸同治”工作的组织领导，区委、区政府决定成立揭东区实施“水岸同治”工作领导小组，统筹负责全区“水岸同治”工作的组织协调、整体推进和督促落实等工作。

领导小组组成人员如下：

组　长：蔡淡群

常务副组长：方　烽

副组长：江玉城、洪锡藩、袁镇松

成　员：蔡俊藩（区纪委）、卢伟彬（区委办）、周秀松（区政府办）、吴永健（区法院）、吴文渊（区检察院）、方晓东（区委宣传部）、郑益仁（区委政法委）、林仲龙（区发改局）、陈奕雄（区公安局）、林旭升（区司法局）、廖锡发（区财政局）、李泳生（区国土资源局）、陈志辉（区环保局）、李旭波（区住建局）、卢三强（区农林局）、刘庭松（区水务局）、何长全（区交通运输局）、方树荣（曲溪街道）、谢奕涛（埔田镇）、江海彬（云路镇）、曾文苗（玉窖镇）、谢树波（玉湖镇）、林晓川（新亨镇）、黄壮杰（锡场镇）。

领导小组下设办公室，负责领导小组日常工作。办公室设在区水务局，办公室主任由刘庭松同志兼任，办公室成员在区直有关单位和相关镇（街道）抽调。

各镇（街道）、各部门也要成立相应领导机构，制订工作方案，切实加强组织领导，确保行动计划有序开展。

四、工作安排

具体工作任务和工作安排如下：

（一）水岸清障行动（现在起至8月底前）。各镇（街道）人民政府（办事处）为该行动的责任单位，要在水环境综合整治的基础上，对辖内各河、溪、沟、渠、塘沿岸5米范围内的弃碴、堆放物、已建或在建违法建筑物、构筑物及搭建物进行全面排查核实，集中力量开展清除河道违建和清理河道垃圾杂物专项行动。从现在起，各镇（街道）要迅速开展专项行动，采取切实有效措施，确保在8月底前全面完成清理整治任务（各镇〈街道〉负责，区住建局、国土资源局、水务局、农林局等单位配合）。

（二）内河清淤行动（从现在起至12月底）。计划投资16680万元，完成区域内河清淤及每镇（街道）各一条示范溪整治工作（各镇〈街道〉负责，区水务局配合）。

（三）黑臭水体整治行动（从8月起至明年6月底）。计划投资15898万元，完成曲溪河、大港溪两条黑臭水体整治工作（由区住建局牵头，曲溪街道等相关单位配合）。

（四）岸坡整治行动（从现在起至2019年12月底前）。按属地管理原则，分两方面实施岸坡整治工作：

第一方面（从现在起到2018年12月底前）。切实加快省级水利建设示范县、省级小型农田水利重点县、中小河流治理、韩江粤东灌区续建配套与节水改造工程（北关灌区揭东片）等水利重点项目建设，尽快完成辖区内渠道的清淤疏浚，削减底泥对上覆水体的污染，打通断头河，沟通各水系，改善水质，实现排涝、灌溉、景观、生态的多重目标（由区水务局牵头，相关镇〈街道〉负责）。

第二方面（从现在起到2019年12月底前）。对未列入规划建设的渠系进行规划整治，分三个阶段进行：

第一阶段：摸底规划阶段。以镇（街道）为单位进行调查摸底，对未列入规划建设的渠系进行全面详细调查，并于2017年8月底前完成渠系岸坡整治规划。

第二阶段：前期立项阶段（2017年9月到2017年12月底前）。完成岸坡整治规划的立项审批、初设审批、招投标工作（由各镇〈街道〉负责，区发改局、水务局、财政局等部门配合）。

第三阶段：集中整治阶段（2018年1月到2019年12月底前）。全面启动岸坡整治工程，因地制宜开展岸坡衬砌护岸或岸坡整修。各地要选定本地条件相对成熟的重点片区，打造“水岸同治”核心区和亮点区，通过修建景观工程、亲水绿道、景观植物以及配套富有江南水乡气息的市政设施，打造富有揭东特色的景观，彰显岭南水城特色（由各镇〈街道〉负责）。

（五）污水治理行动（从现在起到2019年12月底前）。

一是计划投资3.04亿元，加快开发区新区污水处理厂、锡场镇污水处理设施、新亨镇污水处理设施和玉滘镇生活污水设施建设；计划投资1.99亿元，启动建设整区打包PPP污水处理项目，有效改善现有镇区和农村生活污水无序排放、处理能力不足的局面，切实解决水污染问题（由区住建局牵头，区发改局、区水务局、区财政局等部门配合，相关镇〈街道〉负责）。

二是要启动沿河排污口专项整治工作，避免污水直接排入河道，污染水质（由区环保局牵头，水利局配合，各相关镇〈街道〉负责）。

三是要全面整治农村“散、乱、小”畜禽养殖污染问题，保护水资源（由区农林局牵头，相关镇〈街道〉负责）。

（六）水岸绿化行动（从现在起到2020年6月底前）。按属地管理原则，分两方面开展水岸绿化工程：

第一方面（从现在起到2018年6月底前）。各镇（街道）要结合在建水利重点项目的建设，同步规划开展水岸绿化提升，争取到2018年6月底前在建工程全面完成绿化任务。

第二方面（从现在起到2020年6月底前）。对未列入规划建设的渠系进行绿化提升，分二个阶段进行：

第一阶段：摸底规划阶段。以镇（街道）为

单位进行调查摸底，对未进行绿化提升的渠系进行全面调查，并完成水岸绿化规划。水岸绿化计划选择适合当地土壤、气候和人文景观的植物种类，规划建设绿化带。

第二阶段：集中行动阶段（从现在起到2020年6月底前）。各地要按规划实施内容，迅速行动，结合岸坡整治，全面启动水岸绿化行动，选取重点片区，打造各具特色绿化景观带。条件成熟的，可充分结合水岸绿化行动，开展种植水生植物、留存湿地等生态措施，进一步改善河流生态环境，增加水体自净能力，逐步恢复并打造良好的水生态系统（由各镇〈街道〉负责）。

五、总体计划及2017年工作安排

计划总投资8.5亿元，用三年时间，对全区河、溪、沟、渠、塘两岸进行整治打造，实施清淤，建设栈道、污水处理设施和截污管道、亲水平台和岸带生态景观工程等。2017年计划投入3亿元。（具体项目详见附件）

2017年工作安排

7月：摸清全区河、溪、沟、渠、塘的基本情况，并完善行动计划和实施方案，做好宣传发动工作；

8月：完成辖区内河、溪、沟、渠、塘两边违建清理拆除工作；

9月：各镇（街道）上报一条示范溪实施整治。并启动清淤疏浚和底泥处理工作，区住建局启动曲溪河、大港溪黑臭水体建设。

10月—12月：各镇（街道）基本完成示范溪的整治；区住建局基本完成曲溪河、大港溪黑臭水体建设，2017年计划投资5000万元。

六、工作措施

（一）加强领导，提高认识。实施“水岸同治”是市委、市政府作出的重大决策部署。各镇（街道）、各部门要深刻认识“水岸同治”的重要意义，进一步提高认识，在区委、区政府的统一领导下，集中力量，迅速行动，确保各项工作取得扎实成效。

（二）精心组织，周密部署。区水务、住建、环保等部门和各镇（街道）责任单位要根据行动计划的有关要求，结合各自实际，及时制订详细的工作计划，精心组织，周密部署，认真履行职责，立即行动起来，切实做好各项工作，确保工作目标如期实现。

（三）统一部署，协调配合。实施“水岸同治”是一项非常重要的系统工程，工作量大、涉及面广，各镇（街道）、各部门要认真按照区委、区政府的统一部署，各司其职，协调配合，共同做好各项工作。

（四）重拳出击，严格执法。要加大司法保障力度，区纪检、法院、检察院、公安等部门要积极参与、支持、配合“水岸同治”工作，对严重违法违规行为，给水环境造成严重影响的，要坚决依法予以打击，确保行动顺利进行。

（五）多方筹措，落实资金。整治资金按分级管理原则由各镇（街道）承担，区财政给予一定比例补助。区水务部门要积极争取上级资金支持；各镇（街道）要切实加大镇级财政投入，积极发动热心企业和乡贤捐资，引导热心群众投资投劳积极参与，充分利用国家专项建设基金贴息及银行低息贷款等，多渠道筹措资金。

（六）落实责任，确保实效。要在完成区、镇、村三级“河长”管理制度的基础上，全面推行“河长制”，把管护责任落实到具体单位和具体人，逐步形成水环境管理长效机制，不断巩固整治效果。区实施“水岸同治”工作领导小组巡查督导组将加强对实施“水岸同治”各项工作的巡查督导，对不作为、慢作为，整治不力的单位和责任人将进行问责，确保各项工作取得真正实效。

附件：揭东区实施“水岸同治”项目任务表

关于印发《揭东区社会主义新农村建设八项核心任务分工方案》的通知

揭东委办电〔2017〕27号

各镇（街道）党（工）委和人民政府（办事处、管委会），区直及省、市驻揭东局以上有关单位：

为贯彻落实市委市政府、区委区政府关于社会主义新农村建设的有关要求和部署，围绕组织坚强、管理民主、村容整洁、乡风文明、生产发展的“五好”标准，扎实推进我区社会主义新农村建设，进一步改善农村生产生活生态条件，有效促进农村经济社会健康发展，现将《揭东区社会主义新农村建设八项核心任务分工方案》印发给你们，请结合实际，认真贯彻落实。

中共揭东区委办公室

揭东区人民政府办公室

2017年9月16日

揭东区社会主义新农村建设八项核心任务分工方案

序号	项目	工作任务	目标要求	完成时间	责任主体	参与单位
1	垃圾日清	全面清理村庄历史积存垃圾	村庄干净整洁、无杂草杂物、无卫生死角，村巷道无乱堆乱放，秩序井然	2017年年底前完成垃圾处理配套设施建设和保洁员配置，落实卫生保洁收费制度和健全村庄保洁机制	各镇（街道）、村（居）、区住建局	区环保局、区卫计局、区环卫局
		村庄有保洁员队伍	每50户配置1个以上保洁员，村庄保洁覆盖率达到100%			
		配置垃圾收集点（标准垃圾屋）	每50户配置1个以上垃圾收集点（标准垃圾屋）、农户定点投放			
		完善垃圾转运站设施配套，因地制宜建设无害化焚烧设施	实现垃圾无害化收运和就近减量化处理			
		落实卫生保洁“一事一议”收费制度	按照“谁生产谁负责”的原则，依法依规通过“一事一议”方式，广泛征求村民意见后，提交村党组织决策，由村民委员会向村民收取保洁费（常住半年以上人员按1年计缴，常住3个月以上的按半年计缴；五保户、低保户、贫困户和现役军人免收保洁费用）；由村民委员会向辖区内工商企业、个体户和种养户等经营主体根据日常垃圾产生量收取一定的环境保洁费用，专门用于环境卫生保洁			
		落实“门前三包”制度并作为村规民约上墙	实现“包卫生、包秩序、包绿化”目标			
2	污水处理	全面清理村巷道排水沟	排水沟无淤泥、垃圾杂物，排水、排涝畅通	2017年年底前全面完成雨污分流和污水排放暗渠化	各镇（街道）、村（居）、区住建局、区委农办	区水务局、区环保局、区卫计局
		村内全域实行“雨污分流”	雨污分流管网铺设到户，实现生活污水纳管纳渠（暗渠化）排放，村庄无污水横流现象			
		选择适宜模式建设污水处理设施	生活污水全面得到有效处理，达标排放	2018年年底前全面完成污水处理设施建设	各镇（街道）、村（居）、区住建局	区委农办、区水务局、区环保局、区卫计局
3	村道硬化	村委会通自然村道路面硬化	环村路、村主干道按安全通车标准进行硬化	2018年年底前，完成村委会通自然村道路面硬化。2020年年底前，完成自然村内村巷道路面硬化	各镇（街道）、村（居）、区交通局	区住建局
		自然村内村巷道路面硬化	横街窄巷鼓励铺设砖、石头等乡土材料			
		改造不符合安全通车条件的镇（街道）通行政村公路和公路危桥	农村公路达到安全通客车条件			

续表

序号	项目	工作任务	目标要求	完成时间	责任主体	参与单位
4	水岸同治	消除村庄黑臭水体	提升村庄水环境质量	2019年年底前，消除村庄黑臭水体，重塑“流畅、水清、岸绿、景美”的水乡风貌	各镇（街道）、村（居）、区水务局	区住建局、区农林局
		全面清理农村沟渠、池塘、溪河淤泥、水上漂浮物、障碍物	恢复河道基本功能，实现水系贯通			
		拆除岸边乱搭乱建乱占	河岸种树绿化、铺设绿道			
		推动河岸生态化、湿地化整治	提升水体自我净化能力，避免河岸过度硬化			
5	绿满家园	村头村尾、房前屋后、路边、溪边、池边、岔道、空地绿化美化，种植乡土植物、果树	形成路有树、街有景，四季常青、花果飘香的乡村生态环境	2019年年底前，完成村庄绿化美化	各镇（街道）、村（居）、区农林局	区委农办
		保护村庄古树名木	古树名木得到挂牌保护			
		采用木、竹、砖、石等当地材料对空地、绿地、菜地、庭院、花圃等砌栏栅圈围	实现公共场所、村巷道规整、有序、美化			
6	人畜分离	全面整治畜禽污染	实现畜禽禁养区零养殖、限养区零增长目标	2018年年底前，全部自然村实现畜禽集中圈养，禁养区零养殖、限养区零增长目标	各镇（街道）、村（居）、区农林局	区环保局
		实行人畜分离、禽畜集中圈养	家禽要进行圈养，猪牛羊等大型牲畜要远离居民区，建设猪舍牛羊栏集中养殖、集中治污，实现畜禽养殖废弃物有效处理或资源化利用			
7	旧屋修缮	对有居住利用价值、历史文化价值的旧村落、旧民居进行修缮	修旧如旧，保护历史建筑形制，不得加建，历史文化名村、古村落、传统村落得到有效保护修复，留住乡村风貌和田园乡愁	2018年年底前，全面完成危房改造任务。 2020年年底前，完成农村旧房整治，农村住房基本实现外观整洁、建设有序、管理规范	各镇（街道）、村（居）、区住建局	区国土局
		引导农民依据村庄规划对现有农房进行除险加固、外立面整饰	农村住房基本实现建筑安全、外观整洁			
		实施危房改造	解决贫困户安全住房需求			
		拆除废弃危旧房屋、旧猪舍牛羊栏、旧柴房、旧厕所，拆除乱搭乱建乱占的违章建（构）筑物	村庄实现建设有序、管理规范			

续表

序号	项目	工作任务	目标要求	完成时间	责任主体	参与单位
8	新屋戴帽	对水泥框架结构、“火柴盒”式的新屋，屋顶铺瓦戴帽，有条件地要安装山墙、翘脊进行整饰	形成风格、色调、规范统一的，突出潮汕、客家特色的村庄风貌	2018年年底前，完成进村大道、主干道、公共场所的临街建筑物外立面整饰。2020年年底前，完成农村公共服务设施建设、农房规划管理和风貌管控	各镇（街道）、村（居）、区住建局	区国土局
		对进村大道、主干道、公共场所的临街建筑门头、楼层界线等加装斜坡式屋檐，对窗户加装窗棂	形成风格统一、错落有致、新旧协调的村庄风貌			
		墙边、门前铺设人行道，有条件的植树绿化、安装路灯	实现村庄规划管理有序，建成安全、舒适、各具特色的村庄			

关于印发《揭东区开展“五城同创”活动总体方案》的通知

揭东委办发〔2017〕10号

各镇（街道、开发区）党（工）委和人民政府（办事处、管委会），区直及省、市驻揭东局以上单位：

《揭东区开展“五城同创”活动总体方案》已经区委、区政府同意，现印发给你们，请认真组织实施。

中共揭东区委办公室
揭东区人民政府办公室
2017年12月7日

揭东区开展“五城同创”活动总体方案

为做好全国综治（平安建设）优秀市、国家生态文明建设示范市、国家森林城市、国家卫生城市创建工作、全国文明城市（以下简称“五城同创”活动），根据《关于印发〈揭阳市开展“五城同创”活动总体方案〉的通知》（揭委办发〔2017〕11号）精神，结合我区实际，制定本方案。

一、指导思想

全面贯彻落实党的十九大精神，以习近平新时代中国特色社会主义思想为指导，以“四个坚持、三个支撑、两个走在前列”为统领，坚持“创建为了人民，创建依靠人民，创建成果由人民共享”的宗旨，发挥创建全国文明城市的牵引作用，全面开展“五城同创”活动，使路通起来、地洁起来、水清起来、天蓝起来、灯亮起来、城绿起来、民安起来，增强城市总体功能，提升城市品位，提高城乡文明程度和人民群众综合素质，进一步增强人民群众的获得感、党员干部的成就感、基层组织的存在感，为揭东努力打造“生态型、效益型”新型城镇化示范区夯实基础。

二、创建目标

按照“整体同创、单项达标”的思路，到2020年，获得国家卫生城市称号，力争进入全国综治（平安建设）优秀市、国家森林城市、国家生态文明建设示范市行列，成为全国文明城市提名城市。

三、组织保障及工作职责

（一）领导机构。为加强对“五城同创”工作的组织领导，区委、区政府成立揭东区“五城同创”指挥部，负责全区“五城同创”活动的组织领导，研究解决创建工作中的重大问题。指挥部设立办公室，负责统筹协调“五城同创”的日常工作，下设5个专项创建工作领导小组。同时，成立“五城同创”督查问责组，负责创建工作的检查督办。

（二）工作职责。

办公室工作职责：负责指挥部的日常工作，具体负责“五城同创”活动的综合协调、综合性会议组织、综合性文件起草印发等工作，完成区委、区政府和指挥部交办的其它工作。

督查问责组工作职责：负责指挥部决策落实的检查督办，具体负责“五城同创”各项工作开展情况的检查督办。对履职不到位的单位或个人提出问责建议，交由有关部门按权限和程序实施。完成区委、区政府和指挥部交办的其它工作。

全国文明城市、全国综治（平安建设）优秀

市、全国生态文明建设示范市、国家森林城市、国家卫生城市五个专项创建工作领导小组分别按照各自创建目标体系和实施细则分解目标任务，明确各年度重点任务，明确责任单位和完成时限，制定创建实施方案，并负责组织发动、推进实施、协调督办、调研考核、申报验收等工作，完成区委、区政府和指挥部交办的其它工作。

四、重点任务

以“五城同创”活动为载体，开展“九大行动”。

（一）市政规划建设提升行动。加强城市规划建设，提升城市规划建设水平。坚持“一张蓝图绘到底”，统筹经济社会发展规划、城乡规划、土地利用规划，高起点、高标准推进城市新区规划建设，更新完善老城区规划建设，优化产业、生活、生态空间布局，实现产、城、人深度融合。完善市政设施建设，推进城市道路、公共交通、停车场、基础管网、垃圾处理、公园、市场、无障碍设施配套，增强城市综合能力。实施道路节点贯通工程，加快打通断头路。推进污水收集管网和处理厂建设。规范公厕管理，创建文明公厕。推进生猪集中屠宰场、殡葬、粪便处理厂等市政配套设施建设。推进城市亮化工作，特别是解决“有路无灯”问题，做好城市标志性建筑、大型公共建筑、城市主干道、城市桥梁、公园广场、机关企事业单位等亮化工作，精心打造城区主干道路夜景灯光线、路灯照明提升示范工程。整治背街小巷，对背街小巷和破损道路进行功能完善和优化提升，将街巷路面硬化与截污纳管、低洼积水治理、绿化提升、照明增设、墙体粉刷等相结合全面整治，重点是整治主城区城中村。

责任领导：江玉城

牵头单位：区住建局

责任单位：区经信和科技局、区民政局、区财政局、区国土资源局、区交通运输局、区水务局、揭东供电局，各镇（街道、开发区）党（工）委和人民政府（办事处、管委会）等。

（二）环境卫生提质行动。加强爱国卫生组织管理、健康教育和健康促进、市容环境卫生、重点场所卫生、食品和生活饮用水安全、公共卫生与医疗服务、病媒生物预防控制等工作。重点是：在清除乱搭乱建、乱堆乱放、乱设摊点、乱拉乱挂、乱贴乱写乱画、乱扔乱吐等市容“六乱”现象的基础上，严格落实“门前三包”责任制度；切实加强对城市主次干道、公厕等重点部位和薄弱环节的整治；加强集贸市场内外及周边的环境综合整治，加强市场秩序管理；加强建筑工地施工管理；建立城乡垃圾统筹治理机制，乡镇集镇垃圾处理做到“五有”，即有专班、有队伍、有设施、有考核、有保障；因地制宜建立“户分类、村收集、乡镇转运、县处理”的农村生活垃圾收运处理体系；建设环卫设施，改造升级城区垃圾填埋场，城镇生活垃圾无害化处理率达到95%以上；开展除“四害”活动，投放药物灭鼠、灭蟑、灭蚊、灭蝇，集中开展环境卫生治理。

责任领导：洪锡藩

牵头单位：区卫计局

责任单位：区教育局、区财政局、区住建局、区交通运输局、区水务局、区市场监督管理局、区食品药品监督管理局、区物业管理局、区环卫局，各镇（街道、开发区）党（工）委和人民政府（办事处、管委会）等。

（三）农村人居环境洁净行动。以生态宜居作为抓手，以开展农村环境卫生整治为重点，改善农民人居环境。推动农村环境综合整治和基础设施建设，加大力度清理农村垃圾堆、卫生死角、黑臭水体，建立农村垃圾收集、转运、处理长效机制。推进农村卫生保洁市场化和社会化管理，及时清理道路、水面垃圾，实现农村环境卫生管理常态化。推行家禽圈养，做到农村房前屋后、村屯道中、屋巷等公共场所无禽畜乱跑、无禽畜粪便排放现象。因地制宜开展农村生活污水处理工程和排污管网建设，积极推进农村改厕工作，改造升级公厕，消灭露天厕池。各地要打造农村示范片区，发挥先进典型的示范作用，点片结合，带动提升各地新农村建设水平。

2017年底，各镇（街道）必须完成卫生整治、主干道两侧乱搭乱建拆除和铺设人行道工作，村居必须完成卫生整治工作；2018年，村居必须完成雨污分流工作。

责任领导：陈建雄

牵头单位：区委农办

责任单位：区委宣传部、区财政局、区环保局、区住建局、区交通运输局、区农林局、区卫计局，各镇（街道、开发区）党（工）委和人民政府（办事处、管委会）等。

（四）交通综合整治行动。完善道路交通基础设施，优化公交线网，合理布局公交站台。规范公共客运车辆经营秩序，打击非法营运活动。督促公共交通企业加强对司机队伍的文明驾驶教育，保持良好车容车貌，提升服务质量和水平。编制公共停车场建设规划并加快实施，解决停车难问题。重新施划、完善建成区道路标示标线，规范设置标示牌。重点路段、重要路口设置隔离护栏。加强交警执法管理，提高路面见警率、管事率和交通拥堵时的疏导能力。广泛开展机动车停车秩序整治、酒驾等各类专项整治行动，严厉打击车辆超限、超载等违法违规行为，抓好砂石场、建筑工地等源头的整顿和管理。加强对“泥头车”、三轮车、摩托车、电动助力车等违规违章行驶行为的查处，确保机动车、非机动车和行人遵章守法、各行其道。

2018年春节前重点工作是交通管理严起来，使行人乱穿马路、摩托车违章驾驶及车辆乱停乱放等现象得到有效遏制。

责任领导：赖天鸿

牵头单位：区公安局

责任单位：区财政局、区住建局、区交通运输局、区公路局、区交警大队，各镇（街道、开发区）党（工）委和人民政府（办事处、管委会）等。

（五）水资源综合利用行动。2017年底前解决突出问题，完成水资源综合利用顶层设计，加强黑臭水体综合整治，做好水系连通及水面漂浮物、岸边污染物清理和保洁，划定河溪沟渠塘水利用地边界并进行确权。2018年底前取得初步成效，依法拆除水利用地乱搭乱建构筑物，确保城镇污水处理率达到50%以上，实现村居垃圾日清和雨污分流，全面清理取缔无证经营、无证排放违法企业。2019年底前基本解决问题，城镇污水处理率达到80%以上，村居垃圾日清和雨污分流全面覆盖不断巩固，禽畜养殖禁养区、限养区实现规范管理。2020年底前基本实现目标，形成长效机制，城镇污水处理率达到90%以上，在市民中树立起牢固的爱水护水意识，实现“点上出彩、线上美丽、面上整洁”。

责任领导：林志伟

牵头单位：区委组织部

责任单位：区委农办、区发改局、区财政局、区水务局、区国土资源局、区环保局、区住建局、区农林局、区审计局、区市场监督管理局、区法制局，各镇（街道、开发区）党（工）委和人民政府（办事处、管委会）等。

（六）环境保护行动。全面推进空气、水、土壤污染治理，深入实施国家、省、市有关空气、水、土壤污染防治计划及其配套方案。实施空气提质工程，重点加强道路及建筑工地扬尘管理；集中整治砂石料来料加工企业；严厉打击不符合环保排放标准的企业，淘汰建成区内所有燃煤锅炉，推行清洁能源代替燃煤；逐步停运现有以汽油或柴油为动力来源的公交车，新增公交车全面使用新能源公交车；推进城区油烟治理工作，集中整治夜市油烟污染现象，规范入店经营，确保油烟净化设施正常运行；实行机动车环保标志管理；加强对露天焚烧生活垃圾、建筑垃圾等行为的管理。加强噪声综合治理，集中整治工业生产、夜间建筑施工、娱乐场所、餐饮业、城市公共广场、夜市等噪声扰民问题，加强城区机动车鸣笛管理。加强企业、建筑工地排污监督，确保排污符合标准要求。

责任领导：袁镇松

牵头单位：区环保局

责任单位：区公安局、区财政局、区国土资源局、区住建局、区交通运输局、区水务局、区文广新局、区市场监督管理局、区食品药品监督管理局、区农林局，各镇（街道、开发区）党（工）委和人民政府（办事处、管委会）等。

（七）绿满家园全民行动。按照扩绿提质增

效的要求，大力实施“森林进城、森林围城”战略，开展全民植树造林活动，让森林走进城市，让城市拥抱森林，努力构建以“山林+园林+林带”为框架、森林植被为主体的国土生态安全屏障，促进人与自然和谐，打造绿色生态城市。加大环境综合整治力度。注重江、河、湖、海、库等水体沿岸自然生态保护，2020年水岸林木绿化率达80%以上。在森林公园、湿地公园、植物园、自然保护区等公众游憩地的开放区，设置科普场所。完善城市总体规划和城市绿地系统规划，科学合理布局各类城市绿地，着眼于打造乔木、灌木与绿地、湿地合理配套、协调高效的城市绿色体系，以建设大型绿地、林地、绿带、林荫道为重点，以公园、广场、游园为亮点，以小区和单位庭院绿化为依托，点、线、面有机结合，提升城市绿化水平，力争至2020年城区绿化覆盖率达40%以上，城镇人均公园绿地面积达13平方米以上。加强乡村、农田林网建设，力争至2020年集中居住型村庄林木绿化率达30%。

2018年春节前按照“五路绿化”工程规划，完成高速公路、国道、省道、县道、乡道路边整治和植绿筹备工作。

2018年春节前按照“五河毓秀”工程规划，完成榕江北河及枫溪整治改造提升方案前期工作。

责任领导：洪锡藩

牵头单位：区农林局

责任单位：区委农办、区财政局、区住建局、区国土资源局、区环保局、区水务局、区公路局，各镇（街道、开发区）党（工）委和人民政府（办事处、管委会）等。

（八）社会治安综合治理行动。深入开展无到省、进京非正常上访、无群体性事件、无安全生产亡人事故、无严重犯罪、无黑恶势力、无黄赌毒、无环境污染事故等“七个无”平安镇街创建活动。积极开展无发生危害国家安全和社会稳定的重大政治事件、无发生暴力恐怖和个人极端事件、无发生重大群体性事件、无发生重特大交通事故、无发生重特大火灾事故、无发生重特大生产安全事故、无发生严重产品质量和食品安全事故、无发生重大影响的重特大刑事案件等“八个无”平安区创建活动。同步推进创建无医闹城市、无假药城市、无传销城市、无邪教示范点工作，力争到2018年全区药品市场基本实现无假药，同时培育一批无邪教示范点，全区范围内基本不出现邪教问题。鼓励拓展创新项目，打造各地、各业、各领域行动品牌，不断提高群众安全感和满意度。着力打造覆盖全区的“中心+网格+信息化”和“雪亮工程”，提升预测预警预防能力，加快推进社会治安立体化防控体系建设，增强综合治理实效。培育年度考核优势项目。

责任领导：卢培祥

牵头单位：区委政法委

责任单位：区法院、区检察院、区信访局、区发改局、区经信和科技局、区教育局、区公安局、区司法局、区财政局、区环保局、区交通运输局、区文广新局、区卫计局、区市场监督管理局、区安监局、区食品药品监督管理局、区宗教局、区金融办、揭东消防中队，各镇（街道、开发区）党（工）委和人民政府（办事处、管委会）等。

（九）社会文明提升行动。深入践行社会主义核心价值观，推进核心价值观深入基层、植根人心，重点深入开展“一镇一品牌”“一行一重点”“一园一主题”“一节一活动”等。大力传承弘扬优秀传统文化，培育有现代文明意识和道德观念的新市民。大力培育个人品德、家庭美德、职业道德、社会公德，深入开展道德模范推选评比、诚信典型培育活动，培养涵养向上、向善的好公民。深入开展文明村镇、文明单位、文明校园、文明家庭等创建活动，发挥先进典型的示范作用。加强旅游、宾馆、超市等窗口行业从业人员的教育和管理，提升服务水准。加强基层文化设施建设，在街道、社区统筹建设综合文化站和综合文化服务中心；加强文化服务供给，完善公共文化设施免费开放的保障机制；加强“扫黄打非”工作，净化社会文化环境。广泛开展“学雷锋”志愿服务活动，壮大志愿者队伍，完善志愿服务工作规范和运行机制。巩固提升户外广告整治成果，规范户外广告和门店招牌设置工作，在主要路段、主要出入口设置大型公益广告牌，营造浓厚的创建氛围。

责任领导：林晓珊

牵头单位：区委宣传部

责任单位：区教育局、区公安局、区财政局、区住建局、区交通运输局、区文广新局、区市场监督管理局、区总工会、团区委、区妇联、区旅游局，各镇（街道、开发区）党（工）委和人民政府（办事处、管委会）等。

五、工作措施

（一）加强组织领导。区“五城同创”指挥部负责集中统一指挥创建工作。各地要参照区的做法，结合当地实际情况，成立相应工作机构，开展相关创建活动。各部门要高度重视、积极配合、协作联动，合力推进各项工作。

（二）落实工作责任。各地、各相关单位要制定实施细则，确保任务明确到具体责任领导、责任单位、责任人，倒排工期，列出任务清单。对社会广泛关注、群众热切期盼的突出问题、热点问题、难点问题，要分类施策专项整治，加强职能部门联合执法，确保各项行动有序推进。

（三）强化宣传引导。充分利用报纸、电视、网络等媒介，搭建信息互通平台，广泛宣传全区“五城同创”活动开展情况；深入推进“五城同创”活动进社区、进农村、进机关、进企业、进学校、进家庭活动，着力营造全民支持、全民参与的良好氛围。

（四）落实保障措施。“五城同创”活动是一个系统工程，涉及方方面面，需要人财物等保障支撑。区及各地财政要加大经费保障力度，预算专项经费，并及时保障和调度项目资金，确保项目顺利实施。

（五）加大工作考核。创建工作纳入责任单位及其领导班子、干部年度考核内容，建立科学公平、奖惩分明的考核机制。督查问责组要加强督办，实行定期督查与随机督查相结合、专项督查与常规督查相结合、重点督查与一般督查相结合、明查与暗访相结合的方式，督过程、督结果，确保工作落到实处。

关于印发揭东城东滨江片区城市更新实施计划的通知

揭东府〔2017〕39号

各镇（街道、开发区）人民政府（办事处、管委会），区府直属有关单位：

《揭东城东滨江片区城市更新实施计划》已经2017年12月25日区政府常务会议和2017年12月28日区委常委会议讨论同意，现印发给你们，请认真组织实施。实施过程中遇到的问题，请径向区住建局反映。

揭阳市揭东区人民政府

2017年12月29日

揭东城东滨江片区城市更新实施计划

按照市委、市政府对揭东推动城市更新的部署要求，经过充分论证，区委、区政府决定启动城东滨江片区约2011亩区域的改造更新工作，着力发展高端商住区，在全市先行先试推进连片城市更新，努力打造揭阳高端宜居标杆。

一、目的意义

城东滨江片区位处榕江北河与枫江两条天然河道的交汇处，背倚黄岐山余脉，是整个揭阳市区发展商住的黄金宝地。充分利用“三旧”改造的政策优势，推动该片区“退二进三”，有利于科学解决产城混合的问题，推动企业向园区集聚；有利于通过整体规划、优化布局、提高城市品位，最终实现企业获得土地升值收益，城市空间拓展、品位提升，群众有高档次的临江商住场所等多赢局面，努力创造揭东乃至整个揭阳的一个经济奇迹。

二、工作措施

（一）坚持规划引领。发挥规划引领作用，通过行政手段，邀请中规院等具有较高水平和档次的规划机构，迅速启动滨江片区“退二进三”的规划修编工作，推动该片区形成第二产业逐步退出、第三产业逐步发展的新局面。

（二）做好配套建设。借助推进城区沿江路东段堤防改造综合工程建设的契机，配套建设高规格的市政道路用及相关工程，为片区的改造更新打好基础，提升片区价值。

（三）保障企业发展。涉及改造片区内实体经济企业需搬迁新建厂房的，区委、区政府支持和促成有关企业家，在揭东开发区新型工业园或中德金属生态城拿地置换。坚持同等地类置换、评估价值结算的原则。另外，企业因搬迁产生的损失，依法依规按评估价赔偿。

三、改造方式

根据实际，可以采取多种形式进行改造。

（一）政府统一规划改造更新。政府统一规划改造更新是指在“三旧”改造范围内的土地，除依法确定给原国有土地使用权人、农村集体经济组织使用外，由区政府依法组织办理收回、收购或完善征收等有关手续，并统一组织实施改造。

（二）土地使用权人自行改造更新。土地使用权人自行改造模式，是指由原使用权人按规定制订改造方案并办理有关批准手续后自行改造；涉及将工业用地等土地用途改变为商业、旅游、娱乐和商品住宅等经营性用地（以下称“工改商”项目），且符合“三旧”改造条件的，经办理有关批准手续后，由原土地使用权人按规范组织实施改造。

（三）合作开发建设改造更新。在旧村庄、旧厂房改造范围内，农村集体经济组织可以利用依法转为国有并确定由本集体经济组织使用的建设用地，国有企业可以利用经出让的国有建设用地，按照经依法批准的改造方案与有关单位合作开发建设的方式进行改造。合作改造的应当按照规定程序选择合作主体，涉及公有经济成分占主导地位的公司、企业资产处置的，必须按照国有资产处置程序办理，并通过公共资源交易平台进行交易。旧村庄改造涉及合作改造的，应当通过农村集体资产交易平台公开选择合作主体。

四、实施“三旧”改造相关配套优惠政策

为支持企业发展、鼓励土地权利人自行改造，我区按不同改造模式实施下列相关配套优惠政策：

（一）揭东区实施“三旧”改造中，由区人民政府收购或收回后改造的

实施“三旧”改造中，旧厂房、旧城镇改造涉及“工改商”项目的，国有土地使用权由区人民政府依法收回后通过招标拍卖挂牌方式出让的，在扣除收回土地补偿等费用后，其土地出让纯收益可按不低于30%，不高于60%的比例，专项用于支持企业发展。

（二）揭东区实施“三旧”改造中，由原土地权利人自行改造的

1.实施“三旧”改造中，旧厂房、旧城镇改造涉及“工改商”项目，并由原土地权利人自行改造的，除应当按规定补缴地价款及相关税费外，应当按照城乡规划要求，将不低于该项目用地总面积15%，不高于20%比例的土地无偿移交区人民政府用于基础设施、公共服务设施建设或者其他公益性项目建设。

2.“三旧”改造涉及国有建设用地使用权经批准改变用途的，且改变后的地价大于改变用途前地价的，应当按规定补缴地价款及相关税费，根据揭府函〔2010〕152号文件规定，补交的土地出让金按改变用途后的土地市场价格减去原用途对应的土地剩余价值后所得余额的50%计征。土地出让金=（土地市场价格-原用途土地的剩余价值）×50%

3.工业用地除必须纳入政府统一组织实施改造范围外，在符合城乡规划、不改变土地用途的前提下进行产业结构调整升级，提高土地利用率和增加容积率的，不再增收土地价款。

（三）实施旧村庄改造中，通过征收农村集体建设用地进行经营性开发的，其土地出让纯收益（扣除土地征收补偿等费用）可按不低于45%，不高于60%的比例，依照有关规定专项用于支持原农村集体经济组织的发展。该农村集体经济组织按时完成搬迁、拆除的，区人民政府将该项目上的土地出让纯收益（扣除土地征收补偿等费用）按不低于40%的比例作为追加补偿奖励，返还和追加补偿奖励的总额不超过土地出让纯收益。

追加补偿奖励款专项用于支持村集体经济发展、改善村民生产生活条件、完善村庄基础设施等公共服务和设施建设，不得挪作他用。

（四）实施“三旧”改造项目有关税收可参照《广东省“三旧”改造税收指引》（粤地税〔2017〕68号）等相关文件的规定。

为了加快城东滨江片区的改造步伐，尽快建设滨江新城，区委、区政府决定最大限度让利于涉及企业，对在2017年12月31日前完成沿江路东段堤防改造综合工程搬迁协议签订，并在2018年1月31日前自行完成搬迁的企业，执行如下鼓励措施：

（一）由区政府收购或收回改造的，区政府按照政策界限内最大化的价值留给涉及企业，按土地出让纯收益（扣除土地征收补偿等费用）的最高值60%返还企业。

（二）企业自行改造的，无偿移交区人民政府用于基础设施、公共服务设施建设或者其他公益性项目建设用地执行最低限，即按该项目用地总面积15%计收，而且可以先用现在被收回的土地面积，抵扣今后改造后用于基础设施、公共服务设施建设或者其他公益性项目建设的土地面积。涉及国有建设用地使用权经批准改变用途并符合政策的，改变后的地价溢价部分按50%补缴地价款。

五、工作计划

（一）调查摸底阶段（2017年12月31日前）。

由区住建局、区国土资源局、曲溪街道办、揭东开发区管委会对滨江片区现状进行调查摸底。揭东开发区管委会负责片区内企业的经营、用地、改造意向等方面的调查，列出企业详细目录和具体情况；区住建局负责片区内建设项目的规划、审批等方面的调查；区国土资源局负责片区内国有和集体用地的土地使用、土地手续等方面的调查，把申报“三旧”改造的企业纳入标的建库；曲溪街道办负责片区内村集体及村民自建建筑物方面情况的调查。

（二）规划论证阶段（2018年1月1日至2018年2月28日）。

由区住建局负责。根据调查摸底情况，委托高水平、上档次的规划编制单位，对滨江片区进行规划修编研究，拟订规划修编方案，组织涉及企业主、干部群众和各相关单位进行论证，形成初步规划方案后，提交区政府常务会议和区委常委会议审议。

（三）规划修编阶段（2018年3月1日至2018年4月30日）。

由区住建局负责。根据区政府批准的初步规划方案，进行滨江片区规划修编工作，将规划修编成果提交区规划委员会审议，报区政府批准后施行。

（四）实施改造建设阶段（2018年5月1日开始）

由揭东开发区、曲溪街道负责。开发区管委负责引导和管理片区内开发区企业的迁移、改造等工作；曲溪街道办负责片区内集体经济的改造发展、集体企业的迁移改造工作。

六、组织保障

为确保城东滨江片区城市更新工作扎实推进，区政府决定成立揭东城东滨江新城建设领导小组，由区长方烽同志任组长，区委常委、常务副区长江玉城同志任常务副组长，区政府副区长洪锡藩同志、袁镇松同志任副组长，李旭波（区住建局）、郑创辉（区经信和科技局）、林仲龙（区发改局）、李泳生（区国土资源局）、吴鑫浩（揭东经济开发区）、吴梓斌（曲溪街道）、林创凯（区房管局）、吴庆谋（区法制局）为成员。领导小组下设办公室，办公室设在区住建局，办公室主任由李旭波同志兼任，副主任由袁树汉（区住建局）担任，成员从区住建局、国土资源局和揭东经济开发区、曲溪街道等有关单位抽调。

关于印发揭东区土壤污染防治行动计划工作方案的通知

揭东府〔2017〕42号

各镇（街道、开发区）人民政府（办事处、管委会），区府直属有关单位：

《揭东区土壤污染防治行动计划工作方案》已经2017年12月25日区政府常务会议讨论同意，现印发给你们，请认真组织实施。实施过程中遇到的问题，请径向区环保局反映。

揭阳市揭东区人民政府

2017年12月29日

揭东区土壤污染防治行动计划工作方案

为全面贯彻落实《国务院关于印发土壤污染防治行动计划的通知》（国发〔2016〕31号，以下简称《土十条》）和《广东省土壤污染防治行动计划实施方案》（粤府〔2016〕145号，以下简称《省实施方案》），《揭阳市人民政府关于印发揭阳市土壤污染防治行动计划工作方案和通知》（揭府〔2017〕55号，以下简称《市工作方案》），深入推进我区土壤污染防治工作，结合我区实际，制定本工作方案。

总体要求：深入贯彻党的十九大、十八大和十八届三中、四中、五中、六中全会精神，围绕“五位一体”总体布局和“四个全面”战略布局，坚持创新、协调、绿色、开放、共享的发展理念，围绕“三个定位、两个率先”目标，以改善土壤环境质量为核心，全面落实《土十条》和《省实施方案》、《市工作方案》的各项要求，以保障农产品质量和人居环境安全为出发点，坚持预防为主、保护优先、风险管控，突出重点区域、行业和污染物，实施分类别、分用途、分阶段治理，严控新增污染、逐步减少存量，形成政府主导、企业担责、公众参与、社会监督的土壤污染防治体系，切实解决关系人民群众切身利益的突出土壤环境问题，促进土壤资源永续利用。

工作目标：到2018年底，全区土壤环境监管体系基本建立，土壤环境质量监测网络投入运行，农用地土壤环境质量状况进一步查清，建设用地分用途风险管控制度全面实施。到2020年，土壤环境综合监管能力得到显著提升，全区土壤污染加重趋势得到初步遏制，土壤环境质量总体保持稳定，农用地和建设用地土壤环境安全得到基本保障，受污染土壤环境风险得到有效控制。到2030年，全区土壤环境质量稳中向好，农用地和建设用地土壤环境安全得到有效保障，土壤环境风险得到全面管控。到本世纪中叶，土壤环境质量全面改善，生态系统实现良性循环。

主要指标：到2020年，受污染耕地安全利用率达到90%左右，污染地块安全利用率达到90%以上。到2030年，受污染耕地安全利用率达到95%以上，污染地块安全利用率达到95%以上。

一、开展土壤环境详查，查清土壤环境质量状况

（一）开展农用地土壤环境质量详细调查

按照国家、省、市的统一部署和要求，充分利用国土、农业、环保部门的土壤调查资料，整

合各方技术机构资源，以耕地为重点，兼顾园地、林地和草地，围绕已发现的重点土壤污染区域和污染源影响区域，有针对性地开展农用地土壤环境质量详细调查，并协同开展食用农产品质量调查。2018年底前，查明农用地土壤污染的面积、分布及其对农产品质量的影响，构建农用地土壤环境质量基础数据库。建立农用地土壤环境质量状况定期调查制度，每10年开展一次。〔区农林局、环保局牵头，区财政局、国土资源局、卫计局等参与，各镇（街道、开发区）人民政府（办事处、管委会）负责落实。以下均需各镇（街道、开发区）人民政府（办事处、管委会）落实，不再列出〕

（二）开展重点行业在产企业用地土壤环境质量调查

按照国家、省、市的统一部署和要求，以有色金属矿采选、有色金属冶炼、石油加工、化工、焦化、电镀、制革、医药制造、铅酸蓄电池制造、废旧电子拆解、危险废物处理处置和危险化学品生产、储存、使用等行业（以下称重点行业）在产企业用地为重点，开展重点行业在产企业用地土壤环境调查。2020年底前，完成全区重点行业企业用地土壤环境质量调查，掌握土壤污染面积、分布及其环境风险情况，构建重点行业在产企业用地土壤环境质量基础数据库。建立重点行业在产企业用地土壤环境质量状况定期调查制度，每10年开展一次。（区环保局牵头，区发改局、经信和科技局、财政局、国土资源局、卫计局等参与）

（三）开展重点行业关闭搬迁企业地块环境排查

按照国家、省、市的统一部署和要求，有序开展重点行业关闭搬迁企业地块环境排查。2019年底前，完成重点行业关闭搬迁企业地块排查工作，掌握潜在污染地块清单及其环境风险情况。各镇（街道、开发区）应对重点行业新增关闭搬迁企业地块及时开展环境排查。（区环保局牵头，经信和科技局、财政局、国土资源局、住建局、卫计局等参与）

（四）科学规划和建设土壤环境质量监测网络

按照国家和省、市相关要求，开展土壤环境质量监测。2017年底前，确定土壤环境质量监测点位和风险监控点位。2018年底前，完成土壤环境质量监测网络建设，完善土壤环境质量监测制度。2020年底前，实现土壤环境质量监测点位市域内全覆盖。（区环保局牵头，区发改局、经信和科技局、国土资源局、农林局等参与）

结合区域布局和环境监测标准化建设情况，优化整合环境监测机构，提升土壤环境监测能力，重点提升土壤特征污染物监测能力，推进土壤和农产品协同监测。加大人才引进和培养力度，加强土壤监测人才队伍建设，提升技术综合实力，增强全区土壤环境监测管理的支撑能力，制定土壤环境监测技术人员培训计划。（区环保局牵头，区人社局、国土资源局、农林局等参与）

（五）提升土壤环境信息化管理水平

充分利用国土资源、环境保护、农业等部门土壤环境状况调查数据，整合农用地、重点行业在产企业用地、重点行业关闭搬迁企业地块等土壤环境质量调查结果，建立土壤环境基础数据库，按照国家和省、市统一部署，提升土壤环境信息化管理水平。建立并完善土壤环境信息共享机制，实现部门间土壤环境信息互通共享，发挥土壤环境大数据在污染防治、城乡规划、土地利用、农业生产中的作用。（区环保局牵头，区经信和科技局、国土资源局、住建局、农林局等参与）

二、加强源头监管，做好土壤污染预防工作

（六）防范建设项目新增污染

防止新建工业项目对土壤造成新的污染。将金属表面处理及热处理加工、皮革鞣制加工、基础化学原料制造、电池制造、废铅酸电池铅回收、有色金属矿采选、有色金属冶炼及压延加工、涉重金属危险废物处理处置、火电等9大行业作为重点防控行业，严格审批排放铅、汞、镉、铬、砷、铜、锌、镍8种重金属和持久性有机污染物等重点防控污染物的建设项目，严控“两高一资”涉重金属污染项目上马。基本农田保护区、集中式饮用水水源地、居民集中区等环境敏感地区及其周边、以及主要重金属污染物排放超标的地区不予审批新增有重金属排放的矿产资源开发利用项目。

有色金属矿采选、化工、电镀等重点行业及排放重点污染物的其他行业建设项目，在开展环境影响评价时，要进行土壤环境调查，增加土壤环境影响的评价内容，并提出防范土壤污染的具体措施；需要建设的土壤污染防治设施，要与主体工程同时设计、同时施工、同时投产使用；改、扩建和整合项目环境影响评价文件应提出“以新带老”等治理措施要求。对排放铅、汞、镉、铬、砷5种重金属的新增产能和淘汰产能实行“等量置换”或“减量置换”，严格控制揭东区重金属污染物排放项目的总体规模，严格控制向土壤排放5种重金属污染物，新增重金属排放项目原则上须进园。妥善解决现有的土壤环境污染问题。环境保护部门要做好有关措施落实情况的监督管理工作。（区环保局牵头，区发改局、经信和科技局等参与）

（七）强化空间布局管控

加强规划区划和建设项目布局论证，根据土壤等环境承载能力，合理确定区域功能定位、空间布局和建设项目选择。鼓励工业企业集聚发展，提高土地节约集约利用水平，减少土壤污染。严格执行相关行业企业布局选址要求，禁止在居民区、学校、医疗和养老机构等周边新建有色金属矿采选、有色金属冶炼、焦化等行业企业。结合推进新型城镇化、产业结构调整和化解过剩产能等工作，有序搬迁或依法关闭对土壤造成严重污染的现有企业。根据区域功能定位、居民区等敏感对象的分布，结合土壤污染防治需要，科学布局生活垃圾处理、危险废物处理处置、废旧资源再生利用等设施和场所，确定合理的防护距离。加快推进我区电镀、鞣革、印染、化工、危险废物处置等重污染行业统一规划、统一定点。（区发改局牵头，区经信和科技局、国土资源局、环保局、住建局、水务局、农林局、供销社等参与）

（八）严防工矿企业污染

严格执行国家和省、市已颁布的产业政策、产业结构调整指导目录、相关行业调整振兴规划和行业准入条件等相关规定，加大力度淘汰重点防控行业落后生产能力、工艺、技术、设备和产品，依法关停不符合产业政策和环保要求、排放重点防控污染物的落后产能企业。加强对淘汰落后产能工作的监督考核，定期向社会公告限期淘汰的企业名单和执行情况。按照“关停淘汰一批、整合入园一批、规范提升一批”的原则对存在问题的重金属企业进行综合整治。严防矿产资源开发污染。优化矿产资源特别是有色金属矿开发利用布局，加快整合优化规模小而散、布局不合理的矿产资源开发利用项目。落实矿山地质环境治理恢复基金制度。全面整治历史遗留尾矿库，完善覆膜、压土、排洪、堤坝加固等隐患治理和闭库措施。加强对矿产资源开发利用活动的辐射安全监管，有关企业每年要对本矿区土壤进行辐射环境监测。（区环保局、安监局牵头，区经信和科技局、国土资源局等参与）

实施重点监管企业名录制度。自2018年起，根据“重点行业”企业污染物排放情况以及土壤环境质量状况，确定并公布土壤环境重点监管企业名单。土壤环境重点监管企业每年要按照相关规定和监测规范，依法对其用地进行土壤环境监测，并将结果向社会公开。重点监管企业在接受环境保护等部门现场检查时，要如实反映情况，提供必要的资料。环境保护等有关部门要定期对重点监管企业和工业园区周边土壤进行监测，重点监测土壤中镉、汞、砷、铅、铬等重金属和挥发性有机物、多环芳烃、石油烃等有机污染物，监测数据要及时上传土壤环境信息化管理平台。（区环保局牵头，区经信和科技局、安监局等参与）

加强涉重金属行业污染管控。重点加强生产使用危险化学品和排放重金属、危险废物、持久性有机污染物等企业的环境风险分级分类管理。建立完善环境风险源档案和数据库，深化环境风险源动态管理。严格执行重金属污染物排放标准并落实相关总量控制指标，加大监督检查力度，对超过污染物排放标准或者超过重点污染物排放总量控制指标排放污染物的，要依法责令其采取限制生产、停产整治等措施；情节严重的，报经有批准权的人民政府批准，责令停业、关闭，并将名单向社会公开。完善重金属相关行业准入条件，禁止新建落后产能或产能严重过剩行业的建设项目。按计划逐步淘汰普通照明白炽灯。提高铅酸蓄电池等行业落后产能淘汰标准，逐步退出落后产能。以打造“中德金属生态城”、“揭东经济开发区”等循环经济示范工业园区为抓手，积极推进园区内企业进行清洁生产，制定涉重金属重点工业行业清洁生产技术推行方案，鼓励企业采用先进适用技术和生产工艺、替代原料，对涉重金属落后产能进行改造。巩固电镀、钢铁行业污染综合整治成效，加强电镀行业废水深度处理设施运行管理，提升电镀行业废水回用率达60%以上；加快电镀行业转型升级，推进中德金属生态城电镀定点基地项目建设。持续开展电镀企业或电镀基地治污设施升级改造工程，建设符合清洁生产和环境管理要求的示范性企业或电镀园区。开展电镀企业废水废气深度治理，确保重金属污染物达标排放。做好中德金属生态城电镀园区废水“零排放”监管工作，到2020年，有色金属矿采选、有色金属冶炼、电镀、铅酸蓄电池制造等行业的重点重金属排放量完成省下达任务。（区环保局、经信和科技局牵头，区发改局、国土资源局等参与）

加强工业废物处理处置。全面排查和整治尾矿、煤矸石、工业副产石膏、粉煤灰、赤泥、冶炼渣、电石渣、铬渣、砷渣以及脱硫、脱硝、除尘产生固体废物的堆存场所，完善防扬散、防流失、防渗漏等设施，制定整治方案并有序实施。加强工业固体废物综合利用处置，加快区域联合处置中心建设，完善工业固体废物处理处置体系。实现工业固体废物的全过程监控管理。完善工业固废综合利用系统，促进各类废物在企业和园区内部循环综合利用，推动棉印染精加工、钢压延加工、机制纸及纸板制造等行业工业固废资源循环利用。对电子废物、废轮胎、废塑料等工业废物的再生利用活动进行清理整顿，引导有关企业采用先进适用加工工艺、集聚发展，集中建设和运营污染治理设施，防止污染土壤和地下水。（区环保局、发改局牵头，区经信和科技局、国土资源局等参与）

加强企业关闭搬迁污染防治。重点行业企业拆除生产设施设备、构筑物和污染治理设施，应当按要求制定残留污染物清理和安全处置方案，并报所在区环境保护、经信和科技部门备案；要严格按照有关规定实施安全处理处置，规范生产设施设备、构筑物和污染治理设施的拆除行为，防范拆除活动污染土壤和地下水。（区环保局、经信和科技局牵头，区安监局等参与）

（九）严格控制农业污染

推广低毒、低残留农药、生物农药使用补助试点经验，推进农作物病虫害绿色防控和统防统治。实行测土配方施肥，合理使用化肥农药。鼓励农民增施有机肥，减少化肥使用量。推行农业清洁生产，开展农业废弃物资源化利用试点。严禁将城镇生活垃圾、污泥、工业废物直接用作肥料。加强农药包装废弃物回收处理，推广高效低毒低残留农药、生物农药和现代植保机械。到2020年，全区测土配方施肥技术推广覆盖率提高到90%以上，主要农作物化肥、农药使用量实现零增长，利用率提高到40%以上；开展农药包装废弃物回收处理试点。（区农林局牵头，区发改局、环保局、住建局、市场监管局、供销社等参与）

推进废弃农膜回收利用。鼓励农民和农业生产经营者使用可降解环保型农用薄膜，改进农膜使用技术，严厉打击违法生产和销售不合格农膜的违法犯罪行为。建立健全废弃农膜回收贮运和综合利用网络。（区农林局牵头，区发改局、经信和科技局、公安局、市场监管局、供销社等参与）

强化畜禽养殖污染防治，严格规范兽药、饲料添加剂的生产和使用，防止饲料中抗生素、铜、锌、砷等含量超标，促进源头减量。依法依规关闭或搬迁禁养区畜禽养殖场（小区）。非禁养区现有规模化畜禽养殖场（小区）要配套建设粪便污水贮存、处理、利用设施。散养密集区要实行畜禽粪便污水分户收集、集中处理利用；新建、改建、扩建规模化畜禽养殖场（小区）实施雨污分流、粪便污水资源化利用。到2020年，规模化养殖场、养殖小区配套建设废弃物处理设施比例达到75%以上。〔区农林局牵头，区发改局、环保局等参与〕

加强灌溉水水质管理。灌溉用水应符合农田灌溉水水质标准。加强对农田灌溉用水的水质监测，水质未达到农田灌溉用水水质标准的，各镇（街道、开发区）人民政府（办事处、管委会）应当采取措施予以改善。从严控制污水灌溉，对因长期使用污水灌溉导致土壤污染严重、威胁农产品质量安全的，要及时调整种植结构。（区水务局牵头，区环保局、农林局等参与）

（十）减少生活污染

建立政府、社区、企业和居民协调机制，通过分类投放收集、综合循环利用，促进生活垃圾减量化、资源化、无害化。加快生活垃圾处理厂建设步伐，重点推进揭阳市绿源垃圾综合处理与资源利用厂的建设工作。推进农村生活垃圾治理，实施农村生活污水治理工程，扩大农村环境连片整治范围。清理整治农村生活垃圾堆放点，实现“一镇一站”，全区各建制镇完成垃圾压缩站的建设；形成“一村一点”，行政村基本建立保洁制度，自然村全面完成收集点规范化建设工作。加强生活垃圾无害化处理，到2018年底，基本建成生活垃圾无害化处理场，实现生活垃圾无害化处理场“一县一场”配置或统筹使用。

完成重点生活垃圾简易处理场治理。组织开展简易填埋场和无渗滤液处理的生活垃圾处理场排查工作，逐步淘汰不规范的生活垃圾处置方式，加强简易填埋场整治，到2018年底，完成重点生活垃圾简易处理场治理。强化废氧化汞电池、镍镉电池、铅酸蓄电池和含汞荧光灯管、温度计等含重金属废物的安全处置。减少过度包装，鼓励使用环境标志产品。（区住建局牵头，区发改局、经信和科技局、财政局、环保局等参与）

强化污水处理厂污泥管理，强化污泥处置监管。建立污泥管理台账和转移联单制度。各污水处理厂建立污泥管理台账，详细记录污泥产生量、转运量、处理量及去向等情况，定期向住建、环保部门报告；污水处理厂要逐步建立污泥转移联单制度。切实推进污泥无害化处置。生活污水处理设施产生的污泥应进行稳定化、无害化和资源化处理处置，防止污泥就地堆放和原生污泥简易填埋等不符合环保要求的处置行为，禁止处理处置不达标的污泥进入耕地。避免污泥处置过程造成土壤污染。新、改、扩建污水处理厂在设计、建设阶段应配套建设污泥减量化设施，鼓励采用深度脱水等工艺。现有污泥处理处置设施应于2017年底前基本完成达标改造，到2020年，城市污泥无害化处理处置率应达到90%以上。（区住建局牵头，区发改局、经信和科技局、财政局、环保局等参与）

（十一）加强未利用地环境管理

严格未利用地土壤环境保护。对划入生态保护红线区内的未利用地，要严格按照法律法规和相关规划，实行强制性保护，严守生态安全底线。要加强纳入耕地后备资源的未利用地保护，定期开展巡查。依法严查向滩涂、湿地、沼泽地等非法排污、倾倒有毒有害物质的环境违法犯罪行为。加强对矿产资源开采活动影响区域内未利用地的环境监管，发现土壤污染问题的，要及时督促有关企业采取防治措施。（区环保局、国土资源局牵头，区发改局、公安局、水务局、农林局等参与）

加强未利用地开发管理。按照科学有序原则，合理开发未利用地，防止造成土壤污染。拟开发为农用地的，要组织开展土壤环境质量状况评估，不符合相应标准的，不得种植食用农产品。（区国土资源局、环保局牵头，区发改局、公安局、水务局、农林局等参与）

三、实施农用地分类管理，保障农产品质量安全

（十二）划定农用地土壤环境质量类别

根据农用地土壤环境质量，划定农用地土壤环境质量类别，建立农用地土壤环境质量档案，实施农用地分类管理。按污染程度将农用地划为三个类别，未污染和轻微污染的划为优先保护类，轻度和中度污染的划为安全利用类，重度污染的划为严格管控类。以耕地为重点，分别采取相应管理措施，保障农产品质量安全。以土壤环境详细调查结果为依据，开展耕地土壤和农产品协同监测与评价，有序推进耕地土壤环境质量类别划定。2020年底前，建立分类清单，经区环保局汇总审核后，以区政府名义报市人民政府审定，数据上传土壤环境信息化管理平台。根据土地利用变更和土壤环境质量变化情况，定期对各类别耕地面积、分布等信息进行更新。（区农林局、环保局牵头，区国土资源局等参与）

（十三）切实加大耕地保护力度

各地要将符合条件的优先保护类耕地划为永久基本农田，实行严格保护，确保其面积不减少、土壤环境质量不下降，除法律规定的重点建设项目选址确实无法避让外，其他任何建设都不得占用。根据省、市人民政府的工作部署，未来将对优先保护类耕地面积减少或土壤环境质量下降的镇（街道、开发区），进行预警提醒并依法采取环评限批等限制性措施。（区国土资源局牵头，区发改局、环保局、农林局参与）

高标准农田建设项目要向优先保护类耕地集中的地区倾斜。大力推行秸秆还田、增施有机肥、少耕免耕、粮菜轮作、农膜减量与回收利用等措施，保障土壤环境质量不下降。对于轻微污染的耕地，要加强农产品质量检测及其追溯管理，采取措施避免超标农产品流入市场。农村土地流转的受让方要履行土壤保护的责任，避免因过度施肥、滥用农药等掠夺式农业生产方式造成土壤环境质量下降。（区农林局、国土资源局牵头，区水务局、药监局、发改局、供销社等参与）

防控企业污染。严格控制在优先保护类耕地集中区域新建重点行业企业，现有重点行业企业要采用新技术、新工艺，加快提高升级改造步伐。（区环保局、发改局牵头，区经信和科技局等参与）

（十四）着力推进耕地安全利用

根据土壤污染状况和农产品超标情况，安全利用类耕地集中的镇（街道）要结合本区域主要作物品种和种植习惯，制定实施受污染耕地安全利用方案，采取农艺调控、替代种植等措施，降低农产品超标风险。强化农产品质量检测。加强对农民、农民合作社的技术指导和培训。到2020年，完成省下达的轻中度污染耕地的安全利用任务。（区农林局牵头，区国土资源局等参与）

（十五）严格管控重度污染耕地

加强对重度污染耕地的用途管理，及时将重度污染耕地划出永久基本农田，依法划定特定农产品禁止生产区域；对威胁地下水、饮用水水源安全的，要制定环境风险管控方案，并落实有关措施。制定实施重度污染耕地种植结构调整或退耕还林还草计划。到2020年，完成省、市下达的重度污染耕地种植结构调整或退耕还林还草任务。（区农林局、国土资源局牵头，区发改局、财政局、环保局、水务局等参与）

（十六）加强园地林地草地土壤环境管理

严格控制园地、林地、草地的农药使用量，禁止使用高毒、高残留农药。完善生物农药、引诱剂管理制度，加大使用推广力度。加强对重度污染园地、林地产出食用农（林）产品质量检测，发现超标的，要采取种植结构调整等措施。（区农林局负责）

四、强化建设用地风险管控，防范人居环境风险

（十七）建立调查评估制度

建立土地用途改变及流转中土壤污染状况调查评估制度。按照国家、省、市的统一部署和要求，对拟收回土地使用权的重点行业企业用地，重点垃圾填埋场、垃圾焚烧场和污泥处理处置设施等公用设施用地，以及用途拟变更为居住和商业、学校、医疗、养老机构等公共设施的重点行业企业和公用设施用地，由土地使用权人负责开展土壤环境状况调查评估；已经收回的，由所在地负责收储土地的人民政府组织开展调查评估。自2018年起，重度污染农用地转为城镇建设用地的，由所在镇（街道、开发区）人民政府（办事处、管委会）组织开展调查评估。调查评估结果报区环境保护、住建、国土资源部门备案。（区环保局牵头，区国土资源局、农林局、住建局等参与）

（十八）分用途明确管理措施

按照国家、省、市的统一部署和要求，结合潜在污染地块清单及其环境风险情况，根据已开展的建设用地土壤环境状况调查评估结果，逐步建立污染地块名录及其开发利用的负面清单，并进行动态更新。符合相应规划用地土壤环境质量要求的地块，可进入用地程序。不符合相应规划用地土壤环境质量要求的地块，应当调整规划或进行治理修复，确保达标后再进入用地程序。暂不开发利用或现阶段不具备治理修复条件的污染地块，由所在镇（街道、开发区）人民政府（办事处、管委会）组织划定管控区域，设立标识，发布公告，开展土壤、地表水、地下水、空气环境监测；发现污染扩散的，有关责任主体要及时采取污染物隔离、阻断等环境风险管控措施。（区国土资源局牵头，区环保局、住建局等参与）

（十九）落实各部门监管责任

将建设用地土壤环境管理要求纳入城市规划和供地管理，土地开发利用必须符合土壤环境质量要求。

环保部门要加强对建设用地土壤环境状况调查、风险评估和污染地块治理与修复活动的环境监管。涉及污染地块再开发利用的规划和建设项目，应当将土壤环境调查评估的结论作为规划和建设项目环境影响评价的重要依据。（区环保局牵头，区国土资源局、住建局等参与）

国土资源部门在编制土地利用总体规划时，应充分考虑污染地块的土壤环境风险，合理规划土地用途，结合土壤环境质量加强土地征收、收回、收购、转让和改变用途等环节的监督管理，严格建设用地审批。（区国土资源局牵头，区环保局、住建局参与）

住建部门在编制城市总体规划、控制性详细规划等相关规划时，要结合土壤环境质量状况，合理规划、科学论证功能布局和用地性质，加强城乡规划的实施、审批管理。要结合土壤环境质量状况，加强污染地块再开发利用建设项目的施工审批管理。（区住建局牵头，区环保局参与）

2017年底前，建立环境保护、国土资源、住建等部门间的信息沟通机制，实行联动监管。加强土地环评、规划、供地、建设等环节的审查把关，防止未按要求进行调查评估、风险管控不到位、治理修复不符合相关要求的污染地块被开发利用，切实保障人居环境安全。（区环保局、国土资源局、住建局负责）

五、推进治理与修复，改善土壤环境质量

（二十）明确治理与修复主体

按照“谁污染，谁治理”原则，造成土壤污染的单位或个人要承担治理与修复的主体责任。责任主体发生变更的，由变更后继承其债权、债务的单位或个人承担相关责任；土地使用权依法转让的，由土地使用权受让人或双方约定的责任人承担相关责任。责任主体灭失或责任主体不明确的，由所在镇（街道、开发区）人民政府（办事处、管委会）依法承担相关责任。（区环保局牵头，区国土资源局、住建局、农林局等参与）

（二十一）编制治理与修复规划

区环保局会同区国土资源局、农林局、住建局等部门，根据土壤环境质量状况，整合国土资源、环境保护、农林部门土壤污染调查成果，以影响农产品质量和人居环境安全的突出土壤污染问题为重点，梳理揭东土壤治理修复地块清单。2017年9月底前，提出揭东区土壤污染治理与修复工作目标、重点任务及其项目库，报市环境保护局备案。（区环保局牵头，区国土资源局、农林局、住建局等参与）

（二十二）有序开展污染土壤的治理与修复

开展污染地块治理与修复。各地要结合城市环境质量提升和发展布局调整，以拟开发建设为居住、商业、学校、医疗和养老机构等项目的污染地块为重点，开展治理与修复。2018年底前，开展1项以上工业污染地块环境调查、风险评估和治理修复试点示范工程。（区环保局牵头，区国土资源局、住建局等参与）

实施污染耕地治理与修复。各地要根据耕地土壤污染程度、环境风险及其影响范围，确定治理与修复的重点区域，开展典型污染耕地治理与修复，探索建立适合本地的易推广、成本低、效果好的技术模式。到2020年底，完成省、市下达的受污染耕地治理与修复任务。（区农林局牵

头，区国土资源局、环保局参与）

（二十三）强化治理修复过程管理

科学编制治理与修复实施方案。污染地块需要实施修复的，责任主体应当根据土壤环境调查和风险评估结果以及土地利用规划和有关部门要求，制定污染土壤修复实施方案，报送环境保护、国土资源、城乡规划等部门备案。污染耕地需要实施治理与修复的，其污染土壤治理与修复实施方案由农业部门组织制定。（区环保局牵头，区国土资源局、农林局、住建局等参与）

严格控制二次污染。责任主体实施污染土壤治理与修复活动不得对土壤及其周边环境造成新的污染，应委托第三方机构对治理与修复工程进行环境监理。治理与修复过程中产生的废水、废气、固体废弃物等，应当依法进行处理处置，防止二次污染。工程施工期间，责任单位要设立公告牌，公开工程基本情况、环境影响及其防范措施。治理与修复工程原则上在原址进行，并采取必要措施防止污染土壤挖掘、堆存等造成二次污染；转运处置污染土壤的，有关责任单位要将运输时间、方式、线路和污染土壤数量、去向、最终处置措施等，提前向污染土壤所在地和接收地县级以上环境保护部门报告。环保部门会同有关部门对污染土壤治理与修复过程的环保措施落实、污染物排放、环保设施运行等进行监督检查。（区环保局牵头，区国土资源局、住建局、农林局等参与）

开展污染土壤治理与修复效果评估。污染土壤治理与修复工程完成后，责任主体应当委托第三方机构对污染土壤治理与修复效果进行评估，编写评估报告。涉及建设用地的，评估报告向社会公开后报送环境保护、国土资源、住建部门备案；涉及污染耕地或林地的，报送农林、环保部门备案，需要进行后期运营的治理与修复工程，责任主体应当依照相关规定维护、运营设施。（区环保局牵头，区国土资源局、住建局、农林局等参与）

对有关责任主体在土壤环境状况调查评估、治理与修复实施方案制定、环境监理、修复效果评估等形成的报告，有关部门可以组织专家进行咨询论证。（区环保局、国土资源局、住建局、农林局等负责)

六、实行差异化防控，落实重点任务

（二十四）分类分区管控

在充分落实各项土壤污染防治任务的基础上，应综合考虑地域差异、发展方向、污染现状及基础条件等情况，提出相应管控要点，重点落实以下工作：

落实辖区内集中式饮用水水源地周边土壤环境保护，重点做好新西河水库、翁内水库等饮用水水源地周边土壤环境保护。

加强重点行业企业污染源头防控。要创建新型工业化示范区，重点推进中德金属生态城等工业园区建设，促进纺织业及钢压延加工等产业转型升级入园，加快淘汰落后产能。

规范资源再生产业环保管理。推进中德金属生态城资源再生基地项目建设，落实资源循环基地建设。

大力推进循环农业、生态农业，减少化肥、农用薄膜、植物生长调节剂等农业投入品的使用量。开展农药包装废弃物回收处理试点。

开展污染地块环境调查评估与修复治理，以电镀、印染、电子废物拆解等行业关闭搬迁企业为重点，优先实施污染地块治理修复工程。〔各镇（街道、开发区）人民政府（办事处、管委会）负责〕

（二十五）统筹推进工作落实

区环保局按照省、市的统一部署和要求制定并公布土壤污染防治工作方案，确定工作目标、重点任务和工程项目，报区人民政府批准后，落实到各镇、（街道、开发区）及各部门、重点行业企业。经区政府批准的工作方案要报市人民政府备案，于每年1月底前将上年度土壤环境保护、土壤污染治理修复工作进展情况及当年工作计划报送市环境保护局。（区环保局负责）

各镇（街道、开发区）人民政府（办事处、管委会）、区直有关单位须于每年1月15日前将上年度土壤环境保护、土壤污染治理修复工作进展情况及当年工作计划报送区环保局。区环保局将会同有关部门进行督导检查。（各镇（街道、

开发区）人民政府（办事处、管委会）、区直有关单位负责）

七、强化科技支撑，推动治理与修复产业发展

（二十六）加强科技支撑与成果转化

通过相关国家、省、市科技计划（专项、基金）等，推进土壤风险管控、治理与修复等共性关键技术研究，开展耕地土壤污染成因分析，加强"重点行业"典型污染地块土壤污染治理修复技术研究。完善土壤污染防治科技成果转化机制，广泛开展国内外合作研究与技术交流，引进消化土壤污染风险识别、土壤污染物快速检测、土壤及地下水污染协同处置等先进技术和管理经验。（区经信和科技局、环保局牵头，区发改局、教育局、财政局、国土资源局、住建局、农林局、卫计局等参与）

（二十七）推动治理与修复产业发展

按照省的工作部署，放开服务性监测市场，鼓励社会机构参与土壤环境监测等活动。通过政策引导，加快构建和完善覆盖土壤环境调查、分析测试、风险评估、环境监理、治理与修复工程设计和施工等环节的土壤污染防治产业链。规范土壤污染治理与修复从业单位和人员管理，建立健全监督机制，将技术服务能力弱、运营管理水平低、综合信用差的从业单位名单通过企业信用信息公示系统向社会公开。（区发改局牵头，区经信和科技局、国土资源局、环保局、住建局、农林局、市场监管局等参与）

八、健全监管体系，强化土壤环境管理

（二十八）完善管理制度

逐步建立揭东区土壤环境管理体系。完善相关管理制度，全面落实国家、省土壤环境保护相关的法律法规以及相关的调查、监测、评估规范。根据揭东区污染地块再开发利用实际需求，加强污染地块再开发利用全过程风险管控，逐步建立完善的土壤环境管理体系。（区环保局牵头，区经信和科技局、国土资源局、住建局、水务局、农林局、市场监管局等参与）

（二十九）加大执法力度

将土壤污染防治作为环境执法的重要内容，充分利用环境监管网格，加强土壤环境日常监管执法。重点加强蔬菜产业重点县、集中式饮用水水源地、污染耕地集中区域、重点监管行业企业所在区域、揭东区建成区等区域土壤污染防治监督管理。开展"重点行业"企业专项环境执法，严厉打击非法排放有毒有害污染物、违法违规存放危险化学品、非法处置危险废物、不正常使用污染治理设施、监测数据弄虚作假等环境违法行为。（区环保局牵头，区经信和科技局、公安局、国土资源局、住建局、农林局、安监局等参与）

（三十）加强执法和应急能力建设

加强土壤环境行政管理、技术保障和执法监管队伍建设，改善基层环境执法条件。各级相关人员每3年开展1轮土壤污染防治专业技术培训，为执法监管人员配备必要的土壤污染快速检测等执法装备。（区环保局牵头，区国土资源局、农林局参与）

提升土壤应急能力。将土壤环境保护内容纳入突发环境事件应急预案，2017年底前，完善各级突发环境事件应急预案。强化环境应急救援能力建设，加强土壤环境应急专家队伍管理，提高突发环境事件快速响应及应急处置能力。（区环保局牵头，区经信和科技局、公安局、国土资源局、住建局、农林局、安监局等参与）

九、发挥政府主导作用，健全土壤环境防治体系

（三十一）完善激励政策

做好资金保障。统筹相关财政资金，通过现有政策和资金渠道加大支持，积极向上争取农业综合开发、高标准农田建设、农田水利建设、耕地保护与质量提升、测土配方施肥等涉农资金，更多用于优先保护类耕地集中的镇（街道）。积极向上争取专项建设基金，支持企业对涉重金属落后生产工艺和设备进行技术改造。（区财政局牵头，区发改局、经信和科技局、国土资源局、住建局、环保局、水务局、农林局等参与）

执行省级激励政策。采取有效措施，激励相关企业参与土壤污染治理与修复。执行省有关扶持有机肥生产、废弃农膜综合利用、农药包装废弃物回收处理等企业的激励政策。（区财政局牵头，区发改局、经信和科技局、国土资源局、住建局、环保局、农林局、供销社等参与）

（三十二）探索土壤污染防治市场机制

通过政府和社会资本合作（PPP）模式，发挥财政资金撬动功能，带动更多社会资本参与土壤污染防治。采取环境绩效合同服务、授予开发经营权益等方式，鼓励社会资本投入土壤污染治理与修复。加大政府购买服务力度，推动受污染耕地和以政府为责任主体的污染地块治理与修复。探索开展“重点行业”企业环境污染强制责任保险试点。（区发改局、环保局牵头，区财政局、金融办等参与）

（三十三）加强社会监督

推进信息公开，引导公众参与。区人民政府根据土壤环境质量监测和调查结果，定期公布全区各地土壤环境状况。重点行业企业要依据有关规定，向社会公开其产生的污染物名称、排放方式、排放浓度、排放总量以及污染防治设施建设和运行情况。土壤环境状况调查评估、风险管控和修复的责任主体应当依法向社会公开有关土壤环境信息。（区环保局牵头，区国土资源局、住建局、农林局等参与）

推动环境公益诉讼。以非法倾倒生活垃圾、工业固体废物或危险废物造成土壤环境污染案件为重点，鼓励符合条件的社会组织依法对环境违法行为提起环境民事公益诉讼。（区检察院、法院牵头，区国土资源局、环保局、住建局、水务局、农林局等参与）

开展宣传教育。制定实施土壤环境保护宣传教育计划，充分利用广播电视、报刊杂志、网络以及专业展馆等方式，结合世界地球日、世界环境日、世界土壤日、世界粮食日、全国土地日等主题宣传活动，大力宣传土壤环境保护的法规政策、相关科学知识。将土壤环境保护的内容作为环境教育的重要内容，把土壤环境保护宣传教育融入党政机关、学校、工厂、社区、农村等的环境宣传和培训工作。（区环保局牵头，区委宣传部、区教育局、国土资源局、住建局、农林局、文广新局、发改局等参与）

十、加强目标考核，严格责任追究

（三十四）强化政府主体责任

区人民政府是实施本方案的责任主体，对全区土壤环境质量负总责。各镇（街道、开发区）人民政府（办事处、管委会）是本方案的落实主体，对辖区土壤环境质量负责。

加强部门协调联动。建立区有关部门参加的工作协调机制，协调解决土壤污染防治工作的重大问题和事项。区国土资源局、农林局、住建局等部门要按照职责分工，按照国家、省、市的统一部署和要求，制定出台专项工作方案，抓好工作落实，协同做好土壤污染防治工作。每年1月15日前各专项工作牵头部门要将上年度进展情况报送区环保局汇总。（区环保局牵头，区发改局、经信和科技局、财政局、国土资源局、住建局、水务局、农林局等参与）

（三十五）落实企业责任

有关重点行业企业要加强内部管理，将土壤污染防治纳入环境风险防控体系，严格依法依规建设和运营污染治理设施，确保重点污染物达标排放，依法开展自行监测或委托第三方监测，落实环境风险预防和信息公开等责任。造成土壤污染的，应承担损害评估、治理与修复的法律责任。（区环保局牵头，区经信和科技局、财政局等参与）

（三十六）严格目标评估考核

实施目标责任制。根据市与我区签订的目标责任书分解任务，区人民政府与各镇（街道、开发区）人民政府（办事处、管委会）签订土壤污染防治目标责任书，分解落实目标任务。委托第三方机构，分年度对各镇（街道、开发区）重点工作进展情况进行评估，2020年对本方案实施情况进行考核，评估和考核结果作为对领导班子和领导干部综合考核评价、自然资源资产离任审计的重要依据。（区环保局牵头，区委组织部、区财政局、审计局参与）

严格责任追究。对年度评估结果较差或未通过考核的镇（街道、开发区）人民政府（办事处、管委会），要提出限期整改意见，整改完成前，对有关地区实施建设项目环评限批；整改不到位的，要约谈有关镇（街道、开发区）人民政府（办事处、管委会）及其相关部门负责人。对土壤环境问题突出、区域土壤环境质量明显下降、防治工作不力、群众反映强烈的地区，要约谈镇（街道、开发区）人民政府（办事处、管委会）主要负责人。对失职渎职、弄虚作假的，区分情节轻重，予以诫勉、责令公开道歉、组织处理或党纪政纪处分；对构成犯罪的，要依法追究刑事责任，已经调离、提拔或者退休的，也要终身追究责任。（区环保局牵头，区委组织部、区监察局参与）

附件：

1、土壤污染防治主要指标表
2、土壤污染防治重点任务分工表
3、土壤污染防治重点工程项目表
4、蔬菜产业重点县名单
5、危险废物处理处置企业名单

附件1

土壤污染防治主要指标表

序号	控制指标	2020年完成指标
1	受污染耕地安全利用率	90%左右
2	污染地块安全利用率	90%以上
3	部分行业重点重金属排放量	完成省下达任务
4	农药包装废弃物回收处理试点推广情况	试点推广
5	化肥、农药利用率	40%以上
6	测土配方施肥技术推广覆盖率	90%以上
7	规模化养殖场（小区）配套建设废弃物处理设施比例	75%以上
8	污泥无害化处理处置率	90%以上
9	轻度和中度污染耕地安全利用面积	完成省下达任务
10	重度污染耕地种植结构调整或退耕还林还草面积	完成省下达任务
11	受污染耕地治理与修复面积	完成省下达任务

附件2

土壤污染防治重点任务分工表

序号	条	款	任务措施	牵头部门	参与部门	时限要求
1	一、开展土壤环境详查，查清土壤环境质量状况	（一）开展农用地土壤环境质量详细调查	围绕已有调查发现的重点土壤污染区域和污染源影响区域，开展农用地土壤环境质量详细调查，并协同开展食用农产品质量调查	区农林局、环保局	区财政局、国土资源局、农林局、卫计局等参与，各镇（街道、开发区）人民政府（办事处、管委会）负责落实。以下均需各镇（街道、开发区）人民政府（办事处、管委会）落实，不再列出	2018年底
2			查明农用地土壤污染的面积、分布及其对农产品质量的影响，构建农用地土壤环境质量基础数据库			2018年底
3			建立农用地土壤环境质量状况定期调查制度，每10年开展一次			持续实施
4		（二）开展“重点行业”在产企业用地土壤环境质量调查	完成全区重点行业企业用地土壤环境质量调查，掌握土壤污染面积、分布及其环境风险情况，构建重点行业在产企业用地土壤环境质量基础数据库	区环保局	区发改局、经信和科技局、财政局、国土资源局、卫计局等	2020年底
5			建立重点行业在产企业用地土壤环境质量状况定期调查制度，每10年开展一次			持续实施
6		（三）开展重点行业关闭搬迁企业地块环境排查	完成重点行业关闭搬迁企业地块排查工作，掌握潜在污染地块清单及其环境风险情况	区环保局	区经信和科技局、财政局、国土资源局、住建局、卫计局等	2019年底
7			各镇（街道、开发区）对重点行业新增关闭搬迁企业地块及时进行环境排查			持续实施
8	一、开展土壤环境详查，查清土壤环境质量状况	（四）建立土壤环境质量监测网络	完成土壤环境质量监测点位设置，基本确定土壤环境质量监测点位和风险监控点位	区环保局	区发改局、经信和科技局、国土资源局、农林局等	2017年底
9			完成土壤环境质量监测网络建设			2018年底
10			实现土壤环境质量监测点位市域内全覆盖			2020年底
11			强化土壤监测专业人才引进和培养，制定土壤环境监测技术培训计划	区环保局	区人社局、国土资源局、农林局等	持续实施
12		（五）提升土壤环境信息化管理水平	建立土壤环境基础数据库，实现部门间土壤环境信息互通共享	区环保局	区国土资源局、农林局、住建局	按省要求

续上表

序号	条	款	任务措施	牵头部门	参与部门	时限要求
13	二、加强源头监管，做好土壤污染预防工作	（六）防范建设项目新增污染	严格审批排放铅、汞、镉、铬、砷、铜、锌、镍8种重金属和持久性有机污染物等重点防控污染物的建设项目，严控“两高一资”涉重金属污染项目上马。新增重金属排放项目原则上须进园	区发改局	区环保局、经信和科技局等	持续实施
14			重点监管行业及排放重点污染物的其他行业建设项目，在开展环境影响评价时，要进行土壤环境调查，增加土壤环境影响的评价内容，并提出防范土壤污染的具体措施。改、扩建和整合项目环境影响评价文件应提出“以新带老”等治理措施要求	区环保局	区发改局、经信和科技局等	持续实施
15		（七）强化空间布局管控	加强规划区划和建设项目布局论证，根据土壤等环境承载能力，合理确定区域功能定位、空间布局和建设项目选择。禁止在居民区、学校、医疗和养老机构等周边新建有色金属矿采选、有色金属冶炼、焦化等行业企业。加快推进我市电镀、鞣革、印染、化工、危险废物处置等重污染行业统一规划、统一定点	区发改局	区经信和科技局、国土资源局、环保局、住建局、水务局、农林局、供销社等	持续实施
16	二、加强源头监管，做好土壤污染预防工作	（八）严防工矿企业污染	按照“关停淘汰一批、整合入园一批、规范提升一批”的原则对存在问题的重金属企业进行综合整治	区经信和科技局	区发改局、环保局等	持续实施
17			落实矿山地质环境治理恢复基金制度。加强对矿产资源开发利用活动的辐射安全监管，有关企业每年要对本矿区土壤进行辐射环境监测	区环保局、安监局	区经信和科技局、国土资源局等	持续实施
18			实施重点监管企业名录制度,确定并公布土壤环境重点监管企业名单。定期对重点监管企业和工业园区周边土壤进行监测，监测数据及时上传土壤环境信息化管理平台	区环保局	区经信和科技局、安监局等	2018年起
19			加强涉重金属行业污染管控，有色金属矿采选、有色金属冶炼、电镀、铅酸蓄电池制造等行业的重点重金属排放量完成省下达任务	区环保局、经信和科技局	区发改局、国土资源局等	2020年
20			巩固电镀、钢铁行业污染综合整治成效，加强电镀行业废水深度处理设施运行管理，提升电镀行业废水回用率达60%以上；加快电镀行业转型升级，推进中德金属生态城电镀定点基地项目建设	区环保局、经信和科技局	区发改局、国土资源局等	2020年
21			加强工业废物处理处置，加快区域联合处置中心建设，完善工业固体废物处理处置体系。全面排查和整治固体废物的堆存场所，完善防扬散、防流失、防渗漏等设施，制定整治方案并有序实施	区环保局、发改局	区经信和科技局、国土资源局等	持续实施

续上表

序号	条	款	任务措施	牵头部门	参与部门	时限要求
22	二、加强源头监管，做好土壤污染预防工作		加强企业关闭搬迁污染防治	区环保局、经信和科技局	区安监局等	持续实施
23		（九）严格控制农业污染	全区测土配方施肥技术推广覆盖率提高到90%以上，主要农作物化肥、农药使用量实现零增长，化肥利用率提高到40%以上	区农林局	区发改局、环保局、住建局、市场管理局、供销社等	2020年
24			推进废弃农膜回收利用。鼓励农民和农业生产经营者使用可降解环保型农用薄膜，改进农膜使用技术，严厉打击违法生产和销售不合格农膜的违法犯罪行为。建立健全废弃农膜回收贮运和综合利用网络	区农林局	区发改局、经信和科技局、公安局、市场管理局、供销社等	持续实施
25			强化畜禽养殖污染防治。规模化养殖场、养殖小区配套建设废弃物处理设施比例达到75%以上	区农林局	区发改局、环保局等	2020年
26			加强灌溉水水质管理。灌溉用水应符合农田灌溉水水质标准。加强对农田灌溉用水的水质监测，水质未达到农田灌溉用水水质标准的，所有镇（街道、开发区）人民政府（办事处、管委会）应当采取措施予以改善。对因长期使用污水灌溉导致土壤污染严重、威胁农产品质量安全的，要及时调整种植结构	区水务局	区环保局、农林局等	持续实施
27		（十）减少生活污染	基本建成生活垃圾无害化处理场，实现生活垃圾无害化处理场“一县一场”配置或统筹使用；推进揭阳市绿源垃圾综合处理与资源利用厂的建设工作。推进农村生活垃圾治理，清理整治农村生活垃圾堆放点，实现“一镇一站”，全区各建制镇完成垃圾压缩站的建设；形成“一村一点”，行政村基本建立保洁制度，自然村全面完成收集点规范化建设工作	区住建局	区发改局、经信和科技局、财政局、环保局等	2020年底
28	二、加强源头监管，做好土壤污染预防工作		到2018年底，完成重点生活垃圾简易处理场治理	区住建局	区发改局、经济和信和科技局、财政局、环保局等	2018年底
29			切实推进污泥无害化处置。完成全市现有污泥处理处置设施达标改造	区住建局	区发改局、经信和科技局、财政局、环保局等	2017年底
30			城市污泥无害化处理处置率应达到90%以上			2020年底

续上表

序号	条	款	任务措施	牵头部门	参与部门	时限要求
31	三、实施农用地分类管理，保障农产品质量安全	（十一）加强未利用地环境管理	严格未利用地土壤环境保护。对划入生态保护红线区内的未利用地，要严格按照法律法规和相关规划，实行强制性保护，严守生态安全底线。各镇（街道）要加强纳入耕地后备资源的未利用地保护，定期开展巡查	区环保局、国土资源局	区发改局、公安局、水务局、农林局等	持续实施
32			加强未利用地开发管理。按照科学有序原则，合理开发未利用地，防止造成土壤污染	区国土资源局、环保局	区发改局、公安局、水务局、农林局等	持续实施
33		（十二）划定农用地土壤环境质量类别	开展耕地土壤和农产品协同监测与评价，有序推进耕地土壤环境质量类别划定。建立分类清单	区农林局、环保局	区国土资源局等	2020年底
34		（十三）切实加大耕地保护力度	各地要将符合条件的优先保护类耕地划为永久基本农田	区国土资源局	区发改局、环保局、农林局等	持续实施
35		（十四）着力推进耕地安全利用	高标准农田建设项目要向优先保护类耕地集中的地区倾斜。采取措施避免超标农产品流入市场。农村土地流转的受让方要履行土壤保护的责任	区农林局、国土资源局	区水务局、药监局、发改局、供销社等	持续实施
36	三、实施农用地分类管理，保障农产品质量安全	（十四）着力推进耕地安全利用	严格控制在优先保护类耕地集中区域新建“重点行业”企业，现有“重点行业”企业要采用新技术、新工艺，加快提高升级改造步伐	区环保局、发改局	区经信和科技局等	持续实施
37			安全利用类耕地集中的镇（街道），结合本区域主要作物品种和种植习惯，制定实施受污染耕地安全利用方案	区农林局	区国土资源局等	持续实施
38			完成省下达的轻度和中度污染耕地安全利用任务	区环保局、发改局	区经信和科技局等	2020年
39		（十五）严格管控重度污染耕地	制定实施重度污染耕地种植结构调整或退耕还林还草计划	区农林局、国土资源局	区发改局、财政局、环保局、水务局、农林局等	持续实施
40			完成省下达的重度污染耕地种植结构调整或退耕还林还草任务			2020年
41		（十六）加强园地林地草地土壤环境管理	严格控制园地、林地、草地的农药使用量，加强对重度污染园地、林地产出食用农（林）产品质量检测	区农林局等		持续实施

续上表

序号	条	款	任务措施	牵头部门	参与部门	时限要求
42		（十七）建立调查评估制度	对拟收回土地使用权的“重点行业”企业用地，重点垃圾填埋场、垃圾焚烧场和污泥处理处置设施等公用设施用地，以及用途拟变更为居住和商业、学校、医疗、养老机构等公共设施的“重点行业”企业和公用设施用地，由土地使用权人负责开展土壤环境状况调查评估	区环保局	区国土资源局、农林局、住建局等	按省要求
43			重度污染农用地转为城镇建设用地的，由所在镇（街道、开发区）人民政府（办事处、管委会）负责组织开展调查评估			2018年起
44	四、强化建设用地风险管控，防范人居环境风险	（十八）分用途明确管理措施	逐步建立污染地块名录及其开发利用的负面清单	区国土资源局	区环保局、住建局等	按省要求
45			符合相应规划用地土壤环境质量要求的地块，可进入用地程序。不符合相应规划用地土壤环境质量要求的地块，应当调整规划或进行治理修复，确保达标后，进入用地程序。暂不开发利用或现阶段不具备治理修复条件的污染地块，应当采取污染风险管控措施，防止污染扩散			持续实施
48		（十九）落实各部门监管责任	加强对建设用地土壤环境状况调查、风险评估和污染地块治理与修复活动的环境监管	区环保局	区国土资源局、住建局等	持续实施
49			污染地块的土壤环境风险要求纳入到土地利用总体规划里	区国土资源局	区环保局、住建局等	持续实施
50			将建设用地土壤环境管理要求纳入城乡规划和供地管理，土地开发利用必须符合土壤环境质量要求	区国土资源局	区环保局、住建局等	持续实施
51			加强城乡规划的实施、审批管理和污染地块再开发利用建设项目的施工审批管理	区住建局	区环保局等	持续实施
52			建立环境保护、国土资源、住建等部门间的信息沟通机制，实行联动监管	区环保局、国土资源局、住建局等		2017年底
53		（二十）明确治理修复主体	按照“谁污染，谁治理”原则，造成土壤污染的单位或个人要承担治理与修复的主体责任	区环保局	区国土资源局、住建局、农林局等	持续实施
54		（二十一）编制治理与修复计划	提出揭东区土壤污染治理与修复工作目标、重点任务及其项目库，报市环境保护局备案	区环保局	区国土资源局、农林局、住建局等	2017年9月底前

续上表

序号	条	款	任务措施	牵头部门	参与部门	时限要求
55		（二十二）有序开展污染土壤的治理与修复	开展1项以上工业污染地块环境调查、风险评估和治理修复试点示范工程	区环保局	区国土资源局、住建局等	2018年底
56			开展典型污染耕地土壤治理与修复	区农林局	区国土资源局、环保局等	持续实施
57			完成省下达的受污染耕地治理与修复任务	区环保局	区国土资源局、住建局等	2020年底
58		（二十三）强化治理修复过程管理	科学编制治理与修复实施方案	区环保局	区国土资源局、农林局、住建局等	持续实施
59			严格控制二次污染			持续实施
60			开展污染土壤治理与修复效果评估			持续实施
61			对有关责任主体在土壤环境状况调查评估、治理与修复实施方案制定、环境监理、修复效果评估等环节形成的报告，区级以上有关部门可以组织专家进行咨询论证	区环保局、国土资源局、住建局、农林局等		持续实施
62	六、实行差异化防控，落实重点任务	（二十四）分类分区管控	落实辖区内集中式饮用水水源地周边土壤环境保护	各镇（街道、开发区）人民政府（办事处、管委会）负责		持续实施
63			加强“重点行业”企业污染源头防控			持续实施
64			规范资源再生产业环保管理			持续实施
65			大力推进循环农业、生态农业			持续实施
66			逐步取缔简易填埋等不规范的垃圾处置方式			2018年底
67			开展污染地块环境调查评估与修复治理			持续实施
68						持续实施
69			制定并公布土壤污染防治工作方案	区环保局、各镇（街道、开发区），区直有关单位负责		按省要求
70		（二十五）统筹推荐工作落实	每年1月底前要将上年度土壤环境保护、土壤污染治理修复工作进展情况及当年工作计划报区人民政府同意后，报送市环境保护局			持续实施
71	七、强化科技支撑，推动治理与修复产业发展	（二十六）加强科技支撑与成果转化	开展耕地土壤污染成因分析，加强“重点行业”典型污染地块土壤污染治理修复技术研究	区经信和科技局、环保局	区发改局、经信和科技局、教育局、财政局、国土资源局、住建局、农林局、卫计局等	持续实施
72			完善土壤污染防治科技成果转化机制			持续实施
73		（二十七）推动治理与修复产业发展	放开服务性监测市场，鼓励社会机构参与土壤环境监测，规范土壤污染治理与修复从业单位和人员管理	区发改局	区经信和科技局、国土资源局、环保局、住建局、农林局等	持续实施

续上表

序号	条	款	任务措施	牵头部门	参与部门	时限要求
74	八、健全监管体系，强化土壤环境管理	（二十八）完善管理制度	逐步建立揭东区土壤环境管理体系。完善相关管理制度，全面落实国家、省土壤环境保护相关的法律法规以及相关的调查、监测、评估规范	区环保局	区经信和科技局、国土资源局、住建局、水务局、农林局、市场监管局、法制局等	持续实施
75		（二十九）加大执法力度	将土壤污染防治作为环境执法的重要内容，充分利用环境监管网格，加强土壤环境日常监管执法	区环保局	区经信和科技局、公安局、国土资源局、住建局、农林局、安监局等	持续实施
76		（三十）加大执法和应急能力建设	改善基层环境执法条件，配备必要的土壤污染快速检测等执法装备，每3年开展1轮土壤污染防治专业技术培训	区环保局	区国土资源局、农林局等	持续实施
77			将土壤环境保护内容纳入突发环境事件应急预案，完善各级突发环境事件应急预案	区环保局	区经信和科技局、公安局、国土资源局、住建局、农林局、安监局等	2017年底
78	九、发挥政府主导作用，健全土壤环境防治体系	（三十一）完善激励政策	执行省级激励政策，做好资金保障	区财政局	区发改局、经信和科技局、国土资源局、环保局、水务局、农林局、住建局、供销社等	持续实施
79		（三十二）探索土壤污染防治市场机制	通过政府和社会资本合作（PPP）模式，发挥财政资金撬动功能，带动更多社会资本参与土壤污染防治，加大政府购买服务力度	区发改局、环保局	区财政局、金融办等	持续实施
80		（三十三）加强社会监督	推进信息公开，强化公众参与	区环保局	区国土资源局、住建局、农林局等	持续实施
81		（四十一）加强社会监督（四十二）强化政府主体责任（四十三）落实企业责任	推动环境公益诉讼。将环境污染损害鉴定评估结果作为环境公益诉讼的重要依据	区检察院、法院	区国土资源局、环保局、住建局、水务局、农林局等	持续实施
82			开展宣传教育。制定实施土壤环境保护宣传教育计划	区环保局	区委宣传部、教育局、国土资源局、住建局、农林局、文广新局、发改局等	持续实施

续上表

序号	条	款	任务措施	牵头部门	参与部门	时限要求
83	十、加强目标考核，严格责任追究	（三十四）强化政府主体责任	加强部门协调联动。建立市有关部门参加的工作协调机制。区国土资源局、农业和林业局、住建局要按照职责分工，制定出台专项工作方案，抓好工作落实。协同做好土壤污染防治工作	区环保局	区发改局、经信和科技局、财政局、国土资源局、住建局、水务局、农林局等	按省要求
84	十、加强目标考核，严格责任追究	（三十五）落实企业责任	有关“重点行业”企业依法开展监测，落实环境风险预防和信息公开等责任，造成土壤污染的，应承担损害评估、治理与与修复的法律责任	区环保局	区经信和科技局、财政局等	持续实施
85		（三十六）严格目标评估考核	实施目标责任制。区人民政府与各镇（街道、开发区）人民政府（办事处、管委会）签订土壤污染防治目标责任书	区环保局	区委组织部、财政局、审计局等	2017年底
86			对本方案实施情况进行考核	区环保局	区经信和科技局、财政局等	2020年
87			严格责任追究	区环保局	区委组织部、监察局等	持续实施

附件3

土壤污染防治重点工程项目表

序号	项目类型	项目名称	建设内容	建设年限	责任单位
1	土壤环境调查	农用地土壤环境调查	围绕已有调查发现的重点土壤污染区域和污染源影响区域，开展农用地土壤环境质量详细调查，并协同开展食用农产品质量调查	2018年底	区农林局、环保局
2		重点行业在产企业用地土壤环境调查	开展重点行业在产企业用地土壤环境调查，掌握污染地块分布及其环境风险情况，构建重点行业在产企业用地土壤环境质量基础数据库	2020年底	区环保局
3		关闭搬迁工业企业地块环境排查	开展重点行业关闭搬迁工业企业地块排查工作，掌握潜在污染地块清单及其环境风险情况	2019年底	区环保局
4	耕地安全利用	耕地安全利用	安全利用类耕地集中的市、区要结合本区域主要作物品种和种植习惯，制定实施受污染耕地安全利用方案，并开展耕地安全利用	2020年底	区农林局
5	污染源头控制	实施重点监管企业名录管理	根据重点行业企业污染物排放情况以及土壤环境质量状况，确定并公布土壤环境重点监管企业名单。土壤环境重点监管企业每年要按照相关规定和监测规范，依法对其用地进行土壤环境监测，并将结果向社会公开	2020年底	区环保局

续上表

序号	项目类型	项目名称	建设内容	建设年限	责任单位
6		电镀行业污染控制项目	推进电镀行业转型升级，建设中德金属生态城电镀定点基地	2020年底	区经信和科技局
7		简易填埋场整治工程	组织开展简易填埋场和无渗滤液处理的生活垃圾处理场排查工作，到2018年底完成	2018年底	区住建局
8		资源再生基地建设	推进中德金属生态城资源再生基地项目（揭东区）建设，落实资源循环基地建设	2020年底	区经信和科技局
9		农药包装废弃物回收处理试点	在揭东区开展农药包装废弃物回收处理试点	2020年底	区农林局
10	污染耕地治理与修复试点示范	典型工业污染地块环境调查、风险评估和治理修复试点示范工程	通过调查，全面掌握揭东重点工业企业污染地块分布，2018年底前，开展1项以上工业污染地块环境调查、风险评估和治理修复试点示范工程	2020年底	区环保局
11	监测网络建设	土壤环境监测网络建设	配合建设市级土壤环境质量监测网络，开展土壤环境质量监测。2017年底前，确定土壤环境质量监测点位和风险监控点位。2018年底前，完成土壤环境质量监测网络建设，2020年底前，实现土壤环境质量监测点位市域内全覆盖	2020年底	区环保局
12	能力建设	管理能力建设	加强土壤环境行政管理、技术保障和执法监管人员配置	2020年底	区环保局
13		监测能力建设	提升各级环境监测机构土壤监测能力，着重提升市、区等基层土壤环境监测能力。加强土壤监测人才队伍建设	2020年底	区环保局

附件4

蔬菜产业重点县名单

序号	市（区）	蔬菜		瓜类	
		种植面积（公顷）	产量（吨/年）	种植面积（公顷）	产量（吨/年）
1	揭东区	18203	597618	34	1112

备注：在蔬菜产业重点县推行农药包装废弃物回收处理试点

附件5

危险废物处理处置企业名单

序号	行政区	企业名称
1	揭东区	揭阳市民康医疗废物处理有限公司
2	揭东区	揭阳市斯瑞尔环境科技有限公司

关于印发揭阳市揭东区卫生计生事业发展“十三五”规划的通知

揭东府办〔2017〕62号

各镇（街道、开发区）人民政府（办事处、管委会），区府直属各单位：

《揭阳市揭东区卫生计生事业发展“十三五”规划》已经2017年12月25日区政府常务会议讨论同意，现印发给你们，请认真组织实施。实施过程中遇到的问题，请径向区卫计局反映。

揭阳市揭东区人民政府办公室

2017年12月29日

揭阳市揭东区卫生计生事业发展“十三五”规划

为推动我区卫生计生事业健康发展，进一步提高出生人口素质和人民群众健康水平，根据揭阳市《关于印发揭阳市卫生计生事业发展“十三五”规划的通知》（揭府办〔2017〕12号）和揭东区委、区政府《关于建设卫生强区的实施方案》，结合我区实际，制定本规划。

一、规划背景

（一）发展基础

“十二五”期间，我区全面实施新一轮医药卫生体制改革，稳步推进计划生育服务管理改革，全区医疗卫生服务能力进一步提升，中医药事业持续发展，基本医疗卫生制度不断完善，计划生育服务管理持续加强，人民群众健康水平和人口素质进一步提升。“十二五”期末，人口自然增长率6.97‰，孕产妇死亡率、婴儿死亡率分别降至0/10万、0.56‰。卫生计生事业发展“十二五”规划确定的主要目标和任务全面完成，全区卫生计生事业发展成效明显。

1.不断完善卫生计生服务体系，服务能力明显增强。至2015年底，全区各类医疗卫生计生机构295个，医疗卫生机构床位数1745张、执业（助理）医师828人和注册护士711人，较2013年分别增长9.02%、14.8%、6.42%、8.67%。医疗卫生服务可及性明显改善。2015年，全区医疗卫生机构诊疗人次数、住院人数分别增加到63.33万人次、3.4万人。

2.全面深化医药卫生体制改革，成效逐步显现。以维护和增进全体人民健康为宗旨，覆盖全区城乡居民的基本医疗卫生制度建设加快推进。基本医疗保障基本实现人员全覆盖，重特大疾病保障机制不断完善，全民基本医保制度框架全面建成。基层医疗卫生机构全面实施基本药物制度，药物质量安全得到较好保障。深入推进基层卫生综合改革，实施优化城乡基本医疗卫生服务项目，开展基层中药服务提升工程，启动落实边远地区乡镇卫生院岗位津贴政策，全科医生制度不断建立健全，基层医疗卫生服务能力大幅提升。免费向城乡居民提供14类基本公共卫生服务项目，基本公共卫生服务内涵不断丰富，公共卫生均等化水平明显提高。公立医院改革加快推进，区级公立医院综合改革全面推开，民营医疗机构发展领域不断拓展，揭东集和医院和爱尔眼科医院相继开业。政府卫生投入不断增加，居民卫生费用负担整体进一步减轻。进一步改善医疗服务，群众医改“获得感”不断增强。

3.坚持计划生育基本国策，促进人口均衡发展。稳步推进计划生育管理服务改革，利益导向政策体系不断完善，单独两孩政策稳妥有序实施，十二五期间全区人口出生率持续稳定在12.00‰以下。实施优生健康惠民工程，出生人口素质有效保障。加大综合治理性别比力度，社会性别平等不断得到促进。健全流动人口服务管理机制，计生基本公共服务均等化水平进一步提高。加强计划生育家庭养老工作，探索适合计划生育家庭特点的养老服务模式取得新进展。推进幸福家庭创建工作，家庭发展能力和幸福水平进一步提升。

（二）卫生计生事业发展面临的形势

“十三五”时期是我省率先全面建成小康社会的决胜阶段。作为经济欠发达地区，推进我区卫生计生事业发展肩负着重要的历史任务，面临着重要的发展机遇和严峻挑战。

1.卫生计生事业发展宏观环境更为有利。

党中央、国务院高度重视卫生计生事业，促进健康中国建设成为国家战略，发展医疗卫生事业、提高人口素质作为重大民生工程成为国家制度安排的重要内容。省委省政府从广东的实际出发，作出了建设卫生强省的决定。同时，随着社会主义市场经济体制逐步完善，经济、科技不断发展，经济社会发展为卫生计生事业发展创造了良好外部环境。

2.保障和增进人民群众健康的任务更加繁重。

随着经济发展，健康保障水平提高，人民群众多层次、多样化的健康需求日益增长，健康需求增长与医疗卫生服务供给约束之间的矛盾将持续存在。我国逐步进入老龄化社会，老年人康复护理、医疗保健等需求快速增长。同时，工业化、城镇化、疾病谱变化和生态环境变化等对人民健康的影响更加严峻。由生态环境、生产方式和生活方式变化以及社会因素导致的食品药品安全、饮水安全、职业安全和环境问题日益突出。医疗卫生面临传染性疾病和非传染性疾病双重负担，慢性病已成为主要疾病负担，传染病依然威胁着居民健康和社会安全。多重健康问题叠加，保障和增进人民群众健康工作任务艰巨。

3.卫生计生全面深化改革工作更加紧迫。

人口发展形势出现新变化，促进人口长期均衡发展任务进一步加重。同时，国家进入全面建成小康社会、全面推进依法治国、全面深化医改进入新阶段，但制约卫生计生事业发展的体制性、机制性等深层次问题仍未彻底解决，医疗卫生稳定的投入机制尚未形成，政府和市场机制的作用还未合理发挥，体制机制改革的系统性、整体性、协调性问题亟待解决。

二、总体要求和发展目标

（一）指导思想

以邓小平理论、“三个代表”重要思想和科学发展观为指导，全面贯彻党的十九大精神，深入贯彻习近平总书记系列重要讲话精神，牢固树立创新、协调、绿色、开放、共享五大发展理念，坚持计划生育基本国策，认真贯彻新时期卫生工作方针，紧紧围绕“四个全面”战略布局和广东“三个定位、两个率先”总要求，落实建设卫生强区战略部署，以公平可及、群众受益为出发点和落脚点，以保障人民健康为中心，以改革创新为动力，以人才、科技和信息驱动为支撑，坚持公共医疗卫生公益性质，加快基本医疗卫生制度建设，满足多层次健康需求，不断提高人民群众健康水平，进一步促进人口长期均衡发展。

（二）基本原则

1.坚持以人为本。把维护人民群众的健康权益放在首位，将基本医疗卫生制度作为公共产品向全民提供，进一步提高基本医疗卫生服务的公平性和可及性，进一步推动城乡卫生计生基本公共服务均等化，使全区人民更多、更公平地共享卫生计生事业改革发展成果。

2.坚持公平与效率统一。政府主导与社会参与相结合，促进多元发展。强化政府在基本医疗卫生制度建设中的规划、统筹、筹资、管理、服务和监管等责任，维护公共医疗卫生的公益性，促进公平公正。积极发挥市场机制作用，鼓励和支持社会资本进入健康服务领域，促进公平有序竞争，提升效率、水平，满足多层次、多样化健康需求。

3.坚持改革驱动。创新体制机制，统筹推进医疗保障、医疗服务、药品供应、公共卫生、监管体制综合改革，推动医保、医药、医疗“三医”联动，进一步凝聚改革合力，提升群众健康保障。推进计划生育服务管理改革，全面完善落实计划生育奖励扶助政策，推进计划生育工作转型发展，进一步增强人民群众对计划生育工作的认同感。

4.坚持分类指导与协调发展结合。立足实际，突出重点，推动区域卫生计生资源共享,推进区域卫生计生事业一体化发展。建设与小康社会相适应的整合型医疗卫生服务体系，进一步强化预防为主和健康促进，进一步提高基本医疗卫生服务质量和水平，进一步推动医疗卫生工作重心下移和资源下沉，更加注重中西医并重。

（三）发展目标

到2020年，卫生强区建设取得显著成效,建立健全覆盖城乡居民的基本医疗卫生制度，实现人人享有基本医疗卫生服务。建立健全整合型的医疗卫生服务体系、完善的医疗保障体系、规范的药品供应保障体系、科学的医疗卫生管理体制和运行机制，医疗卫生体制机制活力显著增强，卫生计生服务可及性、公平性进一步提高，人民群众多层次、多样化健康需求得到较好满足，居民健康素质进一步提高，主要健康指标达到全省中上水平。

“十三五”时期卫生计生发展的主要指标表

指标		2020年
健康状况	人均预期寿命（岁）	≥77.8
	婴儿死亡率（‰）	≤3
	5岁以下儿童死亡率（‰）	≤8
	孕产妇死亡率（/10万）	≤10
卫生服务	以乡镇（街道）为单位适龄儿童免疫规划疫苗接种率（%）	≥95
	高血压患者规范管理率（%）	≥65
	糖尿病患者规范管理率（%）	≥65
	严重精神障碍患者管理率（%）	≥85
	0～6岁儿童健康管理率（%）	≥85
	出生缺陷产前筛查率（%）	≥80
	孕产妇系统管理率（%）	≥90
	区域内住院率（%）	≥90
	农村居民家庭无害化卫生厕所普及率(%)	≥90

续上表

指标		2020年
计划生育服务管理	出生人口性别比	≤111
	国家免费孕前优生健康检查项目区覆盖率（%）	100
	国家免费孕前优生健康检查项目目标人群覆盖率（%）	≥80
	全员人口信息覆盖率（%）	100
卫生资源	每千常住人口执业（助理）医师数（人）	≥2.8
	每千常住人口注册护士数（人）	≥3.5
	每千常住人口公共卫生人员数（人）	≥1
	每万常住人口全科医生数（人）	≥3
	每千常住人口医疗机构床位数（张）	≥5.4
	社会医疗机构床位数占床位总量比重（%）	≥30

三、主要任务与重点工作

（一）构建新型医疗卫生服务体系

1.强化公共卫生服务体系

坚持公共卫生优先发展战略，进一步完善以各级各类专业公共卫生机构为主体，由社区卫生服务中心、乡镇卫生院（妇幼保健计划生育服务所）、村卫生站、计划生育服务室和医院共同组成的公共卫生服务体系。建立健全政府主导、预防为主、防治结合的公共卫生安全体制。强化区域公共卫生服务资源优化整合，鼓励因地制宜探索组建综合性公共卫生服务中心。强化疾病预防控制机构公益性，科学配备人员编制。

加强疾病预防控制能力。加强疾控机构实验室装备，健全疾病监测和疫情信息报告网络。强化重大公共卫生的风险分析核心能力。进一步健全职业病防治网络。建立以基层医疗卫生机构为基础，专业公共卫生机构和公立医院为支撑，社会力量广泛参与的慢性病综合预防控制体系。完善学生生长发育与体质健康、常见病、传染病、健康相关危险行为、教学环境卫生等监测体系。推进健康促进体系建设。探索并建立疾病预防控制机构公共卫生医师规范化培训体系，全面提升全区疾控系统服务和管理水平。

提升卫生应急水平。加强完善突发公共事件卫生应急体系。加快突发急性传染病定点收治医疗机构和隔离病房建设，以及医院感染性疾病等门诊建设管理，重点做好区域传染病病原学检测与公共卫生检验中心实验室建设。进一步完善区卫生应急指挥决策系统，建立疾病监测预警系统、公共卫生危险因素和事件信息的流行病学风险评估体系。建立和完善卫生应急物资储备体系。到2020年，建立区级标准化卫生应急队伍。

加快卫生计生综合监督执法体系建设。整合监督执法队伍和资源，加强区卫生计生综合监督机构建设，全面加强卫生监督协管服务工作。建立健全综合监督执法保障机制，强化基层卫生计生综合监督执法能力建设。以生活饮用水、公共场所卫生为重点，完善重大活动卫生监督保障体系。

强化妇幼健康服务体系建设。健全以妇幼健康专业机构为核心，大中型综合医疗机构和相关科研教学机构为技术补充、基层医疗卫生机构为基础的妇幼健康服务体系。区妇幼计生服务机构按二级规划建设。编制资源和人员配备向基层和一线倾斜。区、镇级妇幼计生服务机构中卫生技术人员比例不低于总人数的80%。加强妇女保健、儿童保健重点专科建设，以及高层次复合型妇幼保健人才的培养。强化助产士队伍建设，建立健全全区妇幼卫生信息网络。

推进公共卫生急需领域服务能力提高。健全精神卫生服务体系和网络，提高精神卫生服务能力，大力加强区慢性病防治中心精神科建设，提高机构服务能力。进一步加强区采血站服务能力建设。建立健全城乡院前急救体系。

2.完善城乡医疗服务体系

进一步优化资源配置，切实落实政府办医责任，充分调动社会力量的积极性和创造性，调整完善不同区域、类型、层级医疗机构结构布局，建立健全与居民健康需求相匹配的、体系完整、分工明确、密切协作的多层次医疗服务体系，满足群众多样化、多层次医疗服务需求，群众就医体验进一步改善。

构建多层次医疗服务体系。明确功能定位，加强分工协作，统筹推进不同区域、层级各类医疗机构协调发展。重点办好1所区办综合医院，1所中医医院、1所妇幼计生服务中心和1所精神病专科医院，重点扶持精神、儿童、传染、康复等专科医疗服务能力建设；政府在每个镇（街道）办好1所标准化建设的乡镇卫生院（社区卫生服务中心）。加快推进公立医院改革，切实落实政府办医责任，充分发挥公立医院公益性质和主体作用。合理把控公立医院数量、布局和结构，推动社会办医，增加医疗服务资源，满足人民群众多层次、多样化的医疗服务需求。

打造区域医疗中心。依托现有资源，大力加强中医、儿科、妇产、精神、肿瘤、传染病、老年护理、口腔、康复等薄弱领域服务能力建设。规划将揭东区第一人民医院和揭东区第二人民医院建设成为我市的区域性医院，发挥临床重点专科的示范引领作用，通过构建综合性医院、延续性医疗机构、基层医疗卫生机构相互衔接的分级诊疗体系，各类专科医疗机构设置较好适应居民健康需求，带动区域医疗服务水平全面提升。

提升区域医疗服务能力。以大力实施“卫生强基创优行动计划”为抓手，进一步健全完善以区级医院为龙头，乡镇卫生院（社区卫生服务中心）为枢纽，村卫生站（社区卫生服务站）为基础的区域医疗卫生服务网络。重点加强区级医院综合能力提升，全面加强区级医院标准化建设，进一步强化区级医院临床核心专科、中医特色专科等专科建设，提升外科手术、重症医学科、急诊医学科以及医院感染控制水平、推广适宜内镜微创诊疗技术，大力推进远程医疗服务，建立稳定的、符合区级医院功能定位的人才队伍。全区争取新增1所综合医院达到二级甲等综合医院水平，力争区中医医院达到二级甲等中医医院水平。继续深化对口支援，通过开展医联体合作、医院托管、院校共建等不断强化不同层级医疗机构紧密合作关系。深化基层医疗卫生机构综合改革，继续加强基层医疗卫生机构服务能力建设，全面建立全科医生、家庭医生、基层签约服务制度，推进乡镇卫生院标准化建设，开展“建设群众满意的乡镇卫生院”活动，提高基层医疗卫生机构职工人员待遇。优化整合医疗卫生区域资源，探索推动区域独立的医疗服务中心建设。推进区镇村医疗卫生服务一体化管理。力争到2018

年，区域内住院率达到90%左右，基本实现大病不出区的目标。

完善新型城区社区医疗卫生体系。继续发展完善以社区卫生服务中心为主体的新型城区社区医疗卫生服务网络，落实社区卫生服务中心标准化建设，有计划、有步骤加强新建城区、郊区等薄弱区域公立医疗卫生机构建设，鼓励社会资本在服务资源稀缺领域、区域举办医疗机构，着力构建“15分钟城区社区健康服务圈”。加强社区卫生服务机构内涵建设，持续推进城区社区卫生服务提升工程，进一步规范社区卫生服务管理，巩固社区卫生服务示范中心创建成果，开展社区家庭病床设置，推行社区首诊和双向转诊制度，建立完善辖区居民与全科医生团队稳定的服务关系，逐步承担起居民健康守门人责任，为辖区居民提供有效、经济、方便、综合、连续的服务。

实施改善医疗服务行动。建立健全多层次医疗服务体系，发挥医疗卫生服务体系整体功能，大力推动优质资源下沉，进一步提升基本医疗服务可及性。鼓励独立的医疗服务中心建设，推进检验检查结果互认。大力构建覆盖就医全程的优质服务，优化诊疗服务流程，改善门诊布局环境，加强病区规范化建设，发挥信息化支撑作用，丰富便民措施。强化护理力量，持续开展优质护理服务。鼓励有条件的地方开设护理院，提高护理延伸服务，实现医康护养在临床治疗护理成效的最大化。充分调动、发挥医务人员积极性，提高医疗服务水平，改善群众就医感受。

专栏1　卫生强基创优行动

提升区级医院综合服务能力项目：抓住省实施提升县级医疗机构服务能力的机遇，更新配齐区第一人民医院的影像、检验、手术、病理、重症监护等76种设备；选址新建区中医医院，按照“医养结合”的理念，将区中医医院建成我市集康复养生、旅游于一体的新型中医疗养基地；选址新建区妇幼计生中心，全面提升服务能力。实施区级医院专科特设岗位计划，推进区级医院远程医疗平台建设，强化区级医院专科服务能力。

加强镇级卫生院标准化建设项目：实施镇级卫生院标准化建设。提升乡镇卫生院急诊抢救、二级以下常规手术、住院分娩、高危孕产妇筛查、儿科等医疗服务能力。加快建立全科医生制度，全面推广家庭医生团队式服务。

实施村卫生站规范化建设：按照建设规模不低于80平方米，设有相对独立的诊断室、治疗室和药房等要求开展村卫生站规范化建设，原则上1个行政村建设1个公建民营或公建公营的卫生站，服务人口少于1000人的行政村可与邻村合并设置。

强化传染病防控能力项目：根据省的要求，设置法定报告传染病监测哨点。提高艾滋病、结核病和性病等重大传染病防治能力，实现艾滋病随访及淋巴细胞（CD4）检测比例和抗病毒治疗覆盖率达到98%，耐多药可疑者筛查率和耐多药肺结核诊治工作覆盖率达到80%。梅毒咨询检测服务率达到95%。

出生缺陷综合防控项目：开展区级出生缺陷综合干预中心建设，为孕产妇和新生儿提供出生缺陷疾病的免费筛查及健康教育和随访，在“十三五”规划期间，实现孕产妇及新生儿人群免费筛查覆盖率达到100%。

住院医师规范化培训项目：加强住院医师规范化培训基地建设，招收临床医学、全科医学专业本（专）科学历人员参加住院医师规范化培训。到2020年，所有新进医疗岗位的本科及以上学历临床医师均接受住院医师规范化培训。

基层医疗卫生机构医务人员待遇提升项目：落实乡镇卫生院和社区卫生服务中心事业费补助政策，对山区及边远农村地区乡镇卫生院医务人员给予特殊岗位津贴，提高基层医疗卫生机构职工人员待遇。

加强乡村医生队伍建设项目：加强乡村医生培训培养，鼓励符合条件的在岗乡村医生接受医学学历教育。推进镇村一体化管理。探索开展乡村医生与农村居民的签约服务。建立健全在岗乡村医生养老和退出机制，落实对村卫生站医生和离岗接生员及赤脚医生补贴。

提升基层中医药服务能力项目：进一步构建完善基层中医药服务体系，力争至2017年底全区90%以上的乡镇卫生院（社区卫生服务中心）、

85%的社区卫生服务站和村卫生室能够提供中医药服务，80%社区卫生服务中心、乡镇卫生院完成中医馆（中医科、中药房、中医治疗室）标准化建设。2017年，完成60%的基层医疗机构中医馆建设，2018年全面完成建设任务。加强中医药适宜技术推广工作，积极推动创建全国基层中医药工作先进单位。鼓励和引导有一技之长和确有专长的中医药人才到基层医疗机构开展服务。

3.建立整合型医疗卫生服务体系

围绕健康需求和解决群众主要健康问题，调整各级各类医疗卫生资源布局结构，着力构建整合型医疗卫生服务体系，促进不同地区、层级各类医疗卫生机构均衡发展，推进区域医疗卫生资源共享，推动区域医疗卫生服务同质化发展，促进医疗卫生服务体系整体效能进一步提升。

强化防治结合。进一步转变疾病防治理念和策略，更加注重预防为主，防治结合。加强医院、基层医疗卫生机构与专业公共卫生机构合作，建立信息共享与互联互通机制。明确医疗机构公共卫生职责，强化基层医疗卫生机构“健康守门人”发展定位，建立医疗机构承担公共卫生任务的补偿机制和购买机制。加强专业公共卫生机构对医疗机构公共卫生工作的技术指导和考核，强化卫生计生监督部门对医疗机构的监督检查。加强健康促进和健康管理工作，着力做好结核病、艾滋病、高血压、糖尿病、肿瘤等慢性病的联防联控与综合防治，大力加强职业病、精神疾病等综合防治。

促进分级诊疗。健全完善分级诊疗政策体系，综合运用法律、社保、行政和市场手段，优化资源配置。建立健全医疗卫生机构分工协作机制，引导各级各类医疗机构落实功能定位，逐步完善双向转诊标准和程序。以强基层为重点完善分级诊疗服务体系，全面建立全科医生、家庭医生等制度，大力加强基层医疗卫生人才队伍建设，通过组建医联体、对口支援、医师多点执业等方式，推动优质医疗资源有序下沉，全力提高基层医疗卫生服务能力。到2020年，分级诊疗服务能力全面提升，保障机制逐步健全，基层首诊、双向转诊、急慢分治、上下联动的分级诊疗制度全面建立。

加快形成多元办医格局。加强社会办医疗机构与公立医疗卫生机构的协同发展。强化非公立医疗机构与公立医疗机构的分工协作，建立社会力量参与公共卫生工作机制，形成医疗卫生服务有序竞争机制。将社会办医纳入区域卫生规划统筹考虑，为社会办医疗机构发展预留空间。落实准入、运营和监管等方面的同等待遇，促进医疗卫生资源流动和共享。鼓励企业、慈善机构、基金会、商业保险机构等社会力量办医；鼓励社会力量以出资新建、参与改制等多种形式投资医疗；鼓励公私合作发展社会办医，加快推进社会办医疗机构成规模、上水平发展。到2018年，非公立医疗机构床位数和诊疗服务量占总量30%左右。

（二）加强重大疾病综合防治

4.加强公共卫生防疫

建立健全政府主导、预防为主、防治结合的公共卫生安全体制，建立健全重大传染病联防联控机制，增强疾病监测能力，提高疫情发现能力和处置水平，构筑维护群众健康的安全屏障。

加强重点疾病预防控制。扎实开展艾滋病、结核病等重点传染病防治工作，扩大艾滋病高危行为干预的覆盖面，完善艾滋病“四免一关怀”政策，提高重点人群艾滋病自愿咨询检测的可及性。进一步完善新型结核病防治管理模式，推进结核病防治示范区创建，拓展耐多药结核病规范诊治覆盖面。加强霍乱、登革热、手足口病、流感等急性传染病的监测和防控。扎实推进卫生应急管理综合能力提升，不断提高突发公共事件卫生应急水平。落实国家扩大免疫规划，实现消除麻疹目标。健全和完善精神卫生综合管理工作机制，完善精神障碍患者救治救助保障制度，提高重性精神疾病患者治疗率和管理率，预防严重精神障碍患者重大肇事肇祸案（事）件发生。进一步推进地方病、寄生虫病、麻风病的防治，开展消除疟疾行动计划，保持人群碘营养水平适宜状态，降低重点地区人群的肝吸虫感染率。进一步加强职业病危害防治，加强重点职业病和医用辐射防护监测、职业健康风险评估工作，规范职业健康检查和职业病诊断、鉴定管理。加强对环境相关疾病防治，开展环境卫生、饮用水安全等服务。

深入开展爱国卫生运动。广泛发动群众开展爱国卫生运动，建立健全爱国卫生运动长效机制，落实环境卫生“三个一”制度，深入开展城乡环境卫生整洁行动。巩固卫生创建成果，推进健康“细胞工程”建设。加强农村改厕和农村环境卫生监测工作。规范病媒生物控制，广泛开展城乡除“四害”活动。力争到2018年，我区有省卫生镇；农村卫生厕所普及率达到97%，无害化卫生厕所普及率达到92%。

5.实施慢性病综合防治

优化政策支撑环境，建立多部门协作机制，加强慢性病监测评估，针对可控健康危险因素确定的优先领域，深入开展健康促进和行为干预，强化防治结合，预防、保健、治疗的有效衔接，逐步实现慢性病的规范化诊治和康复，实现心脑血管病、糖尿病、恶性肿瘤等慢性病的有效防控。

强化慢性病防控和管理。健全完善慢性病监测，扩大肿瘤随访登记，规范全人群死因监测，开展慢性病相关危险因素与营养监测、慢性阻塞性肺病等监测。建立以信息化为基础的健康管理，提高高血压和糖尿病等慢性病患者健康管理覆盖面。推进慢性病综合防控示范区建设。开展社区防治和健康教育，控制社会和个人危险因素。充分发挥中医药“简、便、验、廉”和“治未病”的优势，促进中医药服务与慢性病防治工作结合。加强口腔保健服务，开展儿童口腔疾病综合干预项目。逐步扩大慢性病干预与管理范围，推广慢性病有效防治模式，减少疾病负担。

加强健康教育和健康促进。实施亿万农民健康促进行动、健康中国行以及全民健康素养促进行动等，开展创建无烟单位、全省健康促进示范单位等活动，大力营造有利于健康的社会环境，提高公众的健康意识，逐步培育全人群健康行为。不断推广健康生活方式，加强学校卫生工作，提高全民健康素养，增强人民体质。到2020年，实现全区居民健康素养水平达到24%；50%以上的单位建成无烟单位。

专栏2　健康宣教活动

“健康知识进万家”活动。根据不同时期疾病流行趋势和群众健康需求，面向社会、面向家庭、面向不同人群，有针对性地集中宣传疾病预防、优生优育、卫生保健等各类健康知识。

无烟单位创建活动。在全区开展无烟卫生计生机构、无烟学校及其他单位创建活动。

全省健康促进示范单位创建活动。以行政手段推动健康促进工作的全面开展，督促各有关单位积极参与健康教育工作。

6.促进基本公共卫生服务均等化

通过实施基本公共卫生服务项目和重大公共卫生服务项目，对影响居民健康的主要卫生问题实施干预，减少主要健康危险因素，推动实现城乡居民逐步享有均等化的公共卫生服务。

实施基本公共卫生服务和重大公共卫生服务项目。健全改革卫生经费保障机制，逐步提高基本公共卫生服务人均经费补助标准，巩固完善基本公共卫生计生服务项目，不断扩大服务覆盖面，深化服务内涵，提高服务水平。继续推进重大公共卫生服务项目实施，进一步充实调整服务项目，继续落实做好计划生育技术服务。加强公共卫生服务项目管理，强化项目绩效考核。进一步提高服务可及性和均等化水平。

推进流动人口基本公共卫生计生服务均等化。建立健全“政策统筹、保障有力、信息共享、科学评估”的流动人口基本公共卫生服务均等化运行机制，强化部门协作，加强信息共享，不断提升基层服务能力和水平，落实流动人口基本公共卫生计生服务项目，推进流动人口基本公共卫生计生服务项目城镇常住人口全覆盖，进一步缩小城乡、区域和人群间基本公共卫生计生服务差距。

（三）加强重点人群健康服务管理

7.提升妇女儿童健康保健水平

提高孕产妇系统管理率，实施高危妊娠分级管理，建立危重孕产妇和新生儿急救绿色通道和区级救治转运网络，降低孕产妇和新生儿死亡率。全面实施出生缺陷综合防控项目，落实出生缺陷三级防控，加强出生缺陷防治。提高妇女常见病筛查率和早诊早治率，进一步加强预防艾滋病、梅毒等母婴传播。实施儿童伤害综合干预行动计划。加强儿科服务能力建设，推广儿童疾病综合管理等适宜技术。加强儿童保健服务和管理，改善妇女儿童营养状况，加强妇女儿童心理健康保健。加强流动人口妇幼保健管理，改善流动人口中的妇女儿童健康状况。

专栏3　妇女儿童疾病防治行动

实施农村妇女乳腺癌、宫颈癌检查项目；开展预防艾滋病、梅毒和乙肝母婴传播项目；落实扩大国家免疫规划项目；做好儿童重大疾病医疗保障工作；实施儿童伤害综合干预行动计划；推进全区中小学生因病缺勤监测信息网络直报信息化建设。

8.积极应对人口老龄化

积极应对人口老龄化，推动医养结合，提高老年人的健康水平和生活质量。积极探索老龄人健康养老、优先医疗模式。推动中医药与养老结合，充分发挥中医药养老保健的优势。支持有条件的医疗机构设置养老病床。建立健全医疗机构与养老机构之间的业务协作机制，鼓励开通养老机构与医疗机构的预约就诊绿色通道，协同做好老年人慢性病管理和康复护理，推动二级以上医院与老年病医院、老年护理院、康复疗养机构、养老机构内设医疗机构等之间的转诊与合作。推动建立老龄人长期护理保障制度，做好老龄人慢性病防治和康复护理。发展社区健康养老服务，提高社区卫生服务机构为老龄人提供日常护理、慢性病管理、中医保健等服务能力，鼓励医疗机构将护理服务延伸至居民家庭。

（四）提高基本医疗保障水平

巩固完善全民医疗保障体系，建立健全统筹城乡、层次多元、惠民高效、公平和谐的医疗保险模式，不断提高群众健康保障水平。

9.提高保障绩效

健全医疗保险稳定可持续筹资和报销比例调整机制。逐步提高城乡居民医保的财政补助和个人缴费标准，形成与经济社会发展相适应、责任共担的筹资机制。提升医保保障水平，缩小政策范围内住院费用支付比例与实际住院费用支付比例间的差距。提高基本医保普通门诊统筹比例和覆盖范围。完善不同级别医疗机构医保差别化支付政策，促进形成分级诊疗机制，在规范日间手术和中医非药物诊疗技术的基础上，逐步扩大纳入医保支付的日间手术和医疗机构中药制剂、针灸、治疗性推拿等中医非药物诊疗技术范围，鼓励提供和使用适宜的中医药服务。逐步提高统筹层次。将生育保险和基本医疗保险合并实施。建立疾病应急救助制度。全面实施城乡居民大病保险。鼓励补充医疗保险和商业健康保险发展。加强基本医保、城乡居民大病保险、职工补充医疗保险、医疗救助、商业健康保险等多种保障制度的衔接，进一步减轻群众医药费用负担。

10.提升基本医疗保险管理服务水平

整合城乡居民医保政策和经办管理。鼓励商业保险机构参与医保经办。全面建立完善医保基金预付机制。利用商业健康保险公司的专业知识，发挥其第三方购买者的作用，帮助缓解医患信息不对称和医患矛盾问题。

11.深入推进医保支付制度改革

充分发挥基本医保的基础性作用，健全医保基金预算管理制度，合理控制基金结余，全面开展基本医疗保险付费总额控制，建立以按病种付费为主，按人头付费、按服务单元付费等复合型付费方式，逐步减少按项目付费。鼓励推行按疾病诊断相关组（DRGs）付费方式。加快建立各类医疗保险经办机构和定点医疗机构之间公开、平等的谈判协商机制和风险分担机制，发挥医保控费作用。充分发挥各类医疗保险对医疗服务行为和费用的调控引导与监督制约作用，有效控制医疗成本，逐步将医保对医疗机构服务监管延伸到对医务人员医疗服务行为的监管。

（五）完善药品供应保障体系

12.完善基本药物制度

进一步扩大基本药物实施范围，促进公立医院优先采购配备使用基本药物。完善落实多渠道补偿机制，规范政府办基层医疗卫生机构和村卫生站全面实施基本药物制度，探索政府购买服务等方式推进非政府办基层医疗卫生机构实施基本药物制度。进一步调整完善基层医疗卫生机构基本药物配备使用政策。完善基本药物目录和管理，促进分级诊疗，保障群众用药公平可及。

13.完善药品和医用耗材供应保障体系

加强药品和医用耗材采购管理。严格执行药品和医用耗材集中采购有关规定，公立医院使用的所有药品（不含中药饮片）和医用耗材通过省药品第三方电子交易平台采购，降低药品和医用耗材虚高价格。按时做好药款结算，缩短结算时限，提高资金运作效率。

完善药品供应配送管理。鼓励区镇村一体化配送，实行以区为单位配送药品，提高边远地区药品配送到位率。推行电子处方，加强对医务人员处方行为的监控。加强药品风险监测，确保群众用药安全。

14.提高临床合理用药水平

建立完善合理用药管理体系，打造高素质的药学人才队伍，完善安全用药、合理用药动态监测和预警机制，加大处方审核及点评制度，规范医生处方行为，建立医师约谈制度。跟踪监控辅助用药、医院超常使用药品，切实减少不合理用药。加大阳光用药信息化建设力度，加快阳光用药电子监察系统建设,建立防控医药购销领域商业贿赂的长效机制。

（六）推进计划生育服务管理改革

推进卫生计生深度融合，推动计划生育工作创新发展。坚持计划生育基本国策，促进人口长期均衡发展。加强计划生育基层基础工作，完善宣传倡导、依法管理、群众自治、优质服务、政策推动、综合治理的计划生育工作长效机制，全面提高计划生育服务管理水平，提升群众满意度。

15.加强计划生育公共服务供给

优化整合资源，重构管理服务体系，科学整合服务项目，提升妇幼保健服务能力。围绕资源共享、简政放权、便民高效的目标，优化办事流程，加强全员人口信息化建设，全面推行网上办理，落实首接责任、一站式服务和承诺制。

开展计划生育优质服务。进一步优化整合妇幼保健和计划生育技术服务资源，优化基层服务机构与技术人员资源配置，提高计划生育服务能力，继续开展以技术服务为重点的计划生育优质服务创建活动，提供计划生育、优生优育、生殖健康优质服务，推行安全避孕，实现计划生育优质服务全面覆盖。到2020年，均等、免费、完备、优质、高效、安全的计划生育和生殖保健服务实现全区育龄人群全覆盖。

完善流动人口服务管理。深化流动人口全国“一盘棋”机制建设，不断巩固和完善“统筹管理、服务均等、信息共享、区域协作、双向考核”的流动人口计划生育服务管理机制，进一步深化区域协作。加强流动人口计划生育协会建设，推动建立流动人口网格化服务管理模式。不断拓宽均等化服务范围，进一步提升流动人口服务管理水平。

16.强化计划生育利益导向

完善计划生育利益导向政策。落实计划生育家庭奖励扶助优惠政策，加大对计生家庭经济扶助力度，建立动态调整机制。增强计生利益导向政策与普惠政策衔接。促进补偿型利益导向政策向发展型利益导向政策转变。建立完善计划生育特殊家庭的养老扶助制度，重点解决计划生育特殊家庭的生活照料、养老保障、大病救助、精神慰藉等问题。到2020年，全面形成城乡一体化、覆盖生命全周期的计划生育利益导向机制体系。

加强计划生育家庭发展能力。推动社会关怀，开展社区的新家庭计划项目。从社区和家庭出发，提升家庭成员保健意识、关注家庭中的婴幼儿科学喂养、普及社区和居家养老看护知识，培养家庭成员的健康照护意识，提升家庭成员的文化素养，促进家庭文化建设。

专栏4　计划生育家庭发展能力建设

动态机制调整奖励扶助标准，健全计划生育家庭优惠优先、奖励扶助、社会保障等的政策体系。推动社会关怀，加大对计划生育特殊家庭的扶助，开展社区的新家庭计划项目，从社区和家庭出发，提升家庭成员的保健意识、关注家庭中的婴幼儿的科学喂养、普及社区和居家养老看护知识，促进家庭文化建设。

17.加强计划生育基层基础工作

坚持党政一把手亲自抓、负总责，坚持实行计划生育目标管理责任制和“一票否决”制，贯彻宣传为主、避孕为主、经常性工作为主方针，强化行政管理、技术服务和群众工作“三位一体”工作网络，大力加强计划生育基层基础工作。

加强计生宣传引导。坚持面向基层、面向家庭、面向群众，积极构建横到边、纵到底的计划生育宣传教育网络。完善新闻宣传工作制度，搭建卫生计生工作与人民群众之间交流的新媒体桥梁，提升政府的透明度和公信力。围绕转变群众生育观念，开展形式多样的人口和计生宣传教育活动，增强全社会的国情、国策意识。大力推进“婚育新风进万家”活动。做好信息公开和政策解读，回应社会关切。

加强计划生育依法行政。改进执法方式，推进基层依法管理规范化建设。规范社会抚养费征收管理。大力推进生育服务证改革，推行生育登记服务制度。建立依法行政长效工作机制，进一步优化计划生育法制环境。深入开展阳光计生行动，做好信访维稳工作。

完善计划生育考核评价。逐步完善目标管理责任制考核评价体系，科学合理的设置考核指标，严格兑现奖惩，提升目标管理责任制考核的公信力，充分发挥计生目标管理责任制的指挥棒作用，促进计划生育工作落实到实处。发挥人口计划的调控作用，建立人口监测和预警机制，加强人口变动情况调查，完善出生人口信息报告制度。

（七）加快中医药强区建设

18.推进中医药服务能力建设

继续开展“名院”、“名科”和“名医”建设，进一步加强基层中医药服务能力和服务网络建设，大力推进“治未病”健康工程，强化涵盖预防、治疗、康复、保健、养生的中医药服务体系建设。促进民营中医医疗卫生机构发展。建立健全中医药人才选育机制，推进中医药文化传承，提高中医药人才队伍素质，培育一批区级中医领军人才，打造中医药特色技术和优秀南药品牌，加强中医药科技创新，提高中医药服务能力。

19.发挥中医药特色优势

推进中医优势病种突破项目，加强中医药防治重大疾病、疑难疾病研究，发挥中医药“治未病”和养生保健的优势。加强中医药适宜技术培训基地建设，全面推广中医药适宜技术，充分发挥中医药“简、便、验、廉”特色。繁荣中医药文化，弘扬“大医精诚”传统，提高群众对中医药的认同与信赖。到2020年建立覆盖全区的中医“治未病”预防保健服务和康复网络。

（八）大力支持健康服务业发展

20.促进基本和非基本健康服务协调发展

坚持医养结合，推进健康服务行业供给侧结构性改革，优化服务供给。推进社会办医，推动医师多点执业，着力完善医疗卫生服务体系，创新发展高端医疗技术服务，大力提升健康服务和管理能力。落实支持和优惠政策，优化健康服务供给，大力发展医疗卫生服务、健康养老服务、中医药保健服务、残疾人健康服务、商业健康保险、医疗保健旅游等健康服务相关产业。实施构建医疗高地行动计划，支持健康产业集群发展，打造一批民营专科医疗品牌，积极推动第三方医疗卫生相关服务和多样化健康保险服务发展。到2020年，实现非公立医疗机构床位数和服务量占总量30%左右，基本建立覆盖全生命周期、内涵丰富、结构合理的健康服务业体系。

四、保障措施

（九）全面深化医药卫生体制改革

坚持医疗、医保、医药联动，持续不断把推进医药卫生体制改革推向深入。全面推进公立医院综合改革，理顺医药价格、增加政府投入，建立起维护公益性、调动积极性、保障可持续的公立医院运行新机制。建立高效政府办医体制，落实公立医院人事管理、内部分配、运营管理等自主权，加强公立医院全面预算管理、绩效管理、成本管理，建立完善现代医院管理制度。创新公立医院编制管理，实行聘用制度和岗位管理制度，深化人事制度改革，推动建立符合医疗卫生行业特点的薪酬制度，调动医务人员参与改革的积极性。

逐步建立分级诊疗制度，强化医疗卫生资源规划，加强整合型医疗卫生服务体系建设，通过组建医联体、对口支援、人才培养、多点执业、开展远程医疗服务等形式，促进医疗资源向基层、农村流动，改革完善全科医生执业方式和服务模式，提高基层医疗卫生机构门急诊量占总量的比例，完善双向转诊程序，通畅慢性期、恢复期患者向下转诊的渠道，实现“基层首诊、双向转诊、急慢分治、上下联动”。

（十）完善政府主导卫生计生投入机制

确立政府在提供计划生育和公共医疗卫生的主导地位，切实落实政府在筹资方面的责任。完善财政卫生计生投入保障和递增机制，政府新增投入要切实保障卫生计生事业发展需求，提高政府卫生计生投入人均经费标准，提高政府卫生投入占卫生总费用的比重，新增政府卫生计生投入重点用于支持公共卫生计生、基层医疗服务和基本医疗保障，加大对公立医院改革、人才队伍建设等方面的财政投入。建立健全政府财政卫生计生投入评估监督机制。鼓励社会力量投资发展医疗卫生事业，建立政府主导的多元卫生计生投入机制。

（十一）全面加强法制建设

强化综合监督执法。理顺卫生计生综合监督体制，建立健全综合监督执法保障机制。进一步简政放权，推进政府职能转变，明确各级卫生计生综合监督执法机构工作责任，建立健全卫生计生综合监督执法稽查机制。完善卫生计生行政处罚自由裁量标准，建立基于风险防范管理的卫生计生综合监督执法新模式，建立部门联动、信息共享执法工作机制。进一步强化医疗卫生属地化和全行业管理。强化医疗卫生服务要素准入管理。加大监督执法力度，做好公共卫生、饮用水卫生、医疗卫生、放射卫生、学校卫生、职业卫生、血液安全、传染病防治等监督执法工作。

构建和谐医患关系。进一步健全和落实医疗卫生行风管理制度，加强医德医风建设，弘扬医生精神，提高医务人员人文素质和职业素养。持续推进改善医疗服务行动。加强医患纠纷人民调解制度和医疗责任保险制度建设，健全完善院内调解、人民调解、司法调解和医疗责任保险的医疗纠纷预防和处置体系。严厉打击伤医等违法行为，优化医务人员执业环境和条件。加强宣传引导，增加医患理解和互信。

（十二）推进人才发展和科技创新

加强人才队伍建设。统筹推进卫生计生各类人才队伍建设。推动医教协同，深化临床医学人才培养改革。健全医学终身教育制度。全面实施住院医师规范化培训。通过全科医生规范化培训、在岗医师转岗培训、农村订单定向培养、基层在岗医师学历教育，加快乡村医生队伍向执业（助理）医师转化，加强以全科医生为重点的基层医疗卫生人才队伍建设。完善中医药师承制度。加强高层次人才队伍建设，健全卫生计生领军人才和拔尖创新人才培养体系，通过加强人才引进、完善选拔机制、建立研修制度、资助重大学术活动，努力打造医学人才高地。深化卫生计生行业收入分配制度改革，建立多层次人才激励制度。到2018年，实现每万人口全科医生3名以上。

专栏5 医疗卫生人才培训基地建设

支持住院医师规范化培训、公共卫生医师规范化培训、乡村医生培训基地建设，加强师资队伍和培训能力建设。不断提高临床医师队伍能力水平，增加“5+3”、“3+2”临床医学人才供给。到2018年，实现基本建立住院医师规范化培训制度，所有新进医疗岗位的本科及以上学历临床医师均接受住院医师规范化培训。

增强科技创新。建立健全“开放联合、机制创新、集成攻关”的卫生计生科技保障体系，提升卫生计生科技源头创新能力。加强重点学科、重点实验室和临床重点专科建设。鼓励中医药原创理论研究。加强适宜技术推广，推动医产学研用联动。

（十三）加快信息化建设

推进全民健康信息基础工程建设,配合完成省全民健康信息综合管理平台及区域全民健康信息平台建设，搭建区级区域卫生信息平台，实现公共卫生、医疗服务（含中医药）、计划生育、医疗保障和公共服务六大业务以及跨机构、跨区域的信息共享和业务协同。构建全民健康信息服务体系，推进全民健康信息产生、采集、共享和利用的全面规范管理，促进居民健康信息全程服务管理。建立全区医疗大数据库，推广电子处方、电子病历应用，推进医疗资源、医疗数据联网共享。开展在线健康咨询、健康管理等服务。建设智慧医疗健康云平台，开发移动医疗APP.推进网络医院试点建设，构建连接市级医院、区级医院、社区卫生服务中心、村卫生室、连锁药店的互联网医疗平台，并逐步建立远程诊疗、远程影像、远程心电和远程检验中心，发展网上预约、挂号、分诊、候诊、支付、远程诊疗、医患互动等网络医疗服务。探索推进医院、医保系统、药商等信息互联，发展和规范互联网药品交易、药品信息等服务，支持第三方交易平台依法参与互联网药品经营活动。通过信息技术支撑探索基层医疗卫生服务新模式，提高家庭医生管理水平与工作效率，推动防治结合、医养结合，强化预防、治疗、康复的精细服务和居民连续的健康信息管理业务协同，推进医疗、医保、医药的精准管理。推进人口健康信息标准和安全建设。到2020年，建成互联互通的全区全民健康信息服务体系，实现卫生计生一网覆盖和政府社会资源融合，以及基于居民电子健康档案贯穿个人全生命周期的医疗健康大数据分析应用。

专栏6　全省全民健康综合管理信息平台建设

积极配合全省全民健康综合管理信息平台建设，整合人口健康信息资源，强化制度、标准和安全体系建设，有效整合和共享全员人口信息、电子健康档案和电子病历三大数据库资源，统筹建设涵盖卫生计生各项业务领域的信息交换共享与全民健康公共服务管理平台。

（十四）加强规划实施与监测评价

本规划是区“十三五”重点专项规划，各级政府要把本规划的实施列入政府工作目标，加强组织领导，强化统筹协调，增强政策联动，建立卫生计生发展规划实施的监督评价机制，成立专门的评价工作小组，分阶段组织开展规划实施进度和效果评价，及时发现实施中存在的问题，并研究解决对策。大力推进规划实施工作。卫生计生、发展改革、财政、城乡规划、人力资源社会保障、机构编制等部门围绕规划落实，认真履行职责，建立监督机制和问责机制，确保责任到位、措施到位。

本规划实施过程中，于2018年6月开展中期评估，于2020年底开展终期评估。监测评估内容包括：综合目标的实现程度；各项具体指标的完成情况；主要工作进展情况；各项政策和措施落实情况；规划中各项工作的科学性、可操作性与实际情况的符合程度；研究规划实施中出现的问题和困难，总结实施中的经验，根据具体情况适时调整规划。

FULU

附　录

附 录

■ 责任编辑：何巧珠

2017年揭东区社会消费品零售总额及销售额（年报数）

单位：万元

项目	2017年	2016年	比增（%）
社会消费品零售总额	1256305.4	1131219.3	11.1
批发业商品销售额	868491.3	757625.6	14.6
零售业商品销售额	1390641.9	1213779.2	14.6
住宿业营业额	12487.5	11237.8	11.1
餐饮业营业额	64699.8	57901.8	11.7

2017年度揭东区人口统计表（年报数）

单位：户、人

项目 / 单位	年末总户数	总人口	其中：城镇人口
合计	153270	675557	380330
曲溪街道	23759	96717	96717
新亨镇	25294	121151	48900
玉湖镇	26575	117286	23507
锡场镇	27129	123312	123312
埔田镇	16356	68363	20794
云路镇	20880	90830	37530
玉滘镇	13277	57898	29570

（区统计局）

揭东区2017年经济社会发展有关指标计划表

指标名称	单位	2016年实绩	增长（%）	2017年计划	增长（%）
生产总值	亿元	310.7	7.3	340.26	8.2
人均生产总值	元	52682	6.4	57170	7.2
规模上工业增加值	亿元	248.2	6.9	268.2	8
规模以上工业新增数	家			18	
限额以上商业新增数	家			13	
规模以上服务业新增企业数	家			9	
资质内建筑业新增数	家			2	
农林牧渔业总产值	亿元	36.16	4.1	36.88	2
固定资产投资	亿元	164	21.4	196.8	20以上
社会消费品零售总额	亿元	113.1	12.3	133.5	18
地方公共财政收入	万元	88882	-3.81（同比）	91726	6.9（可比）
其中：税收收入	万元	55832	-5.52（同比）	59750	12.52（可比）
外贸出口总额	亿元	68.9	5.69	75.8	10
实际利用外资	万美元	692	231.1	720	4

揭东区2017年主要经济指标分地区计划表

地区	生产总值		固定资产投资		社会消费品零售总额		限上商业企业销售额、零售额计划				外贸出口总额		实际利用外资	
	绝对值（亿元）	增长%	绝对值（万元）	增长%	绝对值（万元）	增长%	销售额（万元）	增长%	其中：零售额（万元）	增长%	绝对值（亿元）	增长%	绝对值（万美元）	增长%
全区	340.26	8.2	1967544	20	1334839	18	1768763.5	23.3	878573	23.3	75.8	10	720	4
玉湖			89787	19			62245.4	18.0	58531	18.0	0.8		20	
新亨			209190	19			158674.9	21.8	130657	21.8	9.3		30	
锡场			199324	20			240260.4	23.4	109224	23.4	12.0		30	
埔田			92241	19			23064.6	22.2	21677	22.2	17.8		20	
曲溪			150892	19			780903.0	25.9	228753	25.9	4.3		30	
云路			245272	19			140359.8	20.7	49575	20.7	9.5		25	
玉滘			183376	19			98862.9	18.7	96347	18.7	1.9		365	
开发区			432793	21.2			205872.3	21.5	130826	21.5	20.2		200	
区直			364669	21.3										
商业总公司							58520.0	20.8	52984	20.8				

说明：1.各地区固定资产投资绝对值中列入区级重点项目年度投资额占比要达到75%左右；
2.区直固定资产投资包括中德集团；
3.外贸出口按去年实绩108588万美元折算人民币68.9亿元计算；利用外资按去年实绩690万美元计算；
4.玉滘镇实际利用外资中包括中德集团

揭东区2017年规模以上工业总产值和增加值分地区计划表

单位：亿元、%

地区	规模以上工业总产值				规模以上工业增加值			
	2016年实绩		2017年计划		2016年实绩		2017年计划	
	完成数	增长	计划数	增长	完成数	增长	计划数	增长
全区	1029.2	6.2	1110.1	7.9	248.2	6.9	268.2	8.0
玉湖	13.9	5.5	14.9	7.0	3.1	6.2	3.4	7.0
新亨	39.3	1.2	42.5	8.2	9.3	1.0	10.1	8.2
锡场	94.2	6.7	102.8	8.1	25.2	5.8	27.5	8.1
埔田	19.2	1.0	20.9	8.1	4.6	1.4	4.9	8.1
曲溪	62.8	-0.3	68.1	7.8	15.4	1.7	16.7	7.8
云路	73.7	5.8	79.6	8.1	17.2	5.8	18.6	8.0
玉滘	57.4	6.5	62.2	8.1	13.3	6.3	14.4	8.0
开发区	648.6	7.6	699.2	8.0	155.2	8.7	167.7	8.2
区直	19.9	-1.3	19.9	—	4.9	0.4	4.9	—

揭东区2017年科技创新和技改投资分地区计划表

地区	发明专利（件）			工业技术改造投资额（亿元）	实施技术改造规上工业企业数量（家）	其中营业收入5000万元以上企业数量（家）	智能化技术改造示范企业数量（家）	新增机器人应用数量（台）
	发明专利申请量	授权量	PCT国际专利申请量					
全区	60	16	4	54	95	32	1	50
玉湖	2		0	0.3	2	0	0	0
新亨	10		0	4	13	2	0	0
锡场	6		0	5	15	3	0	0
埔田	4		0	1.2	5	0	0	0
曲溪	8		1	2.5	7	3	0	0
云路	2		0	2.5	6	0	0	0
玉滘	2		0	0.5	2	0	0	0
开发区	24		2	38	45	24	1	50
中德集团	2		1	0	0	0	0	0

说明：1.技改投资任务完成数以统计部门确认为准，各镇（街道、开发区）要按全年任务和进度要求，每月底前及时报区统计局，并抄报区经济信息化和科技局；

2.开发区要落实8家技改示范企业；

3.发明专利申请量和PCT国际专利申请量，由财政分别奖励企业（个人）0.5万元和1万元。

揭东区2017年科技创新和技改投资分地区计划表

地区	高新技术企业（家）			省级新型研发机构数量（家）	省级新型研发机构孵化企业数量（家）	省级新型研发机构成果转化和技术服务收入数（亿元）	科技企业孵化器数量（个）	省级以上创新平台数量（个）	科技企业孵化器数量（个）	科技企业孵化器面积（万平方米）	孵化器在孵企业数量（家）	当年毕业企业数量（家）	众创空间数量（家）
	高新技术企业数量	培育库企业数量	享受税收优惠企业数量										
全区	累计数	累计数	享受数	累计数	累计数	新增数	累计数	累计数	新增数	累计数	累计数	累计数	累计数
	24	19	17	3	4	0.9	1	15	1	12	15	5	1
玉湖	0	0	0	0	0	0	0	0	0	0	0	0	0
新亨	2	2	1	0	0	0	0	2	0	0	0	0	0
锡场	1	3	0	0	0	0	0	0	0	0	0	0	1
埔田	0	2	0	0	0	0	0	0	0	0	0	0	0
曲溪	4	0	4	0	0	0	0	4	0	0	0	0	0
云路	1	1	0	0	0	0	0	0	0	0	0	0	0
玉滘	0	0	0	0	0	0	0	0	0	0	0	0	0
开发区	16	10	12	2	1	0.3	0	9	0	0	0	0	0

揭东区2017年工商税收分地区计划表

单位：万元

地区	2016年实绩（一区一率）	其中		2017年预期目标	其中		预期目标比2016年实绩（一区一率）增长%	其中	
		国税局（含营改增）	地税局（不含营改增）		国税局	地税局		国税局	地税局
全区	45954	25366	20588	50566	28002	22564	10.04	10.39	9.60
玉湖	540	310	230	573	330	243	6.02	6.45	5.44
新亨	2482	1516	966	2670	1619	1051	7.56	6.79	8.77
锡场	3249	2156	1093	3624	2373	1251	11.54	10.06	14.46
埔田	2826	2126	700	3086	2327	759	9.21	9.45	8.48
曲溪	4277	2302	1975	4688	2488	2200	9.62	8.08	11.41
云路	2707	1586	1121	2889	1697	1192	6.72	7.00	6.33
玉滘	1701	627	1074	1904	730	1174	11.92	16.43	9.29
开发区	14037	7685	6352	15735	8681	7054	12.10	12.96	11.05
区直	14135	7058	7077	15398	7757	7641	8.93	9.90	7.97

揭东区2017年“六个新增”企业分地区计划表

单位：家

地区	规模以上工业企业	限额以上商业企业	资质内建筑业企业	规模以上服务业企业	新增自营进出口企业	限下商业企业	其中：			
							批发	零售	住宿	餐饮
全区	18	13	2	9	45	28	8	8	6	6
玉湖	1	1		1	2	2	1	1		
新亨	2	1		1	5	3	1	1	1	
锡场	2	2		1	6	5	1	1	2	1
埔田	2	2		1	6	5	1	1	1	2

揭东区2017年城镇化建设分地区计划表

单位：%、平方米

地区	城镇化率	城镇生活污水处理率	城镇生活垃圾无害化处理率	城市人均公园绿地面积
全区	64	83	95	5.33
玉湖	55		93.5	
新亨	56.5		93.5	
锡场	56.5		93.5	
埔田	56		96	
曲溪	100		98	
云路	60		96	
玉滘	60		96	

揭东区2017年社会事业发展分地区计划表

单位：%、人、‰、张、平方米

地区	高中阶段教育毛入学率	出生人口	人口自然增长率	每千人口病床数	每万人拥有公共文化设施面积		每万人拥有公共体育设施面积
	2017年计划	2017年计划	2017年计划	2017年计划	2016年实绩	2017年计划	2017年计划
全区	92	8200	8.0	3.2	240	240	18691
玉湖	92	1450	7.8		116	116	16906
新亨	92	1550	7.8		57	57	21145
锡场	92	1600	7.8		80	80	16173
埔田	92	820	7.8		92	92	15474

揭东区2017年社会保障分地区计划表

单位：万元、人、%

地区	企业职工养老保险基金征缴		企业职工基本养老保险参保人数		城乡居民养老保险参保人数		城镇新增就业人数		城镇登记失业率	
	2016年实绩	2017年计划	2016年实绩	2017年计划	2016年实绩	2017年计划	2016年实绩	2017年计划	2016年实绩	2017年计划
全区	15423.92	16020	69720	73200	243728	243728	3513	3000	2.32	3.2以内
玉湖	728.58	852	2250	2363	43022	43022	300	260		
新亨	2129.18	1819	7050	7403	39761	39761	330	300		
锡场	1640.63	1920	10260	10770	41240	41240	330	300		
埔田	897.34	780	2140	2248	24795	24795	250	220		
曲溪	1263.54	1313	5350	5618	34047	34047	330	300		
云路	1367.81	1450	4710	4946	37612	37612	320	260		
玉滘	803.12	809	2460	2584	23251	23251	290	260		
开发区	3620.92	4092	24610	25838	—	—	1220	1100		
区直	2972.8	2985	10890	11430	—	—	143	—		

揭东区2017年环境保护和资源利用分地区计划表

单位：吨

地区	化学需氧量排放总量		氨氮排放总量		二氧化硫排放总量		氮氧化物排放总量	
	2016年实绩	2017年计划	2016年实绩	2017年计划	2016年实绩	2017年计划	2016年实绩	2017年计划
全区	10700	10330	1260	1220	2100	2100	2400	2400
玉湖	1200	1182	121	119	104	104	39	39
新亨	1700	1658	215	212	170	170	103	103
锡场	1670	1628	208	205	194	194	221	221
埔田	1680	1653	213	208	155	155	38	38
曲溪、开发区	1980	1813	257	235	1121	1121	1686	1686
云路	1290	1248	132	129	183	183	179	179

揭东区2017年环境保护和资源利用分地区计划表

单位：%、公顷

地区	单位生产总值能耗下降率	城市空气质量优良天数比例		PM2.5浓度		地表水水质优良（达到或优于Ⅲ类）比例目标		耕地保有量
	2017年计划	2016年实绩	2017年计划	2016年实绩	2017年计划	2016年实绩	2017年计划	2017年计划
全区	3.66	92.5	93.1	39	38	66.7	66.7	6968
玉湖	3.64	92.5	93.1	39	38	66.7	66.7	1941
新亨	3.67	92.5	93.1	39	38	66.7	66.7	1173
锡场	3.67	92.5	93.1	39	38	66.7	66.7	1011
埔田	3.64	92.5	93.1	39	38	66.7	66.7	423
曲溪	3.66	92.5	93.1	39	38	66.7	66.7	182
云路	3.66	92.5	93.1	39	38	66.7	66.7	1383
玉滘	3.67	92.5	93.1	39	38	66.7	66.7	855
开发区	3.67	92.5	93.1	39	38	66.7	66.7	—

广东省第十三届人民代表大会常务委员会
公　告

（第6号）

《广东省地方志工作条例》已由广东省第十三届人民代表大会常务委员会第三次会议于2018年5月31日通过，现予公布，自2018年7月1日起施行。

广东省人民代表大会常务委员会
2018年5月31日

广东省地方志工作条例

（2018年5月31日广东省第十三届人民代表大会常务委员会第三次会议通过）

第一条　为了传承发展中华优秀传统文化，弘扬社会主义核心价值观，加强对地方志工作的组织、管理，发挥地方志在促进经济社会发展中的作用，根据国务院《地方志工作条例》及有关法律、法规，结合本省实际，制定本条例。

第二条　广东省行政区域内志书、年鉴及地方史的组织编纂、管理与开发利用工作，适用本条例。

本条例所称志书包括地方志书、部门志、行业志、专题志等。

本条例所称年鉴包括地方综合年鉴、部门年鉴、行业年鉴等。

第三条　地方志工作应当坚持依法治志、存真求实、确保质量的原则。

第四条　县级以上人民政府应当加强对本行政区域地方志工作的领导，将地方志工作纳入本级国民经济和社会发展规划，地方志工作所需经费列入本级财政预算。

县级以上人民政府制定本行政区域的地方志工作规划，并报上一级人民政府地方志工作机构备案。

第五条　县级以上人民政府地方志工作机构主管本行政区域的地方志工作，履行以下职责：

（一）组织、指导、检查和督促地方志工作；

（二）拟订地方志工作规划和编纂方案；

（三）组织编纂志书、年鉴、地方史和其他相关地方志文献；

（四）征集、整理、保存志书、年鉴、地方史及其他相关地方志文献和资料，组织开展资料年报工作，组织整理旧志；

（五）组织开展地情调查研究和资源开发利用，开展地方志信息化建设，为社会提供服务；

（六）组织开展地方志业务培训、理论研究、宣传教育和对外交流；

（七）法律、法规规定的其他职责。

乡镇人民政府、街道办事处应当由专人负责地方志工作，有条件的可以指定机构负责地方志工作。

第六条　承担地方志工作任务的国家机关、社会团体、企业事业组织，应当按照所在地人民政府地方志工作规划开展地方志工作，确定机构和人员，接受地方志工作机构的业务指导和监督检查，并对其管理单位的地方志工作进行组织协调与督促检查。

第七条　县级以上人民政府地方志工作机构应当加强地方志宣传教育，增强全社会读志用志意识。

鼓励国家机关、社会团体、企业事业组织开

展地方志文化活动。

第八条 县级以上人民政府地方志工作机构应当建立地方志专家库、人才库，吸收专家学者和熟悉地情的社会公众参与地方志工作。

鼓励公民、法人和其他组织参与地方志工作，所在地人民政府地方志工作机构应当给予指导。

第九条 以县级以上行政区域名称冠名的地方志书、地方综合年鉴，由本级人民政府地方志工作机构组织编纂；以乡镇、街道名称冠名的地方志书、地方综合年鉴，由所在乡镇人民政府、街道办事处组织编纂。其他组织和个人不得自行编纂。

从事村志、部门志、行业志、专题志等志书，以及部门年鉴、行业年鉴等年鉴和地方史编纂活动的，应当接受所在地人民政府地方志工作机构的指导。

第十条 编纂地方志应当加强调查研究，全面、客观地记述本行政区域自然、政治、经济、文化和社会的历史与现状，做到观点正确、资料可靠、体例严谨。

第十一条 地方志编纂人员应当恪尽职守，忠于史实，保守秘密，具备相应的专业知识。

编纂志书、年鉴、地方史应当根据需要吸收有关方面的专家、学者参加。

地方志编纂工作涉及少数民族内容的，应当吸收该少数民族人员或者从事该少数民族工作的人员参加。

第十二条 以县级以上行政区域名称冠名的地方志书每二十年左右编修一次，公开出版。

以县级以上行政区域名称冠名的地方综合年鉴实行一年一鉴，公开出版。

第十三条 由县级以上人民政府地方志工作机构或者乡镇人民政府、街道办事处组织编纂的志书、年鉴、地方史，其内容和编纂过程应当公开听取公民、法人或者其他组织的意见、建议，并及时反馈采纳情况。

第十四条 县级以上人民政府地方志工作机构应当建立志书、年鉴、地方史编纂评议制度，组织有关部门、专家、学者参与评议。

第十五条 以县级以上行政区域名称冠名、列入规划的地方志书经审查验收，方可以公开出版。

以乡镇、街道名称冠名的地方志书，以及列入地方志工作规划的其他志书和地方史的审查验收，参照前款执行。

县级以上人民政府组织的志书、地方史审查验收机构应当对志书、地方史的内容进行审查。编纂单位应当按照审查验收机构提出的关系志书、地方史重大质量问题的意见组织修改。

审查验收的主体、程序等由省人民政府另行制定。

第十六条 以县级以上行政区域名称冠名的地方综合年鉴经同级人民政府或者其确定的地方志工作机构批准，方可以公开出版。

以乡镇、街道名称冠名的地方综合年鉴的出版，参照前款执行。

第十七条 志书、地方史、年鉴通过审查验收或者经过批准后，不得擅自修改。确有差错需要修改的，应当向编纂单位提出，经审查验收机构或者批准单位批准后方可实行，修改内容应当经审查验收机构或者批准单位审定。

第十八条 以乡镇、街道以上行政区域名称冠名的地方志书、地方综合年鉴，以及列入地方志工作规划的志书、年鉴、地方史，应当在出版后三个月内，由组织编纂单位将公开出版物和电子文本分别报送同级和上一级人民政府地方志工作机构备案。

通过审查验收或者经过批准公开出版的志书、地方史、年鉴，对于在其编纂过程中收集到的文字资料、图表、照片、音像资料、实物等以及形成的文稿，本级人民政府地方志工作机构应当依法移交本级国家档案馆或者方志馆保存、管理，不得损毁，个人不得据为己有或者出租、出让、转借。

第十九条 县级以上人民政府地方志工作机构可以向国家机关、社会团体、企业事业组织以及个人征集有关地方志资料，有关单位和个人应当提供支持，但涉及国家秘密、商业秘密和个人隐私以及不符合档案开放规定的除外。地方志资料所有人或者持有人不得故意提供虚假资料。

县级以上人民政府地方志工作机构应当建立本行政区域地方志资料年报制度。承担地方志工作任务的国家机关、社会团体、企业事业组织应当按照资料年报制度报送资料，不得无故拖延。

第二十条 县级以上人民政府地方志工作机构应当组织开展本行政区域内的地情调查，摸清基础地情。

地情调查应当吸收有关专家学者和高等院校、科研机构参与，确保地情调查成果的专业性和权威性。

鼓励公民、法人和其他组织参与调查研究，挖掘、整理相关文献资料，传播地方历史文化。

第二十一条 县级以上人民政府应当将地方志信息化建设纳入本级人民政府信息化建设规划，建立地方志全文数据库，完善地方志资源公共数据共享平台，应用现代信息技术进行分析研究和开发利用，为社会提供服务。

第二十二条 省、地级以上市人民政府应当建立方志馆，县级人民政府按照国家和省的规定建立方志馆。鼓励乡镇人民政府、街道办事处建立方志馆。

鼓励通过多元化的渠道筹集资金建立方志馆。

方志馆建设坚持以人为本、立足地情、突出特色、服务社会的原则，具备收藏保护、展览展示、编纂研究、专业咨询、信息服务、开发利用、宣传教育、业务培训、文化交流等功能。各级方志馆在建设实体方志馆的同时，应当建设数字方志馆。

方志馆应当建立服务公示制度，完善服务条件，健全服务规范，免费向公众开放。

鼓励公民、法人或者其他组织向方志馆捐赠文献、音像资料、实物等。

第二十三条 县级以上人民政府地方志工作机构应当组织和推动地方志资源开发利用，为培育和践行社会主义核心价值观提供丰富、优秀的精神文化产品，服务经济社会发展。

县级以上人民政府地方志工作机构应当积极开拓社会用志途径，依法保护志书、年鉴及地方史的著作权，将已出版的志书、年鉴及地方史在政府网站公布，定期汇总、公开本行政区域的方志馆目录，并通过电视、广播、报刊等向社会推广。

县级以上人民政府地方志工作机构应当建立地方志资源开发利用项目申报制度，公民、法人和其他组织可以依照有关规定申报项目。

鼓励和支持公民、法人和其他组织以影视作品及其他文学艺术创作形式，依法对公开的地方志资源进行开发利用。

第二十四条 县级以上人民政府地方志工作机构应当加强与香港、澳门和台湾地区以及国外的高等院校、科研机构、档案馆、博物馆、图书馆等单位的学术交流与合作，增强方志文化影响力。

鼓励高等院校、科研机构与县级以上人民政府地方志工作机构合作，开展地方志实务和理论研究，鼓励高等院校开设地方志专业或者课程。

第二十五条 县级以上人民政府及其地方志工作机构应当建立和完善地方志人才引进、培训、激励等制度，可以采取聘用、购买服务、项目合作、志愿服务等方式，建设专兼职相结合的地方志人才队伍。

从事地方志工作的专业技术人员可以依照国家规定参加专业技术职称评定。

第二十六条 县级以上人民政府地方志工作机构可以依照国家有关规定，对提供有关地方志资料的公民、法人或者其他组织给予报酬。

参与志书、年鉴、地方史编纂的人员依法享有署名权，并可以依照国家有关规定获得稿酬或者报酬。

第二十七条 县级以上人民政府可以按照国家有关规定，对在地方志工作中做出突出成绩和贡献的单位和个人，给予表彰和奖励。

第二十八条 单位和个人违反本条例第九条规定，擅自编纂出版以县级以上行政区域名称冠名和以乡镇、街道名称冠名的地方志书、地方综合年鉴的，由县级以上人民政府地方志工作机构提请本级人民政府出版行政主管部门依法查处。

地方志资料所有人或者持有人违反本条例第

十九条规定，故意提供虚假资料的，由县级以上人民政府地方志工作机构提请本级人民政府或者有关部门责令纠正，并视情节追究有关责任。

第二十九条 地方志工作机构、承担地方志工作任务的单位及其工作人员有下列行为之一的，对直接负责的主管人员和其他直接责任人员依法给予处分：

（一）违反本条例第十五条第三款规定，拒不按照审查验收机构提出的关系志书、地方史重大质量问题意见组织修改的；

（二）违反本条例第十七条规定，志书、地方史、年鉴经审查验收或者批准后，擅自修改其内容的；

（三）违反本条例第十八条第二款规定，未将志书、年鉴、地方史编纂过程中收集的有关资料、实物及形成的文稿依法移交的，或者损毁的，或者个人据为己有、出租、出让、转借的。

（四）违反本条例第十九条第二款规定，无故拖延地方志资料报送的。

第三十条 违反本条例规定，未经审查验收、批准将志书、年鉴、地方史文稿交付出版，或者志书、年鉴、地方史存在违反宪法、法律、法规规定内容的，由上级人民政府或本级人民政府责令采取相应措施予以纠正，并视情节追究有关单位和个人的责任；构成犯罪的，依法追究刑事责任。

第三十一条 本省行政区域内志书、年鉴、地方史数字出版物的编纂、管理与开发利用，参照本条例执行。

第三十二条 本条例自2018年7月1日起施行。